CAIJING ZHENGFA JIAOYU XINSHIJIE

财经政法教育新视界

中南财经政法大学的实践与探索（第一辑）

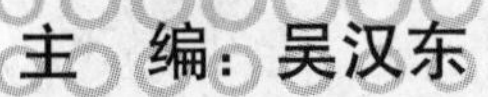

主　编：吴汉东

副主编：杨灿明　周佳玲　李先卓　蒋雪岩

编　委：吴汉东　杨灿明　周佳玲　李先卓　蒋雪岩
　　　　雷泽宽　吕运来　廖啟新　杨　梅

北京师范大学出版集团
BEIJING NORMAL UNIVERSITY PUBLISHING GROUP
北京师范大学出版社

图书在版编目(CIP)数据

财经政法教育新视界/吴汉东主编.—北京：北京师范大学出版社,2008.12
ISBN 978－7－303－09694－7

Ⅰ.财… Ⅱ.吴… Ⅲ.①经济－教学研究－高等学校－文集 ②法学教育－教学研究－高等学校－文集
Ⅳ.F－42 D90－42

中国版本图书馆 CIP 数据核字（2008）第 175344 号

出版发行：北京师范大学出版社 www.bnup.com.cn
北京新街口外大街 19 号
邮政编码：100875
印　　刷：唐山市润丰印务有限公司
经　　销：全国新华书店
开　　本：155 mm×235 mm
印　　张：31.25
字　　数：520 千字
印　　数：1～3 000 册
版　　次：2008 年 12 月第 1 版
印　　次：2008 年 12 月第 1 次印刷
定　　价：50.00 元

责任编辑：戴　铁　　装帧设计：高　霞
责任校对：李　菡　　责任印制：李　丽

培育评估文化　建立长效机制
在改革创新中不断提升人才培养质量

（代　序）

吴汉东①

自1999年“扩招”政策实施以来，我国高校在校生规模增长了三倍多，在此情况下如何保证教育质量呢？开展本科教学工作水平评估就是解决这一问题的制度利器。实践证明，它的最大功效就在于：通过评估的导向和规约作用，逐步把科学发展观全面融入到了高校的教育教学管理之中，促进高校在提高教学水平和人才培养质量上下大力气，花真功夫。自五年一轮的评估工作启动实施以来，高校的教育工作者不断创新观念、加快教改步伐，成为了评估工作的主要推动者，而广大学生则因为办学条件的改善、教学质量的提升，真正成为了评估的最大受益者。

下面，结合我校②的评建工作实际，谈谈自己的收获和体会。

一、明确办学指导思想，为人才培养提供战略引领

我国的高等教育评估充分借鉴了发达国家的经验，内在地蕴涵了“科学育才”、“质量为先”、“特色制胜”、“以生为本”等代表世界高等教育发展规律与趋势的先进教育理念。从这个角度来说，搞好评建工作的重要前提就是要深刻领会指标体系的思想内涵，明确办学指导思想，找准自身定位，为新时期创新型人才的培养提供科学的战略引领。

---

① 作者简介：吴汉东，中南财经政法大学校长，教授，博士生导师。

② 即“中南财经政法大学”，下同。

（一）明晰办学理念

办学理念是大学之魂，它从根本上回答大学的性质和追求，引导和决定着大学过去、现在和未来的发展航向。没有科学的、明晰的办学理念，一所大学就不可能在激烈的高等教育竞争中找准定位，取得可持续发展。同时，办学理念不是空穴来风，它既从历史层面折射出一所大学的文化积淀，也从现实角度反映出大学的办学目标和价值取向。鉴于办学理念的极端重要性，我校在明晰办学理念上经历了一个十分审慎的过程，主要分为三个阶段：一是结合校情，发掘校史。我校前身是由邓小平和陈毅同志共同创办的中原大学，当时创校办学的主要目标是为新中国培养财经政法专门人才，这一特殊的历史背景使得我校创立之初就在办学性质、目标和风格上迥异于其他高校，“办特色大学”成为最初的办学理念。在随后半个多世纪的发展历程中，尤其是在2000年合校之后，随着学校办学实力的不断提升，“创一流”的卓越性追求逐步升华到价值层面，从而形成了学校办学理念的完整价值形态。二是反复研讨，形成共识。科学的办学理念只有内化为全体大学人的共识后，才能真正成为推动学校发展的强大精神动力。在系统梳理校史的基础上提出“办特色、创一流”的办学理念后，我校又通过组织多次教育思想观念大讨论，对这一表述进行了反复的研讨论证，并最终得到了全校师生的广泛认同。三是明晰内涵，引领发展。办学理念既源自传统、立足现实，又引领大学的未来发展，其特性决定了每一历史时期的办学理念都有着特定的发展目标和时代内涵，而不是一句空泛的口号。基于这一认识，我校在发掘、凝练和确定办学理念后，又对其具体内涵和阶段性目标进行了清晰界定，使全校上下对如何办好特色，创一流达到什么具体目标都有清晰的认识。

（二）优化顶层设计

如果说办学理念回答的是“办一所什么样的大学”，那么高校办学指导思想的顶层设计回答的则是“如何办好这样一所大学”。其具体思路是遵循“选择性优秀”的原则，对学校的发展目标、类型、层次、学科、社会服务方面进行科学定位，积极探寻适合学校自身发展的领域，并努力在这些领域做到最好。如在发展目标定位上，作为全国唯一的财经政法类高校，我校明确提出了创建“学科优势突出、办学特色鲜明、国内一流、国际知名的人文社会科学大学”，即把学校发展的重点领域界定在人文社会科学中有比较优势的经济学、法学、管理学学科，力求做到在与综合类院校的比较中特色鲜明，在与人文社科类高校的比较中实力突出，在与财经政法类高校的比较中优势明显。在类型定位上，我校按照“以本为本、以研为重、教研互动”的原则，提出了“两步走”的发展思路。即现阶段定位为教学与科学研究互促互动、办学特色鲜明、教学质量高、综合实力突出的教学研究型大学，从2010年起，继续稳固本科教学中心地位，积极发展研究生教育，全面提升学术创新能力，实现向研究型大学的转型。这一定位清晰地表达了这样一个战略取向，即对于我校这样一所以财经政法为主干学科的人文社科类高校来说，本科教育既是我们发展的基石，也是我们的特色和优势之所在，因此，无论是在现在还是将来，学校都将会始终不渝地坚持本科教学的中心地位。据此，我校进一步明确了人才培养的层次定位，即“稳定本科教育规模，适度发展硕士研究生教育，积极发展博士研究生教育，形成以本科教育为基础，本科教育与研究生教育良性互动的和谐发展格局”。

（三）完善发展规划

如果把大学的办学指导思想划分为从高到低的三个层次，办学理念处在最高层次，侧重于引领力；学校定位处在中间层次，侧重于规范力；而发展规划则处在较低层次，侧重于执行力，是贯彻办学理念和实现学校定位的重要手段。从这个角度来说，规划的制定不仅要审时度势，注重科学性、民主性、前瞻性和可操作性，而且在发展主题上要紧密契合办学理念和学校定位，确保能够对其形成有力的支撑。如在“十五”规划的制定过程中，为应对高校扩招和日趋激烈的高等教育竞争，积极践行“办特色、创一流”的办学理念，我校确立了“做大、做强、做特”的发展战略，并将“学科立校、科研强校、人才兴校、环境美校”的“振兴工程”确立为发展主题，从加快规模扩张和彰显办学特色着手，努力将财经政法强强融通——这一潜在的特色优势转化为现实的竞争优势。进入“十一五”时期以来，随着我国高等教育由重规模扩张向重质量提升的转型，以及社会发展对创新型人才的迫切需求，我校“办特色、创一流”的办学理念被注入了全新的时代内涵，学校定位对人才培养质量的要求也相应提高。据此，我校在“十一五”规划中确立了“做精、做优、做新”的发展战略，实施了“本科教育质量年代工程”，并将以“名师、名科、名作、名景”为主要内涵的“名品工程”作为发展主题，目的在于通过打造在人才培养、学科建设、科学研究、校园环境上的一系列精品和“亮点”，来努力提升学校的核心竞争力，力争早日实现创建国内一流、国际知名人文社科大学的定位目标。

二、强化办学特色，不断提升学校核心竞争能力

在日趋激烈的高等教育竞争中，办学特色既是避免教育资源同质化的重要手段，也是大学应对挑战的核心竞争能力。在评建过程中，我校始终坚持“办特色，创一流”的理念，凝练、彰显并发展了办学特色，有效提升了学校的核心竞争力。

（一）如何凝练办学特色

办学特色是一所大学在长期办学过程中积累形成的文化积淀和特有品格，它不是迎评高校“自贴”或“被贴”的标签，其提出和产生需要一个科学、系统的发掘、凝练和总结过程。

在办学特色的总结过程中，我校按照历史与逻辑相统一的原则，对学校的办学历史进行了全面的回顾和总结，并对历史形成的一些“特色因子”进行了梳理和提炼。在此基础上，我们通过发放问卷调查、召开专题研讨会、举行大讨论等方式，从全校师生中汲取有益意见，并最终形成了两大办学特色的准确表述：一是人才培养特色，即传承“中原精神”，凸显财经政法优势，培养“应用型、融通性、开放式”人才；二是教育管理特色，即“以生为本，依法治教，实施全面质量管理，积极引导和促进学生成人成才成功”。当然，这两大办学特色的凝练在实践中也经历了一个较长时期的反复研究和讨论过程。例如，2003 年，我校的人才培养特色被总结为“应用型、融通性、开放式”，当时也得到了较为广泛的社会认同，并曾在全国本科教学工作会上进行了经验交流。但经过几轮的教育思想观念大讨论后，大家普遍认为这一表述既缺少历史和文化底蕴，也缺乏理论支撑。基于此，在充分挖掘校史和多方征求意见后，我校的人才培养特色最终被表述为“传承中原精神，发挥财经政法优势，培养应用型、融通性、开放式人才”。在这一表述中，“学以致用、活泼创新”的中原精神是人才培养特色的精神源流，财经政法的学科优势是人才培养特色形成的重要支撑和手段，而“应用型、融通性、开放式”则是在中原精神引领下、学科优势支撑下所形成的一种人才特征或培养结果。这一表述较之以前更加科学准确，也得到了评估专家们的一致认同。

（二）如何彰显办学特色

在迎评促建的过程中，仅仅发掘和凝练特色是远远不够的，还必须

通过一定的形式来向评估专家展示自身的办学特色，用丰富的支撑材料来证明这一特色的存在及其社会认同度，这就需要在彰显特色上下工夫。在这一问题上，我校重点采取了以下措施：一是通过多种渠道，采取多种形式，加强对办学特色的宣传。这种宣传不仅面向社会，而且面向广大师生和校友，力求在全校师生、校友乃至全校社会得到最广泛的价值认同；二是把握特色构成的关键点。加大投入，加强引导，有针对性地加强建设，努力使自身的特色通过学科、科研、师资、校园文化和学生综合素质这几个重要方面鲜明地体现出来；三是要紧紧围绕学校的办学特色，以制度创新为动力，加快进行教育教学改革，逐步建立起完善的、特色化的教育教学管理制度体系，努力使自身的办学特色以制度为载体和支撑得到进一步的稳定和固化。

（三）如何发展办学特色

办学特色源于高校办学历史的文化积淀，具有一定的稳定性，但它也会随着时代的发展变化而与时俱进。这一特性决定了高校在凝练和彰显特色的同时，也要顺应世界高等教育发展的潮流和趋势，不断充实和丰富办学特色的内涵。如就我校的人才培养特色来说，在“十五”时期，“融通性”主要体现在以经、法、管学科为重点的融通，“开放式”也侧重于对内开放；而在“十一五”时期，随着教育国际化的迅猛发展以及通识教育对艺术与人文素养的呼唤，不仅要求我们必须进一步加快人才培养的国际交流与合作步伐，提升“开放式”层次，而且促使我们通过积极发展艺术教育以及普及自然科学，扩大“融通性”的领域。在我校教育管理特色的发展上，随着我校第一轮评估的结束，来自于外在的约束与压力机制解除了，在此情况下，如何通过建立完善自评体系来建构新的约束机制，确保“全面质量管理”的效果，也是我们下一步要应对和解决的重大问题。总之，只有在实践中不断丰富和发展办学特色，它才能真正成为高校在竞争中取胜的宝贵无形资产。

三、深化教学改革，着力建设本科教学质量保障机制

人才培养是一项涉及多个环节的系统工程，在明确了的办学指导思想和特色的前提下，我校紧密结合评估指标体系的要求，不断深化教学改革和教学管理改革，逐步形成了本科教学质量的保障机制。

（一）以培养方案为纲，完善人才培养模式

人才培养方案是保障人才培养质量的纲领性文件，在评建工作中，我校高度重视本科专业全程培养方案的修订，全面修订和完善本科专业全程培养方案，凸显了我校“应用型、融通性、开放式”人才培养特色。

培养方案规范了各专业实践教学环节的安排和要求，突出了实习、实训、实验教学的重要地位；同时，创设“本科生课外12素质学分制”，要求本科生必须在课外参与社会实践、科研等活动，强化了学生实践能力和社会适应能力的培养，突出了“应用型”特色。

培养方案依据宽口径、厚基础的原则，经、法、管专业按学科门类设计前两年的基础课和专业基础课，在此基础上创建了《经济学通论》、《法学通论》、《管理学通论》“三通”课程。同时，从学科的交叉与融合入手，设置了商贸英语、法律英语、法制新闻、经济新闻、司法会计、经济伦理、法经济学、经济侦查等“融通性”课程或专业。从而构筑了各类学科特别是经、法、管优势学科相互融通的教育教学平台，突出了“融通性”这一核心特色。

我校还实施了主辅修制、双学位制，并与国外、境外大学联合办学及交换培养，同时，充分利用我校的行业优势，大量聘任财经、政法界的专家授课，突出了“开放式”特色。同时，学校通过创立“博文杯”大学生百项实证创新基金，鼓励学生成立各种学术性社团等措施，引导学生理论联系实际，应用所学知识解决实际问题，从而进一步完善了我校人才培养模式。

（二）引入全面质量管理方法，强化本科教学质量标准

评估指标要求从理论教学、实验等主要教学环节都要制定符合学校人才培养目标定位的质量标准，并在教学活动中严格执行。这不仅为高校的教学管理改革指明了方向，而且点明了深化改革最关键的技术性问题，即结合实际制定质量标准。

质量标准应从以下三个方面考虑：一是科学性，即高校制定的质量标准既要结合自身的人才培养定位，又要符合人才培养的内在规律和高等教育发展的趋势，以促进学生全面发展为最高目标；二是契合度，即质量标准要与国家与地方经济社会发展对不同层次人才的需求高度契合，这样才能保证本校毕业生在就业市场上的竞争力；三是可操作，即质量标准必须是一种具体化、刚性化的“标尺”，在教育教学实践中切实可行、易于考核，这样才能保证其不至于流于形式，真正取得实效。

基于上述思考，在评建过程中，我校通过引入企业全面质量管理理念，结合自身的人才培养特色，出台了《本科教学质量手册》，对本科教学每一个环节，包括培养方案的拟订、教学计划的编制、教学大纲的编写、教材的选用与管理、课堂教学管理、实践教学管理、课程修读、课程考试管理、成绩登录与管理、毕业与学位管理、课外素质学分管理等，提出了严格的质量标准及可操作的具体规范，确保了各教学环节的标准化。

（三）建立全方位的监控体系，不断提高质量运行效率

评估指标体系不仅要考察具体的质量标准，而且要关注质量标准的落实和执行情况，要求被评高校建立有效的质量监控体系。

我校制定并实施《大学章程》，建立发挥教学各类主体民主管理的制度体系和运行机制，致力于以高标准、严要求的制度规范教学和管理的相关行为。成立了法律事务部，保证教学管理制度合法化。

在教学管理中，我校建立了以教务部门为中心的多元化监控渠道。一方面，聘请具有丰富教学和教学管理实践经验的离退休教授和管理专家组成教学督导组，对课堂教学进行动态监控。另一方面，实行网上评教制度和学生信息员制度，发挥学生在教学活动中的主体作用，并将学生网上评教的结果在全校范围内予以公布，与教师年度考核挂钩。同时，我校还充分发挥了教学评估在教学质量监控上的作用，逐步建立起了科学的自评体系。

在加强统一管理、总体协调的前提下，我校建立了校、院、系、教研室四级教学质量保障机制，保证教学质量监控无缝隙化。通过明确责权利关系，调动校、学院、系、教研室在教学质量监控上的积极性、主动性和创造性，使教学质量监控体系产生了最大功效。

四、建设评估文化，在内外兼修中走向“自然态”

评估文化是以大学师生员工为主体，以教育教学质量观为核心的一种价值形态，是大学文化的重要组成部分。在高校的评建工作中，只有始终坚持培育和倡导健康向上的评估文化，才有可能使办学理念和特色升华为一种稳定的价值共识优良的大学品格，并外化为确保教育教学质量的行为模式和长效机制，在内外兼修中走向真正的“自然态”。

（一）凝聚价值共识

在日趋激烈的高等教育竞争中，本科教学水平评估是关乎高校在新时期生存与发展的“生命工程”。从这个角度来说，要想形成良好的评估文化，首先要通过多渠道、立体式、全覆盖式的宣传，积极引导全校上下从战略高度认识到了评建对学校发展的重要性和迫切性，进一步增强全校上下忧患意识、质量意识、机遇意识和进取意识，形成“人人关心评估、人人支持评估、人人参与评估”的良好工作局面。如在我校的评建工作中，我们在2003年就旗帜鲜明地提出了“以忧换优、唯此为大”的口号，并通过组织多次教育思想观念大讨论，使全校师生在结合校史、校情的基础上，从理论高度加深了对评建工作重要性的认识。在学校的影响和带动下，很多职能部门和学院也纷纷结合单位实际，以生动的宣传语言形式，提出了各自开展评建工作的理念和思路。如后勤部门提出“转内为外、变后为先”，要求工作人员要深入工作一线，主动为师生提供优质服务，做好学校评建工作的后勤先锋官；又如公安学院提出了加强评建工作的“五种意识”，即严格规范意识、整体协作意识、精品塑造意识、信息管理意识、绩效管理意识，使学校的评建工作任务在本学院得到了高质量的贯彻落实。同时，在我校正式接受教育部评估前期，作为评建工作最大受益者的广大学生也积极行动起来，如全国十佳学生社团标兵“新小康协会”以“激扬青春”为主题举办大型图片展，向全校师生以及评估专家们展示了我校学生秉持“博文明理、厚德济世”的校训精神，坚持学以致用的青春风采；校学生会以“学子看评估”为主题，调研撰写了多期专题通讯，从学生角度谈学校自评建工作开展以来所发生的各种可喜变化。

（二）建构长效机制

在评估文化建设过程中，思想的统一、共识的形成仅仅是一个前提，只有将这些文化共识转化为一系列刚性的、行之有效的措施和制度，并确保其贯彻落实，评估文化才有可能真正由“软”的观念形态转化为“硬”的制度形态，在“软硬结合”中形成长效机制。在这一问题上，关键是要正确处理好以下三种关系：一是“破”与“立”的关系。人才培养是一项涉及多个环节的系统工程，评估指标体系是对所有环节进行固化和量化的刚性尺度与标准。对照这一尺度，高校就能够明晰教育教学管理中存在的问题和薄弱环节，从而有针对性予以改进和加强。从这个角度来说，评建创优既是一个不断深化改革、破除旧体制的“破”的过程，也是一个加强制度创新、创设新体制的“立”的过程。四年来，我校坚持“破”与“立”相结合的原则，在全面深化改革的过程中，积极倡导和同步推进教育教学管理中的制度创新，在改革中求创新，在创新中促发展，逐步建立了全方位、人本化的本科教学质量监控体系，使本科教学质量得到了稳步提高。二是“软”与“硬”的关系。在评估指标体系中，既有涉及校舍、教室、图书馆等教学基础设施的“硬”指标，也有办学指导思想、师资水平、学风等“软”指标，意在引导高校不仅要重视盖大楼，更要重视推进管理创新、改进师德校风、培养教学名师。在这一问题上，我校坚持“软件做硬、硬件做软”的原则，在实践中收到了良好的效果。所谓“软件做硬”，即通过扩大宣传，在全校上下形成了“以本为本、质量为先”的共识，并在此基础上，通过针对性和操作性极强的制度建设，努力提升学校的“软实力”；所谓“硬件做软”，即本着建设“节约型大学”和“创新型大学”的原则，注重教育基础设施和公共服务体系合理利用与有效管理，促进教育资源的优化配置。三是“远”与“近”。一个大学的发展目标有近期和远期之分，就我校而言，在迎接教育部本科教学水平评估中取得优异成绩只是一个近期目标，我们的远期目标是建设国内一流、国际知名的人文社科类大学。为正确处理好近期目标与远期目标的关系，有效避免评估工作中的“运动式思维”，我校按照一流大学的建设标准，坚持“服务远期目标，追求自然状态，注重长效机制”的原则，将评估指标体系的要求全面融入到学校的各项管理制度中去。同时，学校结合自身的办学特色，制定了符合校情的本科教学水平自评体系，真正使评估由“短期行为”转变为一项长期性、规范性、制度化的工作。

（三）转变行为模式

在评估文化建设的逻辑进程中，观念的更新、制度的完善仅仅只是一种手段，其最终目的是要促进高校教师和教育管理者行为模式的转变，即在教书育人、管理育人、服务育人的过程中，能够自觉养成按评估指标体系办事的良好行为习惯，从而真正达到“自然态”——这一评估文化建设所追求的最高目标。在这一问题上，关键是要排除一切阻力，下大力气抓好各项教育教学管理制度的落实，确保制度的刚性约束力和预期功能的实现。唯有如此，才能确保制度创设之初的“他律”作用得到强化，并为“自律”的最终形成奠定良好基础。如我校在推行本科教学质量标准的初期，就有相当一部分教师感到不适应，甚至是反对的。但由于我们在长达几年的时间里一直坚定不移地实行全面质量管理，广大教师逐步认同、接受并习惯了这一本科教学上的制度创新。我校评建工作开展四年来，正是由于狠抓各项制度的落实，全校上下对评建工作的态度和行为逐步从开始的被动转变为主动，整体行为模式发生了根本性转变。绝大部分教职工都能够自觉地将评估的规范性要求纳入到日常工作之中，从做好本职工作入手支持评建工作，逐步成为一种全校上下普遍的行为模式。正因为如此，在正式评估前，在我校看不到"临阵磨枪"式的忙乱景象；在正式评估中，全校上下表现出了高度的行为默契，教育教学秩序井然；在正式评估后，全校各部门都看不出有任何的懈怠情绪，校、院、系、室"四位一体"的本科教学质量监控体系责职到位、运转顺畅。

作为一名先后接受过两次评估的大学校长，通过近年来的评建工作，我深深体会到：评估对大学来说是一次机遇与挑战并存、压力与动力同在的重大考验，它所考量的不仅是管理层对大学发展的战略引领力和执行力，而且是全体大学人的向心力和凝聚力。所谓"评估"，从浅层次来说评估的是教育现象与办学行为，从深层次来说评估的则是大学制度与大学文化。从这个意义上说，只有把评估文化建设作为评建工作的最高目标和境界，高校的迎评促建工作才能步入制度化、规范化的健康发展轨道，有效避免"运动式"，逐步做到"自然态"，真正成为一道确保高校人才培养质量的亮丽风景线！

Centents

目录

第一篇 教育理念与学科建设

第二篇 教学内容与方法改革

第三篇 质量监控与管理创新

第四篇 思政教育与人才培养

第一篇

教育理念与学科建设

大学生应做文化与文明的▶▶ ▶▶薪火传承者

——兼谈民主与财政问题

杨灿明[①]

学习的方法即怎样学，是具有哲学意义的世界观、人生观和方法论问题。到了研究生阶段，怎样学比学什么更重要。现在号称是知识爆炸的时代，是信息社会，但很多知识其实是伪知识，很多信息是垃圾信息。我们不能一味地跟着知识点走，那将非常被动和疲惫不堪，我们应该掌握用什么方法学习，掌握知识产生、发展与变化的规律，或者更进一步地说，首先要搞清楚人生的大道理。比如两千多年前的孔子，他读的书远不如现代人多，但他的知识面并不窄，他懂得的道理更是既多又深，这其实是方法论在起作用。

一、大学的功能与文化、文明的传承

现代意义的大学产生于中世纪的欧洲，起源于教堂，是与宗教密切相连的，其最初的功能是教学，主要是宗教教义的学习和传播，因此大学的第一大功能就是教学。我们现在穿的学位服都类似传教士的服装，

① 作者简介：杨灿明，中南财经政法大学副校长，教授。

就是体现这样一种纪念意义。在中世纪宗教势力太大，宗教只要求人们信服，不允许做太多的探究，哥白尼说太阳是宇宙的中心，就被教皇判了死刑。随着宗教改革和意大利文艺复兴运动的兴起，人类开始关注自身的价值，开始以科学的眼光来探究社会和自然，这就形成了科学研究的风气，大学自然也不例外，研究就成了大学的第二大功能。意大利文艺复兴之后，工业革命在欧洲兴起，随着市场经济的发展，产业发展对科学技术的需求日趋强烈，基于社会的需要，大学的第三大功能——社会服务功能就诞生了，大学开始用自身的教育、科研优势服务于社会。到今天，越来越多的学者认为，大学是新思想的发源地，是社会精英的聚集地，大学理应是一个民族文化与文明的传承者。即大学还应该有第四大功能——传承文化与文明。反过来也可以说一个国家的文明是否能够得以传承，大学是有责任的。世界至少有四大主要的文明，现在严格地说就只剩中华文明了。有人说西方人重创造，中国人较保守，这也是要做具体分析的。我们搞创造是为了什么？为了出成果，成果出来要不要保住，要不要守护？西方人守住他们所创造的东西了吗？古希腊还在吗？古罗马还在吗？两河文明还在吗？中国人可能创造性不够(但这只能从物质生产的意义上讲，而且也不一定真正如此)，但却较好地守住了他所创造的成果。从这一点上说，西方的大学是不称职的，中国的大学是有功劳的。虽然中国很晚才有现代意义的大学，但却在很早以前就有了具有自身特色的大学。中国在汉朝就有太学，而在传承文化方面起着更大作用的应该说是书院，如湖南的岳麓书院，朱熹就曾在此讲学。大学的第四大功能不能履行好，前三个功能也意义不大，连文明都消失了，还要教学与科研何用？正所谓"皮之不存，毛将焉附"！如古埃及文明，留传到今天已只剩下金字塔和木乃伊了，就正好说明了这一点。

研究一个民族的文化，有助于我们认识其历史，展望其未来。正如路径依赖原理所揭示的，一国的传统文化与文明是形成当前社会结构的主要原因，而它又会在较大程度上影响未来的制度建设。而且，如费尔巴哈所说，存在的即是合理的，一国文化的生成总有着它合理的内在的根源，认识这一根源有助于揭示事物发生、发展的内在逻辑与规律。我们现在看问题越来越离开传统了，我们离传统文化(文明)越来越远了。一个延续发展了五千多年的文化从根本上说是有它的合理性的，借鉴外来文化是可以的，但不能反客为主，离开本源文化而一味地追慕外来文化会造成传统文化的断代，而且，你没有人家民族的基因，你也是不可能学得跟他一样的，最终只会落个不伦不类。现在的大学生、研究生，不少都是英文比中文好，用母语写出的论文到处是错字和病句，更不要说对传统文化与文明的传承了，这让我多少有些担忧。

在这里，我们不妨读一读一个外国人对中国文明的评价，这个人就是罗素，他说："天性愉悦或生活快乐是普天下的民众最可宝贵的东西之一。可惜，我们西方由于实行工业主义，大多数人生活在高压下而丧失了这种天性愉悦或生活快乐。中国仍然有这种天性愉悦，因而我们有充分的理由考虑中国文明的优点。"

文化与文明的影响表现在方方面面，几乎可以覆盖所有的学科，特别是人文社会科学学科。接下来的部分我们将以财政学为例，来探析文化与文明同专业教学与研究之间的关系。

二、以财政学为例：民主问题的提出

财政学是从国家的财政实践活动中形成的一门学科，其本质是分配关系。国家把钱收上来，再花出去，并对收支过程进行管理，这就是财政活动。国家为什么要有财政活动？是因为它要提供公共商品和服务。向谁提供？向社会成员和人民群众提供。财政活动的目的就在于为社会成员提供公共商品和服务，以满足人的公共需求。那么国家为什么要向民众提供公共产品和服务呢？这些人为什么要消费公共商品和服务？不消费行吗？不行。人具有双重属性，即人有自然属性和社会属性，人的社会属性决定了人不仅有私人需求，还有公共需求。社会属性也是人区别于低级动物的地方，如果没有公共商品和社会服务，就不是人类社会而变成动物世界了。进一步的问题是，为什么要国家来提供公共商品和服务？这是因为公共商品具有不可分性、非赢利性、非竞争性、非排他性等特征，市场不能提供或不能有效提供。国家收取民众交纳的税费用来满足其公共需求，这就产生了财政活动。公共商品和服务的生产和提供是由一个个部门进行的，如国防部、教育部、公检法、卫生交通等部门，分别担负着提供各种公共商品和服务的职责。财政部门反倒不能提供任何公共商品和服务，它是为社会其他公共部门提供资金保障的部门。现在的问题是，能不能让每个部门自己筹钱来提供公共商品和服务呢？这样不就不需要财政这个只负责管钱的机构了吗？但这样是不行的，其原因有三个：一是从公平的角度来讲，各部门自己筹钱，会出现由于每一个部门的权力特征不同、暴力潜能不同而导致的利益分配不均的局面。如：国防部、公安部可以拿着枪、炮、警棍等挨家挨户收钱，可卫生部等部门怎么收钱？国家统计局怎么收钱？能收得到吗？二是从效率的角度来讲，各部门自己收取资金意味着每一个部门都要有一个类似于财政部的机构，不仅机构重复臃肿庞杂，还会失去规模效益，得不到专业化分工的好处，效率会更低。三是从稳定社会，保证公共部门的性质不发生变质的角度来讲，公共部门提供公共商品和服务，应该不以盈利为目的，具有非赢利性，若让各部门自己去弄钱，则公共部门将会变质为企业、公司甚至黑社会组织，极不利于职能目标的实现。为了让各公共部门成为专门的服务部门，就需要有另一个专门为它们管钱的财政部门。

由以上的逻辑分析可知，财政之所以存在，是因为老百姓存在公共需求。财政收入来自老百姓，再用于为老百姓提供公共产品，即所谓财政“取之于民，用之于民”。这就涉及一个很重要的问题，即理财的民主问题。民主，即一切唯民意是从。民主是财政活动的前提，收多少钱花多少钱都应取决于人民的意愿。从这个角度看，人民与国家的关系或者说纳税人与政府的关系，也是一种“一手交钱，一手交货”的交换关系。社会成员公共需求的规模与结构，决定着财政收支的规模与结构。而且财政收支的全过程都应接受人民群众的监督。关于民主与财政的关系，著名经济学家布坎南在《民主进程中的财政》一书中有深入的探讨。

三、民主与文化的关系

那么，什么是真正的民主呢？“民主”两个字字形很简单，且从古至今没有什么变化。同时与“民主”中的“民”字密切相关的“人”字也是如此，没有什么变化。但人也好，民也好，民主也好，里面的学问却不简单。“民主”二字从理论上分析是一回事，如何操作是另一回事。如何实现民主呢？“民主”实现的首要前提是要能正确了解民意，即实现民主的最起码的条件就是民意的收集和整理。就财政而言，必须知道人民的意愿才能编制财政收支预算。但民意怎样收集？怎样汇总？在实际操作中民意的收集和整理是十分困难的。

第一，“民”的范围如何界定？什么样的人才算是我们这里所说的“民”？属于“黑户口”的人，如“超生游击队”生的小孩算不算？是 18 岁以上，还是 16 岁以上，还是入了学的人才算？是交了税费的人才算，还是有工作的都算？如此等等。可见，界定人民群众的口径很多，哪一个口径更合理？若仅把交税的人作为人民，那么可能某个人没有交税，没有作为人民，从而没有征求他的意见。但他却突然在第二天中奖 300 万元或以其他方式成为了纳税人，那该怎么处理？第二，收集民意该采用何种途径？比如打电话、发 E-mail、挨家挨户询问、登报、电视公告、发调查问卷等，哪个手段更好？采取怎样的民意收集方式比较科学呢？第三，收集民意的人如何产生？派什么人去收集人民的意愿？这些人是否会受利益集团的影响？他们会尽心尽力去从事这项工作吗？如何监督他们？如何保证在民意收集过程中，工作人员能做到公平公正？第四，有些人（比如边远地区的农民）受知识水平和结构的局限，根本不知道什么是公共商品，也不太清楚自己需要一些什么样的公共商品，那么在收集民意之前要不要进行培训？由什么机构来进行培训？第五，事实上，一个人需要多少公共商品，需要何种公共商品，不同的人有不同的看法，直接去问每一个人，十个人会有十种答案，一百个人就可能有一百种想法，很难得出一致的结论，故经济学上有所谓的阿罗不可能定理。第六，困难还不仅仅如此。还有一些人，即便需要公共商品，他也不一定会表达出来，他可能有自己的算盘。权利与义务是对等的，有享受公共商品的权利，就要承担筹资的义务。但有些人不用承担义务，却照样能享受到公共品"非排他性"带来的好处，这就容易导致"搭便车"行为。那么又如何克服对公共商品提供进行民意调查中的这种"搭便车"现象？第七，如何评判收集的"民意"是否真实、合理？由谁来裁判？由此等等问题，我们就可以看到民主的实现是多么的困难。

那么西方式的民主实际上又如何呢？西方发达国家形式上应该说是民主的，但是不是真正的民主呢？这是值得商榷的。布坎南就说过：投票不是科学，是政治。在投票制度下，是否就能产生真正顺从民意的政治家？台湾地区的陈水扁、美国的克林顿、布什等都是通过民主大选选举出来的，但在实现民意方面，他们就一定比不是通过大选选举出来的邓小平优秀吗？我看未必。邓小平不是大选选出来的，但邓小平在代表最广大人民群众的利益方面似乎比布什等人强得多。实际上，在西方所谓的民主选举中，候选人的产生本身就大有文章，可以说主要是利益集团在起作用，到头来是两个候选人玩转三亿多美国人民。简言之，形式上的民主并不能保证实质上的民主。

我有一个观点，自古以来，统治人民、主宰社会的实际上并不是皇帝、女王、总统、主席等，而是思想，是一些思想家的思想事实上在主宰、统治着这个社会。这个社会到底是多数人统治少数人，还是少数人统治着多数人？如果从民主的角度看，多数人统治少数人是可取的，而少数人统治多数人是不可取的，然而，从思想的角度看，这个社会似乎也是少数人统治着多数人。因为先进的思想总是先产生于少数人，我们称这些人为"先知先觉者"，是少数的先知先觉者先进思想的提出和传播，启发和带动了一些人（我称这些人为"后知后觉者"），从而形成了一股社会风气；这股社会风气在广大老百姓中起到了一种教化作用（所谓"风化"

即源于此），其结果是社会大部分成员在“不知不觉”中认同和跟随，这就形成了一种文化。值得特别指出的是，先知先觉者提出的这种思想一定要出以公心，一定要代表大多数人的利益，这样才会有市场，才会有少数人的跟随到多数人的认可，从这个角度讲，似乎又体现了少数服从多数的原则。我认为这才是真正意义上的民主或更具长效的民主，这是一种“大民主”的概念，而大不同于四年一届的选举。正因为这个世界的真正主宰是思想，所以一个好的思想就是一个社会最重要的公共品。人类当前普遍追求的形式上的民主同这一本质要求是有距离的，也是值得我们思考的。我们在探讨民主问题时应先注重民主的实质，然后才考虑民主的操作方式，不能倒着来。

易中天曾在“闲话中国人”中讲到，中国的文化实质上是群体文化。群体文化考虑的首先是群体利益，如家庭、家族、区域以至国家利益，这都属于不同层次的公共利益。所以中国人强调“天下为公”、“大同社会”的境界，要求不仅仅是诚意、正心、修身，还要齐家、治国、平天下。而西方文化是个体文化。个体文化考虑问题首先是考虑自身，如何使得自己的个人利益最大化，故竞争意识特别强烈。这种文化的差异使得资本主义能够在西方产生，而没有在人们更多地讲究自身修养，不争不斗，只求心安理得的中国产生；这种差异也使得在民主的实现形式上中西方有很大的不同。说到这里，就要特别指出，中国几千年的文化传统是有着明显的合理性的。而中国没有秉承西方那样的民主，也是有着深刻的历史原因和文化原因的。中国从周朝开始就非常强调“天下为公”，“社会大同”，这种文化经孔子得以发扬，并在以后的几千年得以进一步发展。总之，中国的传统文化乃至东方文化都是一种典型的群体文化。比如吃饭，中国人吃桌饭，认同大家是一家人，你中有我，我中有你；而吃饭用筷子则反映着中国文化始终是内敛的文化。而西方文化是一种个体文化。西方人吃饭通常实行分餐制，埋单也是AA制；西方人吃饭用刀叉，则表现出西方文化典型的向外攻击性、侵略性。又如中国人见面礼节是拱手作揖，这表明中国人认为大家本是一家人，本身是一体的，见面没有必要那么客气；而西方人见面是握手拥抱，表明西方人内心认定与他人之间不是一家人，需要合为一体方能表示亲热。中国人的群体文化本身就有一种社会观念，考虑问题首先就是要讲公共利益，大家彼此之间讲究相互帮助，遇事愿意找邻里、朋友、亲戚，最后才找政府；而西方人的个体文化考虑问题首先是考虑自己，考虑个人利益怎样增加，如何使自己的个人利益最大化。一个人利益的增加会引起其他人利益的减少，所以西方文化中注重竞争，好争斗；西方人的这种竞争是无止境的，因为追求身外之物是没有止境的。有人说中国人知识产权的意识不强，应该是事实，但这恐怕也是文化使然。中国人很注重国家民族利益，好以天下为己任，有些什么想法、主意得到采纳，高兴还来不及，很少想到要去注册什么知识产权。即便自己的东西被别人用了，只要有利于社会，也是宽容待之，不怎么加以计较。中国传统文化的精髓就是讲究自身修养，不争不斗，所谓“诚意、正心、修身、齐家、治国、平天下”。中国人的群体文化是内敛的，所以中国虽然在汉唐，乃至清初比西方都富有，但中国人追求心安理得，小富即安，故始终产生不了资本主义，更难以照搬资本主义国家那样的民主。

这里有一个非常值得研究的问题：地球及其资源是人类共同的财富，经济是市场化国际化的，一个国家洁身自好，别的国家我行我素，最终使洁身自好者也难以自洁，比如只有中国贯彻落实科学发展观，别的国家不这样的，你照样科学不了，因为你无法把自己封闭起来。因此对中国而言，在坚持传统优秀文化的同时，要适度借鉴西方的商业文化与文明，走市场经济的道路，去享受自己应得的地球赋予人类的共同资源。而对世界而言，则要多吸纳一些中国的人文精神，多采用中国的优秀文化来指导、完善其市场经济。梁启超当年在考察了一些西方国家后就曾说，要拯救这个世界，看来只有靠中国的文化，这恐怕不全是狂妄之言。我觉得真的应该在世界各地多办一些孔子学院，以更好地弘扬中国的传统优秀文化。

四、民主、法治与文化

从民主与法治的关系来看，西方国家也许可以称得上是法治国家，但是否就是真正的民主国家，是值得寻味的。

西方人重个体，好竞争，遇到问题希望有一个凌驾于平凡人之上的力量来解决，于是信奉上帝，宗教便具有很高的社会地位。但宗教统治越来越黑暗，同世俗之间的矛盾越来越大，导致了轰轰烈烈的宗教改革运动。人们发现上帝并非能够摆平人间的事，“恺撒的事仍得恺撒管”，所以便由“在上帝面前人人平等”一步跳到“在法律面前人人平等”。在中国，宗教从来都没有独立的地位，中国人不信上帝信皇帝，皇帝是最高权力的象征，法律也是服从于皇权的，所以没有“在上帝面前人人平等”，也就不会一下子跳到“在法律面前人人平等”。但并不能因此就说中国没有法律，这在后面还要谈及。但西方国家颁布的法律真正能体现大多数西方人的意愿吗？这又是一个值得探究的问题。我的粗浅看法是，西方国家的民主服从于法制，是更重程序而不是更重结果，而严格地说，法律应该服从民主才对。所以西方国家可以算得上是法制社会，而是不是民主社会，还不一定，可能要大打折扣。西方的民主服从于法律，所以重程序而不重结果；而中国人恰恰怕按程序反而找不到理想的人，故经常要越过程序直接注重结果。但是现在，中国人似乎有点丢失了传统，反而有些只讲程序不讲结果了，包括高考制度都是如此，一些真正有个性的、有创新精神的青年人可能恰好被现行的高考制度淘汰了。西方人只知道治国，不谈修身，不善齐家，更没有平天下的概念，因此西方人治国只知道照顾自己的国家，不顾及别人的国家，认为自己的国就是国，别人的国就不是国，在国与国之间极端地自私自利，帝国主义就是这样产生的。比如美国打伊拉克，说是解放伊拉克人民，那是胡扯，其实主要是看中了那里的石油，同时也照顾一下国内军火商的利益。

在西方发达国家，有着庞大的第三部门，解决了许多社会问题，为政府分了忧解了难。而中国没有完善发达的第三部门，但中国的家庭、家族却相当于第三部门，承担和行使了大量的第三部门的职能，为社会的稳定作出了贡献。这再一次显示中国群体文化和西方个体文化的差异。如今西方人总爱说中国人不讲诚信，可能是有这个问题，但那是另有原因的。从中国的传统文化来看，“格物、致知、诚意、正心、修身、齐家、治国、平天下”，就说明中国人向来是讲诚信的，导致现在出现一些不讲诚信的现象，原因很多，其中恰好就与近代以来西方列强入侵，对中国社会形成巨大的冲击有关。与此相联系的还有“五四运动”，虽然“五四运动”对中国产生了很多正的影响，但彻底地与传统文化决裂却是一个败笔。“文化大革命”、“破四旧、立四新”，四旧是破了，四新却没有真正立起来，这就好比拆房子容易，盖房子却很难。我们的诚信丢失是与此有关的。但饶有意味的是，“不诚信”的中国人却从不侵略别人，而“诚信”的西方人却总是侵略别人的国家。我觉得这一点很重要，说明中国人的诚信是大诚信，西方人的诚信是小诚信。中国的主流文化讲究天下是一家，所以不主张对外侵略。我们“平天下”的“平”是平安、太平的意思，而不是平定的意思。中国的历史不是对外侵略的历史，而是屡遭他人侵略的历史。当然惹急了也会奋起反抗，如汉武帝打匈奴，但绝不是为了占人土地，掠人财物。20 世纪 70 年代的对越还击战，也是打完就回来了。中国人主要是守住自己的一亩三分地，人不犯我，我不犯人。

在这里，我们有必要再读一段罗素的话：“在评价一个社会共同体时，我们不仅应该考虑这个社会内部本身有多少善或恶的东西，而且应当考虑它的善或恶对于助长其他社会共同体的善或恶会产生什么样的影响，还要考虑总是与恶相辅相成的善的事物发展到了一个什么样的程度。以此而论，可以说中国优于我们西方国家。我们西方的繁荣昌盛，以及我们西方人竭力为自己谋取的大多数东西，是用压迫和剥削其他衰弱民族的手段获得的。与此同时，中国人由于自己国力的衰弱而不可能会损害其他国家，并且只能靠发扬自己的长处和自力更生来获取自己乐于得到的一切东西。"罗素的话是对的，但还不全对。我认为，中国即便国力不衰弱，也不会损害其他国家。

民主与法治是相关联的，真正的法治应该是民主保障下的法治。有人说中国不是法制社会而是人治社会，说中国没有法，这是不全面的。中国一个五千年历史的泱泱大国，如果没有法，没有一定的规矩，那是无法想象的。中国历史上虽然没有近代意义上的法治，但以"宗法"和"礼"作为重要的治理工具，同样体现了法的精神。可以说中国最重要的两部法就是"宗法"和"礼"法。当然宗法也有很多不合理的成分，但西方国家的法又都是合理的吗？中国的"礼"同样是一种游戏规则，是一种秩序，这是直接从仁和义引申出来的，是符合法的要求的。中国文化讲究的就是"仁、义、礼、智、信"的为人处世原则，主张通过个人的内修来达到人与人和谐相处和社会的安定。其实，法律有良法、恶法之分，只有好的法律才能够起到好的治理效果，而要有好的治理效果，法律的制定首先就应当是符合人性的。所以，符合人性的，服从于民主的法才能算是良法。中国从仁和义引申出来的"礼"法，起初应当是与这一精神相吻合的，后来有些走样，但那是内部完善的问题，而并非要全盘用西方的东西来取代自己的传统。总之，分析民主与法治的关系，必须要弄清楚究竟是民主服从法治还是法治服从民主。

五、人性与文化

民主也好，法治也好，都是为人和人为的，因此讲到民主与法制，就必然要涉及人性。那么人性是什么呢？人性是复杂的，具有多面性。西方人的个体文化，主张性恶论；在中国的传统文化中，即使同为儒家文化，孟子讲"人之初，性本善"，而荀子却讲"人之初，性本恶"；亚当·斯密在《国富论》中讲人生来就是自私自利的，却没有讲人是恶的，如此等等，可见，对人性的讨论也是仁者见仁，智者见智。有人说通过基因分析得到了一个重要结论，即"人之初，性本私"，对此我既同意又不完全同意。我的观点是，人的本性是多重的，而不是单一的，人有利己的本性，也有利他的本性（如同情心、怜悯心等）。利己和利他都是中性的范畴，都不是必然的善，也不是必然的恶。利己适度同样导向善，利己过度自然导向恶。利他适度自然导向善，利他过度同样也会导向恶(如造成他人的依赖性、懒惰，并引发造假欺骗，甚至诈骗犯罪等)。关键有两点：第一，度的把握，究竟合理的度是什么？这恐怕要因人因地因时因事而异，它同利己与利他的层次性有密切的关系。利己包括三个层次：蝇头小利或纯物质利益；物质利益加上名誉、地位、声望等无形资产；胸有天下，欲得到整个国家和天下。利他也包括三个层次：利某个人或某几个人；利某群人或某几群人；利全国人或天下人。值得注意的是，层次越高，利己和利他越相互依赖，第三层次的利己和利他就很难分辨清楚，故有“公到极处就是私，私到极处就是公”的说法。第二，有什么样的机制(社会道德规范、法律约束等)将人的利己和利他导向一个合理的度。

事实上，除了智商、机遇、环境等因素之外，人的事业的成败主要取决于他的理想抱负，他的境界与品位。人最后比的是大私(比如治理天下，为天下人所爱戴)还是小私(如贪图蝇头小利，为天下人所不齿)或者是大公(为天下人做好事)还是小公(为少数人做好事)。亚当·斯密虽然提出了所谓经济人假设，他本人却是个道德高尚的人，一辈子未婚，与母亲相依为命，完成了两部伟大的著作，第一本书其实是《道德情操论》，第二本书才是《国富论》。一个皇帝看起来至高无上，可以为所欲为，但一个好皇帝是绝不会无法无天的，他一定要励精图治，使天下百姓安居乐业，他才能成就他的大私，即真正拥有天下，否则他骄奢淫逸，就会失去天下民心，就背离了文化的大道，其统治一定不会长久。如：秦始皇是第一个统一中国的皇帝，但秦朝也是最短命的王室，因为他统一的方式和方法背离了中国文化的大统。谭嗣同舍生取义的行为是真正体现了中国传统文化的精神，其英勇就义所带来的示范和震撼作用，远远大于其生所产生的影响。他是大公，但恰好成就了他的大私。

必须再次强调的是，进行科学研究，特别是在一个特定的国家搞研究，一定不要脱离本国的文化，不能只停留在操作与技术层面，就事论事，而必须探索其文化的内涵与渊源。民族要有文化底蕴，人要有人文精神。我们从事财政研究工作，也是如此。中国学生做学问、做研究就要了解中国的传统文化，要了解自己的根，自己的脉络，才能做到一脉相承。我们研究中国问题，不了解中国的文化与历史，肯定是行不通的，但这并不是说我们不需要借鉴国外的经验。我们也不要封闭自己，而是要学习西方合理的东西。事实上中国的传统文化，从来就是开放式的，是善于学习外来文化的，是海纳百川的。就像蔡元培所提倡的“兼容并包”的北大精神。更早一些如汉朝的张骞出使西域、唐朝的玄奘西游、明朝的郑和下西洋，都说明中国传统文化是一个兼收并蓄、兼容并包的大酱缸。就像中国人喜欢吃火锅，下进去的东西越多，汤就越鲜。闭关锁国在中国的历史上恰恰主要出现于外族入侵统治的元朝和清朝。即使在毛泽东时代，搞计划经济，也不是不跟外面联系，是人家帝国主义要封锁你，不跟你玩。实际上同苏联就有很多的合作，只是后来人家有了野心，我们才跟人家说了拜拜。后来尼克松访华更说明中国是开放的。我现在担心大家是将自己的东西丢掉了，西方的学得又不到位，搞得自己没有了体系，非驴非马非牛非鹿四不像。而且即便搞自然科学，丰厚的文化底蕴也会为他的学习和研究提供极大帮助。比如物理学家钱伟长，考清华大学时，历史 100 分，语文 100 分，英语 0 分，物理 5 分，原本只能读历史系或文学系，“九一八”事变后，为了洗雪国耻，要造自己的飞机、大炮，他不学语文、历史，改学物理，后来成为了著名的大物理学家。钱伟长的成功来自于两个方面：一是因为他有公心，有“天下兴亡，匹夫有责”的中国传统人文精神；二是语文和历史成绩好，使他有很好的领悟力，使他在物理学上能后来居上。这就好比人要有营养，营养不能太单调，营养要全面一样，即便学自然科学也要有一定的人文基础。搞人文社会科学研究尤其不能脱离一个国家的母文化，要有一种人文精神。研究问题一定要从更深处入手，不能就事论事。

当今国际视野下的我国公民教育

韩呼生[①]

我和公民教育有一定渊源，因为公民教育与素质教育紧密相连。

1998 年教育部有位领导对我国素质教育非常重视，常在一起探讨这方面问题。后来，没料到我的一点想法竟引起他的关注。那是 1999 年，我被公派到美国加州州立大学做访问学者，临行前他叮嘱我出国后尽可能了解国外素质教育包括美国的公民教育状况，要为我国素质教育的开展提供经验。

为此，我重点选择了值得借鉴且比较成熟的美国公民教育及其设在加州的美国公民教育中心（简称“CCE”），并有针对性地进行了调研与考察，其间感触很深，尤其是他们开展公民教育的方法很值得借鉴。随后，我就与美国公民教育中心的交流与合作提出了具体建议。后来，经过当时教育部部长助理李连宁同志的大力推动，相互间进行了多次互访，加深了彼此的了解和信任。2005 年 5 月经周济部长批准，由教育部基础教育司姜沛民司长率团出席在华盛顿举办的公民教育活动，并就公民教育双边交流和合作等问题与美国公民教育中心交换了意见，双方表现出极大的兴趣与愿望。回国后，便先后推动云南、江苏、上海、山东等省、

① 作者简介：韩呼生，中南财经政法大学副校长兼公民教育中心主任，湖北省素质教育研究会会长。

市在基础教育领域开展“公民教育”试点，取得了明显的成效。今年2月，教育部副部长陈小娅到云南临沧市考察后赞叹道：教育部引进的公民教育项目在云南偏僻地区能够搞得这么好，很不容易！随后她对学校今后开展素质教育和公民教育提出了重要意见。

目前，我国改革开放和市场经济正在向纵深发展，构建社会主义现代法治国家与建设和谐社会的序幕也徐徐拉开，但这一美好蓝图和宏伟目标的实现取决于人，取决于国家建设主体的每一个中国公民，尤其是精英群体中的大学生。大学生的公民意识、素质如何，又取决于公民教育的实施。所以，从一定程度上说，上述宏伟目标的实现最终取决于我国公民教育的发展状况。这里，仅就当今国际视野下我国公民教育的内涵、内容、意义和途径做一些分析，以期引起我们必要的重视。

一、公民教育的内涵

“公民”一词，从古希腊就开始出现了。亚里士多德说：“凡有权参加议事和审判职能的人，我们就可说他是那一城邦的公民。”也就是说，公民是城邦中享有自由和平等权、有资格且必须参与城邦政治生活的人。近现代意义上的公民，是资产阶级根据“天赋人权”、“主权在民”和“社会契约”等理论反对封建专制统治的产物。

《辞海》中指出：“公民是指具有本国国籍，并依据宪法或法律规定，享有权利和承担义务的人(自然人)。”这是法律意义上的公民概念，同时它还是一个政治概念，即有权利参加国家政治生活的人。当个体达到某个法定年龄即可自动获得法律意义上的公民资格，但后者不可自动获得，只有具备一定的态度、技能和品质，并以正确的方式参与社会政治生活的人才是政治意义上的公民。“一个真正意义上的公民，他应有批评公共事业的头脑，有辨别良善官吏的抉择能力，有接受大多数意见的自制力，有为公众谋幸福的诚恳心，有为公众牺牲的精神。”

公民教育有广义和狭义之分。广义的公民教育是指在现代社会里，培养人们有效地参与国家和社会公共生活，培养健全自律的、具有公民意识的、具有公民美德的、明达的公民的各种教育活动的总称。

现代公民教育源于近代西方国家。1791年颁布了第一部宪法，提出了公民教育思想的法国，被公认为是公民教育的创始国。经过两千多年的发展，世界各国推行的公民教育中均体现了文明社会所共有的要求，如民主、自由、平等和爱国等，也毫无疑问地带有一些本国社会制度或传统的鲜明特性。我国是一个有两千多年封建专制主义统治的国家，“民可使由之，不可使知之”的愚民政策扭曲了人们的本真人性，公民意识被根深蒂固的传统意识所排斥。

公民教育是随着近代民族国家的兴起而发展起来的。1902年，著名思想家梁启超在《新民说》中提出“现代公民”思想，认为要依靠“吾四万万人之民德民智民力”，努力使中华民族成为先进强盛的新民族，开启了我国公民教育思想的先河。我国公民教育意识的真正觉醒始于近代。辛亥革命推翻了帝制，颁布了《中华民国临时约法》，首次从法律上对我国公民的权利作出了规定，为逐步发展起来的公民教育提供了法律基础。到五四时期，我国公民教育范围扩展到社会公共生活领域，个人、社会、国家三者的相互关系及民主精神的培养成为当时公民教育的目标模式。

新中国成立后，我国的公民教育思想发生了新的扭转，经历了政治本位的公民教育阶段、市场经济土壤下“四有”新人的培育阶段、“以人为本”的和谐社会公民教育阶段三个阶段。① 尽管如此，由于过去社会政治高压、经济发展约束、观念传统等一系列复杂的因素，以往的教育过多侧重于对科学文化的教育，忽视对青年学生未来定位的目标性教育，因此，从此意上讲，公民教育在我国教育中的发展可谓先天不足。

现在，党中央提出依法治国与构建和谐社会的战略，“公民教育”作为一个重要的社会与教育课题，又以新的面貌进入中国教育研究与实践的视野，这是社会进步的标志之一，也是中国教育发展的难得机会。

二、公民教育的内容

公民的含义随着时代的发展呈现不同的内涵。公民教育的目的就是培养具有良好素质的公民，而“良好”是以特定的社会价值取向和不同国家的要求为标准的，一个好公民应对其所处社会或国家的稳定和发展作出贡献而不是危害的成员。从内涵上讲，凡涉及公民问题的，都属于公民教育的范畴。由于公民教育内容的广泛性和不同国家不同时期的特殊性，我国在全面建设小康社会的进程中，根据当前大学生的实际情况，公民教育的主要内容包含以下几个方面。②

---

① 黄平：《大学生公民教育的回顾与展望》，载《黑龙江高教研究》，2008(5)。

② 侯建雄：《公民教育：新时期大学生思想政治教育的新视角》，载《黑龙江高教研究》，2005(10)。

(一)主体意识教育

主体意识是现代公民意识的基础，也是现代公民教育的基本价值目标。马克思指出："人类的特性恰恰就是自由的自觉的活动。"①人之所以成为人，就是因为他是从事着改造世界的实践活动的能动主体。公民是国家和公民社会的主体，也是现代市场经济活动的主体。社会现代化的进程从根本上说就是人的主体性精神缺失的重拾过程。只有有了强烈主体意识的公民才能真正使我们的社会成为公民自己的社会，而非中国传统的"君王"社会。也只有有了强烈主体意识的公民才会积极地去按照社会发展的要求有目标地进行个体的社会化，主观能动地去适应和融入社会。反思我们今天高校的教育仍然是以灌输式、填鸭式为主，结果造成了"你讲我听，你教我背"的局面，学生的主体地位没有得到发挥。所以，必须加强大学生主体意识教育，使学生能从自我发展需求的角度去对待各项教育和管理，真正实现德育由他律向自律的转变。

(二)权责意识教育

权利是公民独立人格和自由意志的保障，是公民作为国家和社会主人的具体体现。权利意识包括：知晓权利，了解自己依法享有政治、经济、文化、社会生活及人身等各方面的权利；主动追求和正确行使自己的权利，在权利遭受侵害时，勇敢地捍卫自己的权利；尊重他人的合法权利等。与权利意识相联系，作为一个现代公民，还应具备自觉履行义务的意识。现代法律要求权利与义务、责任即权责的统一，每个公民都是国家的成员，要充分了解和认识自己对国家、社会、集体和他人所承担的义务与责任，以更好地保障权利的实现。以往，我们总是强调公民的义务，而忽视应享有的权利。在我国法制日趋完善的今天，要保障公民依法享有人身权利、政治权利、经济社会和文化权利等民主权利，鼓励人们通过诚实劳动和合法经营获取正当物质利益。如保障消费者权益成为当今社会的一大议题，但消费者首先要知道自己具有哪些权利，才能利用法律来维护自己的权益。同样，当今社会上亦存在着许多逃避履行自身义务的行为，如偷税、逃税等。因此我们既要享受公民的合法权益，也要承担社会责任，做到权责统一。

① 《马克思恩格斯全集》，第42卷，96页，北京，人民出版社，1979。

（三）法治意识教育

社会主义市场经济是一种法制经济、契约经济，它需要有与之相适应的法制环境。所以，要对公民进行法治教育、规则教育。一方面是要使其认识到法律之于这个社会的重要性，认识到法律的本质是为了保障国家的安定与稳固；另一方面也要使其认识到，法律的强制性只是工具，真正的目的是实现每个公民的自由。通过公民教育来培养公民的法治与规则意识，这对于整个国民素质的提高和社会的发展都是极为重要的。所以，市场经济条件下的现代德育必须将契约精神、规则意识作为基本价值理念，只有这样才能培养出符合现代社会发展需要的合格人才。当前强调对大学生加强法治和规则意识教育，并非把德育的目标降低到法律层面上来，而是实现德育从以往的"圣贤教育"向"平民教育"转变，让学生能运用和践行法制及其规则。因为过高的目标只会导致与现实的脱离，造成德育的低效或无效。①

（四）公德意识教育

公德是全体社会成员处理个人与社会的关系、人与人的关系、人与自然的关系的底线道德。良好的公德反映了社会的文明程度，是民主法治建设和市场经济的重要支撑。我们必须把公德教育纳入公民教育的体系中，把是否遵守公德看成衡量是不是一个合格公民的重要标准。国家颁发的《公民道德实施纲要》中提出了作为一个现代公民应该具备的基本道德规范："爱国守法、明礼诚信、团结友善、勤俭自强、敬业奉献。"我们要认真学习、努力践行，要发挥大学生在这方面"反哺"社会的作用，毕竟，从整个社会的角度，他们属于社会精英阶层，理应成为社会主流价值观念、道德规范的倡导者和实践者。

三、公民教育的价值

20 世纪初，我国有关公民教育的理论和研究曾达到一个小小的高潮。教育家陶行知就曾说过："教育就是教人做人，教人做好人，做好国民的意思。"做好国民就是做好公民。② 但由于当时的社会政治环境所致，这

① 刘懿、郭寄良：《浅论当代大学生的公民意识教育》，载《成都教育学院学报》，2005(11)。

② 《陶行知全集》，第 1 卷，630 页，成都，四川教育出版社，1991。

种公民教育只能限于理论层面。1998年10月，在巴黎召开的“第一次全世界高等教育大会”，大会《宣言》指出，高等教育的首要任务是培养高素质的毕业生与负责任的公民。培养负责任的公民就是培养合格的公民。1982年党的十二届六中全会提出“适应社会主义现代化建设的需要，培育有理想、有道德、有文化、有纪律的社会主义公民”的重大任务。党的十五大也明确提出了“发展民主，健全法制，建设社会主义法治国家”的任务。随后，党中央又先后提出“以人为本”和建立和谐社会战略思想，党的十七大报告又鲜明地提出了加强公民意识教育的要求。可见，公民教育的热潮已经来临，它是时代的需要、历史的必然。

（一）公民教育是发展市场经济的需要

市场经济需要合格的现代公民。市场经济是法制经济，要求运用法治手段来规制经济主体与经济活动，与之相对应的社会样式应该是公民社会，相对应的主体是良好的公民；市场经济要求市场主体都具有自由的意志，以一种平等的身份和资格参与社会经济生活，这就是现代公民的自主意识和平等观念；市场经济需要良好、有序、高效、公平的经济运行环境，要求市场主体遵守契约，公平竞争，诚信无欺，这就是现代公民的自律意识、公德意识和法律精神。目前经济活动中暴露出来的种种问题，如内幕交易、合同欺诈、假冒伪劣产品等，都表明现代公民意识的严重缺失已经制约和阻碍了我国市场经济建设的步伐，加强公民意识教育迫在眉睫。①

（二）公民教育是建设现代法治国家的需要

法治国家和法治建设需要合格的现代公民。党的十五大把建设社会主义法治国家列为社会主义现代化建设跨世纪的战略目标之一，九届全国人大二次会议通过的《宪法修正案》，把“依法治国，建设社会主义法治国家”载入我国宪法，标志着我国社会主义民主政治建设进入了新的历史阶段。与此同时，保障和尊重公民人权也写入了宪法，公民的各项权利和义务得到了充分的保障。这一切都说明我们的社会正在走向公民社会。历史事实表明，与人治、德治和专制相比，法治是人类迄今为止所找到的相对较好的治国方略。它是以宪法为核心的“法律的统治”，其要义是限制政府的权力，以保护公民的自由和权利。法治建设不仅是从上到下的建构过程，更应该是从下到上的生成过程。法治建设不能仅仅依靠立

① 苏玉菊：《论大学生之公民教育》，载《安徽教育》，2008(3)。

法、执法和司法等国家机关的推进，它更有赖于公民信任、依赖、崇尚法律的法律心理和法律文化的支撑。而公民教育正是承担着宣扬现代法律价值观和行为方式、培植法律心理和法律文化的职责。

(三)公民教育是构建和谐社会的需要

在科技飞速发展、社会财富激增的同时，人类也面临着种种危机：人与社会的文明危机，人与人的道德危机，人与自然的生态危机，这些都需要构建和谐。我国处于社会转型时期，利益重组，各种矛盾交集，利益多元化、思想多样化，多元价值观凸显、多种信仰并存，各种文化思潮相互碰撞、激荡。在这样的多元社会中，构建包括人与自然、人与社会、人与人之间的和谐社会已成为我们的重要使命。其主体的宽容品质和较高的道德水平是必要条件。在宽容的基础上增强沟通与交流达到理解，尊重他人，减少冲突，达到和谐。思想道德建设是公民教育的重要内容，通过公民教育造就具有宽容品质和爱国守法、明礼诚信、团结友善、勤俭自强、敬业奉献的社会主义道德水平的大学生，为促进和谐社会的构建提供基础和条件。

(四)公民教育是中国特色社会主义与时俱进的需要

公民教育专家檀传宝曾指出，就像市场经济、政治民主等并非资产阶级或者资本主义的专利一样，公民教育也并非西方社会的专属。事实上我党在革命战争时期以及建国后都不止一次旗帜鲜明地使用过“公民教育”的概念，并付诸过政策和教育的实践。最明显的例证是，抗日战争时期共产党领导的抗日根据地和20世纪80年代的中国内地，都曾经开设过直接以“公民”为名称的课程。就在我国现行学校课程体系中，诸如社会主义民主与法制教育、权利与义务教育、国家政治体制(含政党制度)教育、爱国主义与国际和平教育等，这些存在于“政治”、“法律”、“道德”等课程模块下面的教育内容，实际上就是国际上称之为“公民教育”的内容——尽管对这些课程内容及其教育的具体安排可能还有许多需要改进的地方。[①] 当今，我国和谐社会的构建，法治国家的建立及具有中国特色社会主义的建设，都需要对公民教育的认识与时俱进，需要合理引导我国的公民，尤其是广大青少年，树立正确的公民意识、提高理性的公民素养已成为目前中国教育的当务之急。

---

① 檀传宝：《当前公民教育应当关切的三个重要命题》，载《人民教育》，2007(Z3)。

(五)公民教育是大学生自身发展的需要

人的现代化是社会现代化的重要内容和前提，也是人的全面发展的必经阶段，大学生素质的现代化离不开公民教育。当代大学生关注社会，有爱国热情，有较强的平等、民主等意识，但由于封建意识和现实社会的负面影响及公民教育的缺失，大学生在一定程度上缺乏公德意识、规则意识和责任意识，尤其缺乏公民的理性精神。现代社会是一个复杂多变的社会，它对人的分辨能力、判断能力和推理能力的要求较传统社会要高得多，一个人如果缺少这种能力，哪怕再善良，也无法履行对于社会的责任。在一个理性缺失的国度里，规则的普遍运行只能是一种奢望。理性的实质是人类思维与行为的根据，而加强理性精神、规则意识的教育正是公民教育的重要内容，是大学的一项紧迫任务，“大学不仅是培养专门人才，更是培养合格公民的基地。”①大学生正处于个体成长的特殊发展阶段，并在这个阶段由幼稚走向成熟，加强大学生公民意识、理性精神和责任感教育，强化他们对中国特色社会主义政治、经济、文化和法律制度的合理性、合法性的内化与认同，从而调动他们在改革开放和现代化建设中的积极性，在为国家为社会的奉献中实现自己的人生价值。

四、公民教育的现状

新中国成立以后，尤其是改革开放和市场经济的建立，使我国的经济、政治和文化得到了前所未有的发展，人们的精神面貌发生了很大变化，特别是作为精英群体的大学生有爱国热情，有成就一番事业的抱负，关注社会发展，容易接受新事物、新观念，具有一定的平等意识、民主意识、市场意识等，但因社会实践经验缺乏，容易感情用事，办事易冲动。也因为缺乏必要的公民教育，导致行为失范，给国家、社会和人民带来了较大的危害。

(一)公德意识缺乏

市场经济是把双刃剑，它在充分调动人们积极性的同时，社会主义的道德信仰也受到冲击，原有计划经济基础上的道德伦理，正在失去其赖以生存的经济基础，而市场经济所需要的公平正义、规范诚信等道德伦理建设滞后。特别是当失信所带来的收益远远要大于由此所付出的成

① 谢克昌：《大学生首先要当好公民》，载《人民日报》，2006-04-28。

本和代价时，更促使市场主体作出逆向选择，完全背离基本的社会道德准则。[①] 如通信和公共交通设施被盗被毁，因违规开发环境遭到污染，面对不正义行为或犯罪行为的冷漠和麻木，“各人自扫门前雪，哪管他人瓦上霜”的消极心态等现象绝非罕见。因此，与构建和谐的社会生活秩序这一外在内容相配合，构建人们内心的精神和谐秩序即社会主义道德信仰迫在眉睫。

(二)法治意识淡薄

亚里士多德指出：“法律能见成效，全靠民众的服从。”“邦国虽有良法，要是人们不能全部遵循，仍然不能实行法治。”然而，在我国长久人治社会模式下，公民对法治的信任感和依赖感先天不足。加上公民所具备的法律知识、法制观念并不系统，在处理涉法问题时，也不懂得用法律维护自己的利益。近年来，随着大学生中独生子女增多，年轻气盛的他们，遇到磕磕碰碰的事情就容易采取极端手段。如最近又发生的名牌大学博士生为了老家的造房纠纷竟出手打人致死的案件，就可以看出这位“知识渊博”的博士生连起码的法律意识都没有。

(三)权责观念不强

没有无权利的义务，也没有无义务的权利，权责是统一的。但有一些大学生确立了权利观念为核心的意识之后，极力回避履行义务和承担责任。主要体现为偏重对个人利益的保护，过多地要求国家、社会、他人为其实现权利和实现自我价值提供条件与加以保障，甚至在实现自己的权利过程中侵犯着别人的权利。一方面，许多人对自己应承担的责任漠然处之；另一方面，也不了解自己应享有的权利或不具备捍卫自己权利的能力，等等。

(四)人文素质缺失

人文素质教育的核心就是解决“如何做人”的问题，包括如何处理人与自然、人与社会、人与人之间的关系以及人自身的理性、情感、意志等方面的问题。长期以来，由于受计划经济和应试教育的影响，我国的教育共性过强、专业过窄、人文过弱，使大学生成为有智力没智慧，有知识没文化，只知 ABCD，不懂黄河长江的畸形发展的人。

---

① 中共中央宣传部宣传教育局：《公民道德建设实施纲要》(学习读本)，67～69页，北京，学习出版社，2001。

五、公民教育的途径

(一)教育途径上，注重课内外、校内外教育资源整合

1. 加强课堂教育。课堂教育是公民教育的主要载体，通过课堂的显性和隐性教育教学，强化公民教育的内容，提升公民意识。

一是开设独立的公民教育课程，或利用现有的“两课”，系统地培养学生成为合格社会成员的知识技能和品质。“两课”是进行爱国主义教育、品德教育、法治和纪律教育的基础课程，它是大学德育也是公民教育的主渠道、主阵地。二是渗透于学科间进行教学，加强大学各学科的公民教育渗透力，把公民知识的掌握融合到专业课与其他如历史学科、政治学科、法律学科等课程中，切实让每一位教师都承担起对学生进行公民教育的任务。

学校要对公民教育进行长远规划，组织制定公民教育目标体系，切实推进公民教育“进教材、进课堂、进学生头脑”，通过系统的公民教育来强化大学生对国家经济、政治、文化本质的认识，充分认识个人与国家、与社会的关系，增强大学生的权责意识、公民意识。

2. 注重课外文化活动。课外活动一般是指校内课堂以外的文化活动即校园文化活动。校园文化所特有的正面导向功能、陶冶和美育功能、促进和发展功能、凝聚和激励功能、愉悦和调适功能，决定了它在满足大学生文化需求，陶冶情操、塑造品德和影响价值观方面的重要作用。

加强校园文化建设具体体现在三个由浅入深的层面上。一是加强学校物态文化建设，使校园齐备的设施、合理的布局、各具特色的建筑及活动场所成为让学生了解历史、认识现实和感知未来的理想场所与感性源泉，“让每一个墙壁说话”，使学生在形式多样的物质文化建设中感知更多的思想文化和社会阅历，激发其探索与创新热情；二是加强制度文化建设，形成由各种规章制度构成的民主、公正的行为规范体系，给师生的言行以必要的导向和规范，使他们明确学校提倡什么、反对什么，从而促使师生养成自觉的良好行为方式；三是加强校园精神文化建设，学校根据自身特点，时代要求及培养目标，确定学校特色的校训、校徽、校歌，使之成为凝聚和振奋人心的力量，并使学校形成良好的学风、教风、考风等。校园精神是时代、民族的基本特点和科学、民主的基本精神在校园的沉淀，它是学校文化的核心层面，是文化建设的根本着力点，能否提炼出为校园文化主体所广泛认同并转化为自觉行动的校园精神，

是检测校园文化建设成效的重要标尺。

3. 建立多种机制。课外文化活动以校园为载体，以发展学生综合素质为使命，是学生的内部环境。社会(家庭)是外部环境，校园文化与企业文化一起，同属于社会文化。大学生由学校走向社会，也是从校园文化走向社会文化的过程。但他们往往很难适应这一角色变化，也很难形成应有的社会公民意识。因此，公民教育除了彰显高校独特文化底蕴之外，还应建立开放的多种途径的参与机制，形成学校—社会—家庭“三位一体”的大学生公民行为训练平台，培养大学生公民意识和公民行为能力。

社会实践是培养大学生公民行为能力的很好途径。一方面可以使学生认识、体验自身在社会中的角色和任务；另一方面也有利于学生掌握社会参与的方法和技巧，提高社会参与能力。现阶段，大学生并不缺少与社会的接触，但有组织有目的的社会参与活动较少，而这样的结果就使学生对社会的了解和适应具有随机性和盲目性，特别是在现今社会大环境不理想的状况下，这种盲目随意的社会参与的效果是很值得担忧的。所以，高校要积极创设条件，通过社区服务、青年志愿活动、三下乡服务、调查活动等社会实践活动，努力使学校与社会共同合作，为学生提供有指导意义的活动计划，培养他们的主人翁意识和社会责任感，激发他们运用在社会实践中获得的经历和经验，理性地、批判地思考民主、道德的本质及相关问题，真正感受到自身的价值与责任，认识到民主、法律与道德的真正意义和价值。

家庭是社会的细胞，家庭教育是公民教育的起点。父母传授的日常行为规范、养育子女的方式以及自身的行为举止，对子女未来参与社会政治生活有着启蒙作用，尤其是道德教育方面，家庭的影响是其他教育因素不可替代的。还应强调的是，学生家庭应消除家长制的生活方式，形成家庭成员平等对话的沟通方式，尊重学生在家庭生活的意见和选择。

(二)教育情境上，营造学生真实的“公民生活”环境

1. 公民教育的环境氛围重要。我国公民素质如何，需不需要公民教育？这需要形成共识和相应的舆论环境。在相当长时间里，我们在潜意识里往往把公民教育看作是“资本主义”的东西，就像曾经将商品经济看成是资本主义的一样。其实我们党和政府一直主张培养社会主义共和国公民，这一点既体现在我国《宪法》和《教育法》中，也体现在我们的教育实践之中。在公民意识淡薄、理性行动缺失且导致诸多现实问题的今天，全社会需要在公民生活和公民教育的紧迫性上形成共识。有了共识，才

可能有真正意义上的公民生活；有了公民生活，才可能有真正意义上的公民教育。

2. 成人社会的示范作用重要。成人于儿童、教师于学生就是一种有形无形的榜样和示范。在所有价值教育领域，榜样学习就是一种很好的学习方式。尽管我们将公民教育总是寄望于未来公民的教育上，但如果成人们都没有成为积极公民生活的表率，我们又怎能使孩子们听从我们所教导的一切呢？即便我们成功地进行了“象牙塔”里的公民教育，而当未成年人接触社会的时候，所有接受过的教育反而会让他们失落、失望，继而后退到原有的保险的“私民生活”的惯性中去。也正是基于此，我们认为成人社会包括教师在内的所有公民教育或者公民生活的自我教育至少和针对青少年的公民教育一样重要！

3. 改造学校的公民生活重要。学校的“公民生活”更为直接。教育家杜威和陶行知先生都曾经强调“学校即社会”、“教育即生活”的命题。当学校在管理制度上不能体现民意，当课堂、讲堂一直采取强制灌输的方式，当师生关系、生生关系都被等级观念所浸透的时候，学生们根本没有成为公民的机会、基础，再好的公民教育课程又有何用？所以，应对学校生活进行改造，也就是把建立和谐校园作为培育和谐社会合格公民的场所，让学生通过和谐校园过一种公民生活，并通过公民生活实施有效的公民教育。让他们生活在一个民主、公正、和谐、受尊重、鼓励理性参与的教育环境中。因此，校园公共生活和校园文化建设尤显重要。

彰显大学精神 提升国家文化软实力

胡德才[①]

大学的存在虽已有悠久的历史，但对大学理念的自觉探讨则始自19世纪中期牛津学者纽曼所著的《大学的理念》(1852)一书。大学社会地位的凸显大致也是与大学理念的自觉相伴随而发展的。“整体地讲，在19世纪之前，大学在社会上只处于边缘性的地位，但进入20世纪之后，大学在社会上的地位越趋重要……已成为社会之中心。”[②]大学在现代社会取得如此重要的地位，是因为大学在国家民族的复兴、现代文明的演进中扮演了不可替代的重要角色。正如有学者指出的：“每一个现代文明大国崛起的过程，无一例外地都有大学的参与。”“近代以来，所有大国的崛起，所有重大的文明历史进程，无一不与大学的核心作用相联系。”[③]牛津、剑桥之于英吉利民族文化魅力的生成，柏林等德国现代大学之于德意志民族的迅速崛起，哈佛、耶鲁等北美名校之于美利坚的引领世界，北京大学之于中华民族现代化的伟大开端，均功莫大焉。进入21世纪，在充满竞争性的全球化背景下，竞争的实质将主要是人才的竞争，从根本上说是思想的竞争、智慧的竞争、文化的竞争。而大学是人才的摇篮，

① 作者简介：胡德才，中南财经政法大学新闻与文化传播学院院长，教授。

② 金耀基：《金耀基自选集》，上海，上海教育出版社，2002。

③ 姚国华：《大学：现代文明的轴心》，载《政工研究动态》，2008(1)。

是社会的思想库，是智慧的养成所，是文化的大本营和发源地。大学的发展已成为衡量综合国力的一个重要指标。

自从哈佛大学教授约瑟夫·奈于1990年提出“软实力”概念以来，因其理论的战略高度和富于前瞻性而给人们巨大的启发。约瑟夫·奈认为，“软实力”是指“通过吸收而非强迫或收买的方式来达到自己目的的能力。它源自一个国家的文化、政治观念和政策的吸引力”①。在中国经济获得快速发展、综合国力日益强大的今天，“提高国家文化软实力”的战略也适时地提到了议事日程，并逐渐成为国人的共识。提升国家文化软实力，涉及思想、文化、教育、传播等诸多方面，而思想建设、精神铸造是最为核心的。大学承担着培养人才、传承文化、创造思想的重任，是引领社会进步的圣地，关系着国家和民族的未来。而大学的灵魂乃在大学精神，因此，彰显大学精神与提升国家文化软实力有着不可分割的内在联系。

一、“大学精神”提出的背景

“大学精神”这一话题的源头大概可以追溯至1923年，时任北京大学代理校长的蒋梦麟写了一篇题为《北大之精神》的文章。他总结北大之精神有两点：一是“大度包容的精神”，二是“思想自由的精神”。② 这两种精神显然是源自五四时期北大校长蔡元培所提出并实施的“思想自由”原则和“兼容并包”主义。③ 此后，曾于1919年担任北大第一任教务长的马寅初于1927年在浙江为母校29周年纪念也发表了题为《北大之精神》的演讲。他认为，北大之精神，就是“牺牲精神”，也就是“服务于国家社会，不顾一己之私利，勇往直前”的精神。马寅初当时强调北大的牺牲精神，是有针对性的。他说：“今日国家社会之所以每况愈下，根本原因，在于吏治之不良，道德之堕落。”国人多“私欲”而无“公心”。他指出：“中国大

① [美]约瑟夫·奈：《软力量——世界政坛成功之道》，吴晓辉、钱程译，北京，东方出版社，2005。

② 蒋梦麟：《北大之精神》，转引自杨东平，《大学精神》，北京，文汇出版社，2003。

③ 蔡元培于1918年所写《〈北京大学月刊〉发刊词》即提出“思想自由之通则”、“兼容并收之主义”。后在《大学教育》(1930)和《传略(上)》(1919)中都曾分别阐述。《大学教育》：“大学以思想自由为原则……近代思想自由之公例，既被公认，能完全实现之者，厥惟大学。大学教员所发表之思想，不但不受任何宗教或政党之拘束，亦不受任何著名学者之牵掣。苟其确有所见，而言之成理，则虽在一校之中，两相反对之学说，同时并行，而一任学生之比较而选择，此大学之所以为大也。”《传略(上)》：“大学为囊括大典包罗众家之学府，无论何种学派，苟其持之有故，言之成理者，兼容并包，听其自由发展。”

半人民，虽其私人道德，亦有甚好者，但脑筋中实无一'公'字之印象。故公家观念之薄弱，已达极点，而对一己之升官发财，譬如厕所之苍蝇，群相鹜集。"①因此，他强调"北大之牺牲精神"与国人共勉。随后，还有人提出"清华精神"。但无论"北大精神"、"清华精神"，当时都是针对一所具体大学说的，它们可以看作是我们今天所说的"大学精神"一词的源头。

"大学精神"这一说法正式出现并被广泛使用则是近十年来的事。1998年，云南大学出版社出版了董云川的《找回大学精神》；1999年，杨东平写了《重温大学精神》，并于2003年在文汇出版社出版了由他主编的《大学精神》一书；2000年，南京大学教授董健发表了《失魂的大学》，同年，北京大学教授陈平原在上海文艺出版社出版了《北大精神及其他》。从此，"大学精神"成为了大学内外人们广泛关注并热烈谈论的话题。

自1998年开始，"大学精神"为人们广泛关注和讨论，其原因和背景主要有两点：一是北大建校一百周年纪念。因为北大百年也几乎就是中国高等教育的百年，不仅校庆隆重，备受全社会关注，同时也引发出对中国大学百年历史的回顾与反思。二是中国大学本身出现了令人忧虑的问题。随着中国大学的快速发展，在全社会由计划经济体制向市场经济体制转换的整体性变革中，在社会现代化和世俗化的进程中，中国的大学在世纪之交也发生了并不令人乐观的变化，归结起来就是大学精神正在日趋衰微。正如一位学者当时指出的："大学里运行着官、学、商三种功能、目标完全不同的机制，大楼多于大师，设备重于人才，仍是普遍的事实。我们的教育之体仍处于前现代的状态，经济困窘、人才流失的危机并没有过去，计划体制、官本位的弊端和政治挤压依然存在，而商业化的侵蚀和对教育的扭曲已经触目惊心。"②其中，有些现象至今仍在恶性发展。董健教授在《失魂的大学》和《再说失魂的大学》两篇文章里指出今天的大学里，一些人"搞教学、做科研、写论文只不过是为了拿学位、上职称，而拿学位、上职称又是为了很实在、很功利的目的——或谋官位，或寻商机，至于对学问本身并没有什么兴趣和热情……等而下之者，便是包装炒作、欺世盗名、抄袭剽窃，等等。"③凡此种种，便是大学失魂的表现。所谓"魂"，就是精神，"失魂"就是大学本义、大学精神的衰微和失落，也就是大学在腐败。原本是腐败社会中的一股"清流"的大学现在是难抵"浊浪"的侵入，原本是一方神圣的"净土"的大学现在已日益被

① 马寅初：《北大之精神》，转引自杨东平，《大学精神》，北京，文汇出版社，2003。
② 杨东平：《重温大学精神》，转引自杨东平，《大学精神》，北京，文汇出版社，2003。
③ 董健：《失魂的大学》，转引自《跬步斋读思录》，南京，江苏教育出版社，2001。

污染。这就是大学失魂，也就是大学精神的衰微。因此，近十年来人们不断地讨论、寻找大学精神，也具有重要的现实意义。

二、“大学精神”的内涵

“大学精神”应该有两个层面：一个层面是指所有大学都应该普遍具有的一种精神状态和理想追求，这一层面的大学精神包含了人们常说的大学理念。这样的“大学精神”是一些优秀的大学所呈现出来的一种共通的特质，它虽然是大学所应该具有的，但由于种种原因又是很多大学难以完全拥有的。因此，这一层面的大学精神又是大学的理想追求。另一个层面是指某一所大学的大学精神，也就是一所大学在长期的教育实践中积淀形成的个性化的精神特征，这一层面的大学精神的形成往往是一所大学成熟的标志，它一旦形成，会成为一所大学的凝聚力和生命力的体现，会彰显其特色、水准和社会形象。所以，它不是每一所大学都具备的。而就现状来说，具体对一所大学的大学精神的总结、讨论固然重要，但我以为更重要、更迫切的还是第一个层面的大学精神的建设和彰显。没有或者不具备第一个层面的大学精神，第二个层面的大学精神的讨论也就是没有价值、没有意义的。

就第一个层面讲，“大学精神”应该包含哪些内容呢？

19 世纪洪堡创立柏林大学时所概括并被后人奉为经典的传统大学理念包括：学术自由、大学自治、教授治校、教学与科研统一。这一大学理念影响深远，中国现代大学之所以有一个很高的起点，因为蔡元培 1917 年出任北大校长时借鉴和实施的就是德国近代的这一大学理念，后来又被西南联大继承并发扬光大。因此，这一理念也就成为了我们今天所说的“大学精神”的重要内容。如有学者认为“大学精神”包括“学术自由、文化创新、真理至上”。[①] 还有的学者认为：“从普遍的意义来看，大学的精神主要体现为自由精神、民主精神、科学精神和创新精神。”[②]南京大学前副校长董健教授认为，“一定历史时期一个国家民族的想象力与创造力的最高表现，就在大学的各个学科里，就在大学人身上”。这种高度的想象力和创造力就是大学精神的集中体现，它具体表现为四种精神：怀疑的精神、批判的精神、超越的精神和追求真理的执著精神。怀疑精神和批判精神是相联系的，是创新的起点和前提。超越精神是指“一要超

---

① 周瑞法：《大学精神：高校思想政治工作的不易指归》，载《黑龙江高教研究》，1999(2)。

② 肖海涛：《大学的理想与文化素质教育》，载《高等教育研究》，1998(5)。

越众人之中流行的'俗见'，二要超越前人固定不变的'成见'，三要超越社会既成文化秩序之下的'定见'"①。只有超越，才有创新。追求真理的执著精神强调的是思想自由、学术第一，保持大学的高度独立性。

与大学精神密切相关的另一个话题是：大学之大，大在哪里？或者说：大学大学，何以为大？

与大学精神的讨论及呼唤几乎同步的是中国大学的扩招和合并，大学越来越大，有的大学也是以其规模之大来作宣传的，如学科门类齐全、在校人数多、占地面积大等。似乎大学之大就在个头之大。大概正因为如此，近十年来，清华大学老校长梅贻琦的一番话经常被人引用，他说："一个大学之所以为大学，全在于有没有好教授。孟子说：'所谓故国者，非谓有乔木之谓也，有世臣之谓也。'我现在可以仿照说：'所谓大学者，非谓有大楼之谓也，有大师之谓也。'"②所以，梅贻琦认为，大学要向高深研究方向发展，必备两个条件：一是设备，二是教授。而设备购置不难，好教授延聘则不易。

中国古代的《大学》一书开宗明义说："大学之道，在明明德，在新民，在止于至善。"这显然是从人的道德和精神层面上来讲大学之"大"的。大学在英文里是University，它的本意是将追求科学知识和精神生活的人聚集在一起而相互切磋与探究。因此，大学一方面是学习传授知识、研究高深学问的地方，另一方面它还是一个有精神追求的群体"生命的精神交往"之所。因此，大学的教师不仅要传授知识、创造知识，他还要为人师表，以其人格魅力、师者风范影响学生。而学生也就不只是接受知识、掌握技能，还要养成人格、培养个性。梅贻琦在1940年写的《大学一解》里谈到中国古代学子从师受业叫做"从游"，谈到现代学校，他说："学校犹水也，师生犹鱼也，其行动犹游泳也，大鱼前导，小鱼尾随，是从游也，从游既久，其濡染观摩之效，自不求而至，不为而成。"③这个比喻很好，大学好比河或者湖或者海，大学的环境、氛围就是水，大学师生就是水中的鱼，教师是大鱼，学生是小鱼。大鱼带着小鱼遨游于书山学海，既学了知识、长了见识，又陶冶了性情、养成了人格，游着游着，小鱼就慢慢变成了大鱼。因此，教师的天职是教书育人。大学里大师的意义，绝不只是因为他学问渊深、智慧超群、成果丰硕，还因为他巨大的人格

① 董健：《"立人"为大学之本》，转引自《跬步斋读思录续集》，南京，南京大学出版社，2006。

② 梅贻琦：《就职演说》，转引自杨东平，《大学精神》，北京，文汇出版社，2003。

③ 梅贻琦：《大学一解》，转引自杨东平，《大学精神》，北京，文汇出版社，2003。

魅力和道德修养，为青年学子树起了一个学习追慕的理想和目标。

关于大学之大，在蔡元培看来，就在于“思想自由”、“兼容并包”、“学术至上”。梅贻琦强调大学之大在有大师。其实，这二者之间是相互联系互为因果的。没有蔡元培说的大学之大，也就产生不了梅贻琦所要的大师。原复旦大学校长杨福家则提出，大学之大在有“大爱”。杨福家以普林斯顿大学为例说：“正是因为她的宽容和‘大爱’，安德鲁·怀尔斯教授才有可能9年不出1篇论文，埋头苦干、静心研究，解决了困扰世界数学界360余年的一大难题——费马大定理，最终获得历史上唯一的菲尔兹特别成就奖；她也允许患有精神病的天才数学家约翰·纳什静心地生活在校园内，并给予极大的关爱，终于使他在与疾病搏斗30年后获得了诺贝尔经济学奖，充分体现了人类应该具有的‘美丽心灵’。我想，这恐怕就是普林斯顿大学成为美国第一大学的真谛!”①我理解，因为有“大爱”才有宽容、包容精神；有“大爱”才有执著求真的奉献、牺牲精神；有“大爱”方有大师。董健教授则将大学之大概括为四点：第一，独立自主，学术为大；第二，思想自由，精神空间大；第三，熔铸人格，“立人”为大；第四，大学之大，大师为大。②

由此可见，具有普遍意义的大学精神，虽然可以有不同的表述，但概括起来，其实质主要就是：思想自由，学术独立，立人为本，真理至上。只有彰显以上大学精神，大学才会真正成为培养人的自由、民主、批判、创新精神的家园，成为“训练和培养人的智慧的机构”。从而激起人们求知的欲望，养成独立思考的能力，培育追求真理的精神，陶冶高尚的品性和健全的人格。只有大学精神高扬，才有学术至上和思想交锋；才有执著求真和文化创新；才有人才辈出和大师涌现；才有科教兴国和世界一流。只有彰显大学精神，大学才不会走向功利化、世俗化、行政化、官僚化、产业化的道路。

三、“大学精神”与提升国家文化软实力

大学精神是大学文化的核心，是大学之魂。“大学之所以称为大学，关键在于它的文化存在和精神存在。”（杨福家）大学不仅仅是一个承担其特定的社会职能的物理空间场所，更是一个具备文化个性、精神品格和创新活力的学术殿堂。大学有物质的因素，但大学更应有精神的激励与

① 陈平原：《大学何为》，北京，北京大学出版社，2006。

② 董健：《春末随笔》，转引自《跬步斋读思录续集》，南京，南京大学出版社，2006。

超越；大学不只是传授知识的地方，它还要向人们展示伟大的精神力量。大学是一个民族文明的最高表征，是一个国家文化的最高载体。在一个地方，一所大学就是一座文化重镇，就是一方的学术中心。大学也是一种遨游书山学海、自由研讨学术的宽松和谐的环境与氛围，大学是学术独立、思想自由的“精神家园”。大学应该是“社会的良心”、“民族的灵魂”。

大学的根本使命是育人，而不是“制器”，大学不只是把人培养成有知识、懂技术、好使用的“器具”，而是要培养具有批判意识和理性精神的人，培养崇尚知识、追求真理的人，培养具有良好的人文素养而又富于创造精神的人。爱因斯坦曾从人的全面发展的角度指出：“只用专业知识教育人是非常不够的。通过专业知识他可以成为一种有用的机器，但不能成为和谐发展的人。”大学要培养的是爱因斯坦所说的“对价值有所理解并且产生热烈的感情”，同时“获得对美和道德上的善有鲜明的辨别力”的“和谐发展的人”①。只有彰显大学精神，大学才能担负并完成这样神圣的使命，进而为提高国家文化软实力、实现民族的伟大复兴作出应有的贡献。

而现今我国大学的实际情形与彰显大学精神的理想状态尚有很大的差距。普遍的情形是，喧嚣浮躁、急功近利、弄虚作假、重理轻文、重量轻质、重形式轻内容、行政干预多、官僚色彩浓等。近十年来，中国大学改革与发展中的几个“热点”问题，如扩招、并校、升格、更名、圈地、建楼、评估等，大多还是做表面文章，或者实际效果还是形式重于内容。国内许多有识之士都曾尖锐地指出这些问题与弊端。如 2004 年杨福家曾发表《我对高等教育发展中若干现象的迷惑》，2006 年温家宝总理在主持召开教育工作座谈会之前特地约见这位直陈高教现状的学者，征求他对中国高等教育的意见。温总理对中国高等教育的忧虑，一是办学模式与创新型、大师级人才培养之间的差距；二是办学质量；三是办学特色；四是大学巨额贷款。随后不久，温总理视察上海，在同济大学发表讲话指出：“一个民族有一些关注天空的人，他们才有希望；一个民族只是关心脚下的事情，那是没有未来的。”2007 年 9 月，《人民日报》发表

① 《爱因斯坦文集》，第 3 卷，北京，商务印书馆，1979。

了温总理的题为《仰望星空》的诗作。① 温总理高瞻远瞩，从国家、民族的历史发展高度敏锐地指出了国家在经济快速发展的时代全社会存在的带有普遍性的问题，那就是重物质轻精神、重实利轻理想、重眼前轻长远。这对于我们认识中国大学的现状以及大学在中华民族伟大复兴事业中的地位和作用具有重要的指导意义。我们只有从宏观上把握了问题的症结所在，才可能明确今后努力的方向和目标。

如何彰显大学精神，让大学担负起人民和时代所赋予的伟大使命，进而推动国家文化软实力的提升，需要进行一些切实而富有成效的改革，需要从实处做起，从细微处做起，并坚持不懈，持之以恒，经过一段较长的时期方可取得成效。

第一，让大学真正依法自主办学。现在的依法自主办学，主要还是停留在文件法规上，大学自身的自主权有限，教育主管部门手中的“权”太多，统一的一刀切的行政管理太多，由教育主管部门掌握的各种评估、评审、检查、验收太多。行政权力太大，学术无以独立，学校难以自主。现行体制恶性发展，将导致大学也日趋行政化、官僚化。而大学本应强化的是“学术第一，真理至上”。

第二，加大对大学的投入。大学对于国家、民族是“树人”、“立人”的伟业，必须有大的投入，高等教育产业化是错误的，大学领导和教师们不得不花费大量时间和精力去考虑和从事创收以保证比较体面的生活是不正常的。近些年大学精神的衰微主要是因为一些异己力量的干扰和侵入，其中之一就是随着物质时代的来临、商业化浪潮的席卷，金钱对大学及大学人的诱惑与腐蚀。

第三，改革大学的教学与学术管理方式。对大学教师和学生的管理应遵循高等教育规律，建立一套灵活的富有弹性的而不是机械的僵化的管理模式。减少量化管理，鼓励教书育人和学术创新。防止模式化，提倡个性化和风格的多样化。摒弃形式主义，不搞花架子，给师生以更多的个人空间，鼓励脚踏实地、苦练内功，注重人格的养成和个性的发展。今天的大学所流行的“量化管理”，无所不在，其本意虽好，但效果不佳。“量化管理”只认数字不认人，可以制造虚假的繁荣，推出的却并不一定是真正的优秀人才和经得住时间和历史检验的学术精品。董健教授曾称

① 见《人民日报》，2007年9月4日。温家宝总理《仰望星空》，“我仰望星空，/它是那样寥廓而深邃；/那无穷的真理，/让我苦苦地求索、追随。/我仰望星空，/它是那样庄严而圣洁；/那凛然的正义，/让我充满热爱、感到敬畏。/我仰望星空，/它是那样自由而宁静；/那博大的胸怀，/让我的心灵栖息、依偎。/我仰望星空，/它是那样壮丽而光辉；/那永恒的炽热，/让我心中燃起希望的烈焰、响起春雷。”

所谓“核心刊物”、评奖与评科研项目、学科评审为现在压在大学师生头上的“三座大山”。① 这“三座大山”并非一无是处，管理上亦具有其可操作性。但问题是这些本来都是关乎教学、科研与发展学术事业的活动，都与名利挂钩，实际情形已发生异化，甚至成为了学术腐败的温床。这种管理方式对大学师生的主体性的限制与摧残是无形的，却是很严重的。大学师生慢慢就被这种数字化了的名缰利锁束缚住了手脚，也束缚住了思想。大学精神也就因此而萎缩。

第四，建构我国“大学通识教育”体系。总体来说，我国现今的大学教育带有越来越多的功利色彩，这从办学主体的好大喜功、教育者的追名逐利、学生专业选择的趋热避冷、课程选择的避难就易等现象可见一斑。甘阳先生曾尖锐地指出：“中国大学的根本致命伤，这就是说中国的现代大学是没有根的，是没有自己文化根基的。”②我国现代大学是在20世纪对中国传统文化进行全面批判和反思的思潮中起步和发展的，中国传统文化及其经典没有成为大学通识教育的主要内容。50年代以后，大学的通识教育内容主要是政治类课程而不是文化类课程。90年代中期以来开始推行“文化素质教育”，大学纷纷效仿美国通识教育模式，用意很好，但结果又流于形式，看起来热闹，实际与美国大学通识教育本质相距甚远。甘阳先生曾详细讨论美国大学通识教育的历程、各主要大学通识教育的特点及其成效：一是美国大学本科通识教育的核心和灵魂是他们的“经史传统”，以深度阅读西方历代人文社会科学经典著作作为课程主干，而不是泛论当代流行的东西；二是美国大学通识教育的根本是有若干精心设计的最基本的全校本科“必修课”(不是众多的选修课)，通识教育课程占整个本科课程的三分之一至二分之一，各校不尽相同；三是美国大学通识教育课程大多由本校有名望的教授甚至大师级学者担任教学，课程经过严格设计，对教师和学生都有严格的教学要求和学术训练要求，而且这些课程往往是这些大学的精华和风格所在；四是教学形式普遍采取教授讲授与学生讨论并行的方式，小班上课，主要是对经典的深度阅读，而不是“概论”或“通史”式的走马观花。③ 相比较而言，我国大学的“文化素质教育”就成了“大杂烩”，我们必修的通识教育课程仍是政治类，还有就是少数大学坚持得比较好的《大学语文》。我们虽然规定了

---

① 董健：《春末随笔》，转引自《跬步斋读思录续集》，南京，南京大学出版社，2006。

② 甘阳：《大学之道与文明自觉》，转引自《通三统》，北京，生活·读书·新知三联书店，2007。

③ 自王元化：《谈孙冶方——〈陈修良文集〉序》，转引自《九十年代反思录》，上海，上海古籍出版社，2000。

必修的文化素质教育课程学分，开出了众多的课程，但没有目标，没有核心，没有系统。谁都可以讲，想讲什么就讲什么，什么流行讲什么，什么好讲讲什么，学生喜欢什么就讲什么。对学生而言，则不过是混学分，没有严格的规范、要求和训练，至多不过开阔点眼界，增加点兴趣。因为都是选修，而且可选的课程多，什么容易选什么，什么轻松选什么，什么有趣选什么，什么实用选什么。课堂越开越大，逃课的越来越多，但成绩却越打越高。校方不重视，教师也不重视，学生更不重视。这与我们所效仿的美国大学通识教育几乎是南辕北辙。因此，美国大学本科通识教育四年下来可以让学生脱胎换骨，而我们的文化素质教育至多是让学生"什么都知道一点"而已。大学教育改革的起点应该是课程设置，建立我国"大学通识教育"体系则是最根本的第一步。正如甘阳先生所说："如果中国要在21世纪成为一个真正的'文明大国'，那么能否建立起质量可与美国大学相比的通识教育体系，可以说是最基本的衡量标准所在。因为这涉及今后中国大学培养出来的中国的干部、教师、商人、律师等究竟具备什么样的文化底蕴和人文素质修养。"[①]国家文化软实力的决定因素还是人，是我们的大学培养了什么样的人。美国大学通识教育的成功经验可以给我们有益的启示。

第五，高扬大学人的主体精神。大学精神，说到底是大学人的精神，每一个大学人都是大学精神的体现者，特别是大学的校长、教授以及大学培养的学生。如北大从蔡元培五四时期就提倡思想自由，学术独立。这样的大学精神一直薪火相传，50年代的北京大学校长马寅初的"人口论"曾遭到大批判，在遭到围攻时，作为学者、教授的马寅初没有屈服，而是坚持其控制人口增长的正确主张。他说："我虽年届八十，明知寡不敌众，自当单身匹马，出来应战，直到战死为止，绝不向以力压服不以理说服的那些批评者们投降。"马校长是学者，从事科学研究，因而才有关于中国人口问题的先见之明。但寡不敌众，真理有时是掌握在少数人手里的。这样才有"错批一人，误增三亿"之说。我们现在要肯定的是马寅初校长"明知寡不敌众"，还要"单身匹马，出来应战，直到战死为止"的勇气。要问什么是大学精神，这就是大学精神，也就是崇尚独立自主、思想自由、学术第一、真理至上的精神，是人的主体精神。大学精神不是虚无缥缈的，它是通过一个个具体的人、一件件具体的事来体现的。

一个国家的崛起，有赖人的崛起，立国先立人。只有精神崛起，才

① 董健：《"跑点"跑掉了大学之魂》，转引自《跬步斋读思录续集》，南京，南京大学出版社，2006。

会有民族的兴盛。而大学是民族的精神高地，大学的发展、大学精神的彰显势必影响国家文化软实力的提升。因此，我们必须大声呼唤并努力彰显大学精神。这是因为，“大学本应是一方净土，一块纯洁的学术圣地，它讲究的是思想、精神、人格，依凭的是科学、理性与真理的追求。在这里，学术独立，真理至尊；在这里，思想自由，精神有容；在这里，立人为本，人格为上；在这里，融通古今，唯求创新。因此，大学成为国家和民族文化的最高标志。一个国家最高学府的生存状态与精神风貌，往往就是这个国家的生存状态与精神风貌的缩影。”作为大学人，我们更应该意识到我们所肩负的神圣使命与历史责任，进而为彰显大学精神、为中国大学的发展、为中华民族的伟大复兴而尽力。

大学精神的▶▶ ▶▶守望者

——图书馆的历史使命

黄孟黎[①]

20世纪90年代末，中科院院士、华中科技大学前校长杨叔子教授应中南财经政法大学(以下简称"我校")图书馆之邀，在给我校学生作人文素质教育报告时，有一段充满激情的精彩演讲，在谈到民族的人文素质与科技素质教育时，他说："一个没有科技根底的国家，一打就倒；一个没有人文根底的国家，不打就倒。"杨教授所指的"人文根底"就是人文精神，而在高校就是富有人文特色的"大学精神"。进入21世纪以来，有关大学文化建设、大学精神培育的研讨如火如荼地进行着，许多专家、学者、教师、高校管理者甚至学生都参加到研讨的行列中来，而在大量精辟文章或精彩报告中，我听到一个令大学图书馆人心灵震撼的声音："图书馆是大学精神的守望者!"由此，我不禁联想起美国哈佛大学校长的名言，其大意是：你可以毁掉哈佛的所有建筑，但只要图书馆还在，哈佛就在，哈佛精神就在。

那么，什么是大学精神？作为"守望者"的大学图书馆应该具有怎样的精神，如何担当起历史赋予的"守望"使命呢？

---

① 作者简介：黄孟黎，中南财经政法大学图书馆馆长，研究馆馆员。

一、关于大学精神的内核

于一所大学来说，培育和建设自己特有的大学文化从而形成能传承下去的大学精神是非常重要的。所谓大学者，大师、大楼、大气也。只要有经济实力，大楼不难建成，而要孕育大师，则需要一个宽松、自由、独立的学术环境，营造这个环境则正是大学的“大气”之所在——亦即“大学精神”。

大学精神是大学文化的精髓，大学文化是大学人在对知识进行传承、整理、交流和创新的过程中形成的一种与大众文化或其他社会文化既相联系又相区别的文化。大学文化是一种追求真理、追求理想和人生抱负、崇尚学术、严谨求是、具有强烈批判精神的文化。大学文化的核心和灵魂是大学精神，大学精神本质上是学校的办学理念、育人方针、学术追求、管理模式的体现，是对学校“文化体”和“文化群”的整合、凝练和升华。大学精神不是一朝一夕铸就的，它是通过长期的历史沉淀、凝聚、发展而形成的，是特定范围的“文化体”和“文化群”共同的价值判断、价值选择和价值认同的自然结果。而图书馆也是这些“文化体”和“文化群”的组成部分，在大学精神形成的过程中起着知识与学术保障的辅助作用。从这个意义上来说，图书馆精神实际上是大学精神的一部分。

一个人要有点精神，一所大学也要有自己的精神。这种精神不仅体现在大学的文化、学术建设上，也比较直接地体现在自己的校训上。比如美国哈佛大学的校训是“与亚里士多德为友，与柏拉图为友，与真理为友”，体现出追求真理、崇尚学术的精神；清华大学的校训是“自强不息，厚德载物”，学风是“严谨、勤奋、求实、创新”，甚至还有自己的《清华大学校歌》，特别突出培养具有人生抱负、德才兼备、求实创新精神的人才；北京大学的校训曾经是“循思想自由原则，取兼容并包之意”（蔡元培），后来演变为“爱国、民主、科学、进步”（江泽民为北大百年校庆题词），体现出海纳学术百川、山容思想千径的人文精神；我校“博文明理，厚德济世”的校训，则彰显出财经政法院校培养文理通识、道德高尚、服务社会的有用之才的大学精神，等等。

作为大学文化的深层结构，大学精神也代表着一所学校的文化价值与道德价值的取向。因此，理想的大学精神应该是育人为本的教育精神，求真务实的科学精神，探研求索的学术精神，自由民主的人文精神，止于至善的道德精神，开放兼容的认同精神，引导社会的批判精神，与时俱进的创新精神，隆法明德的治校精神。

那么，作为大学精神的“守望者”，图书馆也在其文化层面上彰显出特有的“图书馆精神”，这是人文精神、科学精神与职业精神的融合和统一，其内核是图书馆人的精神风貌与综合素质，也是图书馆人追求的信念。

二、关于图书馆精神的思考

2005年《图书馆杂志》组织了为时10个月的“图书馆精神研讨”活动。当时参与者众多，虽然“仁者见仁，智者见智”，没有形成共识，但专家们在对图书馆精神的解析、图书馆精神的内核、图书馆精神的培育以及图书馆精神在图书馆事业发展中的作用等方面的研究成果丰硕，而且对现今关于图书馆精神的研讨极具启迪意义。

与大学精神是大学文化的内核与精髓一样，图书馆精神也是图书馆文化的最高表现。图书馆文化是一种崇尚理性和知识、张扬学术、引导读者心灵向善、弘扬先进与健康文化、继承人类优秀文化成就、促进信息传递与交流，同时又具有严谨科学、以人为本、不断创新发展的文化。图书馆文化的核心和灵魂是图书馆精神，它是融人文精神、科学精神以及职业精神为一体，体现出个体图书馆的办馆理念与认识、服务精神与导向、管理理论与实践、发展方针与政策等鲜明特色的精神，是由图书馆馆员和读者、图书馆和其共存的大学共同培育、创造的特有精神。图书馆精神是反映图书馆历史传统、特征面貌的一种精神文化形态，是图书馆馆员在长期的工作实践中形成与发展起来的，并为全体图书馆馆员所认同的一种群体意识。它既体现图书馆的办馆方针和办馆理念，又体现全体图书馆馆员的奋斗目标，并且融优秀文化传统与时代精神于一体，集图书馆长期的文化积淀与当代追求于一身，具有鲜明的时代性和个性特征。图书馆可借助图书馆精神的力量，唤起和激励全体图书馆馆员对图书馆的感情，团结全体图书馆馆员，为图书馆办馆及服务理念的实现而共同奋斗。

与大学“校训”一样，许多图书馆也将自己的“精神”提炼为“馆训”或办馆理念、原则，如我校图书馆的办馆理念是“以服务教学科研为根，以育人为本，辐射社会”，办馆原则是“读者第一，服务至上”。从发展的眼光看，图书馆精神还需要重塑，需要创新，需要不断完善，才能真正实践我们的办馆理念及原则。胡锦涛总书记在党的十七大报告中指出科学发展观的核心是“以人为本”；同样，在图书馆的发展进程中，培育图书馆精神也应该“以人为本”。这主要体现在两方面：一是“以读者为本”，所有目标、规划及策略的制定、馆舍的布局与利用、机构的设立与组织、岗位的设置与安排、岗位职责的规范与要求、工作的策划与布置等，都要在“以读者为本”的思想指导下进行，真正践行“读者第一”，把图书馆营造成读者的“天堂”。二是“以图书馆馆员为本”，在职工的政治思想及职业道德的教育、服务理念的培育、业务技能及学术研究的培训、岗位工作的要求、文化生活的引导以及福利、待遇方面的关怀等方面，都要体现“以人为本”的思想，着力提升图书馆馆员的素质，使之成为“服务至上”原则的身体力行者。

三、关于大学精神的“守望”

何谓“守望”？守，即“守护”，通过几代大学人凝聚、沉淀、传承而得以建立起来的大学精神需要图书馆来守护；望，即“仰望”，作为大学精神的守护者，图书馆要担当起仰望人类浩瀚知识的“星空”，仰望文明成就集结的“山峰”，仰望民族精神汇聚的“河流”，仰望通向知识者心灵“家园”的历史使命。

要担当起“守望大学精神”的历史使命，图书馆人应该思考以下几个问题：

一是重建大学图书馆人的“精神家园”，营造崇尚知识、追寻崇高、探索真理、张扬学术、传承文明的人文氛围。精神家园的缺失可能是许多大学图书馆最突出的问题。图书馆职工普遍怀有“自卑”心态，总觉得永远入不了学校发展建设的“主流”，总觉得别人看不起图书馆工作，轻视图书馆职业。这种心态是长期形成的，其产生的根源比较复杂，这里暂且不论。但综观大学图书馆的发展历史，由几代图书馆人作为读者的人文、科学素养及知识、学术的引领者而缔造的一种充满深层文化底蕴、充满活力、充满自信、充满希望的精神，在行走的路上不知不觉间慢慢流失了。图书馆成为读者心中一座冷冰冰的藏书“机构”，图书馆人成为书和读者的“管理者”，虽然天天与读者打交道，却与读者的心灵相隔甚远。这个问题值得图书馆人深思。

二是重新界定大学图书馆人的价值取向，明确图书馆存在的意义与价值。目前社会上和校内的功利思想已逐渐渗透到了图书馆，影响了这一代图书馆人的价值取向。遇事首先考虑的多是自身的利益，付出与回报之间总是过多地考虑回报，读者的利益往往被搁置一边或者总是让读者的利益服从自己的利益，要求读者“听话”、服从管理、遵守一切合理的或不合理的规则。殊不知长此以往，图书馆会与读者越走越远，要知道现在是网络信息时代，读者对图书馆的依赖本来就越来越少了。如果图书馆不积极主动地将“管理”变为“服务”，将读者从网络上“拉”回来，图书馆将成为大学的一个摆设，失去其存在的意义和价值。因此，只有通过图书馆人的努力，让图书馆的意义和价值彰显出来，才能更好地证明图书馆人的价值。

三是重塑大学图书馆的职业精神，提升图书馆人的“职业成就感”。图书馆职业是一个光荣、崇高的职业，图书馆人应该受到社会，更应该受到大学师生的尊敬。这样的理想状态只有在大学图书馆职业精神的指引下，图书馆人通过展现自己丰富的人文精神力量、渊博的知识应用能力、优质的职业服务水准才能达到的。在达到这种理想状态的同时，图书馆人也收获了自身的“职业成就感”，从而促使他们按照更高的标准履行自己的职责，形成良性循环的发展趋势。革命前辈、著名教育家李大钊同志说过，从广义的角度讲，图书馆是一所学校，图书馆馆员就是教师。如果每一位馆员都能将自己视为图书馆这所无学科边界的学校教师，自然会自觉地重塑职业精神，提升“职业成就感”。

参考文献：

[1]郑成良．郑成良副书记谈“大学精神和大学文化”．上海交大校园网．2006-06-30.

[2]罗崇敏．大学修养观．昆明：云南大学出版社，2003.

[3]杨福家．大学精神和当代大学的使命．世界，2006(4).

[4]罗晋辉．小议图书馆精神．大学图书情报学刊，1994(3).

[5]胡军．图书馆精神刍议．津图学刊，2004(1).

[6]赖晓云．图书馆精神的培育．农业图书情报学刊，2005(6).

[7]代根兴．一个图书馆管理者视野中的图书馆精神．图书馆杂志，2005(6).

[8]周慧．关于“图书馆”本质属性的思考．情报资料工作，2006(2).

[9]徐扬，申玉粉．对图书馆基本属性的解说．延边教育学院学报，2006(4).

[10]于良芝．谈信息时代的图书馆职业精神．图书馆杂志，2005(4).

[11]王瑞萍．论大学精神和管理新思维——基于学术本位的视角．南华大学学报(社会科学版)，2007(4).

[12]潘心纲．提升大学精神推进现代大学制度创新．学习与实践，2007(7).

[13]许青云．大学文化与大学精神．天中学刊，2006(6).

[14]谢和平．大学文化、大学精神与川大精神．光明日报，2004-01-21.

和谐校园与大学文化分析

陈运生[①]

一、和谐校园与大学文化的内涵

自党的十六大召开以来，中共中央提出并完善了“建设社会主义和谐社会”的理论。建设“和谐校园”是建设“社会主义和谐社会”的重要组成部分。校园是集中进行系统化教育的场所，建设和谐的社会主义教育，在很大程度上就是建设和谐校园。因此可以说，社会主义和谐社会建设，离不开社会主义和谐校园。

构建和谐的大学校园，不仅是构建和谐社会大前提的要求，也是教育本身的要求所致。当前教育事业发展中最突出的矛盾即表现为人民群众对优质教育的强烈需求和优质资源供给相对不足的矛盾。我们正步入一个全民、大众、普及的教育阶段，经过多年的努力，我们基本解决了人民群众“好上学”的问题，而“上好学”的问题成为了社会关注的焦点。建设和谐校园，即是解决这一矛盾的途径。那么，什么是和谐校园呢？高等学校“和谐校园”应包括两层含义：首先，是指和谐的文化、和谐的人际关系、和谐的人际环境。其中包括教师与教师、教师与学生、学生与

① 作者简介：陈运生，中南财经政法大学法学院专职辅导员，副教授。

学生之间的合作关系。其次，还应包括校园的融洽氛围，如师生和同学间互帮互助、同心协力、共创发展的气氛。

如何构建和谐校园是高等教育改革中面临的一个重要的问题。要构建和谐的校园，需要做好多方面的工作，比如发展战略的和谐、管理机制的和谐、收入分配的和谐、资源配置的和谐等。而笔者认为，在所有的工作中，大学和谐文化的建设最为重要。

凡是超过本能的、人类有意识地作用于自然界和社会的一切活动及其结果，都属于文化；或者说"自然的人化"，即文化。包括知识、信仰、艺术、伦理道德、法律和风俗等都属于文化。什么是大学文化呢？高等学校的校园文化是文化的一种，是大学在办学实践中结合自身特色形成的大学精神、学术传统及校园环境、文化氛围的综合体现。

好的大学文化立足于大学校园历史的积淀，服务于现实的大学校园建设，具有陶冶学生情操，引导教学科研方向，形成良好的学术氛围和学风、校风的作用。可以说，大学文化是大学校园的灵魂。因此，大学和谐文化的建设，应当成为建设和谐校园的核心。

二、和谐校园与大学文化的关系

建设和发展和谐校园，必须注重弘扬大学和谐文化。而从另一方面来讲，弘扬大学和谐文化也要依存于和谐校园。没有一个宏观上的和谐校园环境，大学文化也难以健康发展。因此，二者是相互依存、不可分割、紧密联系的关系。

第一，建设大学和谐文化是建设和谐校园的基础和重要的途径。大学文化作为 个学校长期历史积淀的成果，对人的影响是潜移默化、深刻而持久的。从物质层面说，它可以体现在大学校园的建筑物和各种设施之上。这些客观的事物，可以凸显一所大学经历的历史，也可以凸显这所大学的现状和未来的发展方向。从精神层面说，和谐的大学文化能够在整个学校内部形成一个持久的和谐氛围，使和谐的观念能够深入学校每个成员的心中，内化为一种大学理念。这正是建设和谐校园所需要的。和谐校园的建设是一个长期的过程，不能够依靠一次两次短期的"突击"来解决。

第二，有了好的大学文化构建方案，没有一个和谐的校园环境作为基础，也是不能够持久的。建设和谐的大学文化，需要和谐校园建设过程中提供的物质支撑，也需要在校园中形成建设和谐校园的意识。没有这些物质支撑和这种群体意识的存在，所谓的"和谐校园文化"只能停留在少数人的口头上，不能形成真正的群体的氛围。和谐大学文化依托于和谐校园的物质基础和校园和谐意识的产生，同时服务于和谐校园建设，促进和谐校园建设。

建设和谐的大学文化，是建设和谐社会的需要，是落实以人为本的科学发展观的需要，也是培养高素质人才的需要。而建设出了好的大学文化，很大程度上也便建设好了和谐校园。

三、和谐校园中的大学文化建设

如何建设和谐校园中的大学文化呢？从前面的论述中可以知道，大学文化是多方面要素的综合，既包括精神层面的，也包括物质层面的。要建设好大学和谐文化，这两方面都必不可少。

精神层面上的文化，包括的内容很多。笔者认为主要可以从以下三个方面来谈：

第一，要有一个和谐的大学理念。苏霍姆林斯基说过，“学校领导首先是教育思想的领导，其次才是行政领导”。办学的“理念”是学校文化的灵魂，它源于这所学校的“传统”，又不拘泥于它的“传统”。它是在宏观把握教育发展方向的基础之上的微观思考，对学校的教职员工具有一定的凝聚力、感召力和生命力。同时，它又要具体可感，具有可操作性，易成为大家认同的目标，与教师的发展追求、学生的发展需求相融合，贯穿于学校各项工作的过程中，被全体教师认同和追求，逐步积淀为学校文化。可见，一个良好的大学理念对一所大学和谐文化的建设起着极为关键的宏观指导作用，是建设大学和谐文化的前提和基础。

第二，要有一个和谐的人际环境。这主要体现在各个层面的人际关系上，如师生关系的和谐、同学关系的和谐、校领导与教职员工关系的和谐。在师生关系上：教师是教学的主体，用高尚的道德情操感染学生，用严谨的治学态度影响学生，热情地关心和解决学生在学习、生活中遇到的问题，教知识，教做人，把教书与育人统一起来，一切为了学生，为了一切学生，这是我们对于和谐师生关系中教师方面的要求。学生是教学的受体，也是教育工作的对象。在和谐师生关系的构建中，应该使学生学会珍惜教师的付出，感谢教师的付出，积极参与教学，做到教学相长。只有同时做到这两点，才是和谐的师生关系。在同学关系上：自高等教育院校扩招以来，大学生的数量逐年增长，兼之社会对校园的影响，学生之间的关系也变得日渐复杂。如何协调同学关系一直是高校学生工作的重点。笔者认为，建立和谐的同学关系，应该通过教育使同学之间能够做到友好相处，相互关爱。学校应该形成“以诚待人，将心比心”的氛围，不断扩展学生活动范围与活动形式，避免因为学生交流较少而出现交流障碍。同时学校也应该为学生提供展示个人风采的舞台，扩展学生之间的友谊。在领导班子与教职员工关系上：可以说，在和谐校园的建设中，教职员工是根本，领导班子是关键，书记、校长是灵魂。领导层是整个学校建设的决策方，是学校的各项工作的策划者、组织者和带头人，其决策直接影响着整个学校校园建设的走向。广大教职员工作为学校的工作人员和政策的执行者，其行动关系着建设和谐校园最终的成败。因此，学校领导班子和教职员工的和谐在建设和谐校园中同样显得非常重要。只有上下齐心才能在建设中形成合力，达到建设和谐校园的目的。上述层面的和谐可以形成一个优良的礼仪文化，对创造一个融洽的人文环境有着极大的促进作用。

第三，要有一个和谐的文化活动环境。大学文化活动是大学文化的载体之一。大学文化活动是一种群体活动，要求参与者相互协调、相互配合，有利于培养学生的协作能力，这为建设和谐校园创造了条件。同时，丰富多彩且科学合理的大学文化活动能让学生和教师从中受到启发，强化和谐意识进而体现在行动之中，积极主动地贯彻实施学校的各项政策，为建设和谐校园贡献力量。

物质层面上的文化，也体现在诸多方面。比如：学校应该注意校园的绿化和美化，保护环境，爱惜草木；校园布局要与整体环境相协调，校园建筑要将传统与现代相结合，校园景观要通盘考虑实用价值与艺术价值，要将学校的精神融入到建筑和景观中；学校的图书馆要丰富其功能并提高其现代化的程度；建造更多的艺术设施和服务设施，给学生和老师更多的休息、休闲和娱乐的空间；加强校园网建设，为学生和老师提供更加方便快捷的上网方式。如此等等，都是丰富大学文化的重要方法，当然也是建设和谐校园的重要途径。

我们应该看到，目前的大学校园文化在日渐多元化的社会文化冲击下，呈现了多元化的状况。总的来说可分为主流文化和非主流文化。主流文化是教育有关方面所主导的值得肯定的积极向上的校园文化，而非主流文化则部分游离于主流文化之外，时常为教育工作者所忽视，如宿舍文化、课桌文化、服饰文化、网络文化、短信文化、卡通文化、新新人类语言文化等。这些非主流文化对校园文化的影响是复杂的。一方面，非主流文化的存在丰富了大学文化的内涵，使学生能够以自己喜闻乐见的方式对大学文化作一番诠释，丰富学生的校园生活，增加校园的活力，对和谐校园建设发挥了积极的作用；另一方面，由于青年大学生对社会的认识不足，思想观念往往显得幼稚和不成熟，对非主流文化中消极的一面往往不能认识，容易被其感染从而造成消极颓废、思想混乱的状态，甚至出现一定程度的行为无序、道德失范与思想困惑、混乱的状态，成为校园主旋律中不和谐的音符。

面对大学校园文化的多元化现象，我们首先应该承认多元化是文化发展的必然趋势，其次作为教育者的校方应该对各种非主流的校园亚文化的发展做一个深入细致的研究，取其精华加以提倡，纠其偏颇加以引导，去其糟粕加以批判，使广大学生群体能够真正从多元化的校园文化中受益，从而服务于大学文化建设。

和谐是一种美，是这个社会发展的核心。和谐不是否认矛盾、忽视矛盾，而是要协调各个方面的矛盾，达到各方面利益的均衡，以促进这个社会的良好风气的弘扬。学校是培养人的场所，是建设和谐社会的重要组成部分。没有和谐的校园，就不会有和谐的社会。学校教育是社会大教育的主体，在启迪心智、传播知识、确立人生价值、实现人类的进化方面具有极为重要的作用，理应担负起构建和谐社会的重任，而大学文化又是建设和谐校园的核心。因此，大学和谐文化是构建和谐社会的基础。正确处理和谐校园和大学文化的关系，将为当今建设社会主义和谐社会谱出一段华美的篇章。

参考文献：

[1] 礼服星. 高校如何构建和谐校园. 光明日报，2007-03-06.

[2] 李建中. 中国文化概论. 武汉：武汉大学出版社，2005.

[3] 李斌义. 构建和谐校园文化. 光明日报，2005-06-22.

[4] 姜美珍，王敏，詹文理. 从文化多元看构建高校和谐校园. 中国教育报，2005-09-26.

[5] 胡锦涛总书记在中共中央党校省部级主要领导干部提高构建社会主义和谐社会能力专题研讨班开班式上的讲话，2005-02-19.

财经类院校创业教育▶▶ ▶▶体系的构建

王淑红　陈　锋[①]

“创业教育”由英语中“enterprise education”翻译而来。1989年在北京召开的“面向21世纪教育国际研讨会”上，联合国教科文组织提出了“创业教育”这一新的教育概念，要求高等学校必须将提高学生创业能力和创业精神作为高等教育的基本目标，要求将它提高到与学术研究和职业教育同等重要的地位。1998年10月，在联合国教科文总部世界高等教育会议上，发表了《21世纪的高等教育：展望与行动世界宣言》。该宣言指出：“为了方便毕业生就业，高等教育应关心培养创业技能与主动精神，毕业生不再仅仅是求职者，首先应成为工作岗位的创造者。”[②]胡锦涛总书记在党的十七大报告中强调要创新人才工作机制，激发各类人才创造活力和创业热情。

在高校中广泛开展创业教育，既是高等院校贯彻党的十七大精神的重要体现，也是适应世界高等教育发展趋势的内在要求。财经类院校更应该积极开展创业教育，财经类院校学生的专业背景和知识结构更有利

---

① 作者简介：王淑红，中南财经政法大学工商管理学院讲师；陈锋，武汉科技学院人文社科学院助教。

② 严月萍：《中美大学创业教育的比较与启示》，载《湖州职业技术学院学报》，2008(1)。

于学生自行创业。财经类院校的学生选择财经类专业，说明其对经济和管理类的活动更有兴趣，同时经过专业学习，掌握了财务、管理、经济等学科的基础知识。财经类院校由于其专业特色，教师与企业联系更为紧密，拥有更适合开展创业教育的师资力量，其强大的校友资源也为学生在企业进行实践、调研提供了更多的机会。财经类院校开展创业教育既有必要性，也有便利性。

一、开展创业教育的现实意义

(一)开展创业教育是建设创新型国家战略的需要

党的十七大报告指出："提高自主创新能力，建设创新型国家。这是国家发展战略的核心，是提高综合国力的关键。要坚持走中国特色自主创新道路，把增强自主创新能力贯彻到现代化建设各个方面。"①建设创新型国家的首要任务就是培养创新型人才。对于财经类院校的学生来说，把创新教育与创业教育相结合是把创新教育落到实处的重要途径。

(二)创业教育是缓解就业压力的需要

随着高等教育走向大众化，每年进入社会的大学毕业生数量不断增长，2007年全国有普通高校毕业生495万，比2003年大学扩招第一年本科毕业生多出了283万。② 高校毕业生就业压力非常突出。引导学生投身创业，是拓展就业机会、创造就业岗位的有效途径。党的十七大报告指出：完善支持自主创业，自谋职业政策，加强就业观念教育，使更多劳动者成为创业者。③

(三)培养创业能力是提高人才培养质量的需要

创业是财经类院校大学生创新能力的重要体现。培养学生的创业意识和创业能力，不仅是建设创新型国家的需要，也是高校人才培养质量的衡量指标。

---

① 胡锦涛：《高举中国特色社会主义伟大旗帜　为夺取全面建设小康社会新胜利而奋斗》——在中国共产党第十七次全国代表大会上的报告，北京，人民出版社，2007。

② 俞金波、王洪影：《大学生创业教育及实践途径探析》，载《河南广播电视大学学报》，2007(4)。

③ 谢辉：《贯彻党的十七大精神，紧密依托大学科技园开展创业教育》，载《北京科技大学学报》(社会科学版)，2007(4)。

二、国内创业教育的现状

创业教育在一些发达国家已经形成了一套相对成熟的创业教育和创业支持体系。实际上几十年前美国就已经开始创业教育的探索和实践。1947年哈佛商学院为MBA学生开设了一门新课程——《创新企业管理》，这是创业教育在大学中首次出现。据统计，到2004年，开设创业课程的美国大学和学院已超过1100所。除美国以外，世界上大约还有近30个国家都相继开展了各种形式的创业教育。

与国外相比，我国大学生创业教育起步较晚，最早开始于1997年的"清华大学创业计划大赛"，其最初形式仅限于少数高校举办的一些创业活动上。1999年在教育部发布的《面向21世纪教育振兴行动计划》中，提出大学生创业教育的概念。该文件指出："加强对学生的创业教育，鼓励他们自主创办高新技术企业。"[①]2002年年初，为进一步深化教育教学改革和提高人才培养质量，适应社会经济发展的需要，教育部首批确立了中国人民大学、清华大学、北京航空航天大学、黑龙江大学、上海交通大学、南京经济学院、武汉大学、西安交通大学为创业教育试点院校，以推动全国高等院校创业教育的开展。随后又连续举办了四届全国高校创业教育骨干教师高级研修班。大学生创业教育在中国高校全面铺开。然而，与一些发达国家相比，我国大学生创业教育仍然比较落后，存在不少问题，突出表现在：

(1) 对创业教育理解片面。当前，我国不少高校将创业教育简单地定位为"企业家速成教育"，认为其仅仅在于鼓励大学生开办公司，解决学生就业问题。这种功利主义的价值取向，违背了大学生创业教育的本质。创业教育绝不仅仅是为了解决就业问题，或仅仅是开办公司，而应该代表我国高等教育人才培养模式的一个新方向，是高校素质教育的有机组成部分，目的在于培养大学生创新和创业意识、创业精神和创业能力。

(2) 缺乏系统的学科体系，课程设置多流于形式。国外的经验告诉我们，系统的课程体系是实行大学生创业教育最主要的形式。美国著名的百森商学院专门设立了创业教育研究中心承担创业教育，该机构为本科学生制定了一个著名的创业课程教学大纲，其中包括必修课程如《新企业创立》，选修课程如《连锁经营、授权和分销途径》，还有实践课程如《创

---

① 李涛、彭合成：《论创业教育体系建设》，载《长沙铁道学院学报》(社会科学版)，2007(4)。

业领域专题》。[①] 然而，目前我国只有少数高校开办了零星的创业教育课程，更谈不上形成体系。各高校主要通过举办创业竞赛、创业讲座等形式来实现创业教育，并没有将其融合于高校教育体系之中，仅仅是课外时间进行的“业余教育”。

(3) 创业教育缺乏系统规划。大学培养目标的实现是通过各种渠道综合发挥作用的，既包括第一课堂，也包括第二课堂；在教学形式上，既有教师传授，也有实验教学、社会实践等多种形式。这些不同的教学形式使学生从不同的角度学习到不同的东西，综合培养成合格的大学生。而创业教育目前在高校缺乏整体系统的规划，课内、课外以及管理机构等都没有得到系统完善。

(4) 缺乏创业教育支持体系。从欧美等发达国家创业教育的发展来看，创业教育绝不仅仅是大学的事情，而是一个社会系统工程，一个完善的创业教育支持体系至关重要。目前，除上海市等少数几个省、市外，社会和政府没有出台专门鼓励大学生创业教育的政策，很少有社会风险投资商主动与大学生进行合作。大学生创业的模拟演习基地、实习基地不足，需要社会的支持。

三、创业教育体系构建的措施

(一)创业教育课程体系的构建

创业教育的课程体系主要指由教师讲授或指导的教学活动，包括课堂教学和实践教学。

1. 课堂教学

课堂教学的主要目是传授学生创业知识以及培养学生的创业意识和创业精神，有必修和选修两种形式，所开设的课程可以涵盖管理学、经济学、社会学等多个学科。例如，作为财经类院校的中南财经政法大学开设了“三通课程”，即所有学生、所有专业都必须学习三门基础课程：《管理学通论》、《经济学通论》、《法学通论》。

为了更好地培养学生的创业精神和创业能力，在课堂教学中，要注意采取合适的教学方法，如采用“以问题为中心”的教学方法，促使学生们积极思考问题，培养他们的创新意识和自学能力。教学中尤其要注重案例教学，组织学生对案例进行讨论，增加教学的鲜活性，培养学生对

---

① 向东春、肖云龙：《美国百森创业教育的特点及其启示》，载《现代大学教育》，2003(2)。

问题的分析与判断能力。

2. 实践教学

实践课程作为实务操作课程，是创业教育课程的重要组成部分，与课堂教学相互渗透。课堂教学主要承担着创业知识的传授任务，而知识要转化为能力还需要通过实践，实践课程则以锻炼能力为主要目的。实践教学的形式多种多样，包括实习、见习、指导学生写作创业计划书、以团队的方式开展商业模拟练习、训练学生商务谈判技能、组织学生进行社会调查、访问银行或资产管理公司等。财经类院校可以利用其拥有的校友和企业资源便利开展各种实践教学。

(二)创业教育第二课堂的构建

学生的创业教育体系除了包括由教师统一组织的第一课堂外，还应该包括第二课堂的课外活动。对于大学生来说，第二课堂对其能力的培养发挥着重要的作用。大学生的时间相对比较宽松、自由，自主性很高，可以有大量的时间参加各种课外活动。实际上，高校的课外活动，如社团活动，普遍非常活跃。高校可以通过对常见的课外活动方式进行系统安排，形成比较完善的创业教育第二课堂的体系。

(1) 举办大学生创业竞赛。创业竞赛是高校利用课外时间开展大学生创业教育的一种常见形式，目前在很多高校都有成功的范例。在很多国家，创业竞赛是高校开展创业教育的最初形式。

(2) 组建创业社团。学校可以组织学生组建创业社团，作为一个固定的学生机构定期开展与创业相关的活动，进行创业精神和观念的宣传。参加社团活动也是大学生创业教育的重要形式。大学生参加社团活动，有利于培养团队精神、参与意识和竞争观念，有利于学生创业意识和创业能力的培养。

(3) 邀请成功企业家来校做创业演讲。这是高校开展创业教育的另一种常见方式。这种方式比较容易操作，效果也比较好。

(三)创业教育的支持保障体系

1. 创造良好的校园创业氛围

创业需要有一个良好的创业氛围。高校首先应该对大学生开展创业思想教育，帮助学生树立创业意识，并不断强化、培育学生的创业精神。创业思想教育可以与日常的思想政治教育相结合，通过教育，深化和普及创业精神。

与此同时，学校应该塑造适应创业的校园文化。文化对人的影响是潜移默化的，润人于无形。学校可以通过广播、版报、校报、讲座等各种形式宣扬创业文化，使学生认同、接受并积极进行创业。

2. 创建创业教育基地，搭建创业平台

为了更好地培养创业人才、进行创业实践活动，高校应大力创建创业教育基地，如建设高校创业园区或科技园区。创办科技园区是重要的创业教育和创业实践途径，目前国内有些高校已经建立了大学生创业园区。

3. 建立创业教育的管理机构

各高校应该成立类似于创业教育指导中心等创业教育管理机构，统一组织和管理学校的创业教育工作，系统全面地落实创业教育，把创业教育变为实际的创业成果。

创业教育管理机构的职责包括以下几个方面：组织各种与创业相关的活动，如讲座、社团活动；负责对创业教育进行宣传；为学生搭建创业教育平台；协助学校制定各种有利于学生创业的措施和制度；组织人员对创业教育进行研究；为学生提供各种帮助，协助他们进行创业等。

以宁波大学为例，宁波大学 2005 年成立了创业指导中心。该创业指导中心协助创业团队办理工商注册、税务登记、专利申请、科技计划申报、技术成果鉴定等，同时还组织对外宣传，承接各类课题和业务；中心还帮助成熟的创业团队联系创业基地，帮助做好入驻工作，并组织校内外专家和管理咨询机构提供企业管理、财政、税务、工商、外贸商务、法律法规等咨询服务；同时提供接待洽谈室、会议室、培训教室等公共设施服务；协助创业团队疏通融资渠道，争取有关的扶持资金、专项贷款和风险投资等。

4. 建立有利于创业的政策和制度

创业教育在高校的顺利有效开展需要相关制度和措施作为保障。目前，有些高校在保障创业教育方面采取了不少措施，如投入相应的资金引导学生开展创业教育和创业活动、聘请校外专家或企业家等担任学生创业导师、设立创业学分等。

联合国教科文组织指出，21 世纪的现代人应有三本“护照”：一是文凭类的“教育护照”；二是技术类的“职业资格认证护照”；三是创业知识和技能类的“创业护照”。国际教育界也曾经做过这样的预测：21 世纪全世界将有过半数大学生要走自主创业之路。我们相信，将会有越来越多的高校关注并实行创业教育，也会有越来越多的大学生开始具有自主创业的意识，正如国际教育界预测的那样。

参考文献：

[1]张俊，颜吾芟．论大学生创业教育．北京交通大学学报（社会科学版），2008(1)．

[2]鲁保富．论教育现代化与大学生创新创业能力培养．实验技术与管理，2008(2)．

[3]杨六栓．高等学校开展大学生创业教育的思考．经济师，2005(6)．

[4]吴琳．经管类专业大学生创业教育探析．财经界，2007(11)．

[5]黄文光．大学创业教育课程设计初探．宁波教育学院学报，2008(1)．

[6]木志荣．创业困境及胜任力研究——基于大学生创业群体的考察．厦门大学学报（哲学社会科学版），2008(1)．

[7]沈旭伟．高校创业教育及其体系的构建．河北广播电视大学学报，2008(1)．

剖析当前高校教学中教师独立人格丧失的原因

屈永华①

恢复高考以来，中国高等人才的培养开始步入正常的发展轨道，尤其是最近十几年，高等院校的招生规模增长迅猛，为更多的人接受高等教育提供了机会。与此同时，高等教育中的许多问题也开始暴露出来，有些问题还相当严重，我们不应回避，也无法回避。温家宝总理曾经和国内一些著名大学的校长在一起座谈，问到中国当前的高校怎样才能培养大师级人才的问题。这些校长的回答都是诸如加大投入、引进人才、完善管理之类放之四海皆准的套话。如果我们再打开各高校网站的自我介绍，几乎可以说是千人一面。如果我们再进一步留心一下各高校所培养的毕业生，突出的特点是他们往往具备同样的知识结构、同样的思维方式，很难发现不同高校毕业生各自的特色与优势有什么不同。可以说，中国当前高等教育非常突出的一个问题是：所培养的人才有点类似从车间流水线出来的产品，大多缺乏独立的人格。导致这一问题出现的一个核心因素则是高校教师在教学中缺乏自主性、创造性，也可以说是缺乏独立的人格。

导致教师独立人格丧失的一个重要原因是来自国家教育行政机构和学校教务部门对教学的强制性约束。当前我国大学教育的现状是：教学

① 作者简介：屈永华，中南财经政法大学法学院副教授。

的指挥棒既不是学术规律，也不是社会发展的需要，而是教育行政机构的意志。国家教育行政机构对高校的招生规模、专业设置、课程设置、教学大纲都有直接的决定权，并负责对高校的等级作出最权威的评定和决定各高校的利益分配份额。为了贯彻教育行政机构的意志以谋取自身的生存与发展，各高校的教务部门对每一个专业、每一个课程都有相应的细致规定，从内容到形式对每一位教师的教学计划、教学进度、考试都进行严格的审查。这样，高校实际上就是教育行政机构的一个职能部门，而教师又是学校教务部门各项决策的忠实实施者，不可能具有独立的人格。

导致教师独立人格丧失的另一个重要原因是利益的诱导。追求自我利益的最大化是人普遍具有的倾向，自我利益最大化得以实现的方式决定着人普遍具有的思维方式与行为方式。当前高校存在的倾向是重科研、轻教学。教学与科研是高校办学的两大基本任务，而且二者之间是可以相互促进的；但这并不意味着教学与科研完全等同，更不意味着教学是科研的一项附属性任务。而当前各高校中，科研对于一个教师的职称评定以及其他利益的获得起着决定性的作用，教学则是无关紧要的。教师的基本职责“传道、授业、解惑”主要是通过教学来实现的，但在利益的诱导下，这些基本职责让位于殚精竭虑运用各种手段发表论著和申报课题，很少有教师花费足够的精力去不断提高与完善课堂教学。

此外，由学生评价并选择任课教师是当前各高校普遍实行的一项制度，这项制度的好处是明显的，但其弊害同样不能轻视。一方面，由于我国人才的市场化还有很长的路要走，这导致当前大学生普遍存在的倾向是：学习的主要目标不是学真本领，而是评优、评奖学金、顺利毕业等外在因素，而这些因素基本上都具有“分数至上”的特点，所以，在很多学生看来，选课程或选教师的一个决定性因素是是否容易过关和得高分。另一方面，学生对教师的评价分数对教师的评优、评职称也有重要意义，选课的人数更是与一个教师的利益具有直接而密切的关系，所以，在很多教师心中，如何讨学生欢心甚至比如何提高教学质量更为重要。这样，学生是否来上课无所谓，学生上课是否认真更是不管不问，考试全都过关并且分数都是出奇得高，诸如此类怪现象的出现，其根源是不难理解的。

由此不难看出，在当前这种环境中，一个教师要想维持自己独立的人格是不容易的。大学教育的基本方针应该是遵循学术规律，服务社会进步的需要。那么，什么是学术规律和社会进步的需要呢？这一问题需要通过理论探索和社会实践相互之间的不断作用来解答，因而几乎不可能提供一个放之四海皆准的答案，尤其不应当由某个权威部门来确定一个答案。尽管如此，有两点是必须肯定的：一是思想的表达与交流充分自由；二是所培养的人才应当具有自己决定自己事务的强烈愿望与较高能力，而这两点都需要教师在教学中具有高度的自主性与独立的人格。

著名教育家蔡元培先生曾经对于“大学”有一个经典性的阐述：“大学者，‘囊括大典、网罗众家’之学府也。《礼记·中庸》曰：‘万物并育而不相害，道并行而不相悖’，足以形容之。各国大学，哲学之唯心论与唯物论，文学、美术之思想派与写实派，计学之干涉论与放任论，伦理学之动机论与功利论，宇宙论之乐天观与厌世观，常樊然并峙于其中，此思想自由之通则，而大学之所以为大也。”①蔡元培在任北京大学校长期间，采取“兼容并包”的办学方针，在北大的讲坛上，既有满身洋气的胡适，也有拖着长辫子的辜鸿铭，教师对教学的内容和考试的方式完全自主，既不受制于学校，更不受制于教育行政部门。这种看似随意的教学由于维护了教师的高度独立自主，因而更能激发教师的责任心与教学的积极性、创造力，这也是那时高校的硬件设施远不如现在，但大师级的人才能够不断涌现的根本原因。

要树立与维护教师的独立人格，必须解决好两个方面的问题。一方面，必须理顺当前的教育体制，学校地位应当独立。当前教育行政机构通过控制学校来主导教学的体制存在两大弊端：一是一切有权力的人都容易滥用权力，由教育行政部门来控制学校不可避免会不断出现滥用权力的事情，教育部进行的本科教学评估所产生的消极影响就是一个明显的例证；二是任何人都是有限理性的，关于怎样促进各学科的发展以及各学科自身的发展趋势的信息是分散在各学科的教师之中，教育行政部门的领导不可能获得该方面的完全信息，决策失误因此是层出不穷的。另一方面，要创立人才市场化的良好环境，这又必须切实建立市场经济和民主制度。当前高校毕业生就业的主要意向是党政机关和国有企事业单位，由于我国目前民主制度不完善，这些单位的用人标准不可能真正做到唯才是举，关系和领导的偏好在人才选拔上往往具有举足轻重的作用。既然真本事不是人才选拔的最高准则或者说主导因素，教师教学的积极性和学生学习的积极性都必定因此大受影响。

上述两个方面的问题，第一个问题的解决是前提，第二个问题的解决是根本。只有当高校办学的指挥棒由教育行政机构变为人才市场，自我约束、百花齐放、不断进取的局面才会出现在中国高校，教师的独立人格才能真正得以维护。

---

① 高平叔：《北京大学月刊》发刊词，转引自《蔡元培全集》，第3卷，211页，北京，中华书局，1984。

论教育观念的▶▶ ▶▶更新

——以我校公安学专业为研究中心

张　敬[①]

教育是一门科学，各类型教育都应遵循共同的教育规律，公安教育也不例外，否则，它就称不上是教育。但公安教育有自身的特点，没有特点也称不上公安教育。从根本上来讲，公安教育没有先进理念作指导，就没有先进的公安教育。我国教育正处在大发展时期，出现了许多先进的教育思想和教育理念，需要我们认真学习，以指导我们实践。

自2008年起，公安部直属的两所院校——中国人民公安大学、中国刑警学院停止招收本科生。全国其他公安院校，亦将逐步停招本科生。中国的警察教育培训体制发生重大变革，由学历教育向培训教育转变。在这一背景下对我们传统的教育观念加以思考，尤其对公安学教育观念转变的思考显得尤为迫切。

一、教育观念更新的迫切性

教育发展是社会发展的重要基石之一，然而，要真正实现教育事业

① 作者简介：张敬，中南财经政法大学公安学院讲师。

的发展，需要我们在教育观念上进行一系列的变革。

(一)教育观念更新是时代发展的需要

21世纪是一个具有创新意识的时代，新时代的教育观念应当追求创新教育，教育观念的转型与创新，已经成为崭新的课题。因此我们应该及时更新教育观念，把教育的目的转到培养学生的创新精神上来。

在我国现代化建设进入新的历史时期的时刻，新时代的教育观念应当追求创新教育。在激烈的国际竞争中，谁能抓住观念问题，谁就能在世界教育改革中以新的思路、新的举措站在排头兵的位置。一个国家确立什么样的主导教育观念，正是从一个侧面反映了一个国家教育改革发展的水平。新形势下教育观念的转型与创新，已经成为崭新的课题。

针对这个问题，江泽民同志在第三次全国教育工作会议上提出："每一个学校都要爱护和培养学生的好奇心、求知欲，帮助学生自主地学习、独立思考，保护学生的探索精神、创新思维，为学生的禀赋和潜能的发展创造一种宽松的环境，这就要求我们必须转变那种妨碍学生创新精神和创新能力发展的教育观念。"因此，我们必须及时更新教育观念，教育的目的应该转到培养学生的创新精神上来。

(二)教育观念更新是知识时代发展的需要

当前，我们深刻地体会到，知识经济时代的教育的核心任务已经不再是简单的传授知识，而是对于人的素质的培养，也就是说，教师已经不再仅仅是传授知识，更重要的是要教授学生们获取知识、运用知识和创造知识的能力，培养学生创造性的解决问题的能力、科学探索的精神及灵活的应变能力。这种以培养学生获取知识、运用知识和创造知识的能力为中心的教育观念可以说是当今世界教育改革的中心内容，同时也应该是我国教育发展的主导精神。而要实现这一目标，客观上要求我们必须对传统的教育观念进行一番大刀阔斧的变革，树立起真正的符合素质教育需要的新型教育观念。

教育家斯普朗格曾经说过"教育绝非单纯的文化传递，教育之为教育，正在它是一个人格心灵的唤醒，这是教育的核心所在"，并称"教育的最终目的不是传授已有的东西，而是要把人的创造力量诱导出来，将生命感、价值感唤醒，一直到精神生活运动的根"①然而，在我国这样一个自古就注重经验的传统的国度中，单纯的经验传递、文化传递恰恰是

---

① 邹进：《现代法国文化教育学》，70页，上海，华东师范大学出版社，2001。

我国传统教育最为核心的内容之一。在我国传统教学模式中，教师传授知识、学生学习知识成为教学的首要任务甚至是唯一的任务，掌握知识的多少被视为衡量学习和教育水平的唯一尺度，而传统大一统社会遗留下来的大一统情结使我们的教育也义无反顾地走进大一统的模式，于是不同的学生被要求用同一种教材、用同一种模式获取同一种知识。

(三)教育观念更新是教育本身发展的需要

教育要健康发展首先要解决的就是教育目标上的观念变革，教育的目标应该是让学生学会学习而不是机械地听命于教师传授给他们的知识。在教学过程中，应该注重调动学生的主动性、积极性和创造性。最终是要使学生成为具有独立和完美个性的人。而这些正是我们目前在教学过程中所缺乏的。

在现实教学活动中，在还没有解除升学给我们带来的重压下，传统教育观念仍然束缚着大批教师。因为有了升学的压力，大部分教师偏重于知识的传授，而不在乎传授的方法和被传授对象的接受能力与接受效果。如同传统的“填鸭式”教学法，教师单向灌输知识，学生消极被动地接受知识，并如同仓库一样存储知识和积累知识，以既定的答案为最终和唯一的答案，学生自然而然地变成了书本和知识的奴隶。另外，有些教师在听到学生的不同意见时，常常用自己的想法束缚学生，或者给予伤害性的批评，最终使学生变成只会听人吩咐，不会思考也不愿意思考的人。因此我国的很多中小学生都缺乏独立性、变通性和创造性，在人类高科技突飞猛进、知识日新月异的当今时代，在肩负 21 世纪富国强民的重担时，他们往往失去了主动性和支撑力。在这方面，教师教育观念的转变和更新就显得特别重要了。事实上，只有教师具备了新的教育观念，才能在教学中不断改革和创新，才能以优异的素质去主动适应并深入开展蓬勃发展的素质教育，才能培养出新世纪所需要的创造性的人才。

二、公安学专业教育观念更新的必要性

我国的公安教育在人才匮乏的早期阶段，曾经为公安人才培养作出巨大贡献；但随着社会的发展，学历教育与警察培训目标之间开始产生矛盾，并日渐加剧，近年来尤其难以调和。矛盾主要体现在，现有教育体制下，公安院校首先要按照教育部的要求，开设必要的文化理论课程，确保学员的文化水平；同时还要按照警察培训的要求，进行警务知识、专业技术、业务能力及体魄等方面的专门训练。即在本科 4 年内，使学

员在学历教育和警察培训两方面都达到理想要求，这显然十分困难。这种教育模式在实践中越来越显示出弊端：一方面，由于师资力量等资源和时间因素所限，其学历教育的水平与普通高等院校的差距日渐明显，学生的综合素质和竞争能力相形见绌；另一方面，沿袭多年的以课堂、以书本为中心的死板教学方式，也使其警察培训工作与公安实践严重脱节，公安实务部门对毕业学员的认可度不断降低。

(一)专业课程设置不合理，不符合公安实践的需要

在公安院校的教学改革中，最引人注目的就是新的专业或专业方向的设立，如在原有刑侦、治安管理、刑事技术专业的基础上，新设了经侦、禁毒、外事管理、网络安全、行动技术等专业或专业方向。当然，随着犯罪种类、手段的多样化和专门化，原有的课程设置已很难满足现实斗争的需要，新的专业知识应该列入公安院校的课程计划，但是由于公安院校中的专业面本身非常窄，如果专业划分得过细、过死、过窄，则学生不能学到较多的法学、行政管理学、政治学、社会学及有关的自然科学、人文科学的相关知识，而且连公安学知识本身的学习也是残缺不全的。知识面过窄又反过来影响对专业知识的深入学习和研究，不利于复合型人才的培养。因此，必须要淡化专业界限，拓宽专业口径，拆除不必要的学科界限，注重课程内容的综合性和广域性，注重警察基本素质的全面培养，强化职业能力，尽快培养适应实战需要的厚基础、宽口径、实战能力强的高素质的公安发展型人才，按照一警多用、一警多能的目标培养人才，以满足公安实战部门的需要。如我校公安专业的学生应该在课程上设置得更加宽泛一些，增加法学内容、警察法、心理学等课程的设置，来满足现在警务工作的需要。

(二)不利于创新型与复合型人才的培养

传统课程因文理严格分家而造成文理失衡现象。由于社会的需求是多方面的，因此，对公安院校培养人才提出更高的要求。反映在培养目标上，就体现为培养目标的不同规格和要求。现阶段公安工作的任务已呈现多元化趋势，就必然导致公安院校培养目标的多元化，即公安院校培养人才相对多样化，不拘泥于某一特定的模式，要求公安教育既为公安系统培养合格警察，又直接为经济建设、社会发展培养专门人才。从培养种类上看，公安院校不仅要为公安基层培养一线民警，也要培养公安机关管理工作者，还要培养公安系统所需的各类实用人才。从质量规格看，要做到单一的专业性与广泛的适应性的统一，不仅能从事公安专业学科的教学和科研，而

且能从事公安实战。因此，公安院校要有“大公安、大刑侦、大治安”的人才培养视野。只有把通识教育与专业教育结合起来，使学生的知识与能力结构向综合化方向发展，才能适应新时期公安人才的需求。

(三)不能适应素质教育和社会发展的需要

一方面，传统课程只重视知识教育，在知识教育中又只重视知识的传授而忽视能力的培养。偏重专业知识的传授，忽视公安实战理论与实践知识、选修课的学习，较难适应素质教育的要求。另一方面，现代社会对人的应变能力、学习能力、社会活动能力以及教学内容的多样性等提出了新的要求；科学发展和新技术革命，使我国经济、科学、教育、文化日益与世界文明接轨，科学与社会、伦理、环境等的关系更为密切和敏感，公安院校学生必须具有丰富的社会科学人文知识和高度的伦理感情，不仅要学会生存，还要学会人文关怀，而且具有开阔的视野、较强的活动能力。这一切都要求公安院校必须加强通识教育，使培养的人才具有较高的文化素质。

(四)教学与实践脱节

目前公安院校的教学内容与公安实战部门的联系不够紧密，表现在：一是课程内容设置单一，缺乏实战性。一般课程设置都是按一部法律、一个警种甚至一个措施手段设置课程，没有综合性的模拟训练课，缺乏针对性、系统性。二是课程内容陈旧老化，不适应当前的治安形势。社会治安形势的变化非常快，公安科技的应用也非常迅速，而且法律的修改、政策的调整等，这些都应反映在课程内容中，但有些课程教学内容陈旧，落后于现实三年到五年，严重制约了学员能力的培养和提高。三是理论与实践相脱节。公安专业的实践性是非常强的，但由于招生规模的扩大、教学经费的不足、教学条件的限制，本来应在实验室模拟现场讲的课程，只能在教室中讲解；本来应进行实战演练的活动，只能压缩或取消。这种情况严重影响了教学质量，培养出的学生只能纸上谈兵，缺少实战的基本技能和处理问题的应变能力。

三、公安学专业更新教育观念的途径

(一)突出实践

突出公安特色，服务公安实践。首先，公安高等院校应该注重依托公安院校特色与资源，坚持以公安为主和非公安为辅的办学指导思想，使公安院校的非学历教育更好地为公安实战工作服务。其次，公安高等院校可以根据优化配置、资源共享的原则，依靠自身在师资、图书资料实验设施等方面的资源优势，强化非学历教育的有形投入，这种投入不会增加学校的经费负担，而是对已有资源的增值使用。试行理论教学和实践教学相交叉的双轨制教学模式。与此同时，加强在校的实验课教学训练，深化"模拟现场勘察训练"、"典型战例教学"、"侦查破案综合训练"等一套较系统的实践教学。着重培养学生公安专业知识、操作能力，以及运用专业知识分析问题、解决问题的实际能力，以便学生毕业后能较快地适应公安工作岗位的需要，有效地开展工作。

(二)信息化教育

重视计算机技术应用和开发是提高教学水平的重要保证。充分利用计算机、信息网等现代化手段和方法，建立公安院校教学和管理工作信息库，形成公安教育工作的信息网络监测系统，进行资料处理和综合分析，这样不仅可以提高教学效率，而且能够有效地提高教学工作的准确性和可信度。因此，各公安院校必须按照教学标准和要求，结合学校的教学和管理工作实际，制定相应的规范，完善具体措施，充分利用计算机建立配套的管理网络，形成有效的运行机制，定期实施自我评价，不断提高学校的教学和管理水平。

(三)复合型应用人才的培养

21 世纪的基本特征可以概括为：21 世纪是以信息技术为主的技术革命和由它引发的经济革命重塑全球经济的世纪。知识的综合与集成最能反映知识经济时代的综合化、整体化特征。① 这种基本特征要求公安高等教育培养基础扎实、知识面宽、综合素质高的复合应用型人才。另一方面，素质教育要求高等教育必须重视人的身心和谐发展、才智与德识的和谐发展、科学与人文的和谐发展，即人才的综合素质提高。《学会关心：21 世纪的教育》一文还强调："归根到底，21 世纪最成功的劳动者将是最全面发展的人，是对新思想和新的机遇开放的人。"②因此，公安高等教育必须改革传统的"偏重知识型"和"过窄专业教育"的人才培养模式，培养深受知识经济时代和素质教育欢迎的复合应用型人才。

---

① 刘献君：《关于师资建设和管理的几个问题》，载《高等教育研究》，2003(3)。

② 彭芳：《未来教育面临的困惑与挑战》，67 页，北京，人民教育出版社，1997。

参考文献：

[1] 杨永生. 坚持从公安工作实际出发以素质教育为目标深化公安教学改革. 上海公安高等专科学校学报，2006(3).

[2] 郭睿，谢美蓉. 大教育视野中的公安院校办学模式改革研究. 公安教育，2007(7).

[3] 邱学林. 地方公安院校办学的定位思考. 公安教育，2006(2).

[4] 李光文. 我国公安教育改革与发展的归位思考. 湖北警官学院学报，2007(3).

[5] 岳春生，杜鹏. 论美国警察教育对我国公安教育的启示. 广州市公安管理干部学院学报，2008(1).

投资学科的性质、研究范围及学科体系

张中华[①]

中国的投资学科肇始于20世纪50年代初，1985年中国投资学会成立，标志着该学科进入一个蓬勃发展的新时期。截至90年代中期，设置有投资学专业的高等院校达60余所，累计培养毕业生数以万计。1997年，国家进行高校学科专业目录调整，投资学专业从学科目录中取消，相关学校的投资专业被转变或并入到国民经济学、产业经济学、金融学、财务管理学、工程管理等相关学科，该学科的建设受到一定影响，但仍保持顽强的生命力。2002年，教育部批准中南财经政法大学率先在计划外专业目录中恢复设置投资学本科专业，随后，中央财经大学、上海财经大学等也经教育部批准恢复设置了投资学专业，尚有不少学校也在努力恢复设置该学科，同时，不少学校在硕士、博士研究生培养层次自主设置了投资学专业。

正是在这样一种背景下，中国投资学会于2006年将“中国投资学科建设与发展研究”作为重大学术攻关课题，组织中南财经政法大学、中央财经大学、东北财经大学等进行研究。研讨的核心问题有：学科设置的基本原则；独立设置投资学科的必要性；投资学科的性质、研究范围和

① 作者简介：张中华，中国投资学科建设研究课题主持人，中南财经政法大学副校长，教授，博士生导师。

学科体系；投资学人才的培养方案等。限于篇幅，本文仅对投资学科的性质、研究范围和学科体系予以阐释。

一、投资学是一门复杂学科

关于投资学科的性质，学术界有三种传统的观点和争论：一为经济学科，二为管理学科，三为交叉学科。这种争论持续至今仍没有结案。我们认为，投资活动是人类社会的一个复杂行为(或系统)，投资学科是一门复杂学科。

关于复杂科学(Complicated Science)的研究一般认为是在20世纪80年代中期开始的。1984年，由诺贝尔物理学奖获得者盖尔曼(Munay Gell-Man)和安德逊(Philip Anderson)、经济学奖获得者阿罗(Kenneth Arow)等人支持，组织了桑塔费研究所(SFI)，专门从事复杂科学的研究，试图由此找到一条迈向学科融合来解决复杂性问题的道路。复杂科学有三个主要特点：(1)研究对象是复杂系统。(2)研究方法是定性判断与定量计算相结合、微观分析与宏观综合相结合、还原论与整体论相结合、科学推理与哲学思辨相结合的方法。其所用的工具包括数学、计算机模拟、形式逻辑、后现代主义分析、语义学、符号学等。(3)研究深度不限于对客观事物的描述，而是更着重于揭示客观事物构成的原因及其演化的历程，并力图尽可能准确地推测其未来的发展。①

投资活动具有复杂科学所描述的全部复杂性特性：其一，投资不单纯是经济问题或管理问题，它同时也是技术问题、环境问题，还常常是法律问题、政治问题、军事问题。其二，投资不仅仅是家庭、企业层面的问题，它同时也是国家、地区、产业、国际层面的问题，而且它们相互作用，相互影响。其三，投资横跨实体经济和虚拟经济，而且相互作用，相互影响。其四，投资领域中存在极为严重的信息不对称，具有极大的不确定性、风险性、不可逆性、周期性和非线性，而所有这些特性都是现有科学难以应对的。其五，投资受个体心理和社会心理影响严重，甚至与人性相关，预期自我实现和羊群效应时隐时现，等等。

显然，对如此复杂的投资活动要进行科学的决策和管理，单纯依靠现有经济学和管理学的知识是无法完成的，它必须吸纳和整合各门类学科的知识为我所用，在混乱中寻找有序。正是从这个意义说，投资学是一门复杂学科。

---

① 成思危：《复杂科学与系统工程》，载《管理科学学报》，1999(2)。

二、投资学主要研究产业投资和金融投资

产业投资和金融投资是该学科体系中的两个基本分支。产业投资(Physical Investment)，也可称为实物投资，是为获得预期收益而将一定的收入转化为社会的真实资本。产业投资研究主要探讨产业资产的形成和运动规律，揭示产业投资决策和管理的基本准则，其内容十分丰富。按资产形态不同划分，包括固定资产投资、存货投资和房地产投资等研究。按产业投资运动过程划分，包括资本形成决策、资本营运和资本回收等。按研究的视角和范围不同，产业投资研究包括微观投资研究(居民家庭投资、企业投资、厂商投资或项目投资研究等)、中观投资研究(产业投资和区域投资研究等)、宏观投资研究(投资总量、结构、布局、制度和政策研究等)以及国际投资研究(利用外资、对外投资、投资环境和国际投资规则研究等)等内容。

金融投资(Financial Investment)，是为获得预期收益而将一定的收入转化为金融资产(股票、债券及衍生金融产品)。金融资产投资与产业资产投资具有不同的特点：产业资产投资需要投入实物形态的经济资源，并形成现实的生产能力；金融资产投资却不投入实物形态的经济资源，也不形成现实的生产能力。金融投资一旦从产业投资中分离出来，在很多方面表现出自己独特的运动规律。由于金融资产的多样性，尤其是随着现代金融工程的发展，金融投资的种类越来越多，主要包括股票、国债、公司债券、共同基金、外汇、期权期货合约、保险合约等，这大大丰富了金融投资的研究内容。但是，两者有着共同的本质属性，并且相互联系、相互影响。

一是产业资产投资和金融资产投资有着共同的本质属性，即都是一定经济主体为了获取预期不确定的收益而将现期的一定经济资源或要素转化为资本的活动。居民或企业，无论是从事产业资产投资，还是从事金融资产投资，都是为了获取资本的增值收益，都要承担一定的风险，投资的结果都是形成资本资产。无论是产业资产投资，还是金融资产投资，都既不同于生产，也不同于消费和流通；既不同于某个产业部门的经济活动，也不同于会计、统计这样的技术经济行为。

二是产业资产投资和金融资产投资是可供选择的两种基本投资方式。从居民的角度，现期的收入一定，或用于消费，或用于投资；如果进行投资，则既可以选择产业资产投资，也可以选择金融资产投资。从企业的角度看，不仅发行证券是企业重要的融资渠道，而且，企业的投资也

可以有产业资产投资和金融资产投资两种不同的选择。而无论选择何种投资，在进行投资决策时，都面临着根本上相同的问题，如不确定性、风险、收益及风险与收益的匹配等问题。

三是产业资产投资和金融资产投资相互转化、相互依存。企业发行股票和债券的目的是筹集从事产业资产投资所需的资金；金融资产是实物资产"纸制的副本"，是虚拟资本，金融资产投资的社会作用则在于为产业资产投资提供资金。虽然产业资产投资和金融资产投资的对象不同，但二者可以互相转化。金融资产投资只有转化为产业资产投资才能对社会生产力的发展产生作用。从整个社会来看，金融资产投资也只有通过转化为产业资产投资才能实现自己的回流。在整个运动过程中，金融资产投资的货币资金通过股票和债券的购买而流向企业，然后企业用来购置资本货物，将资本货物投入直接生产过程，实现投资回流。这表明，金融资产投资不仅是产业资产投资发展的必然产物，而且，从社会的角度看，它不能脱离产业资产投资而存在。

四是产业资产投资和金融资产投资相互影响、相互制约。一方面，产业资产投资决定金融资产投资，产业资产投资的规模及其对资本的需要量直接决定证券的发行量；产业资产投资收益的高低决定影响金融资产投资收益率的高低。另一方面，金融资产投资也制约影响产业资产投资。金融资产投资的数量直接影响产业资产投资的资金供给。在其他条件不变的情况下，金融资产投资规模扩大可以扩大产业资产投资的货币供给。相反，企业发行的股票和债券无人购买，产业资产投资就没有资金保证。金融资产投资的流向影响产业资产投资的结构。某个部门的金融资产投资增加，股票升值，该部门就会得到发展；该部门的金融资产投资减少，股票贬值，该部门的发展就会受到制约。

事实上，自从 20 世纪 50 年代马科威茨(Harry Markowitz)、夏普(William Sharp)等投资学科学家提出现代投资组合理论以来，经济学界出现了渐渐将产业投资研究和金融投资研究综合的趋势，产业投资理论和金融投资理论的发展已有越来越多的融合与交叉。如产业资产投资经济效益评价中贴现率的确定、托宾的 Q 理论及产业期权理论都反映了产业资产投资理论与金融资产投资理论的渗透与交叉。因此，研究金融资产投资不能不联系产业资产投资。另一方面，伴随着证券市场的发展，研究产业资产投资问题，也不能不越来越多地考虑证券市场的影响。只有将产业资产投资和和金融资产投资整合起来加以研究，我们才能正确认识产业资产投资和金融资产投资的联系与区别，才能对居民、企业和政府的投资行为做出科学的解释和指导。

三、投资学科体系

这里所谓的学科体系，是指学科知识的内部构成。比如，会计学科由会计学原理、企业会计、事业单位会计、证券业会计、银行业会计、管理会计、会计报表分析、会计史、国际会计等一系列知识构成一个完整的体系。投资学科采用不同的维度可以进行不同的划分。

(一)按研究视角的层次不同划分，投资学科包括微观投资学、宏观投资学和国际投资学

宏观投资学站在全社会的资金运动的角度，把投资作为一个宏观经济变量，放到国民经济循环中去考察，主要是研究投资规模、投资结构、投资布局、投资效益、投资调控、投资政策以及投资与经济增长之间的关系等。

微观投资学以居民家庭、厂商的投资行为以及单个投资活动为对象，重点研究微观投资决策和管理问题。各不同投资主体，根据各自的实际，掌握投资机会，分析研究投资项目的实施和管理，以及微观投资运动的一般规律和不同投资的特殊规律。微观金融投资理论主要研究金融资产投资问题，阐述证券价格的决定、证券收益与风险的关系等。微观投资学是宏观投资学的基础。

国际投资学是从全球的视角研究资本在国家间流动的规律，重点研究国际投资的动因、国际资本流动规律、国际直接投资、国际间接投资、灵活型国际投资方式、跨国公司的投资行为以及国际投资法规，对发展中国家而言，利用外资也是研究的重点之一。

(二)按期投资主体的不同划分，投资学科包括家庭投资学、厂商投资学和公共投资学

家庭投资学，是从居民家庭理财的角度，研究投资活动规律，为家庭的投资决策和管理提供理论依据。家庭投资学中主要研究投资品种及其选择，投资资金筹措、投资组合管理、家庭投资行为、投资风险的识别、衡量与防范、投资权益保护等。一定意义上，对居民家庭投资行为的研究是整个投资学科体系的基本构件。

厂商投资学也可称为企业投资学，是从厂商(企业、公司等经济法人主体)的角度，研究厂商经营范围内的投资运动规律，为厂商投资决策和管理提供理论依据。厂商投资学以利润最大化为假设和前提，重点研究

市场分析、新产品或产业的开发性风险投资、传统产品或产业的技术改造投资、收购兼并投资、投资资金的积累、筹措与分配、投资决策与风险防范、投资效益评价、金融资产投资以及厂商投资行为等。厂商投资是市场经济条件下的投资主体，因此，厂商投资学是整个投资学科的主要组成部分。

公共投资学是从国家政府和全社会管理的角度，研究公共资本的形成规律以及政府对全社会投资的管理。国家通过税收、发放国库券、国家金融债券、向银行贷款、向国外借款等方式筹集资金，并利用国家财政投资支出和信贷投资支出等方式进行公共投资。公共投资学以追求社会福利的最大化为假设前提，重点研究社会资本的功能、公共投资的成本和收益、公共投资的决策标准、政府投资行为、政府对全社会投资的监督、管理与调控以及国家投资政策和法规的制定等。

(三)按投资所形成资产的形态不同划分，投资学科包括产业投资学、金融投资学

产业投资学，以产业资产形成为对象，研究其形成、发展和运动的规律。主要由固定资产投资理论、存货投资理论、房地产投资理论等构成。

金融投资学，以金融资产交易为对象，研究其形成、发展和运动的规律。主要由债券投资理论、股票投资理论、期权投资理论、期货投资理论、保险投资理论、外汇投资理论、黄金投资理论等构成。

(四)按投资运动过程的阶段划分，投资学科包括投资前期决策分析、投资实施管理和投资后期评估

投资前期决策分析，就产业投资而言，主要是可行性研究；就金融投资而言，主要是金融投资财务(价值)分析和技术分析。

投资实施管理，就产业投资而言，主要是投资项目管理，包括投资项目的范围管理、时间管理、成本管理、质量管理、人力资源管理、沟通管理、采购管理、风险管理和综合管理等。就金融投资而言，主要是金融投资的组合管理。

投资后期评估主要研究产业投资项目管理和金融投资组合管理绩效的评估指标、评估程序与评估方法。

四、投资学科与金融学科的区别与联系

金融学与投资学是两个不同的学科。我国现行的金融学是在传统的货币银行学的基础上借鉴西方学说逐渐发展起来的。国内占主流地位的学者认为金融学主要研究资金的融通问题，通俗地说是研究从钱到钱的问题。无论从历史的、还是逻辑的层面上看，股票、债券、期权、期货、保险等经济范畴首先是作为资金融通工具而存在的，它们无疑是金融学科研究的重要对象。但是，金融学科对上述范畴的研究角度是融资者的角度，由此决定了金融学科关于资本市场的研究主题应该是：各种融资机制、信用工具的设计、开发、更新，资本市场的构建、监管，市场运作规则的制定，市场运行程序的设计优化及效率评价，以及金融市场的宏观调控等，内容极其丰富。

在资本市场上，除了聚集了众多的发行、监管证券的融资者、监管者外，还聚集着准备购买这些证券的投资者，除了从融资、监管的角度进行观察和研究外，我们还可从资本形成或投资者的角度进行观察和研究。资本市场上的投资者关心的核心问题不是资金融通的效率问题，而是对现有资本市场上已经存在的金融产品，如何按照一定的投资准则，进行交易买卖的问题，即投资决策的问题。按照投资者的角度或立场来观察或研究股票、债券、期权、期货、保险等，所要研究的主题是：市场机会识别、投资成本和预期收益估算、不确定性和风险分析、收益与风险的匹配、投资组合策略、资产内在价值评估、资本资产定价等，这些问题与产业投资研究的主题本质上一致的，但与金融学科所研究的问题存在明显的差别。

但是，投资学与金融学又有着密切的联系。如果从金融资源优化配置的角度来理解现代金融，投资与融资更是密不可分的两个方面，融资的过程即为投资的过程，融资主要是为了投资。作为投资者不能不了解股票、债券、期权、期货、保险等金融工具和金融市场的运行规律；作为银行、证券市场、保险业的从业者和管理者，也不能不了解和分析投资者的需求。在日本，有“投融资”一词；在我国经济体制改革的相关文件中，也常常将投资与金融体制改革放在一起，并简称投融资体制改革，这表明投资与融资在实际工作中也是密不可分的。

金融学科发展趋势与▶▶ ▶▶金融专业研究生培养模式

张 戬[①]

近年来，我国的金融专业研究生培养面临着两个方面的挑战：一方面，现代金融发展迅猛，其边界、体系、结构、内涵与我国对于金融学科的传统界定产生了较大差异，金融专业的研究生培养工作中有诸多环节亟待调整；另一方面，金融活动的领域不断扩大，金融活动的内容不断丰富，金融行业的竞争日趋激烈，客观上对于金融专业人才的能力，尤其是独立从事微观层面具体实践活动的能力提出了更高要求。因此，如何顺应金融学科的发展趋势，满足金融行业的人才需求，成为我国金融专业研究生培养中的重点与难点问题。

一、金融学科的发展趋势

金融学科的演变与发展大体上可以分为两个方向。

(一)宏观金融学

它以货币银行学和国际金融学为学科的核心内容，以货币经济学和财政学为学科中的专业基础课，以培养学生的宏观经济概念、宏观思维

① 作者简介：张戬，中南财经政法大学新华金融保险学院副教授。

方法和宏观分析能力为目的。内容包括：货币需求与货币供给、货币均衡与市场均衡、利率形成与汇率形成、通货膨胀与通货紧缩、金融危机、国际资本流动与国际金融震荡、货币政策及其与财政政策等宏观调控政策的配合、国际金融的制度安排等。宏观金融是我国传统金融学科特色之一。

(二)微观金融学

它以公司财务和投资学为学科最基本的组成部分，金融经济学是理论基础，金融工程学和金融机构学是核心内容。其中，金融工程提供技术方法，数学和应用统计学是金融研究方法的基础；金融机构学依据金融学的基本原理和采用各种技术方法来讨论银行和非银行金融机构的经营管理问题，延伸到国际业务则是跨国公司财务管理和国际金融市场。内容包括：金融工具与工具创新，价值评估，风险管理和资产组合，资本资产定价；金融中介机构的演进、职能、作用和存在形态，金融机构与风险转移，国家监管与金融机构运作，分业经营与混业经营等。微观金融体现了对西方现代金融学的吸收。

随着现代金融市场(资本市场)逐步占据金融体系主导地位的时代到来，现代金融理论的重心已从宏观的货币经济学转向微观的金融经济学，形成了以微观经济主体的资产选择和风险管理为核心的现代金融理论体系。

在我国，金融学科长期以来都是以货币银行学、货币理论为核心，主要是围绕政府金融政策的制定、解释和实施效果等进行研究，金融专业的硕士毕业生主要服务于政府部门。随着我国金融改革的深化，微观金融理论问题越来越突出。比如银行、证券、保险等各类金融机构迅速发展中的微观经营管理问题，企业和个人微观的投资、融资决策问题，不断增加的金融工具的估值和定价问题等，则在金融专业教学中涉及较少，这与现代金融学的发展趋势之间存在较大差距。

二、我国金融专业研究生培养的传统模式及其不足

(一)金融专业研究生就业取向和社会定位的变化

我国硕士研究生培养模式是基于20世纪80年代初的《学位条例》对硕士层次人才的定位而设计的。《学位条例》将硕士人才定位于从事教学和科研工作，因而将硕士学位作为学位结构中的一级独立学位。攻读硕士

学位者不仅要学习学位课程，还要从事科学研究，撰写学位论文。与美国等一些国家把硕士学位作为过渡学位的做法相比，我国硕士学位的学制较长、学术水平要求较高。

然而，当前我国硕士人才的就业取向和人才定位已发生了很大的变化。随着我国社会经济和人才培养能力的快速发展，硕士研究生除一小部分承担传统的教学、科研任务以外，大部分进入了非传统学术领域，其就业取向和社会定位已逐渐转向以企、事业单位为主，承担具有一定学术水平要求的专业工作。

但是，我国大部分高校金融学研究生专业培养目标仍然是放在培养与金融相关的各个岗位上的“高级专门人才”上，在这种导向下培养出来的毕业生普遍知识结构单一、动手能力不强，缺乏广泛适应社会的综合素质，无法满足金融业的实际需要，造成我国金融业人力资本供需的严重脱节。面对社会与经济的发展，我国金融专业研究生培养目标的重点应转向能够适应金融实践的综合素质的培养，把学生培养成为具有比较宽厚扎实的经济、金融理论基础和从事具体金融业务工作的能力，熟悉相关专业的原理性知识，有较高的外语和计算机应用水平，具有较强的市场经济意识和社会适应能力的人才。

(二)美国金融学研究生培养模式的启示

美国金融学研究生的培养模式被普遍认为是全球最好的培养模式之一。按照现在主流的观点，一般把美国的金融学研究生培养模式分为两种：“经济学院模式”和“商学院模式”，即学术性学位模式与职业性学位模式。“经济学院模式”侧重从宏观经济学视角研究货币、信用、银行在宏观经济运行中的效应、功能以及金融在现代市场经济中的核心作用；而“商学院模式”则侧重以资本市场为研究对象，强调从微观个体的角度出发，研究金融与金融体系、价值评估模型、风险管理与投资组合、资产定价、公司理财等。

“经济学院模式”和“商学院模式”的主要区别在于：前者以博士生培养为目标，注重搞学术研究，硕士学位只是一个过渡性学位；后者以硕士为独立学位，博士学位较少，主要面向就业。

我国高校普遍采用“经济学院模式”，该模式重视对理论金融问题和宏观金融问题的学习和研究，货币银行学、金融经济学、国际金融学等作为重要的专业课程来开设，金融学与经济学融为一体。随着市场化的推进、信息技术的进步及其在金融领域的广泛应用，过去以银行活动为核心的金融格局发生了很大的变化，以财务决策和金融市场的实际操作为主要内容的微观金融活动得到了快速发展，金融学呈现出了微观化、实用化、技术化的发展趋势，“经济学院模式”所强调的基础理论和宏观金融课题与微观金融的微观实践特性存在一定的冲突，特别是学生在“经济学院模式”下容易形成的“定性思维”与较薄弱的数理知识应用能力和逻辑推理能力，为微观金融的教学带来了一定的障碍。

因此，有必要借鉴“商学院模式”，改革我国传统的金融专业研究生培养模式，增强学生解决微观层面具体金融问题的能力。

三、我国金融专业研究生教育模式的改革路径

(一)教育理念和培养目标

在金融学科微观化背景下，金融研究生教育的目标应更加强调满足学生个人和社会的特定需要，培养学生不仅掌握扎实的量化金融知识，而且拥有较高水平的技能和理论框架，能为不断变化和日渐复杂的金融服务行业所面临的挑战，找到具有创新性和有效性的解决办法。这样才能够培养出学以致用的金融人才，拓宽就业渠道，满足经济建设对金融人才的需求。当然，强调金融学教育的应用性、实践性，并不是否定基础理论和宏观金融学教育，它们在培养学生的创造能力和分析问题、解决问题能力的方面发挥着不可替代的作用。如果缺少了宏观分析和理论分析能力的培养，研究生教育有可能将会退化成为工具主义教育，降低人才培养的层次。因此必须在应用性、微观化与理论性、宏观化之间建立平衡，在此基础上适当突出应用和实践特征。

(二)教学方法与教学手段

教学方法、教学手段是教学活动的重要环节，考虑到现代金融学科更具有实证和实用的特点，因此，在教学过程中不能满足于一般的理论解释，而应更注重对现实问题的认识和判断。

对于像货币银行学、国际金融、保险学等宏观类课程，可在着重讲授重点、难点和热点问题的基础上，通过组织课题讨论、撰写小论文和学术报告等形式，提高学生的思辨能力，开阔学生的视野。

对于像公司金融、金融机构经营与管理、投资理论等微观类课程，应突出其应用性、操作性和前沿性等特点，重视教学的实验性和实践性，加强对学生工程分析思维的培训，通过创新型教学手段，增强学生对业务知识的感性认识、理解应用能力和动手操作能力。具体来说，应着重

改进以下几个方面。

1. 案例式教学。金融学的许多课程实践性强、业务性强，适合于案例教学。案例教学通过对各种经典案例的分析与讨论，有利于加深学生对所学专业理论的理解，培养学生理论联系实际、分析解决问题的能力，提高学生的学习兴趣与主动性。客观上也有利于提高教师教学的主动性与兴趣。教师应该密切跟踪我国金融市场的创新步伐和金融工程的最新应用方向，加强与政府、企业和其他金融机构的密切合作，逐步累积和丰富教学案例，使之与我国金融市场的实际进行更好的结合。

2. 实验教学。通过实验教学强调对实际数据的分析和运用，建立金融分析数据库和金融工程实验室，为学生提供快速便捷的金融数据获取渠道，并配备完善的计算机硬件和软件，通过模拟实验等手段使学生将理论知识与实践紧密结合，培养定性和定量分析交叉综合的能力。

3."走出去，请进来"。所谓"走出去"，就是创造条件让学生到金融实际部门和金融监管部门去实习，包括到银行、证券公司、保险公司和其他金融企业等金融部门实习。学校应努力探索一套有效的机制以保证实习效果，从而有效地配合学校内的专业学习。所谓"请进来"是学校应该定期聘请金融实际部门的专业人士给学生讲课或办讲座，这样可以使学生了解最新的金融发展状况与趋势，解决教师难以跟踪最新的金融动态的不足，强化理论与实际的结合。

(三)学科和课程体系建设

在学科和课程体系建设上，应突出科学性和系统性，处理好金融学课程体系的完整性和课程之间相关内容的协调性。

一要进一步调整传统的宏观理论课程，帮助学生深刻理解金融经济现象的本质，培养学生的宏观经济概念、宏观思维方法和抽象分析能力。

二要进一步充实微观应用课程，反映金融学科发展的微观化、工程化以及交叉性趋势，适应社会对复合型金融人才的需求，以培养本科学生的实践应用能力为主要目的。

三要大力强化方法论课程，包括运筹学、统计学、计算机编程等，消除学生在数理知识和计算机应用技能上的"短板"，使学生知识结构中数学的权重加大，培养学生运用计量分析和计算机软件解决实际金融问题的意识，培养出更具行业背景、更懂行业发展规律的金融工程人才。

另外，要特别注重金融学课程与其他相关学科之间的交叉融合，使学生文理交叉，理工结合，知识结构合理化，有利于提高他们走向社会后的再学习能力，增强适应能力和应变能力。

顺应金融学科的发展趋势，适时改革我国金融专业研究生培养模式，将有助于我国高校培养出更多满足金融行业发展需要的人才，并有效地推动我国金融学科的建设。

参考文献：

[1]肖鹞飞．现代金融学发展趋势对我国金融学科建设的启示．广东外语外贸大学学报，2005(3).

[2]卞志村．金融学、金融学科建设与金融人才培养．河南金融管理干部学院学报，2005(2).

[3]陈春生．试论金融学科结构与体系的构建．金融教学与研究，2006(6).

[4]罗刚，李华．美国金融研究生的商学院培养模式及其启示．学位与研究生教育，2006(9).

[5]邢媛，林淦生．对硕士研究生培养模式的思考．天津师范大学学报，2008(2).

[6]廖湘阳．研究生教育发展战略研究．北京：清华大学出版社，2006.

数量经济学学科▶▶ ▶▶发展的几点思考

徐冬林①

目前，数量经济学已经成为现代经济学和管理学教育必不可少的一部分，它和微观经济学、宏观经济学一起构成了高校经济管理类学生的三大核心理论课程，并在中国经济学界受到越来越广泛的关注。数量经济学这一方法体系的形成与发展不仅是现代经济学发展的必需，而且其本身的发展也进一步促进了经济学的科学化和现代化。

早在20世纪80年代初，我国经济学界一代宗师陈岱孙教授就曾指出："我国的经济科学研究也绝不能停留在空泛的议论之上，对经济现象只强调定性分析，而忽视定量分析。如果这样，经济研究就很难深入下去，对于经济政策的效应的验证，也等于是一句空话。"②反观现在的经济学研究，我们仅以《经济研究》上刊载的论文统计为例，2003年和2004年属于数量经济学的论文比重就高达85%，这一数字仍有增长趋势。③由此可窥见，数量经济学在当前学术研究中的地位和作用。

---

① 作者简介：徐冬林，中南财经政法大学信息学院教授。

② 胡代光：《提高中国数量经济学研究和应用的水平》，载《数量经济技术经济研究》，1999(3)。

③ 成九雁、秦建华：《计量经济学在中国发展的轨迹——对(经济研究)1979—2004年刊载论文的统计分析》，载《经济研究》，2005(4)。

一、数量经济学发展的现状分析

自我国创立数量经济学会以来，在老一辈经济学家和领导的关心与支持下，数量经济学科有了很大的发展，可以说经济学各学科中数量经济学的发展是最快的，无论是研究领域、研究方法还是研究方向，都在不断补充和完善，对经济学的发展起到了巨大的推动作用。

(一)研究领域广泛化

目前，数量经济学研究的领域非常广泛，主要包括以下六个方面：一是经济对策论，又叫博弈论，主要研究经济系统内代表不同利益主体的决策者实施某行为方案，在冲突或合作后的损益得失结果，具体地讲有完全信息的静态和动态模型、不完全信息静态和动态模型以及不对称信息模型等；二是数理经济学，有一般均衡模型和非均衡模型；三是计量经济学，发展动向有交叉分析、协整理论、非均衡模型、非线性计量模型等；四是投入产出分析，利用投入产出表分析产业结构等；五是经济预测，也是做经济模型的一个重要目的；六是仿真，运用仿真技术对经济系统进行模拟，得出经济变化的规律。① 任何一门学科都是在不断发展的，人类经济的不断进步，不断创新的经济实践也必将导致数量经济学研究领域的不断扩充，以适应整个经济的发展。

(二)研究方法多元化

数量经济学是一门多学科交叉的边缘学科，它将经济学，统计学，数学和计算机技术相结合，其学科交叉性质如图1所示。②

数量经济学只有综合运用以上学科的系统分析方法，并熔各家于一炉，综合提炼，才能自成一体，形成自己显著的特点。因此，数量经济学不仅要求掌握分析经济问题的理论模型、计量知识和各种数学技能，而且要求掌握统计学的假设检验、抽样调查、数据收集与处理，并精通各种相应的数量经济学软件。

(三)知识体系模糊化

计量经济学的发展已较为成熟，有着相对完整的知识体系。与计量

---

① 张守一：《中国数量经济学的发展》，载《重庆商学院学报》，2001(4)。

② 杨华峰：《论数量经济学的学科性质》，载《河北地质学院学报》，1994(2)。

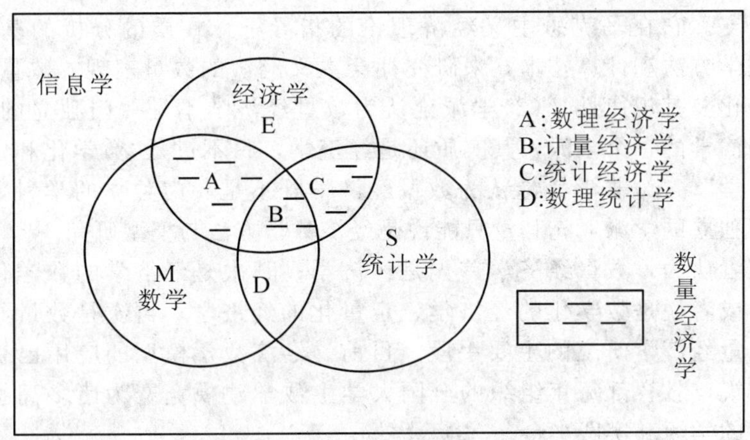

图1　数量经济学学科交叉性质

经济学不同，数量经济学知识体系的边界还比较模糊，对数量经济学知识体系的认识学术界也存在较大分歧。① 对比目前两者的体系成果，可以形成这样一种认识：不论计量经济学的研究对象如何，它以数据的收集整理为基础，以模型的设计、检验、应用为主线，已经形成一个逻辑清晰、内容相对独立完整的学科体系。而数量经济学由于其特有的学科交叉性质，其内容涉及多门学科，如经济学、统计学等，但在外延上又都不包括这些学科，更不能代替它们。因此，数量经济学就像是一个大的容器，什么学科都可以往里面放，但什么都不属于自己的。

二、数量经济学发展存在的问题

近年来我国数量经济学的发展已初具规模，且取得了一定的进展。但是，客观地考察和分析，综其发展进程，其结果不令人十分满意。

(一)学科定位难

关于数量经济学的学科定位，国内目前主要有以下三种认识，即学科论、学派论和非学科论。(1)学科论认为数量经济学是一门独立的学科，它有自己特定的研究对象、研究内容、研究方法和理论基础。其代表观点是，“数量经济学是一门新的应用经济学，是社会主义经济学科的

① [美]劳伦斯·克莱因：《经济理论与经济计量学》，沈李晟译，北京，首都经贸大学出版社，2000。

一个分支。它在马克思主义经济理论的指导下，在质的分析的基础上，利用数学方法和计算技术，来研究社会主义经济的数量表现、数量关系、数量变化及其规律性。”(2)学派论认为数量经济学不是一门独立的学科，而是经济学的一个学派，其实质还是经济学，只不过是“数学化和定量化的经济学”。(3)非学科论认为数量经济学既不是一门独立的学科，也不是一门独立的学派，充其量只能说是经济数学方法与模型研究。①

笔者认为，数量经济学首先是经济学；其次是经济学的数学化和定量化，或者说是数学化的经济学、定量化的经济学；再次是数量经济模型是数量经济学研究的主要手段。目前，经济数学模型的应用已受到足够的重视，教育部每年组织的全国大学生数学建模竞赛为诸多高校提供了很好的学习和实践平台。

(二)与经济学分离

自数量经济学产生以来，其与经济学多处于分离状态，由于传统经济学(更确切地说是政治经济学)对数量经济学的排斥，不少高校的数量经济学专业独立于经济学专业之外，甚至独立于经济系之外，在信息系、经济管理系、决策科学系，甚至应用数学系中发展，目前高校中不少数量经济学专业硕士点，几乎都设在学校经济系之外。② 这些独立出来的院校如果不注重经济理论基础的教育，培养出来的学生往往是“跛足”，经济学味道不浓。

另外，现在不少高校的数量经济学专业过多注重经济模型方法的引进和创新，而常常脱离对经济事物的质的认识，忽视经济理论和数据质量，导致建立的模型异常复杂，却没有多大的经济意义。所以我们不应该醉心所谓漂亮的数学模型，片面强调数量分析而忽视对事物本质的定性分析。目前，不少硕士研究生撰写的论文或提交的研究成果，往往以很大的篇幅介绍模型方法，而对于研究对象的行为理论缺少深入的分析与把握，对于数据，甚至都不予列出，这样的研究成果怎么能使人信服呢？虽然，现代经济学研究，没有数学模型是不完整的，但只有数学模型，也只不过是“数字游戏”罢了。

---

① 王庆石：《数量经济学的学科定位及专业发展问题研究》，载《东北财经大学学报》，2003(3)。

② 李子奈：《我国经济学研究如何达到世界先进水平——关于数量经济学的几点思考》，载《数量经济技术经济研究》，1994(1)。

(三)本质限制发展

我们说数量经济学是数学化的经济学、定量化的经济学，而数量经济模型是其研究的主要手段。因此，数量经济模型作为数学方法在经济学上的应用，对解决实际经济问题具有至关重要的作用，正是这种本质特点也限制了其自身的发展。①

首先，数学模型的建立和数量函数的选取，是人们对客观经济活动及其过程进行认识的一种表达方式，对同一种事物的不同认识，会使用不同的数学模型和目标函数，因此对同样的经济活动，得到的结论和建议也会因人而异。其次，数学模型的建立是基于模型的假设之上的，而这些假设条件本身就存在一定的局限性，对模型具有一定的简化作用，这样建立的模型对实际经济活动的指导作用也是值得商榷的。再次，函数形式有限也是限制数量经济学发展的重要因素，在分析很多实际经济问题时，我们不得不借用西方经济学中的一些函数，而无法创立适合我们国家国情的“自己的”函数形式。

三、数量经济学发展的几点建议

以精确的量化分析代替模糊的文字描述已经是各国经济学研究和经济政策制定的一个明显趋势。随着经济全球化的发展和新经济时代的形成，数量经济学将迎来极大的发展机遇，当然机遇与挑战并存。根据目前数量经济学的发展状况，我们应注意协调发展，尤其在以下七个方面加大工作力度。

1. 就教学而言，应该加强数量经济学基础经济理论的教育，如宏观和微观经济学，政治和制度经济学等。在扎实的经济学理论之上拓展数量经济方法，使经济学与数学方法能更好地结合，不能偏于一方。

2. 就研究而言，在重视实证分析的同时，要加强理论研究。尤其是做好以下四个方面的工作：一是经济博弈理论，二是一般均衡理论，三是非线性模型和动态模型的研究，四是非稳定、不对称经济现象的研究。

3. 进一步提高数量经济学知识体系结构的完整化，这需要广大数量经济学者的共同努力，集思广益，找到属于自己的一套知识体系。

4. 扩大研究领域是数量经济学发展的重要目标，就目前来看，数量经济学已在不少领域中得到了广泛运用，但还可以尝试在其他方面进行

① 齐建国：《数量经济学发展概述》，载《数量经济技术经济研究》，1997(10)。

研究，如生态补偿、金融安全等一些新兴领域。

5. 加强数量函数的自主创新工作，建立适合我们国家国情的“自己的”函数，同时也要吸收西方先进的技术成果，取其精华，弃其糟粕。

6. 以中国化为主体，以国际化为目标的研究理念。重点解决中国经济的内部问题，同时研究国际经济形式的变化，如最近影响全球经济的美国次贷危机，国际石油价格的波动等问题，数量经济学应加大研究力度，力争在这些国际经济研究上有所突破。

7. 重视数量分析、统计等软件的开发和使用，尤其是对于在校大学生和研究生，掌握一种或几种数量分析软件是相当必要的。

四、数量经济学发展的未来展望

从当前的经济形式和数量经济学的发展来看，数量经济学的未来充满了挑战和希望，一方面我们要抓住机遇，大力发展该学科；另一方面，我们要总结经验，吸取教训，改进不足。

1. 与发达国家的同类学科相比，我国的数量经济学还未入主流，还存在巨大的上升空间和潜力。在以后的发展中，我们要坚持一个短期目标和一个长期目标的原则，短期目标即入主流，长期目标即创一流，坚定不移地发展数量经济学这门学科。第一，我们应该正确认识学科的性质，清楚学科的定位，明确数量经济学的本质是经济学；第二，发展领域的不断创新，注重对学生和教师的培养，使得数量经济学科的发展后继有人；第三，清晰数量经济学的知识体系；第四，避免过多追求模型的难度、深度及规模化；第五，兼顾基础理论与实证分析，双管齐下，缺一不可。

2. 接受新经济带来的挑战。新经济不同于传统经济，提出了许多丰富多彩的指标体系，数量经济学的任务是怎样科学制定适用新经济的目标函数，量化指标等。

3. 数据挖掘的深入化。数量经济模型的可靠性离不开高质量的数据支撑，没有数据也就没有数量经济学，而有些数据难以获得，如果以间接、近似的指标来代替，会影响模型的精度，这就涉及数据的深入挖掘问题，也是数量经济学未来发展的一个严峻考验。当然我们相信，人们总会想出一些新的办法去挖掘数据、量化指标，为数量经济学的成熟发展奠定基础。

论我国民法学课程设置中的▶▶ ▶▶问题与对策

——以中南财经政法大学为例

高　飞[①]

课程是大学人才培养模式的核心要素和中心环节，“教育实践，就是以课程为轴心展开的。”[②]从本科教育的角度来看，课程结构决定着学生的知识结构，并进而决定学生的能力结构和素质结构。故在一点意义上可以说，人才培养模式的改革调整最主要的内容之一就是对课程设置、课程内容和课程结构进行改革调整。[③] 因此，在我国法学本科教育中，宏观的课程结构和教学内容改革备受关注，不过，对于其中作为一个“教学科目”的微观课程结构的研究却并不多见。因中南财经政法大学民法学课程与民法学学科建设同步发展，具有起点高、开设早，历史悠久、薪火相传、师资稳定、延绵不衰的特点，而且经过几代人的共同努力，2005 年民法学课程被教育部评为国家级精品课程，2007 年民商法学科被评为国家级重点学科，故本文将以中南财经政法大学法学本科教育中作为“教学科目”的民法学课程设置为例，对我国民法学课程设置中存在的问题进行

① 作者简介：高飞，中南财经政法大学法学院副教授。

② 钟启泉：《现代课程论》，3 页，上海，上海教育出版社，1989。

③ 杨志坚：《中国本科教育培养目标研究》，192～193 页，北京，高等教育出版社，2005。

探讨，并提出若干完善的建议以供参考。

一、我国民法学课程设置现状

民法是法律体系中的基本法律，其虽然只是众多部门法中的一种，但从人类法制现代化的历史中可以看出，宪法、刑法、诉讼法、行政法都要以现代民法的一些基本观念为指导思想，都要引进民法的一些基本原理。① 而且，民法为现代化市场提供一般规则、市场活动的行为规范，并在保障社会主义的人权、促进社会主义民主政治方面发挥着重大作用，同时，在社会主义市场经济条件下，民法还担负着维护社会公平正义、协调各种利益冲突的重要任务。② 因此，民法学课程的设置在整个法学课程结构中具有重要地位，故我国各法学院校在法学本科教育中均非常重视民法学课程的设计。由于民法学课程的内容极其广泛、丰富和复杂，为加强民法学理论的学习，系统培养学生分析解决民事争议问题的能力，并有计划地提升学生的逻辑思辨能力等，在我国法学本科教育中民法学课程被分解为多门具体的子课程，即该课程并不是一个单一的教学科目，而是由多个教学科目组成的一个整体。

在中南财经政法大学，民法学课程包括：专业基础课——民法学Ⅰ和民法学Ⅱ；专业课知识产权法学；专业选修课——物权法学、合同法学、婚姻家庭与继承法学、侵权行为法学、人格权法学、罗马法、外国民商法等。不过，应当指出的是，在法学本科教学内容改革过程中，中南财经政法大学将整个法学课程划分为四个不同的课程模块，尽管这四个课程模块均包括法学主干课程以及一些重要的法学基础课程，但选择不同课程模块的学生在具体的民法学科目的学习方面还是有较大的区别。具体来说，除了专业基础课民法学Ⅰ和民法学Ⅱ、专业课知识产权法学和专业选修课合同法学是所有法学本科生必须学习的科目之外，学生是否学习其他作为专业选修课的民法学科目则因选择的课程模块不同而存在差异。中南财经政法大学法学本科生民法学课程的这种设置在我国法学本科教育中并不是特例，其他法学院校基本上都是如此设计的，相互之间并不存在本质上的差异。

---

① 郝铁川：《当代中国与法制现代化》，94页，杭州，浙江人民出版社，1999。

② 梁慧星：《民法学说判例与立法研究》，55～56页，北京，中国政法大学出版社，1993。

二、民法学课程设置中存在的问题

就中南财经政法大学民法学课程所包括的教学科目的设计体系而言，其不可谓不全面，而且，在整个法学课程结构中，民法学课程的学时最多，也可见该课程设置对民法学知识的学习非常重视。同时，与其他国家或者地区一样，鉴于民法学课程内容的繁杂，该课程被分解为多种教学科目，从而既便于教师讲授，也便于学生理解。如在我国台湾地区东吴大学法学院，民法学课程被分解为民法总则、民法债编总论、民法物权、民法债编各论、民法亲属、民法继承等必修课，同时，还设置了民法案例解析(财产法)和民法案例解析(身份法)等选修课。① 中南财经政法大学的民法学课程设置在基本理念上与此如出一辙。

然而，如果对中南财经政法大学民法学课程的设置进行仔细研究分析，不难发现其中存在一些应当加以克服的缺陷，最主要体现在按照现行设计的民法学课程各科目学习，必将导致两个相互矛盾的结果：一方面致使有些学生所学习的民法学知识不全面，不可避免会出现知识链条的断裂与缺失；另一方面，某些民法学科目内容重复，将浪费学生有限的学时。具体而言，因民法学课程中民法学Ⅰ、民法学Ⅱ和知识产权法学是所有法学本科生必须学习的科目，其他科目是否学习则由学生选择的课程模块来决定，其中，选择课程模块Ⅰ、课程模块Ⅲ、课程模块Ⅳ的学生将不单独学习物权法学、侵权行为法学、人格权法学，选择课程模块Ⅲ、课程模块Ⅳ的学生还将不单独学习婚姻家庭和继承法学。这种情况决定了在民法学Ⅰ、民法学Ⅱ科目中必须对涉及物权法学、侵权行为法学、人格权法学、婚姻家庭和继承法学的内容进行全面而细致地讲授。

不过，要求在民法学Ⅰ、民法学Ⅱ科目中对民法学知识进行全面的讲授在实际中却是不可行的：其一，授课学时太少，不可能将民法学知识进行系统全面的讲授。民法学Ⅰ和民法学Ⅱ的总学时为 7 学时/周，这对于讲授除知识产权法学之外的民法学知识而言实在太少，而在我国台湾地区东吴大学，相同的内容需要讲授 24 学时/周，在台湾大学相同的

① 将民法学课程进行如此细致的分解是我国台湾地区法学本科教育的通常做法，只是各学校法学院在民法学课程中针对不同科目在安排学时方面有些细微差异。

内容也需要讲授22学时/周。[①] 其二，因苏联婚姻家庭法学理论的影响，我国学者一方面将马克思主义法学思想和方法教条化，片面强调婚姻家庭的阶级性，认为将婚姻家庭法划归民法部门是资产阶级意志和利益的体现，是婚姻家庭关系商品化、契约化的产物；另一方面坚持认为，民法只是调整商品经济关系的法律，社会主义婚姻家庭关系不是商品关系，因此，学界普遍主张婚姻家庭法是社会主义国家独立的法律部门之一，不是民法的组成部分。[②] 尽管该观点在当前已经得到修正，但其造成的一个后果便是在很多民法学教材中缺少有关婚姻家庭法学的内容，这种情形客观上造成婚姻家庭法学必须在民法学Ⅰ和民法学Ⅱ科目之外进行独立讲授。因此，选择课程模块Ⅰ、课程模块Ⅲ、课程模块Ⅳ的学生在学习民法学的过程中，因学时所限和民法学教材内容方面的缺陷，其所掌握的民法学知识必定是残缺不全的。

与上述情形相反，选择课程模块Ⅱ的学生除了学习民法学Ⅰ、民法学Ⅱ和知识产权法学之外，也将分门别类地学习物权法学、合同法学、婚姻家庭和继承法学、侵权行为法学、人格权法学等科目。由于课程模块的选择是在完成民法学Ⅰ、民法学Ⅱ科目的学习之后开始的，而为了使选择课程模块Ⅰ、课程模块Ⅲ、课程模块Ⅳ的学生也能够尽可能系统地掌握民法学知识，故民法学Ⅰ、民法学Ⅱ科目的内容中已经包括了物权法学、合同法学、婚姻家庭和继承法学、侵权行为法学、人格权法学等科目的许多主要内容。这种情形对于选择课程模块Ⅱ的学生来说，客观上又导致了其在民法学各科目的学习中存在大量重复的内容，使其有限的学时未能得到最为充分合理的利用。

三、完善民法学课程设置结构的建议

从法学本科教育课程结构的整体来看，应当“以未来市场为导向，重新确定法学本科生的基本必修课程，重新规划各课程的内容，注意各课程的配合与整合，增加对本土知识和学术规范的关注，增加对交叉学科的研究，注重能力培养”[③]。这种课程结构的改革思路对于民法学课程中各科目之间的体系设计极具启发意义。因此，我们认为，完善我国民法

① 这里是针对民法学课程学习的整体学时来说的，实际上在我国台湾地区各院校，民法学课程也分5～6个学期完成的，在中南财经政法大学民法学Ⅰ、民法学Ⅱ也是分两个学期讲授的。

② 李贵连：《二十世纪的中国法学》，202～203页，北京，北京大学出版社，1998。

③ 苏力：《法学本科教育的研究和思考》，载《比较法研究》，1996(2)。

学课程的设置，可以从以下几个方面着手。

首先，明确定位民法学课程的教学目标。“不知道目的地，选择走哪条路或确定如何走某条路都是无甚意义的；然而，不知道目的地的性质，无论选择哪条路还是确定如何走某条路，却都有可能把我们引向深渊。”①因而，民法学课程设置应当具有明确的目标指引，否则，在法学本科教育中谈论民法学教与学的成功将是一种奢望。我们认为，民法学课程目标不仅要定位为民法学知识的系统传授和掌握处理相关法律纠纷的思维能力，更应当重视对民法基本理念的传播。法学本科教育不仅是传授现行法律知识，而且要培养学生对于法律精神的正确认知，使其建立起正确的法律意识。体现在民法学课程设置中，就是必须考虑使本科生在系统掌握民法学知识的过程中，深刻领会民法为权利法、人法和市民法的基本观念，启发其对法制社会的使命感。

其次，重视民法学课程的体系化特点。建立在罗马法基础上的大陆法系民法典是一种体系化的存在，强调法律制度的整体观。正如德国法学家拉伦茨所言，民法体系可分为外部体系和内部体系，二者是表里关系；内部体系包括概念、类型和原则，甚至游离于体系之外的事物的本质，而类型、原则是无法依据抽象概念而得出的；法典编纂的任务就在于建构一个逻辑清晰、结构科学的外部体系以妥帖地反映内部体系的本质及意义脉络。② 在民法学课程所涉各教学科目的设计中，应当主要以民法的外部体系为参考因素，但在各教学科目的讲授过程中，则应当贯穿民法的内部体系，从而实现民法体系的整体和谐。

最后，充分体现民法学课程具有的务实性。法学本科教育主要培养的是实用型人才，无论是作为律师、法官、检察官，还是国家的公务员，从理论上来看，法学本科生毕业后将都必须履行其职业功能，承担起职业责任，并承担起决定他人生命、财产和安全的重任，这就要求法学本科教育阶段应当考虑一定的职业导向和务实性。③ 因此，民法学课程的设置不能仅考虑其具有的强烈的理论性，而且还应当考虑其实用性，故开设民法案例解析之类的科目是十分必要的。这种务实型民法学科目的设置既可以引导学生将抽象的民法学理论运用于具体的民法个案之中，并启发学生从实务的视角理解律师、法官、检察官等在法律动态发展中的

---

① 邓正来，《中国法学向何处去——建构“中国法律理想图景”时代的论纲》，1页，北京，商务印书馆，2006。

② 陈小君：《我国民法典：序编还是总则》，载《法学研究》，2004(6)。

③ 苏力：《法学教育改革的目标和限度》，转引自甘阳、陈来、苏力，《中国大学的人文教育》，241～242页，北京，生活·读书·新知三联书店，2006。

具体作用和贡献，真正摆脱空谈而做到理论与实践相结合。

在上述观念的指导下，我们认为，中南财经政法大学民法学课程中各科目的设计应作出若干改革。具体而言，其应当分别设立民法总论、物权法学、债法总论、合同法学、侵权行为法学、婚姻家庭法学、继承法学等科目，这些科目都应当作为必修课，无论学生选择何种课程模块，均必须开设。同时，因人格权法学在民法学理论体系中还存在相当大的争议，而且其内容基本可以完整地纳入民法总论之中，故暂时可不单独设立该教学科目。这种设计既可以使所有法学本科生系统地学习民法学知识而无遗漏，又能够避免各科目内容上存在重复，浪费有限的学时。此外，还应当分别设立民法哲学、罗马法、外国民商法、民法解释学、民法学案例解析[①]等选修课，一方面开拓法学本科生的学术视野，另一方面加强法学本科生处理实际问题的能力。

总之，民法学课程中各教学科目的设计是一个需要认真研究的课题，上述关于民法学课程结构设置的建议虽然是针对中南财经政法大学相关科目设计中的缺陷而言的，但绝不仅仅只对中南财经政法大学民法学课程的改革具有参考价值，其同样对我国其他院校的法律本科教育的民法学课程设置的改善具有借鉴意义。

① 中南财经政法大学现已开设有民法案例解析科目，也在法学诊所教育中常常涉及民法实务教学，但真正能够参与到这些民法实务科目的学习中的学生非常有限，因此，其应当为更多甚至绝大多数法学本科生能够有机会参与到民法实务科目的学习积极创造条件。

《中国财政史》精品课程建设新探索

周春英[①]

《中国财政史》是高等财经类院校财政学专业的基础课程之一，在经济飞速发展、政府越来越注重社会公平与效率的今天，在财政公共化进程中所出现的诸多“症结”无以“医治”的情况下，承载着丰富思想与文化底蕴的中国财政理论、财政制度的历史尤为重要。但笔者在教学中却深刻体会到，在长期应试教育和市场经济环境下，养成学习目的功利性的学生对该门课程的学习不感兴趣，教师在讲授这门课程时也遇到教学内容枯燥、教学方法单一、考核方式落后等问题。因此，如何加强《中国财政史》课程建设、突出课程特点、培养学生兴趣成为教学过程中的一个突出问题。为此，我们在省级精品课程建设过程中就课程定位、教学目的、教材建设、教学方法、考核方式等方面进行了一系列旨在培养学生能力、提升学生素质、调动学习积极性的探索。

一

《中国财政史》作为财政学专业的基础课程，主要讲授中国财政自产生以来的财政理论、财政制度、财税思想发展演变的历史，使学生能够

① 作者简介：周春英，中南财经政法大学财税学院讲师。

深刻领会我国财政发展过程的规律、特点，以便为现实的财政体制改革提供借鉴和指导，充分发挥其为社会现实服务的功能，以弥补财政学课在财政理论形成、实践过程及经验教训等方面讲述的不足。该课程的专业性所在是总结财政实践经验教训，使之成为财政学理论的源泉，这也是财政学学科专业性的直接体现，是培养学生学科意识、提升专业素养的重要环节。

在精品课程建设过程中，我们主要思考三个问题：一是如何解决好教学时间短(32个学时)与课程内容多的问题。中国财政自产生以来直至现在有四千多年的历史，为了体现课程内容的“精”，我们深挖中国财政发展的历史逻辑，努力探索历史长河中财政发展的主题和主线，把财政发展的内在逻辑与财政学的具体理论统一起来，把对历史上财政现象、财税制度、财税思想的介绍与反思性评价结合起来，以充分体现《中国财政史》作为历史学与财政学交叉学科的学科特色，即历史实证性和社会应用性、时代性。这就需要找到中国财政历史实践的特点，体现该课程的历史性。但它又要与历史学科相区别，要体现该课程的财政理论性和服务现实性，这就需要找到相通的结合点，如何找到结合点能体现该课程融知识性、理论性、历史性与趣味性于一体的特点是本课程需要思考的另一个问题。同时，现代大学教育注重的是素质教育与能力培养，如何达到提升学生专业素养、锻炼历史与实践结合对财政现象、财税制度进行客观分析的能力，这是课程建设需要思考的又一个问题。

只要解决好以上三个问题，就是弄清了《中国财政史》作为精品课程建设如何体现“精”的问题。为此，首先要有一个思想理论前提，即要对《中国财政史》课程有一个准确的定位。

本课程是在学生掌握了财政学、税收学的基础理论后，介绍和研究中国财政制度、财政思想演变发展的过程、特点和经验教训。在财税学专业人才的知识结构中，财税史是必备的基础知识，确切地讲，本课程是立足于提升学生的专业素养，它不可能、也没有必要对中国历史的各个方面都做详尽的叙述和论证。教学的着力点，应放在学生对中国财政史的总体面貌和基本线索有一个大体了解的基础上，突出讲授各财政理论、财政现象、财政制度的发展过程、特点，以及财政史与财政学理论之间的关系，力求展现出中国财政史发展的思想面貌、社会政治经济背景，把握财政史的总体分析框架，体悟和反思历史的财政实践所揭示的经验教训及对现实的借鉴意义。通过本课程，力求能够使学生掌握中国财政史的基本脉络，对现代财政学的基本理论有更为深刻的把握和反思，提升学生理解问题的深度，使学生在真切的问题意识和理论意识中形成探索中国财政史的兴趣，同时丰富自身的知识结构和知识层面，拓展自身的文化素养。

二

基于以上定位，本课程在建设实践中形成了鲜明的特点。

(一)更新教育理念

教学首先需要对教育对象有一个全面的了解，这是确定教学目标及教学方法的基础。大学生已不再是小孩子，理性思维已得到较好的发展，已有独立思考、自学的能力，也有自己独立的个性。教师如再照本宣科，缺乏师生交流，搞填鸭式、满堂灌教育，结果势必适得其反。同时，作为21世纪的大学生，应该是全面发展的"通"才。因此，本课程注重贯彻"尊重的教育"和素质教育是"人的全面发展"的现代教育理念，力求以符合大学生年龄及心理特点的方式进行教学，在教学过程中不是简单地局限于传授史实、分析史料，而是以培养能力、提升专业素质、丰富人文精神为重心，既要充分发挥教师的主导作用，又重视学生的主体地位，使教学过程成为教与学双方围绕一个主题而进行的对话，体现出鲜明的知识性、理论性、反思性和趣味性。

(二)加强教材建设，实现教材编写体例的创新

近年来，各财经院校在《中国财政史》教材建设方面不断推陈出新，但在编写体例上大多采用的是断代编年体的体例，即以时间为顺序，按原始社会、奴隶社会、封建社会、半殖民地半封建社会、社会主义社会等社会形态进行分期，按历史朝代设章节，每一朝代都覆盖财政的收入、支出、财政管理等各个方面。2001年，由陈光焱、刘孝诚、叶青教授共同编著的《中国财政史》教材(北京：中国财政经济出版社，2001)则采用了专题性的编年体体例，即按财政制度变迁的规律把中国财政分为先秦地方分权型的财政、秦至清代中央集权型的财政和1912年至今的现代财政三个历史阶段，各阶段再按财政收入、支出、管理体制等分专题记述，在体例上有所突破，力求实现具体内容和内在发展规律的统一，在学界取得良好的反响。这两种体例各有特点。断代编年体有利于对某一个朝代财政发展的原因、状况进行全面的了解。专题性编年体使财政的某一方面在内容上保持连贯性，有利于探讨财政发展变迁的过程、特点及规律，有助于在有限的时间内从整体上把握中国财政发展的脉络、趋势。

前者重静态，后者重动态。

无论采用哪种体例，教材建设的出发点和归宿都应是提高教学水平和质量、反映最新科研成果和时代的需要，应根据本学科的特点努力出一批史料真实、内容丰富、形式多样的教材。根据这一指导思想，2007年，我们重新对《中国财政史》教材进行了修订，补充了一批反映学科前沿的最新研究成果、史料、图片及与社会现实密切相关的素材，更加注重历史与理论、历史与现实的联系，力图对学生的学习起到指导性作用。

另外，本课程的骨干教师还先后出版了多部针对本课程的专门性教材、专著或工具书，呈现出对中国财政史研究的系统化、专门化，为教学内容的丰富和发展起到了重要的作用，也为该课程思想理论研究和教学思想研究做出了有效支撑。

(三)深化教学方法改革

在教学方法改革方面，本课程注重开阔学生的知识视野，加强学生的理论水平，培养学生的思维方法，锻炼学生的思维能力，提升学生的专业素养，着力在创新性能力和创造性思维上下工夫。由于《中国财政史》是一门时间跨度长、学时有限、历史性强、理论性深、时代感和现实性相对较差的课程，讲授该课程的教师既要有系统的历史知识底蕴和很好的财政学理论素养，更要有达到一定艺术水准的教学方法，否则难以摆脱枯燥乏味。有位同学说："财政史是一门相对比较枯燥的学科，老师如果没有灵活的教学方法，学生没有正确、积极的学习态度，那么学习就会变得十分乏味和冗繁。"因此，为了达到更好的教学效果，本课程主要采用财政学理论与历史实践相结合的方法；历史分析与逻辑分析相结合的方法；财政制度、财政思想理论分析评价与时代分析及现实问题分析相结合的方法；历史发展长河中的动态分析与典型事件的静态分析相结合的方法；中外比较分析法等。这些方法看似比较笼统，实际上体现了基础性、通识性和理论性等几个方面的内涵，使学生在古今中外结合点上发现历史并非枯燥乏味的东西。通过这些方法的运用，我们将中国财政几千年的历史实践置于中国改革开放的时代背景下，结合当代中国财政体制改革的动态及财政学理论的发展方向进行真实有效的分析，使《中国财政史》讲授与现实密切联系起来，以体现该课程知识性、规律性和借鉴性的特点，充分发挥财政史的"资治通鉴"功能。

另外，本课程已成为省级精品课程，可以利用现代化教育范畴的多媒体技术和网络化进行实际教学，恰好弥补了财政史传统教学方法的弊端，给教学注入新的内容。一是能创造出良好的教与学的氛围，优化课堂教学，增强教学效果。多媒体技术能采用文字、图形、图像、动画、声音及视频等多种媒体传递形态，把教学内容中涉及的事物、现象、过程等综合集成出来，使课堂教学图文并茂、声形像组合、行动逼真，直接对人的多种感官同时进行刺激，创造出一种身临其境的情境和氛围，增强了学生的参与意识、学习兴趣，使课堂生动活泼，从根本上改变了传统教学手段在直观感、立体感和动感方面的严重不足。二是解决了《中国财政史》教学资料匮乏的难题。教师可利用多媒体技术信息量大、渠道多广的特点，从各种途径为教学提供广阔的信息来源，然后采集相关的题材，集学术性、技术性、艺术性、科学性、创新性及各种教学信息为一体，使授课信息量明显增多，能够全面反映历史的本来面貌，使教学内容更加丰富精彩，拓宽学生的知识面。三是使历史得以再现，大大增强了课堂的形象性。财政史教学内容的一去不复返性一直是教学的难点，利用多媒体技术，通过传递各个历史时期遗留下来的实物、图片、历史遗址及后世相关的文艺作品、历史文献纪录片等多样化信息资源将教学内容整合出来，其直观性和现实存在性使学生对历史的理解由原来的抽象、晦涩，变为形象具体、简单明了，开阔了学生的历史视野。

可见，多媒体和网络教学平台在财政史课程中的应用，把丰富的、多样性的财政史知识生动地再现给了学生，改变了财政史课堂枯燥无味、内容单一的历史，给学生提供了一种自主学习、知识拓展和与教师交流的新方式，有利于提高教学效率，有助于学生的主动发现、积极思考和探索。

(四)转变教学形式和考核方式

在教学形式与考核方式上，本课程变注入式、单向式教学为启发式、双向交流式的研究性教学，实现了由“知识”本位向“人”本位转变；由重传授向重发展转变；由应试考试制度向能力考试转变。在教学过程中，突破传统满堂灌的封闭教学模式，以问题意识为主导，先提出问题并穿插讨论，把学生置于一种以发现问题、解决问题、创新知识、建构内化知识、展示自我为主体的、开放的、民主的、生动的教学环境中，鼓励学生积极参与，对思想观点有一定见解的学生给予总成绩中的10%左右的奖励。

为培养学生的创新意识和创新能力，我们还组织学生成立读书研讨班作为课堂教学的补充和延伸。读书研讨班是在授课过程中有针对性的提出问题，对该问题感兴趣的学生深入到文本本身，查找、整理文献资料，阅读、分析和归纳不同的学术观点，提出个人观点，并力求学生能将读书研讨的理解写作成文，从而引导学生加深对事件的认识，提高理论分析和科学研究的能力。教师对学生的论文及时加以指导、修改、写出评语、给定成绩，并逐一反馈给学生，切实起到培养能力的效果。

可见，在考试方式上，我们改变了以往单一的闭卷笔答方式，实行有标准的灵活式考试模式。考核的标准不仅包括规范考试，还包括课堂讨论发言和平时作业，还进行了多种灵活式考核，如对进入到问题式的研究、读书式的研讨方式学习的学生实行问题抽签式口试的考核方式，或以研究性论文为考试方式。

“授之以鱼，不如授之以渔”，我们强调的是充分利用有限的教学时间去引导发挥学生学习的自主性、积极性、创造性和探索精神，开阔学生知识视野，更加注重学生自身能力、综合素质和专业兴趣的培养。这些改革将基本知识训练与基本能力培养相结合，使掌握知识与提升思维能力并重，突破了传统的满堂灌、单一性的教学方式，丰富了教学形式与内容，取得了良好的教学效果。

综上所述，我们不难发现，《中国财政史》课程建设的任务异常艰巨，好在许多学校已开始积极进行这方面的探索。任何一种新的教学方法和构想都不可能一开始就完美无缺，只有在教学实践中加深理解，不断完善。这也对教师提出了更新更高的要求，只有不断地学习，更新知识以及提高自己的综合素质，才能适应现代教育的要求。我们应勇敢地挑起时代赋予我们的责任，正确处理好教学改革与教学目的的关系，即教学改革要紧紧围绕着教学目的的实现和教学对象的需求，努力为培养符合时代要求的具有理论和实践经验的高素质人才作出自己的贡献。

论“三通”课程创设的 ▸▸ ▸▸ 初衷与导向

雷泽宽[1]

为了切实提高本科生教学质量和水平，着力培养高素质的复合型、应用型人才，中南财经政法大学(以下简称“我校”)于 2005 年在全校本科生中创设了《经济学通论》、《法学通论》、《管理学通论》(以下简称“三通”)课程。2007－2008 学年第二学期，我们对“三通”课程进行了专门的调研和督导，进一步明确了“三通”课程创设的初衷与导向。

一、弘扬办学特色

我校的前身是由邓小平和陈毅等老一辈革命家创建的中原大学，从 1948 年至今已整整走过了 60 个年头，当时随着党的工作重点和重心的转移，百废待兴的新中国建设急需财经、政法、管理方面的专业人才。为满足国家建设需要，我校创建之初，主要是开展短期培训，其对象是从部队抽调一批文化水平较高的同志或是刚刚投身革命的社会青年，经过短期学习培训，充实到地方财经、政法、管理等部门。半个多世纪以来，我校虽经历了艰苦创业期(1948—1966 年)、曲折坎坷期(1966—1978 年)、恢复和蓬勃发展期(1978—2000 年)、整合与科学发展期(2000—

① 作者简介：雷泽宽，中南财经政法大学教学督导员，副教授。

2008 年)的历史过程，但作为国家财经、政法人才培养的重要基地始终未变，并逐渐形成了自己的特色：

一是学科特色。我校学科门类虽然没有综合性大学那样齐全，但在某些学科上相对的优势和竞争力却较为明显。如经济学、法学、管理学三大主干学科的优势，在中南地区高校中就十分突出，在全国高校中也占有一席之地。在教育部直属高校中，我校是唯一一所以财经政法命名的人文社科类大学。

二是师资特色。与其他学校相比，我校教师有着特殊履历。建校之初他们大都是投身革命的知识分子和解放区的青年学者，1953 年院系调整时又荟萃了中南地区著名高校的一些教师。他们中又有相当一部分先后到中国人民大学进修学习，回校后逐步改变了学校的专业结构、职称结构、知识结构和学术水平。通过半个多世纪的培养、引进等有效措施，我校教师队伍不断发展壮大，尤其是从事经、法、管三大主干学科教学的教师，相比其他专业教师而言，他们的高级职称多、高学历多、学术水平进入全国前列的也多，还出现了一些大师、名师级的人物。

三是学生特色。我校本科生教育是宽口径、厚基础，说到底是通才教育。与其他学校一样，学生学习也以学院编制，按专业分班。但对本科生教育并非囿于专业学科方向，片面强调专业知识传授，而是强化学生对基础性知识包括对经、法、管三大主干学科的一些常识性知识的学习教育。这样，学生可在不同学科知识之间的互动互通中获得一些灵感和创意，不断增强其发现问题和解决问题的能力。至今，我校本科毕业生就业率仍保持着较高势头，从一定意义上可以说与我校学生特色和优势是相关联的。

当然，我校特色远不只这些，若进一步分析还可举出诸如科研特色、管理特色、人才特色等方面，但仅从上述所列几点可以看出，“三通”课程的创设不仅传承了我校的经济学、法学、管理学等办学传统，而且在新的平台上进一步弘扬了我校经、法、管三大学科互通互动的办学特色。

二、适应人才需要

“三通”课程的创设，不仅传承和弘扬了我校办学特色，而且迎合和适应了新时期经济社会发展对复合型人才培养的需要。60 年来，我校在人才培养上经历了由计划经济体制到市场经济体制、由精英教育到大众教育、由技术经济时代到知识经济时代的历史转变过程。从建校直至改革开放 30 年间，我校对人才培养主要是强调应用型，课程设置、专业结构原则上与政府相关职能机构保持对应关系，毕业学生分配流向以各级司法、财政、金融等实际部门居多。自 20 世纪 80 年代中期特别是步入 21 世纪后，我国开始了市场经济模式的运作，科学技术日新月异，知识经济扑面而来，与之相伴的是社会对人才的需求形势也发生了新的变化。

(一)“基础”知识化

在技术经济时代，科学、技术、知识、教育四大要素都是财富之母。但发挥作用最为重要的是科学与技术两个要素；知识经济时代就不同了，尽管四个要素仍是财富之源，但后两个要素即知识与教育将发挥着更为重要的作用。社会劳动将主要取决于劳动者对知识的掌握、获取知识的能力、创造性运用知识的能力。这一变化主要是要求劳动者对知识的掌握、获取和运用的能力。

(二)产业软性化

发展至今，所有产业所包含的知识含量大大增加，从而使产业结构在知识含量提高的基础上进一步优化，最终实现产业的知识化。知识在经济发展及财富增长中的重要作用，不仅使知识成为生产的第一要素，也使之成为特殊商品，成为 21 世纪世界性的第一商品。这一变化主要在于劳动者面临的就业环境不再是传统的第一产业、第二产业和第三产业，而将是第四产业即知识产业，如教育产业、信息咨询业、点子公司等知识产业的兴起将是产业软性化的显著特征。

(三)经济柔性化

经济柔性化是指经济的发展与运行越来越依赖文化力量的支撑，文化因素将渗透到经济发展和运行的各个方面和各个环节，并构成其重要的组成部分。经济的文化内涵越强，文化的内涵量越高，经济的柔性程度也越高。这一变化要求劳动者学会和掌握文化的各种知识。

(四)发展创意化

经济的发展、财富的增长主要依赖于一个民族的创新意识和创造能力。在知识经济时代，资源的垄断被彻底打破，资源走向共享，决定经济发展的能力及保持经济竞争优势的最重要的因素，就是一个民族的创新意识及创新能力。诚如有些学者所言，资源有限，创意无限；技术诚可贵，创新价更高。这一变化要求劳动者必须具有创新意识和创新能力。

（五）竞争隐形化

经济的竞争主要依靠制定有效的竞争战略和策略，依靠竞争者良好的心理素质，依靠企业良好的整体形象等柔性手段取得胜利，而不是像过去那样，主要依靠价格、倾销等市场竞争的刚性手段。柔性竞争的主要表现有：从战术竞争发展为战略竞争，从智商竞争发展为情商竞争，从以物为本的竞争发展为以人为本的竞争，从垄断心理发展为机遇意识，从争夺文化走向和平文化，从重视产品的特色到重视企业的整体形象。这一变化对劳动者的竞争意识、综合素质的要求就更高了。

（六）就业学历化

劳动岗位对知识的要求越来越高，所有劳动者都需要接受相应的系统知识教育，不断提高受教育的程度。这里所讲的学历化，一是指接受相关系统知识教育的普遍性、全面性；二是指接受教育内容的知识性、系统性。较之技术经济时代而言，在知识经济时代，要适应劳动岗位的要求，掌握系统的知识将比技能的应用显得更为重要。这一变化要求劳动者适应学习型社会的需要，不断接受继续教育、终身教育。

正是基于经济社会发展对人才需求发生的新变化，特别是对复合型人才需求的与日俱增，从20世纪80年代开始，我校在注重应用型人才培养的同时，积极开展融通性教育，努力探索开放式办学途径。进入21世纪以来，我校“创一流、办特色”的办学理念进一步得以明晰，“应用型、融通性、开放式”的人才培养模式正式得以确认。于是，结合经、法、管三大主干学科的相对优势，我校创设了“三通”课程。这一重要举措，不仅弘扬了我校的办学特色，而且适应了经济社会发展对复合型人才培养的需要。

三、实现目标定位

我校对发展目标的定位比较客观和现实，即把创建国内一流、国际知名的人文社科类大学作为学校的中远期发展目标。在拟定“十一五”教育发展战略规划时，又把创建一流人文社科类大学作为学校“十一五”期内的阶段性目标，并用“三个更加”明确了自身的具体定位：在包括综合类院校在内的全国高校中实力要更加突出，在人文社科类高校中特色要更加鲜明，在财经政法类高校中优势要更加明显。我校创设“三通”课程的意愿，就是为了提高学校的实力，彰显学校的特色，突出学校的优势。

在此，我们对“三通”课程的特点进行如下分析，从中可以看出创设“三通”课程与实现学校目标定位的异曲同工之处。

“三通”课程的特点之一是具有融会贯通性。通过融会贯通经济学、法学、管理学三大学科的基础知识，使学生在多学科领域知识的融合中，进一步学会对某个事理知识获得更全面的理解和深刻的领悟。这种多学科的融通性教育，既有助于学生对经、法、管知识的综合培养，又有助于他们从总体上对所学专业知识形成更为清晰的认识，还有助于他们形成多元化知识结构和发散型思维方式，不断培育其多维度、多视角地观察、分析和解决问题的习惯，增强其融通性的综合能力。这一特点，对于提高我校“在全国高校(包括综合类院校)中实力要更加突出”的阶段性目标是大有裨益的。

“三通”课程的特点之二是具有触类旁通性。通过经、法、管三大学科之间在人文理念、知识内容、研究方法、解决问题上存在相互融合、相互辅助、彼此借鉴、结合运用的内在关联性，为学生对相关学科知识的学习、形成多学科的知识结构提供一个良好的平台。这样，学生在对不同专业领域知识的理解内化和吸收运用时，一旦知识积累到一定程度后，就会自觉地运用知识迁移能力，并举一反三，触类旁通，让不同学科领域的知识和方法相互促进、为己所用，不断增强自己获取新知识和解决新问题的本领，进而在知识的学习、研究和运用方面获得事半功倍的效果。这一特点，对于我校“在人文社科类高校中特色要更加鲜明”的阶段性目标应该说显得格外重要。

“三通”课程的特点之三是具有博识多通性。面向我校近乎所有专业的本科生，通过相对融合多学科领域知识，旨在进行通识教育，以把学生培养成为具有宽广视野、广博知识、丰富学识、知晓多学科领域知识和方法的通才。值得指出的是，这种“通才”必须是在对专业博识的前提下，又具有多元知识结构的高素质专业人才，而不是过去因专业划分而人为导致知识分割和学生封闭的所谓“专才”。因此，“三通”课程教育不仅可以把学生培养成为懂经济、通法律、会管理的复合型人才，可以使学生获得知识的增量，丰富其经、法、管三大学科的综合知识而且通过其所导向的“博识多通”必将为学生今后自身的可持续发展，实现其知识和方法的“多通”，以至于达到厚积薄发，都会打下坚实的基础。显然，这一特点不仅强化和巩固了我校三大学科的优势地位，而且对于我校“在财经政法类高校中优势要更加明显”的阶段性目标必将起到极大的推动作用。

四、“三通”课程导向

我校教务部2007年10月编制的《本科专业全程培养方案》规定，“三通”课程在全校13个学院设立的44个本科专业全程教学计划栏目中，除安全科学与管理学院开设的安全工程专业将该课程作为选修课外，其余43个本科专业的全程教学方案都是作为公共基础必修课进行安排的。无论是作为必修课，还是作为选修课，“三通”课程的最终导向是把学生培养成为“应用型、融通性、开放式”的高素质的复合型人才。在具体实施过程中，每个专业既有相通之处，又有各自特点。

（一）经、法、管三大学科开设的要求

经、法、管三大学科是我校的优势学科或“拳头产品”，专业门类颇多，超过了本科专业总数的二分之一。三大学科对“三通”课程的具体要求是：

1. 经济类专业：都把“三通”课程中的《法学通论》、《管理学通论》视为公共基础必修课。在培养目标和专业特点上引导学生以本专业为核心，具备比较扎实、宽厚的经济学、法学、管理学的基本理论知识，不断优化自身的知识结构，注重知识、能力和素质的协调，成为具有创新精神、德才兼备、适应社会经济发展需要的高素质的复合型人才。

2. 法学类专业：把“三通”课程中的《经济学通论》、《管理学通论》视为公共基础必修课。在培养目标和专业特点上引导学生以本专业为核心，依托我校经、法、管等学科交叉综合的优势，培养具有良好的政治素质和职业道德、高尚人格和社会责任感，知识结构全面，富有开拓意识和创新精神，适应社会主义市场经济和建设社会主义法治国家需要的复合型高级法律人才。

3. 管理类专业：大都把“三通”课程中的《法学通论》这门课视为公共基础必修课，有少数专业则把《法学通论》和《经济学通论》两门课视为公共基础必修课。在培养目标和专业特点上引导学生以本专业为核心，依托我校经、法、管综合发展的优势，突出经济学、管理学与法学互相融通、渗透的特点，逐步把学生培养成为专业基础扎实，知识结构宽厚，具有开拓创新精神，适应社会经济发展需要的复合型高级管理人才。

（二）文、史、哲等学科开设的要求

我校属于人文社科类大学，文、史、哲等学科虽不及经、法、管主

干学科那样具有较高的知名度，但长期的办学积淀使我校在湖北乃至中南地区高校中，具有一定的影响和地位。

1. 文学类专业：都在将"三通"课程中的《法学通论》作为公共基础必修课的同时，又将另外两门通论课作为选修课。在培养目标和专业特点上引导学生以本专业为核心，依托我校经、法、管学科综合发展的优势，熟悉与本专业相关的经济、法律、管理等方面的基础知识和法规，逐步培养成专业基础扎实，知识结构宽厚，具有良好的职业道德、高尚人格和社会责任感，具有开拓创新精神，能适应社会经济建设和法治建设需要的复合型人才。

2. 史学类专业：该学年暂没有开设"三通"课程。

3. 哲学专业：将"三通"课程中的《法学通论》作为公共基础必修课，《经济学通论》、《管理学通论》则作为选修课。在培养目标和专业特点上引导学生具有较高的政治素质与理论素养，较强的理论思维和实际工作能力，以扎实的哲学专业知识为功底，通晓经济学、法学、管理学等学科的基本知识，突出哲学与经济学、哲学与法学、哲学与管理学相互结合、相互渗透的特点，凸显经济哲学、法哲学、管理哲学等应用哲学的学科特色，把学生逐步培养成为富有开拓创新精神、具有分析问题和解决问题能力的复合型高级专门人才。

(三)理工类学科开设的要求

理工类学科在我校相对薄弱一些。但随着时代的进步、科技的发展、信息社会的到来，我校领导高度重视理工类学科的发展，花大力气在人才、机构、制度、后勤等方面加强了建设，使我校在理工学科方面取得了长足进步。

1. 理学类专业：将"三通"课程中的《法学通论》作为公共基础必修课，《经济学通论》、《管理学通论》作为选修课。在培养目标和专业特点上引导学生熟练掌握本专业的基础理论和方法，充分发挥我校经济学、法学、管理学学科门类齐全的综合优势，将经济学、法学、管理学、数学方法与计算机技术有机的结合在一起，能运用所学的知识和熟练的计算机技能解决经济与管理领域中和信息与计算科学相关的实际问题，成为既具有经济学、法学与管理学知识背景又具备应用软件开发能力的复合型、应用型专门人才。

2. 工学类专业：包括计算机科学与技术、安全工程两个专业，前者把"三通"课程中的《法学通论》作为必修课，后者把"三通"课程都作为选修课。在培养目标和专业特点上都引导学生以本专业为核心，依托我校经、法、管学科综合发展的优势，具备基本的经济学、法学、管理学知识，富有开拓精神和创新意识，成为社会经济发展需要的复合型、应用型专门人才。

参考文献：

[1] 赵凌云. 中南财经政法大学学科学术发展史. 北京：中国财政经济出版社，2003.

[2] 吴汉东. 改革、创新、发展. 北京：北京大学出版社，2004.

[3] 吴汉东. 改革、创新、发展. 第二辑. 北京：北京大学出版社，2006.

[4] 赵凌云. 经济学通论. 北京：北京大学出版社，2005.

[5] 王前新，周明星. 创新教育全书. 北京：九州图书出版社，1999.

《研究生学位论文写作课程》设计思路探讨

胡弘弘①

在研究生的课程体系中，有公共课、专业必修课、专业选修课等内容，主要是从知识的系统性和专业知识的深入把握上要求的。但作为一名合格的研究生，必须具备一定的科研创新能力，而检测这种能力以及对知识的掌握与运用能力主要是通过学位论文来实现的。根据《中华人民共和国学位条例暂行实施办法》第8条的规定，硕士学位论文应能表明作者确已在本门学科上掌握了坚实的基础理论和系统的专门知识，并对所研究的课题有新的见解，有从事科学研究或独立担负专门技术工作的能力。可见，学位论文写作的重要性不亚于一门专业必修课，但是在大多数高校的研究生课程体系中却不见相关课程，本文试图提出《研究生学位论文写作课程》的一种设计思路，为我国研究生教育提供一些建设性的意见。

一、开设《研究生学位论文写作课程》的必要性与紧迫性

《研究生学位论文写作课程》旨在通过教学过程，使研究生在运用相关专业知识和写作知识的基础上，掌握学术论文写作规范和方法，提高

① 作者简介：胡弘弘，中南财经政法大学法学院宪法与行政法学系主任，副教授。

学术论文写作能力。

(一)开设该课程的必要性分析

1.《研究生学位论文写作课程》可以直接为研究生掌握学术论文的写作规范和方法、提高学术论文写作能力提供指导。一个研究生是否能够提出答辩要求，导师是否同意答辩要求，研究生是否毕业等，往往都与该研究生的学位论文的质量与规范写作有关。由于缺乏系统的传授，许多研究生无法准确把握学位论文的写作规范，导致论文不断返工，导师和学生修改得都备感吃力，甚至最后都是勉强通过该论文的提交。少数同学能够得心应手，一方面由于自身的领悟能力，另一方面由于得到了较多的手把手的传带，但仍然缺乏系统的训练。而开设学位论文写作课程，则可以从整体上提升学生的写作能力。

2.《研究生学位论文写作课程》是训练学生研究能力的重要平台。所谓研究生，通俗而言，是应该具备一定的研究能力的，这种研究能力是对事物、制度、环节、程序、理论等的一种观察、分析、反思、建构的能力。论文写作就是一种训练研究能力的重要途径。学位论文也是衡量学生从事科学研究和独立承担专门技术工作的能力，以及是否达到研究生培养目标的重要标准。基于此，开设学位论文写作课程也是研究生教育中的应有之义。

3.《研究生学位论文写作课程》有利于培养研究生综合能力的提高。学位论文是研究生的代表作，是对研究生综合素质培养全过程的概括与总结，是培养研究生的重要环节，它集中反映了一名研究生基础理论的扎实性、宽广性、系统性，具体反映了学生在本门学科中掌握知识的深度和广度，也反映了学生灵活运用基础理论解决实际问题的能力和基本实践技能。法学论文写作是一项具有刺激性和挑战性的事务和活动，它是对学生的综合能力的一种全方位训练。包括理论判断能力、命题确定能力、资料搜集能力、系统思维能力、发现问题能力、批判和创新能力、写作能力、组织安排能力、反思能力、对理论的鉴赏能力、整合能力、合作能力等。①

(二)开设该课程的紧迫性分析

1. 努力扭转研究生学位论文质量下滑的现状。目前研究生论文质量

---

① 汤维建：《法学学位论文写作漫谈》，载《河南政法干部管理学院学报》，2007(6)。

下降的趋势不容忽视，[①] 而这一现象的成因既有研究生主观上的轻视、就业压力下的放任等，也有我们教育上的问题和制度上的原因，导致学位论文轻松过关所产生的负面效应。近年来，随着研究生招生规模的扩大和研究生教育事业的进一步发展，研究生的学位论文质量已受到教育部和各大高校的广泛关注。教育部在《关于加强和改进研究生培养工作的几点意见》中就明确指出："要加强研究生的科研训练和学位论文工作"，"科研和学位论文工作是研究生培养的重要环节，是培养研究生创新能力的主要手段"。

2. 加速锻炼学生的就业能力。许多高校过分偏重动手能力、实践能力却忽视了科研能力，导致一部分研究生毕业走上工作岗位后，几乎无法独立撰写研究报告、专业论文，甚至在一些意见书、法律文书上也缺乏应有的论证、说服能力；在发表意见或者独立见解时，无法切中要害，论点或者主题不够鲜明，无法显示一个研究生的应有素质。种种情况说明，学位论文写作能力的匮乏将极大地影响人才作用的发挥。

3. 规范当前的研究生教育。开设《研究生学位论文写作课程》对学位论文的规范性做出分步骤的规范训练体系，有利于规范当前的研究生教育。各国研究生教育都把学位论文作为最重要的考核指标之一，该课程的开设将会使得导师对研究生培养和指导更加切合实际，更加符合现有的硕士研究生的培养方案，更有效地实现导师对学生的指导，而学生也在具有可操作性、可行性的方案下获得更快速的成长，成为名副其实的具有研究能力的研究生。

二、《研究生学位论文写作课程》的基本规划

这里所说的基本规划，只是指《研究生学位论文写作课程》所含的作为一门课程而言的基本要素的设计。大致说来有以下要素。

(一)教学对象

教学对象包括所有研究生一年级的硕士研究生，当然课堂设置最好是以一级学科下的二级学科为小的分类，以保证授业的针对性。

(二)课时安排

课程开设在研究生的第二学期和第三学期，总学时为 36 学时，每学

① 方坚：《我国学位论文质量控制研究述评》，载《现代情报》，2008(7)。

期9次课，每次课2学时，每两周上一次课。

(三)授课老师

可以采用两种方式：一种方式为遴选科研能力强的老师进行独立的授课；另一种方式为由专业硕士导师组的所有成员合作授课，每个导师课时可有不同，每个导师至少需讲授一次课。因为晋升为硕士导师的教师至少可以以自己的代表作为例来介绍写作方法。

(四)教学内容

硕士学位论文工作一般包括文献阅读、开题报告、拟定并实施工作计划、科研调查、实验研究、理论分析和文字总结等工作。相应地，我们的课程就可以设计为以下几大部分：

1. 学位论文的目的(1课时)。

2. 文献综述(4课时)。为此还可以进行文献阅读与检索、读书笔记的教学训练。

3. 选题训练(4课时)。可以配合范例解读、相关专业的选题点评进行教学，同时进行所属专业的选题的训练，这种训练不可避免地需要学生定期查阅有关主题的信息或研究动态。

4. 论文的主题提炼以及论文的结构(6课时)。

5. 论文规范的学习(6课时)。规范是研究的严谨性、科学性的体现，所以无论是从摘要、关键词，还是注释、参考文献都应该力争科学严谨，同时也要了解国外期刊学术论文的写作规范。

6. 研究报告、意见书、课题申请、学术论文的撰写格式(8课时)。

7. 写作技巧与修改技能的训练(4课时)。

8. 论文写作常见错误的剖析(1课时)。可采用实例讲习法，从选题等论文撰写的每一个环节逐一实例举证防止错误的出现。可以匿名以学生习作为例。

9. 写作实战与模拟(2课时)。

(五)教材的选用

由于目前尚未出版相关研究生学位论文写作课程的教材，所以可以选用相关教材或者自编教材。比如目前，在法学硕士研究生教学用书中，尚未出现关于论文撰写的教材，但是在法律硕士的教学中，中国人民大学出版社2006年出版的《法律硕士学位论文范例》则是一本专门指导法律硕士学生撰写学位论文的范例教材。它是一本法律硕士研究生用书，主要涉及法律硕士教育模式的探讨、学生如何撰写论文以及教师如何指导学生撰写学位论文。这倒是各学科研究生教育中值得借鉴的一种好做法。所以我们既可以编写正式的教材出版，也可以探索自编讲稿，在经过实践教学的经验积累的基础上，再编写正式的教材，力求推出能够经受住时间考验、能够有效规范学位论文写作的教材。

(六)教学手段

课堂可采取多媒体教学，课后采用实战写作研习的方式，并借助网络传输的便利，进行互动教学。对于选题和文法错误可以通过上课时的课件及时反映出来，并在课堂讨论和讲解。但是一些例文，则往往需要提前一节课发往学生的邮箱，布置学生先阅读提出问题，点评文章，下一次课堂中则可以课堂讨论交流以及讲解。当然还应及时运用师生之间的互动平台，如 Blackbord 等方式。

三、《研究生学位论文写作课程》训练的基本内容

(一)学位论文的选题

如何实现学位论文的创新？这需要学生对国家背景有准确认识，对当前急需解决的理论和实践问题有切实把握，对自身研究风格和研究方法有充分的认知。一个好的选题应具有先进性、前瞻性和创造性，在一定程度上还必须具有可实现性。①先进性：论文选题应是本学科的研究热点，学位论文的起点应永远处在学科的最高点。②前瞻性：有一定的预测性质，通俗地说，就是应了解针对这个研究课题的几个研究方向是什么，也就是选题应具前沿意识。③创造性：理论、方法、概念、实验结果较前人有所进步和改进，或有重大突破。④可实现性：选题应该符合时代的需要，对现实具有一定的指导意义，不发空洞的议论，不做空洞的文章。总之，有了一个好的选题，论文工作就已完成了一半。

简单地说，选题一是要有问题意识，二是要有实用价值。对于前者，我们说该论文的选题应该是一个问题，如果是一个公认的观点则没有探讨研究的价值；当然如果是对一个公认的观点的批驳，那么一定要注意论据的充分以及论点的正确，否则只破不立不能称之为合格的论文选题；对于后者，是指该项研究能够解决某个理论问题或者现实问题，不是无病呻吟，不是空发议论，它必须具有一定的实用价值，或者适用到理论领域，或者制度领域，或者实践领域。

民法学者杨立新教授曾经介绍过他自己的三种选题方法：一是"夹空"法，二是"超越"法，三是"综合"法。① 当然这些方法是事后的归纳，未必一定适合每个人。

(二)学位论文的主题

论文的主题，是一篇文章的核心和灵魂。主题定下来，文章的基本格局就定下来了。因此，确定主题是十分重要的。主题与选题的关系可以说，论文的选题决定论文主题，或者说论文选题为论文的主题划定了范围。

在学位论文的主题上，有篇文章则是所有学生不可不读的文章，那就是刘南平所写的《法学博士论文的"骨髓"和"皮囊"——简论我国法学研究之流弊》②，尽管该文是针对博士论文而作，但是其中关于主题的论说不可谓不精辟，阅读该文也不能不令读者"为之动容"，该文在学术论文写作中的地位可谓极其重要。总之，可以说没有研究结论的学位论文、没有创新点的学位论文、创新点不能成立的学位论文、内容空洞贫乏的学位论文、内容自相矛盾的学位论文等，都不是合格的学位论文。

(三)学位论文的素材

素材其实也是作者要运用的论据。充分的论据有利于增强论文的说服力。所以一方面，素材的内容要新，避免使用较为陈旧的资料，素材的角度要新，避免平铺直叙无法引起继续阅读的兴趣；另一方面，素材要规范使用，避免出现文不对题，或者无法充分说明观点的素材，同时对素材专业化语言的描述也至关重要。但是，"冰冻三尺非一日之寒"，素材的收集与运用需要学生平时的积累和锻炼，因此学位论文也可以说是学生研究能力的综合体现。学生在确定了选题之后，就更应该刻意地去收集以及留意相关的素材，以为自己的论文写作做好准备。

(四)学位论文的撰写

首先要确定论文的基本风格，如进行立论的还是驳论的，是案例切入的还是比较分析的，等等。其次可以对文章的结构做一个大体的安排，只有整篇文章的谋篇布局了然于心，我们才能"下笔如有神"。论文撰写

---

① 杨立新：《法学院学生怎样写毕业论文》，载杨立新民商法网。

② 刘南平：《法学博士论文的"骨髓"和"皮囊"——简论我国法学研究之流弊》，载《中外法学》，2000(1)。

总体上看应是整个研究工作的总结与升华，是由表及里的分析过程，是动用各种论据对核心观点进行佐证的过程。

(五)学位论文的规范

学位论文的规范是判断学位论文质量高低的重要标准之一。《研究生学位论文写作课程》需要对论文的平面结构即标题、摘要、关键词、草拟提纲、正文、结束语、注释、参考文献、致谢以及后记等环节的逐一剖析。

如摘要是整篇文章的概述，对阅读起着重要的提示作用，一篇学术性论文是否引起读者的关注，摘要具有先入为主的作用。又如注释规范，它是一面镜子，反映着作者是否严谨。杨立新教授曾给它一个比喻，说注释就是女生的化妆。注释仅仅是化妆，而不是整容。① 注释要运用恰当，学位论文既需要借鉴，又需要创新；既不让人读后感到空泛，又不让读者觉得是资料的堆积。

(六)学位论文的修改、加工和润色

写作论文的人都有体会，那就是初稿往往一气呵成，但是修改却需要“慢工出细活”。文章写完之后，我们通常要求自己以一个编辑的挑剔的眼光审阅自己的文章初稿，注意避免出现一些常见错误。同时检查自己的行文，如何贯穿主题、如何具体行文、如何起承转合、如何结尾等，注意保证每段的进一步论述都是对前言中内容的扩展，段与段之间有一个适当的衔接句，衔接必须有一定的逻辑关系，而且观点始终如一。注意避免离题或不相关的观点、不切题的论据的堆砌。

一篇好的学位论文各个环节都要精雕细刻，适当的加工和润色也是不可缺少的。当然这些都需要平时的积累和锻炼，才能在关键处发挥其用武之地。

---

① 杨立新：《法学院学生怎样写毕业论文》，载杨立新民商法网。

中南财经政法大学学科竞争力评估

徐警武[①]

学科是大学组织的细胞和活动单元，学科竞争力是大学的核心竞争力。学科竞争力表现为高等学校中的学科主体，在国际和国内教学、科研、社会服务的综合比较中所展现出来的竞争实力，也体现为学科自身不断发展和超越的能力。

我校是一所包括经济学、法学、管理学为主干，兼有文学、史学、哲学、理学、工学八大学科门类的人文社会科学大学。面对国内外激烈的高等教育竞争，我校提出了"创建一流人文社会科学大学"的发展目标。一流的大学首先体现为一流的学科，我校诸多学科在经历60余年的发展之后，其学科竞争力现状如何？有何特色、优势与不足？学科可持续发展能力如何？这是我们制定发展目标，实施战略举措的基础，也是全校师生、历届校友热切关心的问题。

基于此，我们在众多排行榜中选择了网大、《中国大学评价》课题组、武汉大学中国科技评价研究中心三家在民间影响较大，且各具特点的排名。同时，选择了十二所同类型院校的排名结果呈现给大家，分别是中国人民大学、上海财经大学、西南财经大学、中央财经大学、东北财经大学、对外经济贸易大学、天津财经大学、首都经济贸易大学、中国政

① 作者简介：徐警武，中南财经政法大学学科建设办公室科长。

法大学、西南政法大学、华东政法大学、西北政法大学，以此客观研究和理性分析我校学科的竞争力。

一、我校在各排名中的情况分析

(一)《中国大学评价》课题组排名及分析

武书连带领的《中国大学评价》课题组以“不同类型大学的科研人员平均具有相同创新能力”、“不同学科的科研人员平均具有相同创新能力”、“不同类型大学的科研人员平均具有相同的获取科研经费能力”、“不同学科的科研人员平均具有相同的获取科研经费能力”的科学假设为基础，将不同类型大学相互比较，以“各大学对社会的贡献作为唯一衡量标准”，建立了一套中国大学评价体系。其中最有代表性、影响最大的综合排名由人才培养和科学研究两部分组成。

针对 2000 年我国高校合并重组后的新格局，武书连提出了类和型两部分组成的中国大学分类标准。类反映大学的学科特点。按教育部对学科门的划分和大学各学科门的比例，将现有大学分为综合类、文理类、理科类、文科类、理学类、工学类、农学类、医学类、法学类、文学类、管理类、体育类、艺术类十三类。型表现大学的科研规模。按科研规模的大小，将现有大学分为研究型、研究教学型、教学研究型、教学型四型。每个大学的类型由上述类和型两部分组成，类在前型在后。如中南财经政法大学被其列为文科类、研究教学型高校；中国人民大学被其列为文科类、研究型高校；上海财经大学被其列为文科类、研究教学型高校。

《中国大学评价》对大学的本科学科和专业实行等级评价，共为分 A＋＋、A＋、A、B＋、B、C＋、C、D＋、D、E＋、E 十一个等级。我校经、法、管专业分别为 A、A＋、A。

2005—2007 年间，国内与我校同类型的院校中，进入此排行榜前 100 名的只有中国人民大学、上海财经大学和我校。其中中国人民大学在社会科学研究、研究生培养方面的优势特别明显，综合排行中名次靠前，并一直处于上升趋势；我校一直在七八十名徘徊，上海财经大学则在八九十名徘徊。我校与上海财经大学相比，在本科生培养方面优势突出，但研究生培养、自然科学研究、社会科学研究三项则比上海财经大学稍弱。

(二)网大排名及分析

网大教育网站综合排名由六项一级考核指标构成，其中声誉占 15%、学术资源占20%、学术成果占22%、学生情况占12%、教师资源占19%和物资资源占12%，每个一级指标下包含多项二级指标。

2005年网大排名中，我校综合得分29分，排83名；2007年综合得分33分，排82名，名次及得分都有所上升，但与上升势头强劲的中国人民大学、上海财经大学、中国政法大学、西南财经大学、对外经济贸易大学等同类院校相比，我们在某些方面还需进一步加强。

声誉指标，相比几个同类高校，我校排第一位。每年，网大向大学校长、院士、著名学者和中学校长发出院校声誉评分问卷，通过分析整理问卷情况来确定各院校的声誉得分。我校地处中部，与北京、上海的高校相比没有地理优势。但我校一方面注重内涵发展，努力提高人才培养的质量、科学研究的水平；另一方面注重对外宣传，与知名学者、兄弟院校、主流媒体加强联系，培育了良好的社会声誉。我校50年来培养的30万名人才中，大量人才成为了商界、学界、政界精英，用人单位和毕业生对我校的评价很高。主流媒体也对我校的办学成就进行了广泛的宣传。2006年5月26日，中共中央政治局第31次集体学习中，我校吴汉东教授为中央政治局委员讲授"国际知识产权保护和我国知识产权保护的法律和制度建设"专题，显示了我校学术水准和广泛的社会影响力。

学术资源一级指标下，包含博士点数(对本科学位点比例)、硕士点数(对本科学位点比例)、国家重点学科数(对本科学位点比例)、国家重点实验室与国家工程研究中心数、国家人文社科重点研究基地数五项二级考核指标。前三项我校得分都较高。近年我校博士点、硕士点大幅增加。全国第十次学位点申报工作中博士学位授权一级学科增至4个，博士学位授权学科增至32个，硕士学位授权一级学科增至8个，硕士学位授权学科增至64个，博士、硕士学位点拓展至哲学、新闻学、社会学、人口学、马克思主义理论、管理科学与工程、教育经济与管理等新的学科门类和领域。2007年学校又新增1个法学博士后流动站，使我校博士后流动站达到了4个；新增了民商法学、金融学两个重点学科，使国家重点学科达到了4个，经、法、管3个主干学科均跻身国内先进行列。因我校只有知识产权中心1个教育部人文社科研究基地，基地这项指标得分较低。另外，国家重点实验室与国家工程研究中心数这一指标主要针对理工科、综合性院校。

学术成果在网大排名的指标体系中权重最大，占22%，包含科学引文索引SCI(总量和人均)、工程索引EI(总量和人均)、社会科学引文索引SSCI(总量和人均)、中国社科引文索引CSSCI(总量和人均)四项指标。我校2007年学术成果总量和人均数量都有大幅提高。学校定位由以前的教学型转变为现在的研究教学型，加大了对科研经费的投入，引进了一批博士学历以上高层次人才，注重对青年教师科研能力的培养，并从人事、职称、待遇等方面给予科学研究和科研人员较大的倾斜。总体科研实力有较大提高，不仅科研项目数量持续增长，科研档次也大幅提升。截至2007年9月，我校新立项各级各类课题196项，其中国家社科基金的立项数获得重大突破，达到16项，创建校以来新高。但学术成果主要集中在经、法、管三个主干学科。

学生情况方面，网大是从录取新生质量(高考成绩)、全校学生中研究生的比例两方面考核。我校招生范围覆盖全国31个省，生源充足，录取新生质量高。近年，我校以评建创优工作为契机，落实整改任务，全面实施“本科教学质量和教学改革工程”，优质生源战略初见成效。2003年至今，我校在各地录取文、理科考生最低分均高于当地的第一批本科录取分数线10～40分。2007年在湖北省的录取最低分数线，历史性的达到文、理科同时超过省重点线20分以上，其他省份的录取分数也是稳中有升。2005—2007年我校研究生招生人数分别为1836人、1891人、2021人，全校学生中研究生的比例逐年扩大。

教师资源的考核包含四项指标。专任教师中副高以上人员的比例、师生比(专任教师人数/学生人数)两项指标的得分较高；长江学者特聘教授人数、两院院士人数这两项指标得分为零。学校一直十分重视师资队伍建设，对内实施了“双百万工程”、“511人才工程”，对外正在实施“长江学者奖励计划”、“楚天学者”计划、“文澜学者”计划，通过加大经费投入，强化“外引内培”机制，已经构建了一支结构合理、素质全面、科研教学能力强的师资队伍，并在逐步完善和壮大。截至2007年7月，专任教师总数已达1253人，其中45岁以下教师1000余人，硕士学位以上约占70%。但教师中学术旗手较为缺乏，学校仍需加大长江学者特聘教授等高层次人才的引进力度，在制度、待遇及构筑学科平台方面为吸引人才创造条件。

物质资源考核涉及科研经费总量及专任教师和科研机构人员人均科研经费、图书总量及生均图书量、校舍建筑面积及生均面积三个方面。近年来，我校科研经费总量及专任教师和科研机构人员人均科研经费持续增长，2006年全校新立项各级各类课题获立项经费933.55万元，比上年增长70.4%；2007年我校仅国家社科基金的立项经费就达135.5万元。学校馆藏资源丰富，共有3万余册纸制文献，生均图书量达100余册，拥有先进成熟的网络管理系统和技术手段，实现了与全国高校图书馆网上编目数据共享。“十五”期间，学校多方筹措资金，加快校园建设步伐，办学条件全面优化，良好的配套设施充分满足了人才培养和科研的需要。

（三）中国科学评价研究中心排名及分析

武汉大学中国科学评价中心的评价内容从大学评价和研究生教育评价两个方面展开。大学评价涉及“中国高校科技创新竞争力排行”、“中国高校人文社会科学研究竞争力排行”、“中国高校综合竞争力排行”（重点高校、一般高校、民办普通高校三类分别排行）等。我校作为以经、法、管为主的文科类高校，科技创新力弱，所以只选取了后两类排名。

社会科学涉及哲学、经济学、法学、教育学、文学、历史学、管理学七个学科。社会科学研究竞争力排名，体现了大学文科科研实力。中国高校人文社会科学研究竞争力排名包括投入、产出、效益三个一级评价指标。其中投入指标包括人力、基地、项目、经费投入；产出包括著作与应用成果、收录论文数、论文质量、奖励四项。我校的排名由2005年的第20名上升至2007年的第18名，实力有所提升，位居中国人民大学、上海财经大学之后，中国政法大学、东北财经大学、西南财经大学、对外经济贸易大学、中央财经大学之前。

中国重点大学竞争力排名则包括“985工程”，“211工程”所有高校的，我校从2005年第79名上升至2007年的第68名，总体竞争力上升明显。

专门针对研究生教育的排名，包括办学资源、教学与科研产出、质量与学术影响中涵盖的多项二级和三级评价指标。我校研究生教育综合竞争力从2005年第91名上升至2006年第84名。在应用经济学、理论经济学、法学、工商管理四个一级学科排行中我校的等级分别为A、A、A+、A+，发展较为稳定，基本保持了在国内专业领域的优势地位。

法学学科近年来发展迅速，学科建设可谓“两年一个台阶”，2000年民商法学取得博士点，实现博士点零的突破，继而在2003年第九批学位点申报中获得法律史、宪法学与行政法学博士点，2005年又获得法学一级学科博士学位授予权和知识产权教育部人文社科重点研究基地，2007年民商法学顺利被评为国家重点学科；科研硕果累累，仅2006年法学科研成果（论文、专著等）就有470余项，其中近20项成果获省部级以上奖励。

经济学作为我校三大主干学科之一，发展历史悠久，在国内有一定的学科发展特色和优势。应用经济学和理论经济学分别在1998年和2000年获得一级学科博士授权点。拥有财政学、金融学两个国家重点学科。但我校与上升趋势明显的西南财经大学、东北财经大学、上海财经大学、中央财经大学等同类型院校相比，经济学整体发展略显缓慢。

管理学科起步早，1981年在国内最早获得会计学、企业管理、农业经济管理的硕士学位授权点，1998年获得工商管理博士后流动站，拥有一批国内影响较大的学科带头人，学科基础扎实，享有国务院政府特殊津贴的专家有近20名。近年来承担国家自然科学基金、国家社会基金等多项重大课题，专业教师常年在国家一级学术期刊发表大量论文。

二、结论及建议

通过对排名的对比分析可以发现，经过多年的学科建设，我校整体学科竞争力增强，各学科发展呈逐步上升的态势。经、法、管作为我校主干学科，在国内专业领域特色鲜明、优势明显，是我校学科的主要竞争力。历史、哲学、文学、外语、新闻、信息等学科，在学校的学科横向比较中虽处于弱势地位，但自身有较快较大发展，为学校的发展拓宽了学科领域，夯实了专业基础。

在学科竞争、高校竞争日趋激烈的今天，我们的学科建设工作虽取得了一些成绩，但也要居安思危，发现问题和差距，才能在进取中谋求更大的发展。对于学校未来的工作我们有如下建议。

(一)坚持特色化发展，增强学校核心竞争力

学校发展的核心竞争力是教学和科研。我校的教学和科研实力主要体现在经、法、管三大主干学科。学校要继续集中优势资源推进三大学科发展，发展较快的法学，要继续关注国内外学术发展前沿，多上重大项目，多出标志性成果，保持强劲的发展势头；发展较慢的经济学、管理学要在竞争中找差距，及时发现问题，及时整改，以确保其优势学科的地位。文、史、哲、理、工等基础学科要依托优势学科搞活、创新，注意瞄准国内外前沿领域，适应我国经济社会发展需要，在二级学科内或不同学科间整合资源，形成有特色的研究方向和研究项目，如英语学科可由单一的英语教育扩展为跨文化交际、翻译、经贸等专业方向，新闻学可与经、法、管等学科交叉，产生经济新闻、法律新闻等特色专业。

(二)坚持制度创新，引导资源有效配置

“十五”期间，我校实验室、教学楼修建一新，校园环境、基础设施等硬件条件大为改善，校园网覆盖率达95%以上，公共服务体系建设已步入省内乃至国内高校前列，为学校未来发展打下了很好的物质基础。但学校办学质量、内部管理等方面仍存在诸多问题。学校要加大力度推进制度创新，包括教学管理制度、科研管理制度、人事分配制度、管理

干部的选拔与培训制度、财务资产管理制度的改革与创新，努力提高管理效率和财物使用效率，使有限的校内资源向有利于学科、学术发展的方向流动。

(三)引进高层次人才，加强学科梯队建设

学科梯队建设关系着学校的整体发展水平，关系着人才培养的质量。目前，我校师资队伍从数量上已经基本满足了学校教学的需要，但从学校转向研究教学型的发展要求来看，我校师资队伍的整体素质需要提高，学科梯队建设需要加强。一方面，要加强对教师的培养。我们在重视发挥老教师作用的同时，要加快中青年骨干教师的培养，造就新的学科带头人和学术骨干，以提高教师队伍的整体水平，充实学术梯队，避免年龄断层和学术断层的现象；另一方面，要加大对高层次人才的引进力度，要逐步转变人才引进思路，延揽大批海内外中青年学界精英参与我校学科建设，带动这些学科的发展，以大大提高我校在全国甚至世界范围内的学术地位和竞争实力。

(四)加强国际交流与合作，提升学校国际化水平

在电子时代、信息时代的今天，科学技术的发展要求人们更加紧密合作、更广泛交流，在相互借鉴、相互学习中获得双赢。学校要快速健康发展，对外交流与合作必不可少。我校需在更广领域、更高水平、更深层次上推进国际交流与合作。根据学校发展的需要制定国际交流计划，在师资水平、学生培养、课程设置等方面为交流合作创造条件；通过图书和资料交流、学者交流、向国外派遣留学生和接受外国留学生、举办国际学术会议等方式借鉴国外有益经验，以推进学校的高水平、国际化发展进程。

(五)积极参与各类评估，注重培育学校声誉

良好的声誉是一所高校所拥有的独特资源，是促进学校发展的一股无形的力量。学校应该积极关注和参与社会评估活动，建立以评估为中介的公共关系，包括宣传、咨询辅导、讲座等，以此展现学校的优势学科，增加社会公众对学校的了解。学校还可以通过评估发现问题，积极响应、整改。好的声誉是逐渐积累起来的，它的形成是一个长期过程。因此，学校要在学科建设、师资队伍建设、教学与科研管理等方面加大力度，使自己在高校激烈的生源、人才、资金等竞争中处于有利位置。

第二篇

教育内容与方法改革

以精品课程建设为动力▶▶ ▶▶促教学模式改革的创新

陈志浩①

电子商务虽然是一个新兴的专业，但在教学方面仍然存在着我国高校经济管理类专业教学模式中的一些通病，其中比较突出的有三大问题：一是未能妥善解决知识传授与能力、素质培养的矛盾，注重知识的传授，忽视知识的整合和将其转化为学生的能力；二是未能妥善处理理论的学与用的矛盾，注重理论教学，轻视理论的实际应用和与之密切相关的实践教学；三是未能妥善处理教与学的矛盾，教学活动的设计与组织强调以教为中心，而不是以学为中心，忽视了学生学习自主性、主动性与创造性的发挥。②

如何克服这些通病，一直是我们在努力探索的教改课题。2006 年 6 月，电子商务专业的主干课程"网络营销"被确定为校级精品课程建设项目。此后，在学校教务部及工商管理学院领导的高度重视和大力支持下，我们严格按照教育部和学校关于本科精品课程评价指标的标准，扎实深入地进行着课程的建设工作。随着精品课程各子项目建设的逐步深入，我们对这项工程有了较深刻的认识：作为"高等学校本科教学质量与教学

① 作者简介：陈志浩，中南财经政法大学工商管理学院教授。

② 曾小彬：《模拟体验式教学探索与实践——以 ERP 实验教学为突破口的经济管理人才培养方式之创新》，载《实验室研究与探索》，2006(3)。

改革工程”的重要组成部分，“精品课程”建设的目的是为了提高高等教育的质量，培养更多的高素质创新型人才。精品课程建设是教育新理念的体现，是新时代教学手段的具体运用，是各种教学资源的开发与整合，是学生自主学习、探究学习的窗口，是实施素质教育的新途径。① 因此，建设“精品课程”的意义不仅仅在于搞出一门优质课程，而是通过精品课程的建设获得和积累一系列教学改革的经验，并以此为动力，促进以课程教学为核心的教学改革的深化与创新。

认识提高了，行动也就有了明确的方向。在近两年的时间里，我们根据潘懋元先生提出的高等学校的十条教学原则，即科学性与思想性相结合原则；知识积累与智能发展相结合原则；在教师指导下，发挥学生自觉性、独立性与创造性原则；理论联系实际原则；专业性与综合性相结合原则；教学与科研相结合原则；知识的系统性与认知的循序渐进相结合原则；少而精原则；统一要求与因材施教原则；量力性原则，② 着重从教学内容、教学方法、教学手段以及教学考核四个方面进行了一系列改革与探索，取得了一些成效。

一、以精选案例为突破口，实现教学内容的不断创新

案例教学作为经济管理类各专业普遍采用的教学形式，在电子商务专业中也一直采用着，但效果并不理想。案例教学大多蜕变为课堂教学中的实证举例，课堂讨论也往往因诸多因素的限制而流于形式。

通过深入调查研究，我们发现问题出在教学内容上。电子商务作为新专业，其课程体系和课程内容尚未完善。而且，随着电子商务的飞速发展，专业课程所涉及的内容也在不断更新，虽然国内外高校也编写出大量的“案例”，但其中有许多并不适宜作为高校专业教学之用，而且一些国外的案例也并不适用于我们的教学。面对这种状况，我们没有照搬现成的“案例”，而是通过各种渠道收集来自国内外电子商务发展现实和网络营销应用实践的大量素材，并据此精心编写有代表性的典型教学案例近百个，充实到课程教学中。使学生在学习理论知识的同时，也能了解国内外电子商务和网络营销的发展现状，同时启迪他们对其中所存在的一些具体的、现实的问题进行思考。

案例教学的目的不在于让学生去寻找所谓“标准答案”，而在于培养

① 李银芳：《高校精品课程建设中应注意的几个问题》，载《中国高教研究》，2007(1)。

② 潘懋元：《新编高等教育学》，347页，北京，北京师范大学出版社，2002。

学生的感觉能力和反应能力，提高学生运用专业知识分析和解决实际问题的能力。① 因此，在编写案例时，我们坚持按以下原则选择案例内容：①理论性。案例须针对相应的教学难点、重点和要解决问题，并将相应的基本理论和方法融会其中，以帮助学生理解、掌握并运用这些理论知识。②实用性。应以训练学生的实际分析问题能力为目标，通过精选有实用性的案例，达到学以致用的教学目的。③典型性。让学生通过典型案例了解典型情境及问题的处理，并由此扩展到分析和评价一般的情境及问题。④针对性。根据教学对象的特点选择案例，做到博采众长且有的放矢。⑤启发性。案例中提出的问题应有启发性和创新性，并留有一定的空间，让学生去思维、分析，充分发挥他们的主观能动性，运用所学的知识，联系实际，解决问题。这样做不仅有利于教师组织课堂讨论等互动性的教学活动，也有助于调动学生参与的积极性。

在课程内容的选择上，我们还注意采用一些与大学生创业或刚出校园的大学生在工作中面临的具体问题。如以我校 2002 级电子商务专业学生刘佳毕业后在浙江成功创建“全球铁艺网”开展网络营销的创业经历，在引导学生帮助刘佳分析今后如何开展经营的同时，也让学生们真切地感受到大学生创业其实并非遥不可及。以曾是重庆高校名噪一时的创业明星、重庆工学院学生刘远进的创业经历编写的案例，让学生思考刘远进的“e 路校园”在营销战略与策略上有哪些不足，应如何改进等。以一位刚参加工作的电子商务专业毕业生利用互联网为企业成功实现网上促销，启迪学生对实施网上促销时各种策略应用的有效性进行深入思考……诸如此类的案例引起了学生们的广泛兴趣和激烈的辩论。通过教学内容的精心组织，不仅改变了以往课堂上学生被动地接受知识的状态，启发他们对相关问题的分析与思考，还调动了大家的学习激情，让他们从中体会到我们现在所学的都是将来在工作中可能会遇到的，学习的主动性得到明显增强。

二、以多元化组合为基本思路，改革教学方法

随着以“教”为中心教学模式向以“学”为中心教学模式的转换，传统的单一灌输型教学方法的弊端日渐凸显，高校也面临着教学方法的转变。在这样的背景下，我们除在课堂讲授中注重启发式教学外，还广泛采用

① 陈黎琴、赵恒海：《管理学案例教学方法及其实施》，载《首都经济贸易大学学报》，2006(1)。

了以启迪和调动学生学习主动性与自觉性的探究性教学、互动式教学、情景式教学、自主式学习和协作式学习等多元化的教学方法。自 2004 年以来，我们先后在“网络经济学”、“电子商务概论”、“网络营销”、“电子商务系统建设与开发”等课程中进行了以课程项目小组形式进行协作式学习的教学实践探索。具体方法是结合课堂教学内容，3～5 位学生组成一个课程项目小组，利用课余时间进行调查研究，找出目前国内企业开展电子商务或网络营销中遇到的各种问题，并提出相应的经营对策或解决方案。在这种以团队协作、学生自主性、研究性学习为主的教学模式中，教师主要承担教学活动的设计、协调、监督、控制与评估的职责，具体学习活动的策划、组织与实施则由各项目小组来完成。即从以教师管理为主转向以学生自我管理为主的教学方式。

经过电子商务专业五届学生的实际运作，这一教学方式取得了良好的效果。学生普遍反映，与以往单一灌输型的教学方法相比，尽管对探究性、互动式、自主式和协作式等新的教学方法还有些不适应，但通过这些教学方法的改进，最明显的感觉是自己的学习主动性和自觉性增强了，而且对所学理论知识的应用有一种立竿见影的效果。电子商务 2004 级尹蔓琳同学，通过课程项目小组的实践活动后，开始尝试在网上开店，2006 年 12 月 28 日，湖北日报、荆楚网等多家媒体以“‘网商’时代：大学生‘练摊’忙”为题，报道了她的网上经营经历，现在她开的网店已有多位“员工”，他们都是利用课余时间参与经营的在校大学生。如今，电子商务、市场营销、物流管理等专业也有十多位学生以开网店作为自己参与社会实践的一种便捷途径。

在探索课内教学方法改进的同时，我们还采取了三种方式引导学生利用课余时间将课堂上所学的理论与社会实践相结合。一是走出去——让学生到企业去实地观摩与体验，通过组织学生到相关企业进行参观、实习，了解企业开展电子商务的情况，亲身体验开展电子商务的全过程，增强感性认识；二是请进来——邀请企业界人士、国外专家学者来校讲学，通过这些专业人士与学生面对面的交流，在提高学生的学习兴趣和热情，明确学习目的和方向，了解社会和企业的现实需求，充实与拓展专业理论知识方面起到了明显的效果；三是实战演练——组织学生参加各种创业大赛、知识竞赛等活动，对于学生社团与企业联合开展的社会实践活动，也给予积极的支持，安排教师进行专业指导，使这些活动取得了良好的效果。

教学方法上的多元化组合，突破了以课堂讲授为主、按学科逻辑组织教学内容的封闭式教学体系，确立了教学、研究和实践应用三者相互结合、融通的教学新模式，即按问题、项目的需求，形成综合性的学习内容，促进知识传授与获取的综合化，实现以培养学生解决问题能力为目标的教学体系。

三、以博采众长的创新理念，提升与完善教学手段

几年来的教学实践使我们体会到：随着以网络远程教学和多媒体技术为代表的现代教学手段运用的普及，学生对教学手段的要求越来越高。以教学课件为例，那些书本内容 PPT 化、Word 化的所谓“课件”已不被学生们所接受。因此，要让教学课件发挥出生动、形象、直观明了的效果，增强教学的吸引力和趣味性，除教学内容本身外，应当充分利用多媒体课件信息容量大、表现形式立体化、多样化的特点，使教学内容摆脱教材的限制，超越板书的束缚，为教师的讲授提供更有效的展现方式，为学生的学习提供更丰富的资料和更广阔的思维空间，这不仅能大大改善课堂教学效果，而且多媒体课件的制作本身也能激发教师的钻研精神和创新意识。

因此，在每学年全面更新一次“网络营销”精品课程课件举措的带动下，电子商务专业几门主干课程的教学课件也基本上实现了每学年更新。目前，这些课程的教学课件不仅内容丰富新颖，而且还普遍采用了视频、动画和互动环节与手段，受到学生的一致好评。不仅如此，我们一直坚持课件向学生全面开放的原则，每次课间或课后，学生排队拷贝课件成为这些课堂上的一道风景线。

教学网站是精品课程建设的主要项目之一，也是重要的教学手段，借助于建立网络营销精品课程教学网站积累的经验，我们建立了远程实验室。学生可随时通过“中南财经政法大学经济管理实验教学中心”网站(http://jgsyzx.zhufe.edu.cn)进入由我们开发的“工商管理综合实验教学平台”，完成电子商务、网络营销、第三方物流管理、外贸实务、营销模拟等十几门课程的实验。我们还建立起了网上教学互动系统，目前已设立了网上辅导、学习论坛等师生交流与互动栏目。

以信息化为主的教学手段的应用本身对学生产生了一种潜移默化的影响。如今，高校学子们大多精通电子幻灯 PPT 的制作，但是当他们中的许多人向竞聘单位展示自己的作品时，得到的评价却是“你们这是课件，不是企业所用的专业 PPT”。的确，以传授理论知识为特征的教学课件与企业展现产品或项目方案的 PPT 在形式上、内容上有很大不同，不足为训的教学课件却被长期受其熏陶的学生奉为 PPT 制作的圭臬了，于

是应聘时出现上述境遇。由此可见教师所用教学手段本身对学生的影响是非常大的，所以必须注重教学手段的不断创新。

电子商务、网络营销等课程不仅涉及经济学、管理学、市场营销的相关理论与方法，还涉及大量信息技术、网络技术及手段的应用。为提高学生借助于这些手段进行实践的能力，我们根据教学和今后学生走上工作岗位后的需要，通过网络和与其他院校交流的方式，收集了大量常用的网络工具软件、网上市场调研、促销、广告等各种营销工具软件，以及大量其他学校的相关课件和教学参考资料，经挑选整理后提供给每个教学班的学生。以网络营销课程为例，目前提供给学生的 1 张光盘上的资料包括：教学课件及教辅资料、常用工具软件(30 多个)以及企业专用的 PPT 模板(400 多个)，此举受到学生的一致好评，称这是能让自己“受用多年的意外惊喜”。

我们的体会是：教学手段的提升与完善作为教学改革的重要内容，不仅需要学校的努力和发挥我们每位教师的才智，更需要我们以博采众长的创新理念，充分吸取国内外高校、企业可借鉴的经验和做法，取其所长，补己之短，这是提升和完善教学手段的有效途径之一。

四、坚持创新思维，建立科学的考核机制

据调查，学生对当前考核制度的满意程度仅为 18%，有 82%的学生对现行的考核制度表示不太满意或很不满意。① 但是，为了评价师生的教学行为效果，教学管理人员乃至师生都习惯于模式化的知识考试制度。② 因此，改革考核制度是教学改革的难点之一。由于其涉及的环节很多，只能采取循序渐进的改革。在教学实践中，我们深切地感受到：以往那种单一笔试的考核方式并不能真实地反映学生对知识的掌握程度，为适应高校高素质人才培养体系的要求，应该提倡多种考核方式相结合的成绩评定方式。因此，我们从以下两个方面进行了考核机制改革的初步尝试。

一是为改变以往那种重期末笔试而忽略平时成绩和实践教学的做法，采取将课程项目小组的实践活动作为该课程平时成绩的主要考核指标，

---

① 彭成允等：《高校课堂教学现状分析及学生创新素质培养》，载《重庆工学院学报》，2007(2)。

② 陈秀兰：《走向师生自觉交往中的建构——我国大学教学改革的理性思考》，载《高等教育研究》，2007(4)。

在征得教务部批准的基础上，将该成绩按40%的比例计入课程总成绩，虽然这只是一个初步的改革尝试，但已呈现出三方面的显著效果：①使平时成绩考核机制科学化、规范化。②平时成绩的考核标准具有可操作性。③有助于调动学生开展课程实践的积极性。

二是对成绩评定的方式进行了改革。主要采取了两种做法：对课程项目小组教学活动的考核采取项目成果展示会的形式，全体学生都是评委，以项目小组为单位对其他各组展示的成果进行评分，学生的评分与教师的评分一起构成该项目小组成员的成绩；对电子商务实训课程则采取学生相互评分的方式进行，每位学生交来的作品上均标有自己制作的二维条码(QR码)，由学习委员随机分发给五位同学进行评分，再与教师的评分一起构成该同学的成绩。学生们反映这样的评分方式公平、合理、新颖，值得推广!

与我校经济管理类其他专业相比，电子商务专业只是中南财经政法大学这块育人沃土中一棵稚嫩的幼苗，正在经历"其物初生，其形必丑"的阶段。缺少历史的积淀和时间的检验，加上教学改革经验不足，使我们在专业建设方面走过许多弯路，甚至出现一些失误，在教学改革中还有许多尚未解决的难题和尚未触及的深层次问题，我们将迎难而上，继续努力探索!

值此喜庆中南财经政法大学建校60周年之际，回首学校60年的发展历程，我们坚信："长风破浪会有时，直挂云帆济沧海"，在我校经、法、管优势学科的支撑与扶持下，电子商务专业必将迅速健康地成长壮大，担负起培养国家建设栋梁之才的历史重任!

略论《马克思主义基本原理概论》教学的若干问题

王建辉①

2007年9月，按照高校思想政治理论课改革新方案的要求，《马克思主义基本原理概论》(以下简称《马原》)作为公共必修课程正式走进我国大学的课堂与高校师生见面。尽管教育界和学术界对这门课程的设置和统编新教材的内容、结构还存在很多争议，但是，通过两学期的初步教学实践，笔者认为，《马原》课程的开设，还原了马克思主义作为一个不可分割整体的本来面目，它不仅从精神实质而且从文本形态上向我们展示了作为一个整体的马克思主义，也更能适应国内外当代马克思主义研究整体化的发展趋势，唯有深刻理解这一课程的崭新意旨，不断优化和提升现有教学主体队伍的素质，才能从容驾驭教学，达到良好的教学效果，从而使《马原》课程改革的成果巩固并体现出来。

本文根据2007年以来讲授《马原》课程的教学实践经验，谈谈在本课程教学过程中应处理的若干问题。

---

① 作者简介：王建辉，中南财经政法大学人文学院副教授。

一、"史""论"结合，论中有史，在思想史的演进过程中说明理论

马克思主义是一个生命有机体，有自己的运动轨迹和成长历程，"生命体"必然是历史的。马克思主义理论与历史有着内在的必然联系。理论的历史性，历史的哲理性，构成了理论与历史的本质一致性。马克思主义是时代的产物，是思想的历史，又是反思历史的思想，它具有深厚的历史性。恩格斯曾说过："我们根本没有想到要怀疑或轻视历史的启示；历史就是我们的一切，我们比任何一个哲学家，甚至比黑格尔，都更重视历史。"①社会演进是一个历史的过程，"道必从史出"，马克思主义与历史总是有机地结合在一起的。历史是理论的前提，理论则是对历史的总结和升华；只有以史作为基础与背景，理论才成为生动的人的思想。从马克思主义经典作家的思想历程看，马克思主义离开对历史的深刻研究和把握是不可理解的。马克思主义必须具有历史特征，离开了特定的历史语境，马克思主义便可能仅是一些僵死的教条。

因此，理论与历史总是相通的。在讲授《马原》的过程中，要充分利用学生的历史知识和理论背景，引导学生从历史演变中去透视马克思主义的理论底蕴，要以"史"带论，积极营造一种文、史、哲三位一体的文化氛围，是搞好教学的一个重要方法论原则。

二、比较分析，在对现代西方各种文化流派的评述中讲好《马原》

现代西方文化思潮在大学生中传播所产生的广泛思想影响是我们无法回避的，对于这种思潮，如果不能做出马克思主义的批判性回答，我们就无法说服学生。因此，开展马克思主义与现代西方文化思潮的比较研究和教学，不仅是合理评价与分析现代西方文化的需要，而且是马克思主义与时俱进、迎接挑战、发展自我的需要。

现代西方文化是在当代西方社会的文化土壤中孕育生成的，其直接的基础是西方现代化进程中所产生和存在的极为尖锐与严峻的自然、社会、人生和个性问题。应该说，这些问题在相当程度上是客观存在的、非常现实的，回答这些问题是思想家的责任，也是对马克思主义的挑战。

① 《马克思恩格斯全集》，第1卷，北京，人民出版社，1963。

显然，这种挑战是双重性的：一是西方发达国家现实存在的问题与矛盾的挑战，马克思主义面对这些问题与矛盾应当“说话”，应该“介入”；二是面对现代西方文化的挑战，马克思主义不应当沉默，在这个问题上，我们既不应“气量狭小”，简单否定，也不能不加鉴别，不表明我们的立场和观点。在高校，一个不争的事实是：现代西方文化思潮对当代大学生的影响是广泛而深刻的。这种张扬个性、强调自我、贬斥集体、否定一切的思潮所具有的合理意义和消极意义都结出了它不成熟的果子。对此，在马克思主义理论的教学过程中，如果不能令人信服地评价现代西方文化，肯定其合理性，批判其谬误，就不能在大学生中确立马克思主义的思想地位。马克思主义与现代西方文化同在20世纪，并仍将同在21世纪，这是一个不争的事实。面对这样的事实，我们必须用唯物辩证的态度对待现代西方文化，不仅要研究其内容，说明其根源，而且必须深入研究现代西方文化思潮是如何应对现实资本主义世界所提出的一系列问题的，必须主动地吸收现代西方文化的营养。以与西方各流派思想研究相关联的方式，对马克思主义进行诠释和表述，或用马克思主义的基本立场、观点和方法对现代西方思潮进行评价，这样的教学才是引人入胜的，也是有感召力和说服力的。大学生只有在对马克思主义和西方现代文化流派的比较和体悟中，才能够加深对马克思主义的理解，坚定对马克思主义的信仰。

三、“情”“理”融合，处理好马克思主义与人文精神的关系

马克思主义的最终目的和归宿，是追求人的发展，这就要求在教学过程中处理好马克思主义与人学以及人文性之间的关系。

马克思主义是充满人文精神的理论，是以人本身的存在和需要作为价值取舍的最终根据和标准的。这种以人本身的发展和完善为根本内容的理论品格，强调以人为本，以充分尊重人的主体地位和独立个性为前提，以提高人的综合素质、促进人的全面发展为目标，是对人的主体生命层面的终极关怀与呵护。马克思主义只有在实践的基础上，才能够合乎逻辑地凸显人的主体地位并对人的问题给予合理说明。因为人是实践的主体，实践是人的存在方式，所以在马克思主义中，实践问题和人的问题、实践性原则和主体性原则之间，应该具有深刻的内在一致性。正是在这个意义上，马克思主义同时也是一种“主体性的人学”。

人文性是马克思主义的内在维度。马克思主义甚至以“建立在个人全

面发展和他们的社会生产能力成为他们的社会财富这一基础上的自由个性”①为宗旨。人是马克思主义研究的对象，人文关怀是马克思主义的基本维度。马克思主义科学地解决了人的价值、人的自由和人的解放等一系列问题，建立了一种全新的人学理论。所以，在教学过程中，一方面，要从理论上挖掘马克思主义学说中的人文因素，以凸显马克思主义作为新人文主义世界观的底蕴；另一方面，在实践中对“人文精神”本身进行反思和批判，以建构一种现代人文精神，重要的是澄清人文精神与传统文化的关系，人文精神与市场经济的关系，人文精神与后现代主义的关系。也就是说，当前教学不仅应当突出人文精神，而且应当突出人文精神鲜明的时代性和科学性特征。尤其在面对近年来追求功利与社会道德衰落之间的巨大反差时，教学需要给浮躁的心灵注入深厚的人文精神，确实建立起从内容到形式都已确定的、能够主导人们的心理和观念的“人文精神”。

四、“实”“论”兼顾，处理好马克思主义与当代中国现实的关系

在教学中，必须切实联系中国和世界的实际问题，把相关的原理贯穿进去，避免空洞的说教。马克思主义不是超然于世界之外的玄思和遐想，而是“思想中把握到的时代”，是以“思想”即“理论”的方式所把握到的“现实”，而不是简单的关于“现实”的表象。因此，必须在深入现实生活的过程中，真正捕捉到社会政治生活、社会生活和人的思想生活的内在脉搏，从而进行理论上的分析、思考与建构。

当代中国的现实决定了马克思主义必须回答和解决当代中国的现实问题。中国化的马克思主义是马克思主义现代化的典型形态，它只有在积极回应和解决中国当代的现实问题的过程中，才能充分发挥其干预和规范现实的社会功能。21 世纪，科学技术和世界形势发生了很大变化，现实问题也非常广泛，社会正义、生态环境、信仰信念、道德构建等，都是与社会大多数人的生存发展紧密关联的。当人们必须面对这些问题，并追寻答案时，马克思主义会受到来自各方面的挑战。从理论方面讲，主要来自非马克思主义的挑战，如后现代主义、后殖民浪潮、新文化保守主义、新自由主义等。东欧剧变，使马克思主义在东欧的主导地位发生变化。所以中国的马克思主义也因国际社会环境和氛围的变化而面临

① 《马克思恩格斯全集》，第 48 卷，北京，人民出版社，1963。

挑战，马克思主义只有比别的文化流派更透彻地回答和解决时代提出的问题，它才能掌握人们的心灵。从实践方面讲，主要是来自科技革命方面的挑战。现代科技的发展不仅深刻地改变着传统的产业结构，而且开拓了新的生产领域，使生产方式、生活方式以及思想方式发生了根本性的变革。一方面，科技发展已经和正在造福于人类；另一方面，科技发展及其广泛应用也不可避免地带来了负面影响，造成了就业、资源、生态和环境保护等方面的极大困难。由于我国原有生产力水平低又必须高度重视通过发展科学技术来发展生产力，所以就有一个如何把社会主义建设同当代科技的发展潮流很好地结合起来的问题。当代马克思主义无可回避的重大任务就是及时、准确、深入地把握当代科学技术发展的新成果、新变化及其对人类社会所造成的新影响、新认识，探索并回答科学技术发展给人类社会带来的新挑战、新问题，以丰富和发展马克思主义。马克思主义必须在积极回答世界经济发展和最新科技发展带来的现实问题中发展自己。

马克思主义的实践本质决定了《马原》教学必须回答和解决中国当代的现实问题。当代中国马克思主义的使命就是要努力把符合21世纪社会发展的理想价值追求注入现代中国的经济建设实践过程中，在顺应生活化、全球化、信息化时代潮流的同时，努力提升中华民族的精神境界。具有中国特色社会主义改革的实践呼唤着具有中华民族性格的当代马克思主义去为它开拓道路，应该让理论回归到现实中，关注生活实际，解决现实问题，真正成为推动实践发展的强大动力，使马克思主义在经历了20世纪以来一系列重大事件，诸如东欧剧变、后工业社会的洗礼、初露端倪的知识经济和后现代化的冲击之后，其理论魅力特别是其世界观还能够继续成为“我们时代不可超越的旗帜”。

青年大学生的“问题”思维方式决定了马克思主义哲学必须回答、反思现实存在的问题。对现实采取回避、不接触的教学态度和方法不是马克思主义的教学态度和方法。理想和现实的冲突、理论与现实的矛盾都要求马克思主义给予理论性的解答。只有这样，大学生才能在解惑中领悟到马克思主义的思想真谛。

文本学方法在哲学专业研究生教学中的应用

颜　岩[1]

2002年9月8日，江泽民在庆祝北京师范大学建校一百周年大会上作了重要讲话，他指出，当今时代科技进步日新月异，国际竞争日趋激烈，各国之间的竞争说到底是人才的竞争，是民族创新能力的竞争。要不断造就大批具有丰富创新能力的高素质人才，就必须不断推进教育创新，坚持和发展适应国家与社会发展要求的教育思想，研究和解决教育面临的新情况、新问题，深入探索新形势下教育发展的规律，更新教育观念。教育创新的根本目的是推进素质教育，全面提高教育质量，这就需要改革教学内容、方法和手段，完善人才培养模式，建立符合受教育者全面发展规律、激发受教育者创造性的新型教育教学模式。江泽民的讲话为我们的研究提供了基本依据。我们知道，研究生教育是我国国民教育中的高级阶段教育，其目标是为国家的现代化建设培养研究型高层次人才。近年来，研究生教育在数量上已具相当规模，然而质量却没有跟上去，创新能力不足已成为制约其发展的"瓶颈"。作为研究生任课教师，笔者意识到，只有采用现代教学手段和教学方法，才能从根本上改变这种状况。下面结合本人近几年的教学经验，谈谈文本学方法在哲学研究生教学中的应用。

① 作者简介：颜岩，中南财经政法大学人文学院讲师。

一、当前存在的问题及文本学方法的引入

哲学专业研究生是一类较为特殊的学生群体，他们不仅要阅读大量晦涩难懂的原著，训练一种抽象思维能力，还要学会运用特定的术语写作学术论文。在教学过程中我们发现，不少研究生不愿意读原著，问其原因，答曰不懂，而勉强读了原著的同学也常常抱怨读后不知所云。造成这一状况的原因并不难解释，盖因哲学理论本身抽象，具有入门难的特点。另外，从研究生自身角度看，目前哲学专业的研究生大多是非科班出身(有些甚至是理工科的学生)，功底非常薄弱，头脑中缺乏系统的哲学素养，这无疑大大增加了教师授课的难度。最令人担忧的还不是这些，读不懂可以多读几遍，底子薄可以通过后天努力弥补，然而，如果研究生们在学习过程中缺乏自主创新意识，对不同理论问题之间的逻辑关系缺乏整体把握，甚至缺乏一种方法论上的自觉，问题就相当严重了。其实，这种担忧并非杞人忧天，上述问题在多数研究生听课、读书、写论文过程中已有凸显，如果不能及时、彻底地解决，将严重影响我国研究生培养的质量。

就我国传统的研究生教学模式而言，大体上仍然是以教师课堂讲授为主，与本科生教学的唯一不同无非是内容上更艰深些、更具学术味罢了。此模式片面强调学生的共性而相对忽视其个性，在相当程度上束缚了研究生的创造性。正所谓“学而不思则罔”，哲学是一门智慧之学，满堂灌的教学模式显然无法培养学生们的“灵性”和“悟性”，死记硬背得到的也只能是一些无用的字句。另外，传统教学模式中，教学资源的载体主要是书本，其信息负载量小，这不仅加大了教师的备课任务，还使得学生们上课不得不忙于记笔记，无暇听讲。将文本学方法引入研究生课堂教学，将有效的解决上述问题，因为它以多媒体网络技术为支撑，以电子备课为手段，可使教学资源得到空前的扩大。最重要的是，文本学教学模式还可以提高研究生们的文献阅读能力和论文写作能力，使他们获取专业知识、提高专业兴趣，从而全面提升研究生们的各项素质，增强其自主创新能力。

那么，什么是文本学方法呢？从原初意义上说，它是学术界近年普遍认可和采用的一种研究方法。作为传统阅读方式的反驳，其目的是为学术创新奠定全新的思考基点，它的基本要旨是：①文本在写作过程中具有历史生成性，文本的解读必须建立在发生学基础上。②阅读主体通过与文本的历史语境相互交融的历史性生成，建构一种全新的历史性理

解视域。先看第一点，文本学方法要求对解读客体，即文本本身采取历史性的理解。所谓历史性，主要是指文本本身以及作者思想的动态发生过程及其所负载的复杂语境。这里的文本并不是仅仅指可以看得见的文字，它还应包括文本产生的复杂历史语境，以及文本背后作者未指明的一切信息。所以，无论是文本、文本作者还是文本阅读者，其思想总是动态的，传统文本阅读的缺陷在于单一性、同质性，似乎阅读对象是铁板一块，这是不符合实际的。举例来说，当我们阅读马克思的著作时，就不能认为青年马克思与老年马克思的思想是完全一致的，更不能认为《马克思恩格斯全集》中的每一句话都是正确的，我们要做的是，把握马克思在每一个历史阶段思想流变的过程，即如何由一个唯心主义者变为唯物主义者。第二点是关于阅读主体的，文本学方法借鉴了西方解释学的核心理念，认为任何阅读主体都带有"(前)先见"，它是阅读得以发生的前提和基础。也正由于此，每个读者不同的先见和不同的解读方法使得文本本身的意境必然呈现为特定的解释话语。所以，任何对文本的理解必须依赖于主体通过自身的解读来历史性地获得。总之，文本学方法认为阅读是一种互动性的过程，它要求阅读者不仅要意识到自身知识结构的缺陷，还要求读者读出文本作者的理论空白和逻辑混乱，即法国马克思主义哲学家阿尔都塞(Louis Althusser)所说的"症候"。作为一种学术研究的方法，文本学方法是有效的，我们认为，该方法具有一定的普适性，可运用于哲学研究生的教学过程中，下面我们就此问题作进一步的探讨。

二、文本学方法的具体内容

文本学方法首先要求教师采用一种全新的备课方式——电子备课。传统观念认为，电子备课就是把原来写在纸上的教案输入到电脑中，以word 文件格式保存起来。① 我们认为这样的理解过于狭隘了，其实，真正的电子备课不仅仅指教案的电子化，还包括多媒体课件(影像、图片、声音、动画等)、教学资源、参考资料等。电子备课具有很多传统备课方式不具备的优点：①可以提高备课效率，节约时间。传统的备课方式，教师用在书写、制表和查找资料等手工操作方面的时间较多，电子备课

① 我们认为，电子备课尽量不要用 word 格式的文件，而是用 pdf 格式的文件，一是 pdf 格式文件不易因误操作而更改内容，二是增添各种标注非常方便，三是视觉感受好。具体操作时，可以先用 word 编辑，然后用专门软件将文件转换为 pdf 格式。

则利用计算机和网络技术，把教师的劳动迅速转化为成品。不过，它要求教师必须具备全面的计算机操作技术。②可以提高教学效果。对于哲学专业来说，理论非常抽象、晦涩，电子备课可以充分利用多媒体技术，使得课件声、色、图、文并茂，重点、难点突出。由于计算机和网络特有的资源共享性和信息的收集功能，使得教师可以通过网络发现更多的与教学内容相关的资料和参考方案，这不仅有利于把问题讲透，还大大提高了课堂教学艺术。③有利于教务部门对教案进行动态管理。传统的纸质教案，是一个较为封闭的系统，很多新的知识来不及更新，即使更新，也要耗费大量的人力、物力和时间。电子备课则不同，它可以随时放在电脑中，随时更改，传递和拷贝也非常方便。所以说，它是一个不断更新、完善和升级的动态系统。④有利于各级精品课程、教学团队的申报。目前，我国高校精品课程、教学团队的建设已经成为学科发展的“硬指标”，而申报这些项目，一般都要求申报材料的电子化，所以，如果平时能够多注意这方面的积累，到申报之时就不会手忙脚乱。

马克思主义哲学认为，内容决定形式，电子备课实施效果的好坏最终由其内容决定。文本学教学模式除了形式上运用新的备课方式外，内容上也有相应的配套措施。只有把两者结合起来，才能发挥真正的效用。具体子模式如下。

1. 范畴讲解模式。这里的“范畴”指的是核心概念。任何著作(论文)都有自己的范畴，在上课之前，教师可提前将下次课将要讲授的内容概括成几个范畴，根据实际情况落实到每一个研究生身上，要求他们下次课用10分钟左右时间作简短发言，然后由教师评点、讲解。这样做的好处是，可以让学生们在课下预习时有的放矢，锻炼他们独立的文本阅读能力。本方法运用起来比较灵活，教师可根据学生人数和范畴数量作出调整，如遇到人数多、范畴少的情况，则可以划分成若干个小组，每个小组讨论一个范畴，由组里选出代表发言。这里还应注意的是，范畴的选取不是主观任意的，它们必须是贯穿文本的中心概念，如在讲解《历史与阶级意识》一书时，可以划定历史、阶级意识、辩证法、总体性、自然、物化六个范畴。

2. 问题式(Problematic)深度解读模式。问题式即理论的生产机制，通俗地说，就是理论家在某个特定时期特定的认识框架。在教学过程中，多数研究生不擅长从总体上把握问题，而是喜欢在细枝末节上打转。究其根本原因，在于缺乏问题意识。问题式解读法原本是法国结构主义的马克思主义者阿尔都塞创立的，按照这种方法，他将马克思前后期的思想划分为两种不同的问题式，青年时期是人本主义的问题式，老年时期是历史唯物主义的问题式，这一划分虽然有武断的成分，但对于我们把握马克思主义思想还是有启发性的。南京大学张一兵教授非常推崇该方法，并以此方法成功解读了马克思、拉康、德里达、阿多诺等思想家，取得了丰硕的成果。我们将此方法引入研究生教学，目的是培养研究生深度分析文本的能力，只有理解正确了，才能谈创新，该方法在整个文本学教学模式中处于核心的基础性地位。

3. 线索解读模式。研究生培养的目标是为国家输送高层次的专门研究人员，要实现这一目标，就必须提高研究生对理论的归纳、提炼和总结能力。这就要求教师在日常教学过程中，不能沿用满堂灌的传统教学模式，一定要让学生理解思想发展的脉络和机理，不仅要知其然，更要知其所以然。线索解读模式要求教师在授课时应多讲线索，引导学生自己阅读并发现问题。这里又可以分为几种情况：一是注重人物谱系的梳理。无论哲学还是其他人文社会科学，思想发展史上总会有若干位核心人物，如能揭示他们之间的联系，整个思想史脉络也就清晰可见了。以西方哲学为例，我们列举几个人物谱系：①皮亚杰——波兰尼——广松涉。②卢卡奇——韦伯——海德格尔——阿多诺。③吉登斯——福柯——戈德曼。二是注重思潮(学派)内部发展的线索。在哲学发展史上，每一种思潮(学派)都有自己相对独立的发展轨迹，教师在讲解时，必须把握宏观的发展方向，让研究生们在总体上能够有一个总括的理解，这对后面的讲解是极为重要的。在具体操作时，教师可将线索制成图表以助记忆。

4. "支援背景"穿插讲解模式。当前哲学专业研究生普遍感到困惑的是：知识积累不足——无法理解文本——放弃阅读——知识积累更显不足，这是一个恶性循环的怪圈，必须得以根治。我们认为，解决问题的关键在于向研究生灌输相关的"支援背景"知识。所谓"支援背景"，指的就是某一文本得以写作和发生的所有支撑性背景。例如，要理解"后马克思主义"思潮，就必须先理解 20 世纪 80 年代以来资本主义社会的新变化(包括经济、政治、文化、技术革命等方面)。理解某个人物也是如此，要尽可能地追根溯源，揭示所有对其产生过重大影响的理论家及理论思潮。"支援背景"穿插讲解模式要求教师在备课时必须做到详尽，要把相关的背景知识以文本超链接的形式穿插在课件中，上课时通过层层点击展示给学生看。

三、结束语

文本学教学模式是在多媒体技术支持下的一种全新的教学模式，不仅可以有效提高教学质量和教学效率，还能较好地解决课程内容更新的问题，使得研究生的涉猎面得以扩大，自主创新能力得以增强。在传统的以“教”为中心的课堂教学模式中，教师是教学进程的主体，学生是被动的客体，且课堂教学具有明显的时序性。文本学教学模式则不同，凭借多媒体技术，研究生上课基本不用记笔记，这不仅节约了时间，还提高了听课效率，甚至教师因故不能来上课，学生们也可以利用课件自学，如有问题还可通过互联网等工具和教师进行讨论。最重要的是，教师在上课时不必居高临下站在讲台上，而是可以利用电子教鞭等工具与学生围坐在一起，这样就容易消除隔阂，使学生亲切地感受到教师是自己的朋友，他们自然就会主动起来。尽管我们说文本学教学模式具有很多传统教学模式不具备的优势，但在处理两者关系时应注意切不可以前者完全代替后者。首先，我们说文本学教学模式要以传统教学模式为基础，离开了基本的授课技巧，任何高明的多媒体工具都不能发挥作用；其次，两者是一种互补的关系，文本学教学模式是对传统教学模式的改进，并不是替代，这就要求教师们要学会两条腿走路：一方面苦练教学基本功；另一方面，注意学习多媒体技术，创出更多、更好的教学模式。

参考文献：

[1]江泽民在北师大百年校庆上的讲话.

[2]朱俊强. 多媒体网络教学法在研究生教学中的应用及效果. 高教论坛，2004(2).

[3]秦远建. 研究生课程教学的 LPC 教学方法初探. 中国高教研究，2005(8).

[4]龚秀勇. 论文本学方法. 四川大学学报，2005(2).

郭慧珍《资本论》▶▶ ▶▶教学法探讨

◆ 戴武堂[①]

一、"严"字当头，攻读《资本论》原著

郭老师讲授《资本论》有一个鲜明的特点，就是要求学生用马克思研究和写作《资本论》的精神，刻苦攻读《资本论》原著。她教导我们，要弄懂《资本论》的基本原理，首先必须进行《资本论》文本研究，要研读各种版本的《资本论》原著。她要求学生做到的，首先自己做到。从她讲授《资本论》的过程中，我们可以深刻感觉到她不仅读过各种版本的《资本论》，而且都是认真的一字一句地抠过。譬如，当她讲到交换价值时，特别强调"交换价值首先表现为一种使用价值与另一种使用价值相互交换的量的关系或比例"中的"首先"二字，对这二字不仅提高音调，而且解释其含义，说明有"首先"，必然有"其次"，"其次"是什么呢？是"交换价值是价值的表现形式"。交换价值经过郭老师这么一讲，不仅使学生从现象到本质深入地懂得了交换价值与价值的关系，而且使学生学到了马克思从现象到本质分析经济问题的方法。

为了实现使学生刻苦攻读《资本论》原著的目的，她要求我们首先要

---

① 作者简介：戴武堂，中南财经政法大学经济学院教授。

熟悉《资本论》的目录，熟悉每章每节的主要核心内容。我们学习《资本论》第一卷时，郭老师采取闭卷笔试的方式，其中一题是“试述《资本论》第一卷第四章第二节的主要内容”。要做对此题，首先，要求通读《资本论》第一卷；其次，要能记住此卷的目录，否则会张冠李戴；再次，要对这节的内容，即“劳动力的买和卖”相当熟悉。总之，不认真研读《资本论》原著是不行的。经过这次考试后，我们这些三十多岁的研究生不得不挑灯攻读《资本论》，使我们打下了马克思主义经济学牢固基础，“文革”后首届政治经济学研究生共我们五人，后来都晋升为政治经济学教授。当我们成为政治经济学教授的时候，无不感激郭慧珍教授对我们的严格要求和指导。

二、科研开路，深化《资本论》原理

郭慧珍教授自1979年到1996年，共18年时间，都全身心地投入到硕士研究生的《资本论》教学之中，期间她既给政治经济学专业硕士研究生讲授《资本论》，同时又给全校财经类专业硕士研究生讲授《资本论》。郭老师讲授《资本论》的一个重要原则就是科研开路，深化《资本论》原理。她坚持做到在讲授中重点讲授研究《资本论》的最新成果，引导学生加深对《资本论》基本原理的理解。研究生普遍反映，郭慧珍老师讲授的《资本论》课有广度，更有深度。她的《资本论》课讲稿总是经常更新，将学术界和自己的最新研究成果反映到讲稿之中，并且字斟句酌，完全达到公开发表的水平。例如，她讲《资本论》研究对象时，首先列举了学术界已有的不同观点，说明这些不同观点都围绕着对资本主义生产方式的不同理解展开。其次，郭老师提出自己的观点，认为这里的生产方式是生产力与生产关系的统一，《资本论》研究对象是资本主义生产关系，即广义的生产关系，也就是社会再生产四个环节中的人与人之间的关系。并从马克思表达的前后文之间的逻辑联系，以及《资本论》体系结构等方面进行了周密论证，使学生心服口服，加深了对《资本论》研究对象的理解。

为了加深学生对《资本论》基本原理的理解，郭老师时时处处关注《资本论》的最新研究成果。例如对马克思劳动价值论的理解，这是一个长期争论不休的问题，也是关系到马克思主义经济学基础理论的问题。每当理论界出现一种新的价值理论时，郭老师都会认真研究，明辨是非，及时介绍给学生，组织讨论。

三、紧扣实际，创新《资本论》理论

郭慧珍教授在《资本论》教学中，首先，坚持原原本本地将《资本论》的基本原理讲清楚；其次，又不拘泥于《资本论》的现存理论，而是将《资本论》的基本原理与中国改革开放和现代化建设实际相结合，积极推进《资本论》的中国化，进行《资本论》的理论创新。郭老师对《资本论》的理论创新表现在以下几个方面：

1. 重点研究和讲授商品经济理论，肯定了《资本论》关于商品经济的一般理论完全适合于社会主义市场经济。她的有关研究成果体现在由中国财政经济出版社出版的《〈资本论〉与社会主义商品经济》一书中。

2. 重点研究和讲授《资本论》关于协作、分工和机器大工业理论，肯定了《资本论》关于社会化大生产的理论完全适合于社会主义现代化大生产的需要。

3. 重点研究和讲授《资本论》的资本循环、资本周转和社会资本再生产理论，肯定了这些理论抽象掉其所体现的资本主义生产关系，完全适合于社会主义社会，对社会主义市场经济有重大指导作用。

4. 重点研究和讲授《资本论》的利润、利息和地租理论，肯定了这些理论对社会主义初级阶段的市场经济有重大指导作用。

为了突出《资本论》对社会主义市场经济的指导作用，郭慧珍教授还运用《资本论》有关理论为指导，进一步研究社会主义经济发展和及其经济效益，与王时杰教授共同建立了"社会主义发展经济学"、"经济效益学"两门新学科，出版了由王时杰、郭慧珍、王东京合著的《社会主义发展经济学》，王时杰主编、郭慧珍副主编的《经济效益指南》，同时发表有关学术论文数十篇。这些专著和论文都是研究《资本论》的创新成果，为推进《资本论》的中国化，为具有中国特色的社会主义理论体系建设作出了突出贡献。

四、铸造精品，建设《资本论》课程

郭慧珍教授从1979年到1996年主要担任研究生《资本论》课的讲授工作，同时领衔《资本论》课的建设工作。针对当时有人认为《资本论》已经过时，她以对祖国前途和命运高度负责的精神，以战略的眼光，从学校长期发展着手，带领《资本论》课教师，呕心沥血，铸造《资本论》精品课程。由郭慧珍教授领衔建设的《资本论》课，在全国高等财经院校处于领先地位，得到主管部门财政部的充分肯定。1986年，由郭慧珍主编的《高等财经院校〈资本论〉教学大纲》被财政部指定为全国高等财经院校财经各专业使用。郭慧珍教授参与决策编写的《〈资本论〉与社会主义商品经济》，作为《资本论》课的配套教材，被列为全国高等财经院校的指定教材。除此以外，为《资本论》课的教学需要，她还主编了《〈资本论〉指要》教材，编写了《资本论》课参考书目等教学用书，基本完善了《资本论》课的教材建设。

《资本论》课建设除了教材建设外，关键是教师队伍建设。为了使《资本论》课教学后继有人，她从20世纪80年代初开始就重视培养年轻教师，1982年，她选定了汤五云、戴武堂、汤为本三位硕士研究生毕业的年轻教师担任本科生《资本论》课的讲授工作。1988年，当他们晋升为副教授以后，郭慧珍教授又安排他们担任硕士研究生的《资本论》课的讲授工作。1997年，当郭慧珍教授退休之后，研究生《资本论》课就完全由这些老师承担了。为了加快年轻教师的成长，她采取了“压担子，传经验、搭舞台”的方法进行培养。所谓“压担子”，就是根据年轻教师成长各阶段能力的大小，分配相应的教学任务，由轻到重，由易到难，循序渐进，严格按人才成长规律办事。所谓“传经验”，就是对年轻教师进行“传、帮、带”，将自己的教学方法、教学经验、教学操守传授给年轻教师。她的传授方法是“同上一门课，分讲各章节，讲前审讲稿，讲后作总结”。所谓“搭舞台”，就是为了提高年轻教师的教学技能和学术水平，安排他们参与到各种学术组织中去接受熏陶，增长才干，她推荐汤五云教授担任了全国《资本论》研究会理事，推荐戴武堂教授担任了全国高等财经院校《资本论》研究会常务理事、副秘书长。

郭慧珍教授关于《资本论》也是市场经济理论的观点，引起了《资本论》研究者的兴趣。她培养的硕士研究生报考博士生时都取得了好的成绩。程明高原是一名中学物理教师，在她的认真培养和指导下，考武大博士生时名列第一而被录取。在武汉市委党校工作的旁听生熊朝辉高中毕业未上过大学，旁听郭老师讲授《资本论》三年后，报考中央党校硕士研究生，《资本论》成绩89分，名列第一。主考教师询问他之后，得知是旁听了郭慧珍教授讲授《资本论》三年的结果，来函要求调她到中央党校教《资本论》课，由于她当时身为武汉市委党校政治经济学教研室主任，工作离不开而未去中央党校。

总之，郭慧珍教授对《资本论》的研究和教学倾注了毕生的心血，她的教学经验、教学操守、教学方法，值得我们研究、学习和实践；她对党的教育事业的忠诚，值得我们效仿；她攀登科学高峰的脚步，值得我们铭记。

参考文献：

[1]郭慧珍.《资本论》教学大纲. 大连：东北财经大学出版社，1986.

[2]赵凌云. 中南财经政法大学学科发展史. 北京：中国财政经济出版社，2003.

[3]王时杰，郭慧珍. 社会主义发展经济学. 大连：大连海运学院出版社，1990.

[4]王时杰，郭慧珍. 经济发展纵横论. 北京：经济管理出版社，1994.

[5]王时杰，郭慧珍. 经济效益学. 大连：大连海运学院出版社，1990.

经济史本科教学与教材改革的探讨

◆ 瞿　商[①]

经济史本科教学模式是由经济史学科的内容和特点决定的。经济史这一学科的内容和特点，在于它是一门多重交叉学科。传统上，经济史只是历史学和经济学的交叉学科。随着现代科学的发展，经济史不再仅仅是这两门学科的交叉学科，它还涵盖了数学、统计学、政治学等学科的内容。按照经济史学科设置的欧洲传统，经济史本科教学一般都是设在历史学系。但是，按照美国大学学科设置的做法，经济史本科教学大多设在经济学系。

从我国情况看大多数综合性大学的经济史本科教学也都设在历史学系，而中南财经政法大学、西南财经大学、南开大学等高校，都把经济史本科教学设在经济学系。

本文试图探讨经济学系经济史本科教学模式改革，不针对历史学系经济史本科教学。

一、经济史教学内容一定要有经济学理论分析作为支撑

对于经济学系本科学生来说，学习经济史的兴趣并不在于完整地掌

① 作者简介：瞿商，中南财经政法大学经济学院副教授。

握经济发展过程，他们更主要的任务是要看到经济学理论如何在经济史中得到证明，或者从经济史的理论分析中得出新的经济学理论来。事实上，经济史本科教学内容必须要有经济学理论分析作为支撑，否则，可能缺乏对经济发展过程应有深度的分析，无法理解经济发展过程的内在原因。

1. 经济学是一门对人类最为关切的利益问题进行分析的行为学科。经济学理论深刻揭示了人类行为选择的利益最大化原则，这是其他学科无法比拟的。人类行为选择的这一本质原则，无时无刻不在发挥着作用，而经济史正是人类行为选择的历史实践。因此，要对经济发展过程进行深刻的理论分析，没有经济学的理论作为分析基础，可能无法理解经济史发展过程，也无法有效揭示经济发展过程的内在本质。

2. 经济史上的结构也对经济发展过程发挥着至关重要的作用。而经济史上的结构，运用传统描述性经济史的方法，显然是远远不够的，必须加入更加精确的计量分析，通过建立经济模型来加以分析和说明。这些经济模型的理论基础离不开经济学理论。同时，通过建立经济模型对经济结构进行解构分析，可以得出具体的刻度，所得出的结论更加令人信服，也可能对已有的经济学理论进行修正、补充，甚至进行重大的创新。这里，经济史研究更深刻地体现了与经济学的有机结合与合二为一的整体性。

3. 运用经济学理论或经济模型分析经济史，可以对长时段、多层面、多角度的经济史进行多维立体的分析，这是传统描述性经济史的史实一维角度和单一层面所不能实现的。这样做，提供给学生的经济史教学是一个立体的经济史，而不是一个平面的经济史。

经济学系经济史本科教学，要从常识性教学转向知识性教学。[①] 它是要运用经济学理论来分析经济发展过程及其结构，而不是仅仅描述经济发展过程，它所揭示的内容远远超过了描述性经济史的范围和能力。这是经济学系设置经济史本科教学所具有的优势，也是其教学内容改革的方向和趋势。

二、经济史教学过程一定要有经济理论分析作为吸引学生的动力

经济史本科教学过程，也只有增加经济学理论分析，才能更加吸引

① 陈勇勤：《经济史研究与经济史教学、经济理论研究》，载《南阳师范学院学报》，2005。

学生的学习兴趣。因为，通过加入经济学理论分析，使经济学系的本科生可以把他们所学到的经济学理论运用到经济史的思维中去，不仅加深了他们的认识，更增加了他们进一步深入了解经济史的兴趣。从教学角度看，这是经济学系学生选修经济史课堂和研究经济史的动力，摆脱单纯追求学分的动机，使学生认识到经济史课堂不是一个说教，而是一个有用的认识分析工具，对他们进一步学习和研究经济史都是一个长远利益上的激励。

因此，经济史本科教学过程，在教学内容上要有经济学理论分析，在教学过程上更要对经济史进行理论分析，而不是把几个研究结论告诉学生就完事大吉。这样做，使学生感悟到经济史课堂既融入了历史的趣味性，又注入了经济学的理论逻辑性。经济史的这种教学模式也符合经济史归为理论经济学的学科属性。

事实上，以往经济史本科教学往往把经济发展过程描述完，就算完成了任务。结果学生对经济史没有什么印象，可能偶尔的一点印象就是作为常识性知识存在的历史故事和趣味性，而缺乏对经济史的理论和逻辑思考。显然，这样的经济史本科教学并没有达到教学目的，因为，学生并没有从经济史课堂中学到真正的理论知识。同时，对选修经济史课堂的学生来说也是不公平的。这样的经济史本科教学，几乎失去了“学”与“用”结合的实用价值，① 对学生来说没有学习动力和学习兴趣，很多东西实际上也都可以通过自学就能完成，上课只是迫于教师和学校的考勤压力。因此，学生到课堂往往是心不在焉，教学效果自然不好。

例如，经济史本科教学中往往可以采取这样的方法：运用经济史的现成资料，通过建立经济分析模型，对长时段生产函数进行估计，可以清晰地说明不同发展阶段，各种生产要素对经济发展的贡献作用，即产出弹性。而生产函数是在典型的经济学理论基础上建立的分析模型。这样，教师既把学生学习过的经济学理论知识运用到经济史的分析中，又让学生设想并尝试在今后的论文写作中，也可以运用这些方法来分析现实经济发展过程及其结构，加深对经济发展过程的理论认识和逻辑思维。学生可以在研究的基础上，对现实经济发展决策提出自己的看法，从而使学生在经济史课堂上实现经济学理论和经济实践的有机结合。这在更大程度上弥补了理论经济学本科教学过程中偏重理论的不足，可以形成经济史和经济学两个课堂的优势互补。

① 陈勇勤：《经济史研究与经济史教学、经济理论研究》，载《南阳师范学院学报》，2005。

三、经济史教学思路一定要贯彻与经济学结合的原则

上面两点所谈到的问题，最终要通过教师自己在经济史课堂上加以实践。而指导经济史教师这一实践的，或者说，更重要的主观因素，在于经济史教师自身要有清醒的教学思路，要通过自身经济学理论的修养来完成经济史课堂与经济学理论的有机结合。因为整个经济史教学过程中，老师是授动者，而学生则是受动者。因此，从事经济史本科教学的教师在教学思路上首先要具有经济学理论和经济史相结合的意识，即意在身先，才能有事在人为的可能。

从事经济史本科教学的教师，应该具有经济学理论的功底，才能在经济史本科教学中实现经济学理论与经济史的有机结合。实际上，当今很多的理论经济学家，都把经济学理论与中国经济发展过程的分析有机结合起来，既把经济学理论普及化、大众化了，又把经济发展过程分析得更为透彻、更为深刻。林毅夫的《中国的奇迹：发展战略与经济改革》，把中国经济发展的深层次原因用新古典经济学和新制度经济学理论进行诠释，把经济史的分析置于经济学理论或经济模型之上，便是经济学理论与经济史相结合的最典型的分析。吴敬琏的《当代中国经济改革》也把中国的经济改革过程置于经济学理论的分析中，实际上也是经济学理论与经济史有机结合的典型。张军的《双轨制经济学：中国的经济改革(1978—1992)》，也是运用新古典经济学理论来分析中国经济改革的过程，将经济学理论与中国经济改革和发展的历史结合起来。事实上，他们的著作都是自己从事教学过程的结晶，正好说明他们在教学中贯彻了经济学理论与经济史结合的原则。在这种意义上，与其说他们是经济学家，还不如说他们是经济史学家。

经济史本科教学的一个重要任务便是要积极解读经济发展史上的宏微观经济政策，对政府某一时期的宏微观经济政策或具有继承的连续性经济政策进行理论解读，评价政策的优劣得失。因为经济政策是影响经济发展过程的一个重要因素，反映了经济史发展过程的一个侧面，因而是经济史的重要组成部分。这种评价的基础便是深入精确到经济学理论的分析。当然，要做到这一点，仅仅依靠传统描述性经济史是远远做不到的。因为传统描述性经济史只能从历史中得出经验性结论，而不能分析现实政府经济政策中的横向联系，因而对政策效应缺乏一种全面精确的分析。但这一点，依靠经济学理论及其模型往往可以轻松地做到。2003年由蔡昉、林毅夫主编的《中国经济》，作为教科书，在对现代中国

经济史的分析中，几乎通篇都贯穿着经济学的理论思维，这对于开拓学生的历史视野与训练学生的经济学理论思维都起到了重要的作用。上述张军等的著作也是这样的。同样，经济史教学也可以恰当地运用经济学理论和模型分析历史上的经济政策，找出经济政策横向联系的效应，判断经济政策的作用大小，从而为现实经济决策提供借鉴和历史启示，更好地发挥经济史为现实服务的功能。

四、经济史教学实践形式要多样化

除了在经济理论和经济政策上利用经济史的优势外，我们的经济史课堂还应该广泛地面向现实，发挥其特有的社会服务功能。应该将实地考察作为经济史的一个重要环节，让经济史从历史走向现实。如天津市政府提出的“近代中国看天津”的旅游业发展构想，武汉市政府提出建立近代工业博物馆的旅游发展构想等，经济史教学还可以深入广大农村的田间地头，开展口述经济史的研究，如对中国大运河的实地考察和访问，对城市繁荣与萧条历史遗迹的探寻，尤其是动员学生对家乡经济史进行了解，不仅增强了学生对家乡经济史的了解，而且使许多学生对自己家乡有了自豪感，甚至可能由于这种家乡经济史的启发，为毕业回家乡创业提供某种精神激励，或者为家乡经济发展献计献策。这些都体现了经济史从历史走向现实的教学思维，不仅让学生触摸历史，让学生身临其境，百看不厌，不仅提高了经济史教学的趣味性和对经济史的深刻印象，而且都是充分发挥经济史社会服务功能的典型。①

经济史教学实践环节的一个重要突破是，可以把经济史的过程模拟到课堂，开展模拟经济研讨会。这种新型的经济史教学实践可以使教学内容生动，教学气氛热烈、实现师生互动，对提供学生的学习兴趣与学习效率都具有很好的促进作用。因而，这是一个值得大力推广的经济史教学实践环节。

五、经济史应重写融历史分析和理论分析于一体的教材

当前，经济史本科教学所使用的教材大多仍然是历史学系和经济学系共同使用的，缺乏较为明确的划分。依据上述经济学系经济史本科教

① 赵津：《让更多的人共享经济史研究的成果——我在经济史教学改革中的一点尝试》，载《中国经济史研究》，2006(2)。

学的内容和特点，应该将历史学系和经济学系的经济史本科教材进行区分。

目前，由于各个学校在经济史研究领域上的区别，所使用研究方法也有一定的区别，因此，经济史本科教学的侧重点有所不同，使用的教材也有很大的差别，但突出的特点就是断代经济史。中南财经政法大学赵德馨教授编著的《中国近现代经济史》教材，加入了中国古代经济史一章，显示了赵德馨教授贯通中国古代、近代和现代经济史的决心与成就，但该书仍然以近现代经济史为重点，这与该校的教学和研究力量主要集中于中国近现代经济史有关，尤其是与其特色研究领域——中华人民共和国经济史有关。该教材另一个显著特点就是在史料翔实的基础上，对史实进行的理论分析不仅显示了赵德馨教授经济学理论的厚实功底，更是赵德馨教授从事50多年经济史研究和教学的心得。南开大学刘佛丁教授、王玉茹教授等编著的《中国近代经济发展史》教材，是我国较早运用经济模型对近代经济增长与周期波动进行研究的经济史教材，惜其未能通古达今。这与该校经济史研究力量主要集中于中国近代经济史有关。清华大学李伯重教授研究方法上借鉴加州学派，对明清江南经济和中国早期工业化道路研究颇深，提出了独到的见解，也惜其未能将其转化为经济史本科教材。西南财经大学刘方健教授编著的《中国经济发展史简明教程》，试图贯通古今，并在开篇的绪论中提出了经济学与经济史的结合问题，认为经济史要在经济学理论的基础上进行编写，要建立经济学的经济史教材体系，显示了其经济史教材编著上的理论倾向。

上述经济史教材各有所长，但断代经济史的特点明显，在经济学理论分析上仍有些不足，尤其在经济模型构建上更是凤毛麟角。美国普林斯顿大学教授、华裔经济史学家邹至庄在20世纪80年代初所编著的《中国经济》和在2005年出版的《中国经济转型》，作为了他在经济学系的经济史本科教材。蔡昉、林毅夫2003年出版的《中国经济》也是从经济学的考察角度讲述经济史的，是一本典型的分析性经济史教材，其理论性较好地满足了经济学系本科生经济史课程的教学目的与教学要求。这几本经济史教材，比较符合上述经济史本科教学改革的目标和要求。该教材在写作宗旨上完全符合我国经济史学家吴承明先生提出的一切经济学理论都是经济史研究方法的命题，而且在写作上朴实无华，研究方法上创新，基本上是运用新古典经济学理论，构建经济分析框架和分析模型，分析微观和宏观经济主体的行为选择与长期经济增长。这种分析弱化了经济史是经济政策史的分析惯例，惜其未能在我国经济史本科教学中得到重视和推广。当然，这并不是我们不愿意去这样做，而是做这样的分析，需要先把经济史史实梳理清楚。而当前我国经济史教材应该从这种史实梳理模式转向分析经济史模式。

2005 年 10 月在南开大学举行的“理论经济学科经济史教育与教学研讨会”上，赵津和王玉茹提出在本科生的教材编制上应由编年体向专题史方向转变，从现实经济中选择专题，以提高本科生的学习兴趣，培养他们的研究眼光。[①] 因此，目前经济学系经济史本科教学应该整合有关高校经济史的师资力量，共同编著一本融历史分析与经济学理论分析于一体的教材，而且，应该加大经济学理论分析的分量，并打通古代、近代和现代经济史的界限，甚至可以从专门经济史的角度进行编著。这将大大有利于经济史本科教学模式的教材改革。

六、经济史教学手段要积极运用直观、动感的多媒体教学，提高教学效率

经济史本科教学还应该积极运用现代教学手段，提高教学效率。运用多媒体教学手段的好处是可以更好地将“史”讲活，将经济理论直观化地运用在经济史课堂上。[②] 同时，由于经济史是人类昨天的经济实践，缺乏与现实的直观联系，因此，多媒体教学中运用变幻的历史图片与音像，实现视觉与听觉的有机结合，可以增加经济史课堂动感和经济史的历史感。

此外，经济史课堂上运用多媒体教学手段，可以把信息量很大的经济发展过程简单明了地表示出来，不仅视觉效果好，而且节约了教师的板书时间，提高了经济史课堂的教学效率。

中南财经政法大学通过设立申报校级精品课程与省级精品课程，不断提升经济史教学水平。我们在精品课程网站上设置了多媒体教学课件，在课件中插入了相关的图片资料与视频资料，与国内多家经济史网站实现了链接，开拓了经济史教学的视野，弥补了课堂教学的不足。

---

① 燕红忠、关永强：《经济史教育教学的现状与对策——“理论经济学科经济史教育与教学研讨会”综述》，载《中国经济史研究》，2005(4)。

② 王玲：《浅论多媒体教学在经济史中的应用》，载《湖北经济学院学报(哲社版)》，2007(3)。

参考文献：

[1]赵德馨．中国近现代经济史．郑州：河南人民出版社，2003.

[2]吴承明．经济史：历史观与方法论．上海：上海财经大学出版社，2006.

[3]蔡昉，林毅夫．中国经济．北京：中国财政经济出版社，2003.

[4]吴敬琏．当代中国经济改革．上海：上海远东出版社，2004.

[5]张军．双轨制经济学：中国的经济改革(1978—1992)．上海：上海三联书店、上海人民出版社，2006.

[6]邹至庄．中国经济．天津：南开大学出版社，1984.

[7]刘佛丁．中国近代经济发展史．北京：高等教育出版社，1999.

[8]刘方健．中国经济发展史简明教程．成都：西南财经大学出版社，2001.

[9]李伯重．江南的早期工业化(1500—1850)．北京：社会科学文献出版社，2000.

[10]邹至庄．中国经济转型．北京：中国人民大学出版社，2005.

[11]燕红忠，关永强．经济史教育教学的现状与对策——“理论经济学科经济史教育与教学研讨会”综述．中国经济史研究，2005(4).

浅议税收课程学生主体性教学

王东梅[①]

采用先进的教学方法和手段是提高教学质量的重要环节。税收课程要实现新的人才培养目标，需要改变传统的教学理念、教学方法、教学手段，采用先进的手段和多元化的教学方法。当前许多课堂教学模式将重点放在教师与学生的双边活动方面，强调教师单体对众多学习个体的启发引导，思维训练，能力培养；学生的学习注意力和思维活动靠学习者个体的动机及教师的威信和学识水平维持着，课堂教学过程中学生的智力和非智力因素缺乏共振效应，学生个体间能力发展严重失衡，个性方面往往只关注自我，对他人的学习比较漠视，缺乏人际间正常的思想交流和沟通，阻碍了学生的全面健康的发展，给学生将来参与社会竞争留下隐患。

我国的素质教育要求着眼于学生的全面发展，注重把学生的现实发展与未来发展结合起来，着力培养学生学习的主动性和创造精神，促进学生的全面成长。因此如何改变当前课堂教学统得过死的局面，充分发挥学生的学习主体地位，开展以“税收课程主体性教学”的教育教学改革是当务之急。

① 作者简介：王东梅，中南财经政法大学公共管理学院副研究员。

一、引入学生主体性教学的必要性

(一)改革传统教育弊端的必然举措

实施学生主体性教学是基于对传统教育的反思在教育上作出的科学变革。反思传统教学、反思税收课程教学中的种种不足，其集中反映在落后的教学思想、教学方法仍主宰着税收课程。主要表现在当前许多课堂教学模式将重点放在教师与学生的双边活动方面，强调教师单体对众多学习个体的启发引导，思维训练，能力培养；学生的学习注意和思维活动靠学习者个体的动机及教师的威信和学识水平维持着，多数教师的教育观念还停留在原始状态，税收课程上以教帅为中心，唱“独角戏”，注重向学生“传道、授业、解惑”，系统地传递知识，教师讲，学生听；教师问，学生答；教师写，学生抄；教师考，学生背。先教后学，不教不学，教决定学。“重知识，轻能力”、“重分数，轻素质”、“重结果，轻过程”的教育理念严重制约了学校教师的教育教学变革与创新。由此严重剥夺了学生的主体性，使税收课程教学变得机械沉闷，当然导致学生对教师抵触，师生关系对立，影响了学生的主体性发展。

现代科技的发展要求学生在大量信息面前能够自主地判断、选择、获取和应用信息，要求学生通过证实、证伪获得知识，要求学生具有主动探求精神和多渠道获取信息的意识与能力，要求学生在大量的信息面前通过甄别、证实获得知识与训练，具有主动、多元、开放的思维品质，具有综合运用各门学科知识分析和解决复杂问题的能力。然而，这一切都是传统的教育教学方式所不能企及的，传统教育那种偏重机械记忆、浅显理解和简单应用的学习方式甚至会扼杀学生的创造力。

(二)进行主体性教学研究是教育教学的需要

教育学研究证明，学生的主体作用才是最后对教育教学起决定性作用的因素，才是决定教育教学成败的关键所在。所以，现代教育理论中有这样一种观点：在教育教学过程中，教师的任务就是帮助和促使学生发挥自身的主体作用。学生的主体地位得到了保障，主体作用得到了充分发挥，教师的主导作用也就得到了最大程度的体现。因此，可以这样说，进行主体性教学研究是每一个教育工作者进行教育教学工作的需要。

税法课程的教学，和其他学科的教学相比，既有共性，又有其特殊性。根据管理教育的特点和规律，制定出相应的人才培养模式、教学内容与课程体系，采用有针对性的、行之有效的教学方法和管理制度，是提高管理教育教学水平的关键。而这一切都离不开先进的教育理念的指导。

(三)税收课程建设和改革的需要

税收课程教学是财经高等院校财政、税收、会计等专业推进素质教育的主渠道。作为国家级重点学科和省级精品课程，为了提高我校税收课程教学的质量，我们在上几个学年进行了税收课堂教学模式的研究、探索、实践工作，取得了一些经验，运用这些经验进行教育教学工作，税收课程让学生的主体地位越来越多地被突显出来，教师的教学方式和学生的学习方式在悄然发生变化。但随着教育教学改革的不断深入，教育教学研究的不断加深，我们越来越感到要进一步提高我校的教育教学的质量，促使我校教育教学工作的进一步发展，我们必须进行更深层次的教育教学研究和实践。因此，进行主体性教学研究是税收学科和课程自身发展的需要。

国内外许多研究指出当今财经教育忽略教育质量及成本效益、教材过时且缺乏整合性、课程与实务脱节、学生不重视学习技巧等缺点，因此诸如会计教育改革等在国际上俨然成为了一个重要的研究课题。美国会计界自1984年起开始一连串的教育革新与创造，目的即在培养“全方位会计人”——不仅懂得执行会计流程，更必须具备思考力、判断力，才能持续推动会计学术与实务的进步。进入21世纪，世界经济发展的步伐大大加快，各国之间的综合国力的竞争更为激烈，社会发展对税收人才的素质提出了更高的要求，即现代教学不仅仅是让学生学会和掌握现有知识和技能，更重要的是要让学生在获取前人知识和经验的同时学会创新，因此税收教学理念要变化，课堂教学模式要更新，为此通过税收课程学生主体性教学模式的探索研究，创建出新型的主体性、创造性的课堂教学模式，提高每位教师的综合素质，力争使税收教师成为思考型、探索型、挑战型、创造型的新型教师。

二、税收课堂“主体性教学”的目标模式

税收课程“主体性教学”的模式主要从认知、情意、能力、教法、学法角度进行构建，在具体实施中将依据不同的知识结构、能力结构进行调整，如局部环节之间的调换、取舍增补等。

(一)转变教育价值观

教育的价值，首先在于提高全民族的素质，培养合格的公民；其次在于提高人才的全面素质，使受教育者在德、智、体、美几个方面得到和谐的发展。对于管理教育而言，当前需要从片面要求学生只要学好与专业对口的科学技术知识的科学主义教育价值观转变到素质教育价值观，要特别强调的是：第一，不仅要求学生学会教材上现成的基本知识，而且要求学生学会自我增长知识，学会学习。第二，不仅要使学生掌握知识，而且要引导学生发展能力，尤其是将知识应用于实践的能力和创造能力。第三，不仅要使学生增长知识和发展能力，而且要使学生学会做人，学会为人。

(二)树立全面的质量观

一是要坚持教育质量的全面性，依据现代社会对人才综合素质的要求，面向全体学生，面向德、智、体等方面的全面发展和个性发展；二是要坚持教育质量的发展性，不仅要为学生在校期间形成综合能力与素质奠定基础，而且要为学生走向社会后的创造能力和持续发展奠定基础。

(三)以学生为主体

教师的职责应该是少灌输，多引导，多激励。除了其正式职能外，教师将越来越成为一名顾问、一位交换意见的参加者、一位帮助发现矛盾论点，而不是拿出现成真理的人。在活动过程中应该真正体现学生的主体地位，教师不能包办代替，要真正培养学生的实践能力和创新意识。

发展学生个性。学生的个性发展是培养创造力的基础。只有个性得到充分发展，学生的潜能才能得到充分发挥，探求知识的欲望才能得以充分调动和满足，才能发现新问题，才能孕育出真正的创造力。这就需要在课程上创造宽松的环境和活跃的学术气氛，要鼓励学生向老师提问题，树立“不唯书、不唯师、只唯实”的求是精神。

(四)注重将研究和教学融为一体

作为以研究型大学为目标的大学，应该注重教学与研究的结合，教师打破课堂讲授的单一教学模式，积极推进研究型教学模式的实施，积极开展和组织以研究为基础的教学，把本科教育的教学重点从过去的传授知识转移到以研究、探索为基础的教学上来，教师积极引导学生参加科研，鼓励本科生尽早接触实际和研究课题，增强其参与意识，培养其创新精神和科研能力。在教学手段上，鼓励教师应用现代化教学手段以提高教学效果。

三、税收课程主体性教学涵盖的教学要素

为了实现新的人才培养目标，教师需要改变教学理念，采用启发式的教学方式，在教学过程中增加学生的参与度，强化学生学习的自主性，着力培养学生的学习能力，鼓励学生主体性教学，加强对学生在创新思维能力、分析思辨能力、口头和文字表达能力等综合性人文素养方面的训练。为此，需要通过多元化和复合式的教学方法提高教学水平和质量。

(一)课堂讲授

面对面进行知识、理论传授是最基本的教学方法。课堂讲授在有限的时间内浓缩课程精华，突出重点难点，是完成教学计划的重要环节。课堂讲授还可以保证信息的充分传递，突破教材内容的滞后性，使教学内容充分吸纳国内外税收学研究的最新成果，反映税收学发展的最新动态。本课程任课教师的教案、课件内容充实，重点难点突出，更新及时，即使1学年讲授两次，教案和课件也应及时进行更新和充实。

(二)课外指导

课外学习是学生巩固课堂知识，扩充学习广度的有效方式。本课程任课教师采用多种形式指导学生进行课外学习，例如任课教师提出问题，提示思路，引导学生查阅文献资料，阅读参考书目，组织课外研讨，批改作业论文等。课外指导强化了课堂学习效果，通过因材施教，因人施教，充分满足了学生不同学习程度和学习兴趣的要求，活跃了学习气氛，丰富了学习内容，扩展了学生认识问题研究问题的视野。

(三)启发引导

本课程教师经过多年的教学实践，总结出不少行之有效的启发引导教学方法。例如进行热点问题的专题讨论、典型案例分析、政策实践分析等，教师提出问题，由学生先行讨论分析，之后由教师总结。再例如引导学生开展专题性学术研究活动，撰写学术论文，我院曾有部分学生在本课程学习中撰写过专题研究性论文还在相关刊物上公开发表(近3年指导本科生公开发表了10篇)。启发引导式教学法培养了学生分析问题和解决问题的能力，以及将所学知识和理论应用于实践的能力。

(四)双向互动

教师和学生通过经常性的交流相互推动、相互促进，使教与学有机地融合在一起。例如，每一章节授课结束后学生和教师分别进行总结，学生先提出自己的问题或不清楚的内容，或者是现实中的问题，教师鼓励其他学生为提问的同学解答，之后加以补充总结。教师也向学生提出一些基本问题，由学生通过思考、收集资料、课下讨论提出解决方案。教师对学生的解决方案做现场点评。双向互动式教学法增加了教师的动力和压力，促使教师勤于学习，不断更新知识，提高讲课技能；同时，提高了学生学习的主动性和积极性，使他们能够感受到学习的乐趣和师生之间的平等关系，增进师生之间的思想与情感的交流，提高了教学效果。

(五)学生"主导"

即在教学过程中，选择个别章节作为学生自学、自讲、自评的内容，学生以小组协作形式对自学内容进行研讨，制作自己的讲课课件，并由小组代表在课堂上讲授，小组成员以外的同学点评、提问，小组成员都可以回答问题。组织以小组为单位进行专题辩论，同学们在争论过程中进行思想碰撞，开启心智，激发创造力。以学生"主导"的教学方法可以培养和锻炼学生的创新能力，团队协作精神，提高学生学习的主动性和趣味性。

(六)模拟实践

借助税收实验设备开展实践教学，可以缩短书本理论和现实之间的距离，如模拟税收征收、管理、稽查等。还可以通过互联网访问财政部、税务总局、海关总署等网站，了解税收发展的最新动态。实践教学增强了学生对所学内容的感性认识，明确了学习的目的，同时也培养了实践能力。

适应当今主体性教育、创新教育的需要，税收课堂教学必然呈现开放型、多样化和弹性化。这就需要我们采取不同的课堂教学组织形式，创建各种不同类型的课堂教学模式。除了改善传统的课堂讲授以外，在教学实践中我们开发创建了这样一些新模式：问题教学模式，案例教学模式，讨论模式，阅读模式，课题探究模式，合作学习模式等。

税收专业的教育教学方法可以是多种多样的，但需要注意的是，在现实教学过程中不能只追求表面的或形式上的教学方法改革，而必须实事求是，以提高教学质量和效果为目的，因人而异，因课而异，要根据不同性质的课程、不同层次和人才培养的目标来选用相对适当的教学方法。例如，业务类、应用性强的课程和税收管理硕士、专业硕士层次的教学，比较适宜采用案例教学法、情景教学法；而理论性课程和培养学术性人才更适用互动式、研讨式教学法进行学术训练，提升研究和分析技能。

宪法案事例在宪法▶▶ ▶▶教学中的地位

陈　新[1]

虽然各层次宪法教学中运用宪法案事例已成为一种较普遍现象，但对宪法案事例在我国宪法教学中扮演的地位、作用进行系统研究还是比较少的。为充分发挥宪法案事例在传授宪法知识、培养优秀法律人才中的积极作用，推动宪法教学改革进一步发展，笔者在借鉴他人相关研究成果基础上，结合自己宪法教学实践，对此问题进行了初步思考，希望能请教于大家，并引起诸位同人的进一步思考。

一、宪法案事例的含义及特征

在宪法监督或保障制度健全的国家，教学研究中运用的宪法案事例的含义是非常清楚的，它是指宪法适用机关运用宪法原则或规范解决宪法纠纷产生的判例。在我国，虽然宪法文本规定了宪法监督机关是全国人大及其常委会，但至今，它们从未正式宣布某个法律规范、某位国家领导人或某个国家机关行为违反宪法，因此，我国不存在严格的、真正的宪法案事例。在宪法教学中，被运用的案事例非常广泛、庞杂，名称也不完全统一，有的称宪法判例、有的称宪法案例、也有的称宪法事件，

① 作者简介：陈新，中南财经政法大学法学院宪法教研室主任，副教授。

等等。为此，有学者专门对这些概念进行了比较①，明确了相互之间的区别。考察我国宪法教学，宪法案事例显然要广泛得多，不仅包括宪法适用机关运用宪法规范裁决纠纷形成的宪法案例，还包括现实生活中的一些社会热点问题，等等。可以说，只要能说明宪法原理、传递宪法知识的事件都可以成为宪法教学中的宪法案事例。具体来说，本文所指宪法案事例包括如下几种情况：

1. 宪法判例。主要是指国外宪法诉讼制度健全完善国家，特定国家机关运用宪法原则或规范解决宪法纠纷形成的案例。它应该是宪法案事例的主要组成部分，但由于我国宪法没有司法适用性，因此，宪法教学中引用的都是国外案例。

2. 全国人大及其常委会履行职权的一些行为。全国人大及其常委会虽然没有正式行使宪法监督职权，但一些职权行为，特别是监督职权行为体现了我国宪法基本原则，蕴涵了我国特有的宪法精神，能够成为宪法案事例。

3. 人民法院的司法判决。在我国法院没有违宪审查权，但实践中法院作出的判决有时也会涉及宪法问题，而形成宪法案事例，如“齐玉玲案”，虽然是法院民事判决，但由于判决中引用了宪法规范，所以这个案件也就成为宪法案事例。

4. 社会热点。近年，由于新闻媒介的报道、社会成员的广泛参与，一些社会事件成为社会热点，引起民间、学界、政府的广泛参与和频繁互动。这些社会热点问题有的直接体现宪法问题，如物权法草案违宪之争，有些并不直接表现为宪法之争，但其内容却涉及宪法规定，如“重庆最牛钉子户”，就是公民财产权保护问题；有些事件虽然没有争论，但其内容涉及宪法基本问题，如监督法的制定实施。中国人民大学宪政与行政法治中心连续两年评选的“十大宪法事例”很多都是社会热点。

上述概括表明，能成为宪法教学中宪法案事例的事件非常广泛，可以有多种表现形式，它们具有如下共同特征：

1. 真实性。这些案事例都是特定时空条件下，一些社会主体共同参与的结果，反映了当时的经济、文化、政治包括法律等特征，正因为案事例是客观事实，是特定时期生活的真实反映，所以通过案事例能感受特定时代精神。在教学实践中，教师有时为了说明某些知识点，杜撰一些案事例，这虽然也能帮助说明一些问题，但它不属于本文所说的宪法

---

① 韩大元、林来梵、郑贤君：《宪法学专题研究》，32页，北京，中国人民大学出版社，2004。

案事例。

2. 宪法性。这些案事例与宪法原则、精神或具体内容、规范有密切联系，如果与宪法没有关联，就不可能成为宪法案事例。宪法性有多种表现形式，如运用宪法规范裁决的纠纷；有的是体现宪法精神的社会热点；有的是公民宪法权利实现冲突；也有的涉及国家权力运行调整。事实上，宪法性是一种观察社会事务的方法，许多现象如果从宪法角度观察则变成宪法问题，如我国房地产市场中存在的违规操作，这些纯经济现象也可从宪法角度解读，其中政府权力扮演什么作用就是宪法问题，这就使经济现象变成了宪法案事例。

3. 矛盾冲突性。这些宪法案事例内部蕴涵了各种矛盾冲突，正是矛盾冲突才使这些案事例具有宪法教学中的分析功能、解释功能。这些冲突包括宪法规范与其他法律规范的冲突、宪法规范与现实生活的冲突、宪法原则与宪法规范之间冲突以及不同社会主体对宪法规范理解及实施的冲突，等等。

二、宪法案事例在宪法教学中的功能地位

在传统宪法教学中，宪法案事例主要发挥证明某个原理或解释某个基础概念的作用，但在以培养学生综合素质为目标的现代教学中，宪法案事例的应用是多方面、全方位的。而全面准确认识宪法案事例的功能是充分发挥其作用的前提。在教学实践中，宪法案事例至少具有如下几方面的功能：

1. 传授宪法知识功能。宪法学知识是人类特定领域长期生活经验的总结，后人学习的知识是经过系统整理的体系化的经验，表现为范畴、概念、逻辑推理等要素构成的理论体系，这些理论知识实际蕴涵在特定的社会现象之中。通过对精心选择的社会现象即宪法案事例进行分析，可以揭示其中蕴涵的宪法知识。英美法系国家正是通过对各种案例的分析使学生获得法律知识的，大陆法系国家，案例教学方法也受到越来越多的重视，这都说明案例具有传授法律知识的功能。在我国宪法教学中，许多宪法知识通过恰当的宪法案事例同样可以得到传授。

2. 分析宪法现象功能。宪法学知识虽然表现为抽象的理论体系，但也是开放的、不断向前发展的知识体系。这种开放性、发展性是通过解释现实生活中各种宪法现象得到体现的。宪法案事例不仅是被分析对象，而且还可以成为分析特定宪法现象的工具。宪法案事例的分析功能主要是由社会现象之间密切联系决定的，通过一个现象可以分析另外其他社

会现象，正是通过正确认识这些现象之间的相互关系把握社会发展规律。作为“生活之学”的宪法也在解释、分析各种社会现象过程中“温暖”着普通公民，不只是高高在上与普通公民毫无关联的“根本法”。

3. 促进宪法教学内容的发展。教学内容一般都由教材事先确定了，但任何教师都知道这些教材内容都是过去教学及科研经验的总结，面对现在的学生，教师有义务将最新的学术问题，特别是具有时代精神的前沿学术研究成果介绍给学生。宪法案事例能满足这个要求，因为宪法案事例中蕴涵着“宪法原理”，“在个案中检验原理，发现和发展原理是宪法学寻求完善的重要途径与形式，也是世界各国宪法学发展的基本经验”①。正是这些鲜活的宪法案事例提供了最新宪法学原理，使宪法教学内容不断更新，保持与时俱进的发展态势。

4. 有利于调动学生学习积极性。宪法案事例讲述的是一个完整的故事，有生动的情节、个性的人物及各种冲突的情景，特别是一些案事例还是社会热点，这些内容与教材上抽象的概念、僵化的体例相比较，更具有吸引力，更能激发学生学习兴趣。高昂的学习热情是学生学好宪法知识的最好动力。正因为它能调动学生学习的积极性，所以才经常被教师广泛运用于多种学科教学实践中。

5. 有助于训练学生分析问题、解决问题的实践能力。宪法案事例是特定现实的反映，课堂上，通过教师引导，学生多种形式的讨论、交流甚至于激烈的辩论，使学生对其中包含的法律关系、体现的宪法精神或宪法文化有较全面的理解，学生还能针对其中的各种矛盾冲突提出自己的建议和对策。教学中，宪法案事例方法的长期运用，学生分析问题、解决问题的能力将得到明显提高。社会对法学应用型人才需求的增加，特别是对高分低能学生的反思，使教学中注重学生分析问题和解决问题能力的培养受到更多重视。

6. 具有实现师生互动的功能。在传统教学方法中，主要以教师讲授为主，学生在教学活动中处于被动学的地位，师生互动比较少。如果课堂教学中大量运用宪法案事例，则这种现象就会改变。形象、生动、充满故事情节的宪法案事例，不仅激发了学生思维，而且也促使学生在课堂上积极表达自己的思想观点，活跃了课堂气氛，实现了师生之间、学生之间多层次、多角度、多形式的交流互动，极大地提高了学习效益。

① 韩大元：《中国宪法事例研究》(一)，7页，北京，法律出版社，2005。

三、宪法案事例在教学中运用的局限性

1. 耗费时间。与传统教学中概念阐述相比较，通过宪法案事例讲解宪法知识更耗费时间。教师在授课前需要认真搜集并分析与传授宪法知识点相对应的宪法案事例，同时还要认真思考选择如何通过恰当方式将案事例讲授出来，使学生能明确其中体现的宪法精神。在教学实践中，要积极引导学生参与讨论，同时还需要进行必要的活动组织，如事先布置案事例、分成若干小组、推荐发言人等。宪法教学中运用宪法案事例，对教学人员来说，不仅要求教师对宪法学理论知识有全面准确的理解，还要求教师有运用这些理论知识分析解决特定社会问题的能力，同时还要求教师有一定的社会活动组织能力。要使宪法案事例在教学中发挥应有的作用，实际上对教师提出了更高要求，要求教师付出更多时间精力。

2. 容易偏题。每一个宪法案事例事实上包含多种社会主体，有丰富的社会信息，不同社会背景、成长经历的人，从同一个事实中可以分析得出不同结论。对大学生来说，他们在分析宪法事例过程中也可能得出多种结论，这些结论可能与授课教师期望的结论，包括与要传授的宪法知识有很大出入，甚至是相反的看法，有时候可能出现将学生注意力引向其他学科知识的争论。教学中如果组织不当，就可能出现这样的情况，即虽然案事例是宪法性的，学生也热烈讨论，但课堂讨论因为其中一个问题使学生兴趣转向非宪法问题，最终学生获得的可能不是宪法学知识，而是其他领域的知识。

3. 过于分散。通过宪法案事例学习宪法知识，对刚进校的大学生来说，往往不能使学生获得完整、系统的宪法学知识体系，而常常是一些零散的知识点，这些知识相互之间由于缺乏有机的联系，学生不能很熟练地运用它。而传统宪法教学方式主要通过系统讲授基础概念、分析范畴之间的内在逻辑联系，注重知识传授的系统性、完整性，这种教授方法便于学生记笔记、课后复习，因此，传统教学方式有利于学生系统掌握宪法学理论知识。

4. 缺乏连续性。由于案事例是单一事件，对其讨论之后，一般不会继续关注该事件。但事实上该事件持续过程中都体现了特定的宪法精神或宪法规范，由于教学时间限制不可能继续关注，结果使该事件不能完整得到反映。另外，在客观事实上升为宪法事实、转变为宪法案事例过程中需要剔除一些与宪法性质无关的细节，因此，从这个角度来说通过宪法案事例了解社会及对其分析得到的结论也不能完全揭示社会现实，

具有一定局限性。宪法案事例可能会使学生形成一些不正确的概括性认识，易出现"过度概括化现象"。

四、宪法教学中宪法案事例的恰当选择

英美法系国家，案例是教学的中心内容，通过案例的分析发现法律原则、精神及具体规范，学生实践技能得到提高，随着案例的发展，法律规范、精神也得到发展。但在我国这样的成文法国家，法律包括宪法的基本原则、精神、具体规范，更多的是事先在文本中得到确认，现实生活中出现的案例或事例大多只是法律文本中原则或规范的具体运用，是文本内容与现实生活的对比，因其巨大差异引发的争论，因此，在我国学习法律知识包括宪法知识主要是讲授教材内容，把教材上的基础理论原理，通过生动方式传授给学生，使学生最大限度地理解掌握并运用这些知识。现阶段所谓案例教学，就是在教师的指导下，根据教学目的的要求，组织学生通过对案例的调查、阅读、思考、分析、讨论和交流等活动，教给他们分析问题和解决问题的方法或道理，进而提高他们分析问题和解决问题的能力，加深他们对基本原理和概念的理解的一种特定的教学方法。[①] 从这个意义上来说，宪法案事例在教学中只能发挥辅助作用，不可能像英美法系国家那样成为教学的中心，特别是在大学本科阶段，教学中运用的宪法案事例主要是解释或论证某些基本知识点。因此，宪法教学中对宪法案事例的选择必须注意如下几个方面问题：

1. 必须与宪法教材中有关知识点相对应。掌握宪法学基础知识、基本原理是教学的一个重要目标，通过宪法案事例进行解释，帮助学生高效理解这些知识是宪法案事例的重要功能。因此，在宪法案事例选择过程中要注意根据所传授知识点来确定相应案事例。由于宪法案事例包含多种信息，甚至与宪法学中多个知识点有密切联系，这时在选择宪法案事例时应突出其体现的主要知识点。同时，可考虑多次使用一些复杂案事例，使其具有连续性，以加深学生对该事例的理解。如"孙志刚案件"，在讲我国宪法监督制度时可用到，在讲授公民基本权利时也可用到。

2. 选择的宪法案事例应具有典型性。这是指选择的案事例反映了宪法某方面的原则或规范，同时，还反映了特定的时代背景，是社会矛盾或冲突的集中体现，并且在当时产生了重大社会影响，对未来国家有关制度建设也产生了深远意义。如我国近年发生的"孙志刚案件"、"齐玉玲

① 张家军：《论案例教学的本质与特点》，载《中国教育学刊》，2004(1)。

案件"等就是这种类型案件。它们反映了我国转型时期，公民宪法权利意识增强与国家提供保障制度之间的巨大差距，显示我国宪政制度亟待加强，而这种矛盾冲突是推动我国宪政发展的强大动力。

3. 尽可能选择中国宪法案事例。宪法学知识虽然具有一定的普世性，但这种知识更多是地域性，正是这些反映地域生活经验的宪法学知识包含了人类社会普世的宪法价值，因此，在宪法案事例选择中，多注意本国宪法案事例的运用并不与宪法知识的普遍性相冲突。相反，选择本国宪法案事例，有利于学生更深入了解中国宪法发展具体情况，增强实效性，使命感，有效推动国家民主法制进程。过多关注国外宪法案事例，可能使学生学到的还是比较抽象的概念、原则，对当下中国宪法发展的具体情况还是不太了解，造成理论与实践的脱节。

4. 案事例的难易程度适中。宪法课一般都在大学一年级开设，这些大一学生法律专业知识还是很不全面，许多宪法案事例涉及其他法律知识，对这些宪法案事例全面准确理解还需要扎实的法律专业知识包括社会生活经验。因此，如果课堂上选择宪法案事例过于复杂可能会使学生产生不知所云的感受，增加了学习难度。宪法案事例选择必须考虑学生已有的知识、社会阅历，超出其知识、社会实践能力就不能达到通过宪法案事例帮助传授宪法学知识的目标。

五、宪法案事例在教学中的具体运用方式

宪法案事例在教学中运用方式并不是单一的，而是根据教学内容的需要可选择多种运用方式，实践中至少有以下几种方式可供选择：

1. 案事例论证法。这种方法主要是在传授理论时使用，案例的功能主要是印证有关原理或原则，这种案例的选材通常短小精悍、针对性强。由于占用时间不多，教师容易控制，所以该方法经常在教学中运用。但这种方法还是以教师讲授为主、学生被动接受的教学方式，学生参与并不充分，不过与纯粹的概念阐述相比较显得生动一些，学生容易接受或理解一些知识，就学生能力来说，没有受到太多训练，因此，宪法案事例使用方法效果是有限的。

2. 案事例评析法。是指教师通过对某一个或几个宪法案事例的分析评价，得出一个结论，而这个结论又说明了宪法学中非常重要的原理或概念。它不是直接告诉学生宪法原理或概念，再举例论证，而是先从客观事实入手在概括归纳基础上得到结论，因此，这种方法更具有说服力，特别是教师在分析评述具体宪法案事例过程中，让学生了解复杂的事物

演变过程，涉及的多种社会关系、法律关系及制约因素等，使他们思考问题方法得到训练。如教师在讲授中国宪法历史发展过程中，可以通过介绍一些历史事件包括这些事件的相互关系来说明中国当今宪法之所以如此的原因，由于这种方法有严谨的逻辑分析、推理过程，具有很强的说服力。

3. 案事例讨论法。可在单元知识学习之后采用该法，主要用于考查学生掌握知识的系统性、理论与实践的结合性、法律适用的准确性。这种案例的选材通常具有关联性和疑难性。所谓关联性是指案情较为复杂、涉及法律问题较多；所谓疑难性是指在案件的定性、法律关系的性质、法律的适用、责任的承担等方面存在着分歧意见。这种方法强调让学生自己发表意见、建议并得出相应结论，它既是检验也是巩固学生所学理论知识的过程，通过学生交流讨论，教师可以发现学生哪些方面理论知识存在不足，当然教师也可发现学生哪些方面知识超出了自己的想象，值得教师肯定。

4. 案事例模拟教学法。一般在一门课程结束后使用该法，主要用于培养学生的综合能力。在法学其他学科，这主要是通过模拟法庭实现的。这种方法要让学生收集并改编已有案例，培养学生的理论应用能力；还要根据案情的需要设置并扮演角色，培养学生的操作能力；其次是排演与模拟法庭开庭，培养学生的协调、表演能力。实践中既涉及实体法律，也涉及程序法律，这种教学法可培养学生的思辨能力、语言表达能力以及法律知识的运用能力，是学生综合能力与各种知识的培养和训练。宪法教学中，由于教学时数限制，这种案事例教学方法很少运用。笔者认为，宪法教学方法改革应提倡或大胆使用这种模拟教学方法，实现宪法学知识生活化、大众化，而且宪法学一些知识本身是能够模拟的，如宪法学中关于选举制度的部分，就可让学生模拟进行人大代表直接选举，通过模拟选举使学生将书本知识、法律文本与现实生活紧密联系，深刻感受制度建设的复杂与艰难。

5. 旁听(参加)国家机关会议(活动)。一门课程进行到中期后根据实际情况，可联系有关国家机关旁听其会议或参与有关活动，使学生零距离接触公共权力的运行，亲身感受国家权力运行状况，及时将所学的宪法理论知识与实践进行对比，增强学习的针对性，提高学生分析问题解决问题的能力，也能促进学生深入思考中国宪法的理论及实践问题。目前，我国已建立了各种相关制度，为宪法教学运用这种宪法案事例教学法提供了保障，如人大的立法听证、市(局)长接待日、市民旁听等，这些制度都是运用这种形式宪法案事例的有效途径。

上述宪法案事例运用方式仅是大概分类，相互之间也不是绝对分开的，事实上相互之间也存在交叉、重叠，运用过程中更是很难分开。教学方法是为完成教学任务而采用的方法。它包括教师教的方法和学生学的方法。它是教师引导学生掌握知识技能，获得身心发展，共同活动的方法。[①] 教学中，教师可根据教学内容及实际条件灵活选择，不可千篇一律。

六、宪法案事例在教学中运用的具体环节

不同教师因为教学内容、教学风格等原因，在教学中运用宪法案事例的具体环节虽然并不完全一样，但如下几方面应是必须做到的，而且也需要特别注意：

1. 事先公布宪法案事例。这是指教师对在下一节课中要出现的宪法案事例应事先公布给学生，让学生充分熟悉宪法案事例，便于节约时间，保证在课堂上能充分讨论、交流。同时要求学生阅读相关法律文本，或有关参考书，使学生有充分的准备。

2. 提出其中应重点关注的问题，让学生有针对性地进行思考，避免学生有过于宽泛的思考，影响事先设定的主题，不能完成教学任务。

3. 课堂中恰当时机提出宪法案事例。使宪法案事例的出现与宪法基础知识的传授实现有机融合，无缝对接，避免生硬，充分发挥传统教学与宪法案事例教学各自的优势。

4. 积极引导学生参与讨论。没有学生参与不算真正的案事例教学，而学生的广泛参与依赖教师的组织与课堂上的即兴发挥，如事先合理分组讨论、指定发言人、辩论等方式都非常有效。

5. 课后认真总结。对讨论的内容授课教师应有一个总结发言，这个总结应是开放性，鼓励性，能够激发学生进一步去思考相关问题。同时教师对授课方式中存在的问题包括优点也应有一个总结，便于以后宪法案事例教学继续发扬，取得更好的效果。

---

① 杨秀英、张云：《案例教学法在法学教学中的运用》，载《浙江教育学院学报》，2006(1)。

如何在人权法教学中增强学生的性别平等意识

尹 生①

妇女②人权和消除对妇女的歧视是人权法教学中的一项重要内容。妇女处于受歧视的不利地位，这是古今中外共有的特点。随着男女平等观念深入人心和女性地位的不断提高，如果在讲课之初就先入为主地告诉学生妇女受到歧视或男女不平等，学生便会认为老师老生常谈、政治说教又来了，有的会产生抵触情绪，女生可能觉得没面子，男生可能鸣不平，大胆的学生甚至直接质疑现在中国女性是否还受到歧视？并且还会举例说明，我家里就是妈妈说了算，爸爸任劳任怨，挣钱养家兼做家务，爸爸比妈妈辛苦多了。有的同学说好些男的都听女的使唤，敢怒不敢言。基于此，每次上到妇女人权这一节时，我会按如下步骤来组织教学，引导学生思考和发现两性平等的真谛。

一、讨论：现在的中国男女平等吗

两性关系问题是一个亘古不变的话题，古往今来不知多少仁人志士

① 作者简介：尹生，中南财经政法大学法学院国际法系副教授。

② 本文的“妇女”一词等同于女性，包括各个年龄段的女性，如女童、女青年、中年妇女和老年妇女等。

对此发表过真知灼见。今天我们也来讨论一下两性问题，相信会对大家的人生和思维有所帮助。这里我想请问大家的是：现在的中国社会，是男性地位高，还是女性地位高？中国女性受到歧视吗？请同学们结合自己的亲身经历或所闻所见，发表自己的看法。同学们七嘴八舌地争论开了：男同学一般会说现在女性的地位是越来越高了，尤其是在城市，男人不仅要承担家庭经济的主要负担，还要做家务。男人有苦有累不好说，男儿有泪不轻弹……女同学往往反驳说，你们看看从中央到地方，开人大会时有几个是女的？各级领导中又有几个是女的？绝大部分都是男性；女性就业难，女性集中于收入低的服务性行业；女性承担了主要家务但又没有报酬，女性为了养育子女做家务没时间加强学习和少有机会升迁等。男生反驳说，女性没准儿自己就不想当领导，或者女性的思维和行为模式不适合当领导；女人没有就业没关系，有老公养，可男人没有就业找谁养活？女性细心温柔，富有耐心，更适合干扶老育幼的事；只要女人温柔贤惠，中国有几个男人不把在外面赚的钱交给老婆的？女人培育下一代茁壮成长难道不是比男人的事业更大的事业？女同学又反驳了，谁说女性不能做官？中国历史上有多少女英雄、女豪杰、女科学家、女政治家？凭什么非是女人在家照顾老人、养育孩子？男人就不会干这些事么？事实证明，好厨师多半是男性，男性比女性更擅长做家务！培养下一代是更大的事业，那你们男人来干呀！……男女同学双方往往针锋相对，难分高下。接下来，教师会引导性地提问：在你们心目中，到底男人该干啥？女人该干啥？到底什么是男女平等？男人女人完全一样，干一样的活，拿一样的工资就叫男女平等吗？接下来，我会从历史的视角，阐释男女平等的内涵变迁。

二、阐释：什么是男女平等

“运用法律体系与不平等相对抗必须始于理解和评价平等与男女在性别上和社会上的差别之间的关系。”从启蒙时代开始，就开始了两性“同一”还是“差别”的分歧，启蒙思想家们展开了“男女相似生而平等”和“男女生而有别，在性别差异上平等”的争论。基于对两性差异的不同看法，历史上关于男女平等的理论主要有两种：无差别平等理论和差别平等理论。无差别平等理论以自然法为依据，认为根据“人人生而平等”的自然法则，男女两性因相似而平等。差别平等理论则认为男女两性在生理和社会等方面的差异是客观存在的事实，是任何人都不能忽视的。要想寻求男女平等，必须正视这种差异，在差异的基础上求平等。

(一)无差别平等理论者眼中的男女平等

差别平等理论从男女两性自然差异角度认为在差异的基础上两性平等，无差别平等理论从人的尊严和价值平等出发，认为男女两性生而平等。在近代妇女人权运动之初，由于当时妇女毫无人权可言，强调两性差异只能强化妇女是次等群体的传统观念，无益于妇女运动的发展，所以，18世纪的西方女权主义者高举"人人生而平等"的大旗，以"无性别姿态"进入了法律领域。因为她们知道，在当时的背景下，性别上的中性规则更利于使妇女获得参与法律体系的平等机会和法律上的各种平等权利。

在无差别平等理论和价值观的指导下，妇女在法律领域的斗争目标着力于对法律公平价值的追求，呼吁女性应该拥有与男性平等的权利，得到与男性相同的对待。为此，妇女要求消除法律中对两性不公正的区别对待，为妇女的自由发展提供平等的机会和条件，使女性和男性在政府与个人的关系上达到一致，妇女能像男人一样享有平等的权利，平等地参与各项社会活动，"能像男人一样"成了妇女们的奋斗目标。经过全世界妇女坚持不懈的斗争，她们成功地获得了一项又一项的平等权利，直到标志着最终彻底解放的选举权到手后，妇女仍处于从属地位的残酷现实，才使她们认识到无差别平等理论的局限性和不彻底性！在男性主宰的社会制度和文化传统中，将自己复制成一个男人似的女人的所谓平等是何等空洞、虚伪和无奈！

无差别的平等理论顶多只是追求一种形式上的平等而已。赋予妇女平等的权利和平等的机会，却不问这些权利和机会能否真正落到实处，妇女是否真正有能力享受它们并从中受益。这种形式上的平等"不可能解决，也不可能消除人们的自然不平等"。对于妇女人权斗争来说，无差别平等理论主要有两大缺陷：一是忽视了两性之间实实在在的生理差异，女性担负着繁衍人类后代的主要责任，在经期、孕期、产期以及哺乳期都需要不同于男性的特殊权利和照顾。中性的法律规范难以将妇女生活的特殊性考虑进去，工作中的母亲和孕产期妇女的人权难以得到保障，"这就造成了歧视怀孕妇女不被认为是性别歧视的，即以女人与男人的独特差异为基础的性别歧视"。这个问题随着女性广泛进入社会生活领域便显得更加突出。二是忽视了女性处于弱势地位的制度和社会结构上的原因。长期以来，女性在经济、政治、文化和社会生活等各个方面都处于不利地位，妇女虽握有法律的权利，但社会制度和社会结构上的男性中心主义却限制了妇女充分实现这些权利。男尊女卑几乎深烙在所有历史文化中，从而限制了形式上平等权利的作用和效果。

把"男女平等"简单地理解为"男女一样"或"男女相等"，实际上是把妇女人权问题置于男性参照系统中予以定位和考察。这不仅不能使妇女人权获得更大程度上的进步，反而会造成更深刻的女性异化，陷入新的非自主状态，如毛泽东曾提出其著名论断"时代不同了，男女都一样。男同志能办到的事情，女同志也能办到"。结果一呼百应，女同志踊跃地参加传统上一直由男性从事的重体力活、高危工作、政治活动等。不容否认的是，毛泽东的话对推动我国妇女解放和妇女人权进步起到了非常重要的作用。但后来的事实表明，妇女在经期、孕期和产期参与重体力劳动或危险活动，对妇女本身及下一代都是非常不利的，有的甚至落下了终身的疾病。毛泽东的话很好，但不能过于偏激的去理解和运用它。人们在实际工作中，往往是女性参照男性，简单地模仿男性，甚至在某些方面出现了女性男性化的倾向，这很难说是妇女真正地找到和回归了自我。这种对男性的自觉或不自觉的攀比，显然隐含了男性中心主义的预设，是一种新型的更为深刻的认同并强化男性尺度的结果，偏离了妇女人权追求平等和个性的真正内涵。

(二)差别平等理论者眼中的男女平等

随着妇女人权运动的深入和发展，妇女们已不再满足于同等对待模式所带来的法律权利和形式上的平等，而逐渐由无差别平等理论转向差别平等理论，要求法律抛弃"类似情况类似处理"的古老原则，在承认性别差异的基础上，采取合理的区别对待。她们认为，男女之间的生理和社会差异是不可忽视的，"不计他们之间的差别，一律给予同等待遇，反而是一种歧视，这样不顾实际情况而空谈平等对待，既不正义，也是对宪法原则的不忠"。这种基于两性差异所追求的平等显然已经超越了形式上的平等而上升到了事实上的平等。妇女基于社会和历史原因的弱势地位决定了形式上的平等无助于妇女人权状况的全面改善和提高，反而使结果上的不平等制度化和永久化，要想彻底扭转这种局面，实现真正的男女平等，只能求助于事实上的平等原则。事实上的平等要求关注社会弱者和结果上的平等，"保证如果某些人有所得，那么处于不利地位的人也应有所得"，力求消除弱方的劣势，实现真正的社会公平。

差别平等理论要求立法者不仅从男性视角，也要从女性视角分析问题，关注妇女实际权益，以结果平等来考量和设计保障妇女人权的法律法规，弥补妇女因历史文化等原因所处的弱势地位和不利因素，使发展条件不平等的妇女得到与男人平等的发展机会，为此，给予妇女以特殊照顾和保护是十分必要的。男女事实上的平等需要各国采取特别措施，有人称为“正当歧视”或“积极行动”，如《消除对妇女一切形式歧视公约》(以下简称《妇女公约》)第4条规定：“缔约各国为加速实现事实上的平等而采取的暂行特别措施，不得视为本公约所指的歧视……这些措施应在男女机会和待遇平等的目的达到之后，停止应用。缔约各国为保护母性而采取的特别措施，包括本公约所列各项措施，不得视为歧视。”其他人权条约如《消除一切形式种族歧视公约》第2条也有类似规定。

这样看来，国际和国内保护妇女人权的理论和实践实际上走过了一条从绝对看待男女平等到辩证看待男女平等的过程。最初女权主义者认为，女人要取得社会政治地位和权力、要进入传统的男性领域，就必须用男性的标准要求自己，把达到男性标准认为是女性的解放和女性人权的实现。弗里丹(Betty Friedan)原本也主张妇女解放就是妇女走出家庭，完全像男性那样参与社会。但到了20世纪80年代，她的思想也有所改变。在其《第二阶段》一书中，她对自己先前的激进姿态加以修正，认为先前的妇女解放运动出现了偏差，太过男性化以至于不利于妇女身心健康和发展。实际上，男性和女性之间的生理差别是固有的，真正的妇女人权进步应该正视、理解和保护这种差别，歌颂女性的特殊禀赋，照顾女性的特殊需要和特殊利益。我们必须动态地理解性别差异。性别差异在某些方面是与妇女生理特征相关的，而其他方面则是社会文化环境造就的。我们所见的性别差异，可能是男女不平等的原因，也可能是男女不平等的结果，要具体问题具体分析。笼统地、不加分析地消除一切性别差异，只能在实际上造成对女性的不平等。

同学们你们赞同上述哪一派理论呢？当然，差别平等理论更具说服力、更加完善和更切实际。

三、质疑：仅仅女性是传统文化和制度的受害者吗

妇女人权问题是一个应当解决而至今仍未解决并且很不容易解决的全球性问题。迄今为止，没有一个国家的妇女享有与男性平等的政治权力。目前女性在议会中只占10%，在中央政府的内阁成员中只占6%。联合国多年来致力于提高妇女地位的工作，但在它的各级官员中，女性只占11.3%。目前世界上有10亿文盲，其中妇女和女童占了2/3。大多数女性继续从事所谓的“女性”职业，这种职业往往工作环境差，报酬也比所谓的“男性”工资低。职业妇女平均比男性工资低30%～40%。妇女占了贫困人口的多数，在15亿穷人中，70%是妇女，而且这一趋势还在不断上升。针对妇女的违法犯罪活动也是有增无减、形式多样，其中首推

家庭内和家庭外的暴力(职场、战争及武装冲突中的暴力等)，如禁止怀孕、强迫堕掉女婴、溺杀女婴、强迫生育、杀妻、殴打、强奸、陪葬和女性割礼等。贩卖妇女和强迫妇女卖淫的违法犯罪活动也越来越猖獗。尼日利亚总统奥卢塞贡·奥巴桑乔在拉各斯的一次会议上把它叫做"新式奴隶买卖"。这个行业最近更趋严重，规模更大。虽然难以得到可靠的数字，但据估计，每年仅仅贩卖到美国的妇女和儿童就达45000人至50000人。经济上的困难，尤其是发展中国家和转型期国家在经济上的困难日益加重，合法移民方面有种种巨大的障碍，加上严重的武装冲突等原因，导致了新式奴隶买卖的日益猖獗。深深扎根于传统宗教文化中的重男轻女思想仍很普遍，尤其是在印度、苏丹等穆斯林国家，其对妇女的歧视简直到了令人发指的地步。比如说，印度寡妇自焚殉夫和禁止寡妇再嫁的陋习屡禁不止，阿富汗等国家的许多妇女无法接受教育和外出工作等。非洲盛行残害妇女的女性割礼和童婚等陋习，如在埃塞俄比亚，有1/3的女孩在结婚时还不到15岁。这些包办婚姻导致这些女孩的青春期和受教育时间缩短，面临早孕、早育的危险，还有感染艾滋病毒的危险。目前非洲仍有50个国家流行割礼习俗。这种摧残使她们既遭受着肉体上的痛苦，也遭受着心理上的折磨。现在平均每天还有约6000名女孩接受割礼，因为在那里只有接受了割礼的女子才能出嫁。这些蒙着传统宗教文化习俗温情脉脉的面纱的歧视妇女的现象，"合情合理"地剥夺着妇女的人权和基本自由，严重地伤害着妇女的身心健康。

新中国成立以来，我国政府十分重视妇女的解放和妇女人权的实现，前后缔结了不少国际人权条约，承担了消除对妇女一切形式歧视的国际义务，国内配套立法也较完善，已经形成了一个以《妇女权益保障法》为核心的妇女人权法制。但条约、法律的规定并不等于生活的全部真实，法定的妇女人权并不等于实然的妇女人权。而且，随着社会生活的急剧变化和激烈竞争，加上传统上重男轻女的历史积弊，妇女在不少方面再次处于不利地位，妇女人权的某些方面甚至出现了惊人的倒退。当代中国妇女人权面临系列突出问题的尖锐挑战，如生育上的性别歧视、卖淫嫖娼的泛滥、非法同居(含"包二奶")现象的蔓延、计划生育的强制施行、农村妇女面临的新问题、离婚妇女的不利地位等，严重影响着当代中国妇女人权的进步。

法国著名女作家西蒙娜·德·波伏娃在其名著《第二性》中指出，社会造成的男女差别是妇女处于受歧视地位的主要原因，这是一种人为的差别。她一针见血地提出"女人不是生成的，而是造就的"。事实上，性别差异在某些方面是与妇女生理特征相关的，而其他方面则是社会文化环境造就的。激进的女权主义者认为，国家构建在妇女的受歧视地位上，国家体现和服务于男性利益，男性权力成为国家权力。男人对女人的统治形式是通过“社会和经济而完成的，它先于法律的运作，没有明确的国家行为，而且常常体现在亲密关系中，在日常生活里”。波伏娃曾指出，“所谓妇女解放，就是让她不再局限于她同男人的关系，而不是不让她有这种关系”。促进女性人权不能仅仅依靠男性的“让步”，哪怕是最彻底的让步。女权问题的解决也不仅仅依靠男性和女性之间的谈判和争斗。妇女人权的实现的根本出路在于男性和女性共同奋斗，追求社会制度、法律制度的不断完善和人类的共同解放。实际上，妇女人权进步也会改善男人人权状况。美国“男性解放运动”的代表人物之一沃伦·法瑞尔在其《解放了的男人》一书中说：“男人依旧面临强大的社会压力，只能去充当全职政治家、全职企业家之类的角色而不能选择做全职父亲或全职幼儿园保姆；那些冒死亡之险的职业几乎清一色地属于男性领域；男人还是‘自杀性别’、‘囚犯性别’、‘暴徒性别’；1920 年时，美国男人的平均死亡年龄只比女性早一岁，而到了 1990 年，男人的平均寿命却比女性短了 7 年。”足见在传统的父权制下男性与女性一样饱受痛苦折磨！而且这种痛苦被忽视得太久，就像女人受歧视一样被视为理所当然。实际上，传统的社会文化和制度构建既剥夺了妇女的人权，对男性的人性也未加以充分的考虑。所以，妇女解放和男性解放应当是同一场革命，都是人性的解放和人权的充分实现。

四、探讨：如何用法律武器构建和谐的两性关系

为真正实现男女平等和消除对妇女的一切形式的歧视，应主要采取以下途径。

(一)将性别意识融入法律王国

从法律视角看，历史上法律的天空充斥着男性的声音、男性的观念和利益，妇女的声音和利益几乎都被边缘化了。直到最近，无论是立法界、司法界，还是行政界，几乎无一例外的都是男人排他主宰的领域，结果是，“男人制定法律、执行法律并解释法律”。由于缺乏女性生活经验和感受力，法律的目的、内容、本质和概念都男性化了。法律的男性化模式使妇女受歧视的地位合法化，也使男女不平等的状况持久化。

所以，消除对妇女的歧视和实现男女平等，并不仅仅是将妇女人权完全纳入一个以男性为中心和标准的框架内，而要将性别意识适度地、

平等地融入法律王国。由于男女两性的生理和社会差异，国际社会和国内社会在制定法律时，应该分别研究特定立法对女性和男性的不同影响，特别是某些侵犯女性权利的貌似平等的立法，应坚决予以修改或取缔。在承认和肯定男性的思维模式和特定权益的同时，法律也应同样关注主观的、感性的女性权益和法律价值，让妇女的表达方式在法律体系中有与男性的表达方式同等的位置。此外，实现男女平等和不歧视还应将性别意识融入司法、行政和教育等领域，不能以忽视或侵犯妇女权益的方式来执法，如执法人员认为"打人犯法，打老婆不犯法"，从而对家庭暴力听之任之，不予处理。这是典型的缺乏性别意识的执法方式，应对有关人员加强培训。当然，实现男女平等和妇女人权并不是用女性文化霸权来取代男性文化霸权，那样只能导致另外一种不平等。

(二)对妇女施以特殊保护

为追求事实上的平等，对妇女的特殊保护有时被视为"反向歧视"而遭到反对。人们，尤其是男人，对于赋予妇女基于生理差异的特殊照顾尚能理解和接受，但对赋予妇女基于社会差异的特殊保护却不以为然，如在入学、担任公职方面给女性预留名额或规定比例等。他们认为这种特殊保护违反了人人平等原则，表面上是追求妇女事实上的平等，实际上却造成了对男性的歧视，使他们丧失了公平竞争的机会。另外，也有人指出，传统的人权观念中并没有也不应该包括某一群体的特殊权利，这种特殊权利很可能导致另一种危险的倾向，即争取人人平等的人权斗争会陷入不同性别、种族等群体利益争夺的旋涡。

美国在20世纪60年代实行妇女、黑人等优先享受社会福利的制度，凡是以前在美国社会因性别和种族等原因遭受歧视的群体(如妇女、黑人、印第安人等)在同等条件下有资格优先享受政府政策的福利，包括入学、就业、享受政府津贴、争取奖助学金等。但这一政策很快遭到挑战，被称为是对男子、白人等的"反向歧视"。在上述情形下，似乎消除一种歧视的措施又带来了另一种歧视，但仔细分析，便可得出相反的结论。此种"反向歧视"与历史上的传统歧视截然不同。传统的歧视是在整个社会范围内通过部分男性掌握权力、权威和财产占据社会的统治地位，对妇女等弱势群体实行系统的歧视。而对妇女的特殊措施只是要改善其受歧视的状况，提高她们的社会地位，并非让也不可能让她们成为新的统治者，让男性沦为被统治者。这种歧视与对妇女的传统歧视相比只是小巫见大巫。"鉴于传统的歧视通过男人掌握的社会结构体制给妇女带来了系统性的歧视"，给予妇女特殊优待和保护只不过是"以一种较小的恶来抵制一种较大的恶”而已，况且其目的是为了实现真正意义上的平等。这是一种在实现平等的基础上与矫正的平等相结合的正义，有利于矫正妇女在历史上所受到的歧视、压迫和劣势，帮助她们逐渐融入人权社会的主流，实现真正的男女平等。《妇女公约》指出：“缔约各国为加速实现男女事实上的平等而采取的暂时性特别措施，不得视为本公约所指的歧视，亦不得因此导致维持不平等或分别的标准”，说明为了获得事实上的平等而给过去长期受歧视的弱势群体以特殊保护，导致对过去未受歧视一方的暂时的不平等或所谓“反向歧视”不应被视为真正的歧视，所谓“反向歧视”只是平等和不歧视概念的一种延伸。为了实现实质性平等，针对妇女生理和心理上的自然差别和基于社会构建的社会差别，必须采取一些表面看来并不平等的特殊保护或优待措施，才能补形式平等之不足，实现真正的平等。另外，矛盾、竞争和斗争是无处不在的。只要不超越法律设置的底线，反倒会促进人类文明的进步。所以我们不应因害怕群体利益的争夺而放弃对妇女人权进步的执著追求。

（三）用“不利地位”标准判断对妇女的歧视

消除对妇女一切形式的歧视是保护妇女人权的关键所在。《世界人权宣言》、《公民权利和政治权利国际公约》、《经济、社会和文化权利国际公约》和三个区域性人权公约（即《保护人权与基本自由欧洲公约》、《美洲人权公约》和《非洲人权和民族权宪章》）都禁止以性别为基础的歧视。但对歧视的界定和判断，世界各国认识不一，目前没有统一的标准。澄清什么构成对妇女的歧视的一种方法，是发展依不同人权公约设立的各种委员会作出的“一般评论”或“一般建议”。从已有的“一般评论”和“一般建议”来看，判断歧视的主要标准有两种——“相似和不同”标准与“不利地位”标准。笔者认为，“不利地位”标准更利于消除对妇女的一切形式的歧视，发展妇女的人权。

1.“相似和不同”标准

人权委员会发布的有关不歧视的第18号“一般评论”就是基于这种标准，目前大多数人权条约及人权机构也多采用此种标准。根据这种标准，妇女需要论证：要么她们与男人一样应该得到同等待遇；要么她们与男人相似得到与男人相似的对待；要么她们不同于男人，因而应该给予特殊的对待。上述第18号“一般评论”指出，“不是每个区别对待都会构成歧视，如果这种区别的标准合乎情理并且客观，如果目标是达到依照公约属于合法的一个目的”。这种标准的缺陷在于，它运用男性平等标准，使妇女成为她们男性对应者的复制物，并使人没有任何可能质疑法律、文化或宗教传统所构筑的和用以维持妇女处于不利地位的方式方法，或质疑由男人界定和建立在男性体验基础上的法律制度。《妇女公约》中的歧视定义相对比较宽泛，它涵盖了机会平等(形式平等)和结果平等(事实平等)两方面，但仍未脱离以男性为标准，“男女平等待遇”这一标准。

形式平等与实质平等产生和存在差距的根源，在于对平等的错误推定。法国著名女权主义者西蒙娜·德·波伏娃在其理论巨著《第二性》中深刻指出：“人们把男性确立为一个绝对的人的标准……于是，人类就是男性。男人不是从妇女自身而是根据和他的相对关系来解释女人；女人不被当作一种自主的人。”在这种传统观念背景下制定出来的法律，表面上赋予妇女与男子相同的权利，而事实上这些权利只能起到装点平等和民主的作用，在实践中得不到真正实现。

2.“不利地位”标准

“系统歧视或条件不平等——最具破坏形式的歧视，不能通过以规则为基础的同等待遇方法来论述。事实上，运用这一标准实际使妇女系统地处于不利地位成为稳性的。围绕男性比照标准构筑平等即得出以下推定：存在着平等，然而有时个人会受到歧视。由于社会偏见，妇女长久以来遭受的全面损害被掩盖起来。”基于上述原因，马霍尼主张采用“不利地位”标准判断对妇女的歧视。马霍尼认为，如果采纳了基于无权无势、排斥和处于不利地位而非基于相似和不同的歧视标准，国际人权法就能够支持和提供实质平等。他还列举了加拿大最高法院采纳的按照不利地位来裁定歧视是否存在的实践，即假如长久处于不利地位的群体的成员可以证明某项法律、政策或某种行为使这种不利延续下去或更趋恶化，那么那一法律、政策或某种行为便带有歧视性。采纳不利地位标准要求法官从妇女在现实生活中所处的位置和状况来考虑和看待她们，以裁判妇女人权是否被系统地侵犯和剥夺，以及这种侵犯和剥夺是否可以归因于她们在性别等级制度中所处的地位。

遗憾的是，迄今为止国际和区域人权法院的裁决往往运用相似和不同歧视标准，基本上没有运用可以捕捉到歧视妇女的系统性质的不利地位标准。可喜的是，《妇女公约》部分吸收了不利地位标准。该公约从要求男女享有平等待遇的性别中立标准转移到承认对于歧视妇女的特殊性质应作出法律回应。公约论述了歧视妇女的普遍性和系统性质，并指出正视妇女不平等的社会原因的必要性。公约要求“缔约各国采取一切适当措施：改变男女的社会和文化行为模式，以消除基于性别而分尊卑观念或基于男女定型任务的偏见、习俗和一切其他做法”。公约因能触及妇女处于不利地位的特殊性质发展了不歧视的传统法律标准，其进步超越了以往的人权公约。实际上，用不利地位标准判断歧视是否存在更符合《妇女公约》所禁止的对妇女一切形式歧视的目的。21世纪的国际人权法应该采用新标准来判断歧视是否存在以及实质平等是否实现，即逐渐摒弃“相似和不同”标准，改用“不利地位”标准判断对妇女的歧视，从而实现实质上的男女平等。

请同学们结合上述内容，思考现实生活中我们应该如何构建和谐的两性关系，如何理性地思考和正确地处理爱情、婚姻、家庭中存在的问题，最大限度地实现自己的人权，释放自己的个性。

参考文献：

[1] [加]凯瑟琳·马奥尼. 作为人权的妇女权利. 北京：法律出版社，1998.

[2] 外国女权运动文选. 北京：中国妇女出版社，1987.

[3] 徐显明. 法理学教程. 北京：中国政法大学出版社，1994.

[4] 白桂梅. 国际人权与发展. 北京：法律出版社，1998.

[5] 徐明. 中国妇女知识全书. 北京：中国妇女出版社，1995.

[6] [印度]索利·J·索拉布吉. 美国和印度的平等问题. 北京：三联书店，1996.

[7] 柏棣. 平等与差异：西方后现代主义女性主义理论. 鲍晓兰. 西方女性主义研究评介. 北京：三联书店，1995.

[8] 尹生. 国际法上的妇女人权. 新加坡：新加坡希望出版社，2006.

[9] 王希. 原则与妥协：美国宪法的精神与实践. 北京：北京大学出版社，2000.

[10] 常健. 人权的理想·悖论·现实. 成都：四川人民出版社，1991.

[11] 李薇薇. 论国际人权法中的平等与不歧视. 环球法律评论，2004年夏季号.

[12] 联合国文献，CCPR/C/21/Rev. 1/Add. 1(1989).

[13] 张晓玲. 妇女与人权. 北京：新华出版社，1998.

[14] Rebecca J. Cook. Women's International Human Rights Law: The Way Forward. Rebecca J. Cook. Human Rights of Women: National and International Perspectives. University of Pennsylvania Press, 1994.

[15] V. Andrews. Law Society of British Columbia. I S. C. R., 1989.

[16] Anne F. Bayefsky. The Principle of Equality or Non-Discrimination in International Law. Hum. Rts. L. J., 1990(11).

论案例教学法在知识产权▶▶人才培养中的运用

胡开忠①

随着知识经济时代的来临，各国政府日益重视知识产权的保护和运用，我国政府也提出了建设创新型国家和实施国家知识产权战略的目标。要实现这些目标，离不开高素质的知识产权人才，尤其是具有实践经验的知识产权人才。从近年来我国知识产权法的教学实践来看，案例教学法是提高高校学生实践能力的一种非常重要的途径，因此我们有必要完善这一教学方法。下面，笔者将对此予以探索。

一、案例教学法在知识产权法教学中的作用

案例教学法最早由古希腊哲学家苏格拉底所采用，他以讨论问题的方式来寻找真理。后来，19 世纪 70 年代美国哈佛大学法学院院长兰德尔最早将它引入法学教育。1871 年他编著的《合同法案例》是世界上第一本案例教学法的教科书。② 案例教学法可以广泛地应用在知识产权法的教学中并产生良好的教学效果，具体体现为以下几个方面：

---

① 作者简介：胡开忠，中南财经政法大学知识产权研究中心教授。

② 韩大元、叶秋华：《走向世界中国法学教育论文集》，925 页，北京，中国人民大学出版社，2001。

1. 案例教学法可以激发学生的学习兴趣，提高课堂教学的效率。在知识产权法教学中，教师可以选择一些形象化的案例供学生讨论思考，这些案例的讲授可以改变枯燥的法学教学氛围，激发学生的学习兴趣，促使学生积极、主动地思考问题、解决问题，从而收到事半功倍的效果。

2. 案例教学法可以帮助学生全面掌握知识产权法学的相关知识。平常教师在讲授时，往往集中于一两个知识点，教学内容比较零散，而在采取案例教学时，教师可以将单个的知识点通过案例有机地联系起来，实现教学内容的融会贯通，帮助学生全面掌握知识产权法学的知识。

3. 案例教学法可以使学生将理论和实践有机地结合起来。近年来，不少学者在论及知识产权人才培养时都指出，很多学校不重视学生的实践能力，使所培养的人才动手能力太差。要改变这一现状，必须将案例教学法引入课堂，使学生将理论知识与实践有机地结合在一起，从而提高动手能力。

4. 案例教学法有助于培养学生的创新精神。未来社会的竞争是科技的竞争，而科技的竞争需要有创新精神。案例教学法正是培养学生创新精神的一种重要途径。在案例教学中，教师需要引入案例，设置一定的情景，向学生提出需要解决的问题。对于这些问题，学生可以从不同的角度分析和讨论，从而可以引发不同的思路，这样可以培养学生的开放性思维和创新性思维。

二、知识产权法教学中案例的选择

案例的选择是关系案例教学法成败的一个关键。从知识产权人才培养的角度而言，知识产权法教学既要有一定的理论水平，又要有一定的实践知识，为此，教师在选择案例时应当注意选择符合上述标准的案例。具体而言，这些案例应当符合以下特点：

1. 案例的选择要体现知识产权法的专业特征。知识产权法的研究涉及著作权、专利权、商标权、植物新品种权等多种权利，这些内容都具有较强的专业性。因此，教师在选择案例时，应当根据教学内容的需要选择适当的案例，这样可以将书本知识与案例有机地结合起来，帮助学生理解书本知识，提高动手能力。

2. 案例应当具有启发性。教师在选择案例时，应当选择与生活密切相关的案例，这些案例应当具有较强的争议性，最好是一些目前学界尚无定论的案例，这些案例可以激发学生的求知欲望。教师通过讲解这些案例，可以帮助学生理解理论知识，培养学生的创新性思维。

3. 案例应当具有典型性。教师在选择案例时，应当选择具有典型意义的案例，这些案例应当在实践中代表性强，能够充分反映实践中所遇到的知识产权问题，解决这些问题对于完善知识产权法律具有一定的参考价值。选择这样的案例，有助于学生全面掌握知识产权法的内容，并提高实践能力。

4. 案例的选择应当具有全面性。教师在选择案例时，应当尽量选择一些知识覆盖面广，能涵盖多个知识点的案例。通过这些案例的教学，可以提高学生全面认识问题和分析问题的能力，也可以扩大学生的视野，促使其细致全面地分析问题。

三、知识产权法中案例的讲授

在知识产权法教学中引入案例教学法，其前提是，学生对于教师所讲授的知识已有一定的了解并有所识记。由于学生已有一定的知识储备，对于所学的知识已有一定的认识，甚至提出了一定的疑问，这时，教师如果采取案例教学法就会收到良好的效果。在此基础上，教师在教学中应当注意将案例的内容与讲授的内容有机地结合起来，因此，教师在案例教学中应当充分做好三个环节的教学工作。

(一)案例的准备阶段

案例教学离不开教师和学生的共同参与，特别是教师应当准备充分，以使讲课效果达到最优。教师应当充分认识到，案例教学法与传统教学法存在明显的差异。在传统教学方式中，教师以讲授为主，学生以听课做笔记为主。因此，教学的内容固定化，很少会涉及一些新的内容，教师处于支配地位，只需要将讲课内容传递给学生即可。而在案例教学中，教师需要向学生提供一定难度的案例，需要引导学生参与案例的分析和讨论，学生需要开动脑筋思考，从而使这种教学内容灵活多变，学生通过课堂讨论，可以形成多种观点，从而可以加深对书本知识的理解，也提高了分析能力。而且，在这种教学中，学生往往处于主动的地位，而教师则处于次要的地位，学生可以成为课堂的主角。

教师在选择案例时，应当考虑讲授的对象和讲授的时机。如果听课的对象是低年级的学生，教师选择的案例不宜过于复杂，而应当简单直观，与课本知识密切相关。典型的案例比较直观，可以简明地说明深奥的道理，这样便于学生能迅速理解书本上的知识。如果听课的对象是高年级的学生，则教师应当选择有一定深度的案例，这样可以启发学生开动脑筋，提高分析问题的能力。如果教师是刚开始上课，则不宜选择过难的案例，简单的案例可以帮助学生迅速理解讲授的内容。如果学习内容已到了末尾，则教师可以选择综合性强，有一定深度的案例，这样可以使学生在分析问题时对全书所讲的大部分内容进行复习，从而加深印象，提高研究能力。

关于案例的来源，教师可以从多个途径来收集。一般而言，教师通常从各种媒体，如书刊、杂志、电视广播或网站上收集。教师在收集这类案例时，应当及时将案例的主要内容记载下来，并设计出适当的问题。此外，教师还可以深入实践，到实际部门现场收集有关资料，这就要求教师有相当敏锐的观察力。为了更好地组织教学，教师有时需要将几个案例综合起来，设计出一些适合分析讨论的典型案例。笔者在教学中，一般选择《最高人民法院公报》上公布的已审结的案例，因为这些案例的来源比较真实，其所涉及的问题具有典型性，其判决结论具有权威性，其情节生动容易引起学生的共鸣。例如，笔者在讲授“法人被视为作者”这一制度时，经常以《最高人民法院公报》上公布的“杨松云诉灵塔办著作权纠纷案”为例，使学生能从生动的案例中迅速了解这一制度的内涵。

由于案例教学法可以充分提高和增强学生分析与解决问题的能力，所以案例教学法对于教师提出了更高的要求。具体而言，教师在教学前需要做好以下准备：

1. 充分理解案例中的事实和问题，寻找出需要讨论的关键点。教师在讲授前，应当对需要讨论的案例烂熟于心，能够把握案例中的精髓，发现其中的关键问题，这样才能引导学生通过阅读案例找出问题的核心并予以解决。例如，一些学生在学习时常常对于“音像制品”和“音像作品”区分不了，教师在教学中应当有意识地寻找这方面的案例，并通过对这些对象制作过程的分析来向学生讲解区分的标准，即音像作品具有独创性，而音像制品无独创性。

2. 充分设计案件讨论的环节。教师在组织教学时，应当对各个方面都仔细考虑清楚，比如案例的引入时机，需要学生分析的问题，组织课堂分组讨论，在必要时甚至可以组织学生相互间展开辩论，最后，教师应当在充分讨论的基础上全面分析案例，引导学生得出正确的结论并进行总结。如果学生所讨论的案例是一些现行法未明确规定的案例，教师应当引导学生发现问题，并在此基础上撰写出有一定理论意义的文章。总之，教师应当在教课前充分考虑每个环节中可能遇到的问题，起到调动学生积极性的作用。这实际上也是对于教师教学驾驭能力的一种考验。

(二)案例的布置分析阶段

教师在案例讲授前，应当先将有关案例布置给学生，并指导学生进行分析和讨论。由于案例教学法的目的是培养学生分析问题和解决问题的能力，因此教师应当选好案例，设计出一些需要深入思考的问题，然后要求学生围绕这些问题进行讨论。从教学的时间来考虑，如果教师所讲授的案件时间较少，则从节省课堂时间的角度来说，教师可以在课堂中边讲授基础知识边讲授案例。如果教学时间允许，教师可以先将案例布置下来，要求学生积极准备。这样，既可以节约课堂时间，也可以让学生充分进行思考，从而提高讨论的质量。从实践来看，学生如果在课前对案例进行预习和思考，有助于提高案例分析的质量，也可以培养学生独立思考的习惯。

教师向学生介绍案例时，可以采取多种手段：①口头讲授案例的内容或给学生发一份文字材料，这种做法比较简单，适合在时间不多的情况下采用。②运用多媒体来播放案例，如选择《今日说法》等节目中的案例或网络上的视频案例播放给学生，这些案例比较形象生动，容易引起学生的共鸣。③模拟法庭庭审。教师组织学生分别扮演法官、检察官和律师，在课堂上组织讨论，从而使学生加深认识，也容易调动广大学生参与的积极性。例如，笔者在讲授著作权法时，经常以多媒体形式播放胡戈所创作的“一个馒头引发的血案”，并提出学生需要思考的问题，从而加深了学生对讲授知识的理解。

教师在课堂上分析案例时，应当注意引导和启发。例如，教师在指导学生分析著作权侵权案件时，首先应当指导学生对于案件的事实认识清楚，进而分析著作权法律关系的主体、客体、权利内容，还需要考虑权利是否在受保护的期限内，然后指导学生分析哪些行为符合著作权侵权行为的构成要件，并根据法律的规定确定侵权行为应当承担的法律责任。也就是说，教师应当在案例分析时注意调动学生的积极性，从不同的角度用不同的分析方法对案例作出分析和指导。应注意的是，分析问题的思路的掌握比掌握单纯的结果要重要得多。

(三)组织课堂讨论

当学生思考完毕，教师应当组织学生进行讨论，通过课堂讨论使学生对于案件的事实认识清楚，寻找出案例争议的焦点，从而找到解决问题的正确方法。在进行讨论时，教师可以分别让学生发言，详细谈出自己对于案件性质的认识，也可以将学生分成小组，每小组 10 名学生，由

1名组长负责组织讨论并作总结。在时间允许的情况下，教师还可以组织观点不同的学生分别就焦点问题展开辩论，通过辩论来鼓励学生积极思考问题。总之，教师在组织教学时，应当具有高超的驾驭课堂教学的能力，既能使学生充分发言、乐于发言，又要使学生的讨论紧紧围绕主题而有针对性，避免学生在一些细枝末节问题上浪费宝贵的时间。总而言之，一次成功的案例教学，需要有全体学生的共同参与，而不是个别学生的参与。这种教学方式的运用，应当以提高学生的分析能力、口头表达能力为目的。

（四）总结启发

学生讨论完毕后，教师应当进行及时的总结，当然，这一过程也可以由学生自己来进行，再由教师进行点评。这一阶段的目的是帮助学生总结案例所涉及的知识点并对此进行复习；另一重要的目的是帮助学生熟练掌握案件所涉及的知识产权法学知识，掌握如何分析知识产权案件。教师在总结时，应当对学生的分析思路和分析结论进行评价，特别是分析方法的点评非常重要。在总结完毕后，教师应当允许学生提问，对于有争议的问题再次进行分析评价，从而加深学生对相关理论和知识点的理解。在必要的情况下，教师可以要求学生写出具体的案例分析报告，包括案件的事实、观点的提出及论证过程。通过这一阶段的学习，学生也可以对所学的知识进行全面地了解，从中取得经验，从而提高分析问题的能力。在条件成熟的情况下，教师还应当将案例讨论进行适当的延伸，即让学生在学习领会理论知识的基础之上，通过观察现实生活而在生活中寻找出类似的案例，并由学生进行分析讨论，从而加强学生分析问题和解决问题的能力。

总之，案例教学法是知识产权教学中的一种重要的方法，它有助于培养既懂理论又懂实务的人才，有助于提高人才培养的水平，从而为创新型国家的建设提供智力支持。

简论国际法的▶▶和谐教学模式

徐伟功[1]

胡锦涛同志指出："实现社会和谐，建立美好社会，始终是人类孜孜以求的一个社会理想。"构建和谐社会包括人与自然的和谐和人与社会的和谐，也包括国内社会的和谐和国际社会的和谐。和谐社会应该是一个法制社会，其构建离不开法律规范的调整和法律制度的支撑。"国内法力图保护一国内部的和谐与合作，而国际法则力图在跨国或全世界的范围内实现和谐与合作。"[2]国际法的目的就是维护人类的和平与安全，在于形成一种发展国际关系的结构，提供一种便于国际交往的规则体系，而且作为一种实际需要，现在已经并将要继续发挥体制的作用，即使在战争频繁的年代亦复如此。[3] 国际法是国际社会的法律基础，是国际社会和谐的法律保障，那么我们必须大力宣传国际法在构建和谐国际社会的作用，同时在国际法的教学中贯穿构建和谐社会的理念，建立国际法的和谐教学模式。

国际法的和谐教学模式的建立不能局限于一种特定的教学方法，而是根据国际法内容的需要，灵活地采用多种教学方法，建立符合国际法本身

① 作者简介：徐伟功，中南财经政法大学法学院副教授。

② ［美］E. 博登海默：《法理学、法哲学与法律方法》，395页，北京，中国政法大学出版社，1999。

③ ［英］J. G. 斯塔克：《国际法导论》，18页，北京，法律出版社，1984。

的教学模式。在国际法教学模式的构建中，既要重视教师的作用，也要重视学生的积极性；既要重视传统的教学方法，也要重视现代的教学方法；既要重视课内的教学，也要重视课外的学习；既要重视教材，也要重视课外的补充读物；既要重视传统的教学手段的运用，也要重视现代的教学手段的运用；既要重视国际法的中文讲授，也要重视国际法的外语教学；既要传授国际法的基本理论和基本知识，也要重视培养学生处理国际法问题的能力。为此，必须改变传统国际法教学简单地以教师为中心、以课堂为中心和以课本为中心，实行单一的课堂讲授式的“传授知识—接受知识”模式。国际法教学应该以学生为中心，努力营造自由、民主、平等、互动的教学氛围，充分调动学生在教学中的主动性、积极性和创造性，使学生从被动接受的教学客体转变为主动参与的教学主体。①

国际法是全球治理的法律手段，具有规范国际秩序的功能，同时也具有处理国际问题的功能。那么，国际法的教学主要是依据建构主义的思想，采取问题教学模式。鼓励学生自主探索，激发学生学习国际法的兴趣，增强学生解决国际法问题的能力，构建学生宽厚灵活的知识基础，培养学生对国际法学习的动机。强调将国际法的学习置于实际的国际法问题中，通过让学生的合作解决实际问题，来学习国际法问题背后的法律规则，形成解决问题的能力，并养成独立自主的学习能力和解决问题的能力，以此构建自己的知识体系。国际法问题教学模式对学生和教师都提出较高的要求，对教师而言，必须设计出具有开放性、有争论价值、能激发学生学习并且能够反映国际法基本概念与原理的问题，积极引导学生，及时总结有关问题。对学生而言，就必须主动参与对国际法问题的探讨。一般来说，问题教学模式具有以下步骤：相关知识的学习、布置问题、学生发现和提出问题、教师和学生回答问题、学生讨论与争论问题、教师总结问题以及教师提出扩展性问题。

国际法问题教学模式的实施离不开具体的课堂教学方法。具体教学方法有传统的讲演法、情趣教学法、案例教学法、讨论教学法、角色扮演法等。②

传统的讲演法是以教师为中心，主要以教师讲授为主，来训练学生分析思考的能力。虽然这一传统的教学方法被有些学者描述为把教师的笔记机械地转移到学生的笔记本中，而且笔记的内容在双方的思维中都没有经

① 肖永平：《法律的教与学之革命——利用多媒体开展国际私法教学的理念、模式和方法》，载中国国际私法2002年上海年会论文集。

② 同上。

过过滤。尽管如此，我们也不能过分否定传统讲演法的作用，其是向学生灌输大量相对枯燥的国际法资料和基本理论的有效方法。讲演法主要适用国际法基础性知识的介绍、交代国际法的背景知识。当然，也不能过分强调讲演法的作用，其在和谐的国际法教学模式中只能占有次要的地位。

情趣教学法注重学生内部动机和学习欲望，教师要借助形象思维和富有激励、吸引式的情趣，去调动学生的主动性、积极性，使学生的被动学习变为主动学习，促使学生独立自由地思考问题。也就是说，教师课上得有趣，能够激发学生的情趣。教师可以采取多种方法增加趣味，例如在海洋法教学中，可以使用多媒体制作精美的海洋图片，战争法教学可以使用战争记录片段，国际组织法教学中可以新闻短片，展示联合国大会或安理会开会的情况，如此等等。

案例教学法要使学生直接参与案例的讨论，培养学生办案和处理国际私法问题的能力，弄清法规和案例的能力以及逻辑推理的能力。在国际法的教学中，可以大量采取案例教学法，例如国家豁免权问题、东海大陆架问题、国际争端解决问题、领土争端问题等。尤其可以结合我国实际发生的案例，如中日大陆架问题、美国轰炸我国大使馆问题与印度的边界争端问题等。

讨论教学法通过学生对某一具体事实的中争论性问题的思考、讨论，增强学生的问题意识、参与意识、识别和分析问题的能力，激发学生的参与意识。例如关于联合国改革问题、安理会常任理事国的扩充等问题，可以将学生分成两组，每一组代表不同的观点，进行讨论与辩论，达到对相关问题深入认识的目的。

角色扮演法通过学生扮演具体的角色，即原告、被告、法官/仲裁员、双方当事人的代埋人和有关证人，对案情发表自己的看法和意见，提高学生的分析问题的能力和实际处理问题的能力，使学生真正成为课堂的主角。例如，我们可以模拟国际法院的处理案件的过程，模拟国际仲裁的程序等。

以上各种教学方法不是孤立存在的，在国际法的教学中，应该根据国际法的内容的特点，灵活运用各种教学方法，构建和谐的国际法教学模式和教学方法。当然，国际法的和谐教学模式的建立，离不开教学手段的改革，即要充分利用现代电子技术，如多媒体、网络平台等。同时，在教师和学生具有相当外语能力的情况下，采取国际法的双语教学，以期跟踪国际法的最新发展动态、提高学生在国际法领域里的外语运用与交流能力、培养学生的国际视野、国际意识和国际竞争力。

复合式教学法在公安教育中的应用

何正泉　徐　惠　王安全①

在经济全球化不断推进的今天，我国公安教育在多元经济和多元文化的冲击下面临前所未有的挑战，研究公安教育面临的困境，分析我国公安教育存在的问题，改革目前的教育方法和手段，对推动我国公安教育深化改革，促进我国公安教育适应新形势具有重要的现实意义。

一、对当前公安教育存在问题的分析

公安教育没有真正脱离传统的普通高校模式，形成自己独有的特色。目前公安教学与实践脱节、人才培养与社会需求脱节的现象依然普遍存在。突出表现在以下方面：

1. 教学理念方面，“学历本位”观念牢牢束缚公安教育。教与学都围绕教育部门制定的学历目标进行，形成的后果是学生以取得毕业文凭和学位为目的，理论课、基础课、外语课占用大量时间。

2. 教学模式方面，“学科本位”的传统教学模式没有打破。强调学科的理论性、系统性有余，而对现实问题的应用性与针对性研究不足。

① 作者简介：何正泉，中南财经政法大学公安学院讲师；徐惠，中南财经政法大学公安学院讲师；王安全，中南财经政法大学公安学院副教授。

3. 教学方法方面，“系统讲授”的教学方法沿袭，以教师为中心、理论为中心、课堂为中心的传统学究式教学方法，忽视学生自我学习能力、创新精神的培养，忽视实践环节在警察教育中的特殊重要地位，特别是缺乏实战模拟环境的训练。

4. 考核方式方面，“应试教育”的框框没有完全打破。理论笔试的成绩依然是考核学生的主要甚至是唯一的方式，不可避免地导致学生满足于死记硬背，考高分、拿学分，结果是培养了相当一批缺乏创新和应变能力的毕业生。

5. 师资队伍方面，“实战能力”较为缺乏，难以适应新的教改要求。公安院校的教师有相当一部分来自普通院校，毕业后直接进入公安教学岗位，缺乏实战磨炼，而且长期受普通高校教育模式的影响，教育思想和教学观念的转变有一定的难度，另有一部分教师长期脱离实践，知识陈旧，实战能力不足，其结果就是精于理论而短于实践。

二、公安教育改革的思路

问题存在的原因，既有公安教育体制上的缺陷，也有人事分配制度的束缚，还有经济支撑力不足，师资队伍来源单一等原因，最重要的是公安教育在公安工作中的地位和教育思想的转变不够。知识经济时代注重学生的素质教育，素质教育的核心是培养人的创新精神和实践能力。实践能力是创新精神的基础，创新精神是实践能力的体现。公安院校作为培养高素质专门人才的基地，既要遵循普通教育教学规律，更要体现公安教育教学特点。特别是根据公安教育中大部分课程应用性和实践性极强的特征，在客观上给教师提出了更高的要求。因此，如何在学科教育中提高学生的综合素质，如何在课堂教学中培养学生的创新精神和实践能力，从相对容易的教学方法方面进行改革，取得突破口，这是目前公安教育工作面临的一项重大课题。

“教什么”(What to teach)与“怎么教”(How to teach)在教育上是两件同等重要的事情，是一个问题的两个方面，前者是教学的内容，后者指教学的方法。两者对学生学习的影响，难分伯仲。但在一般学校教师看来，将焦点放在教学内容上的多，至于教学的方法，则主要采取传统的系统演讲法，再加上学生的讨论及报告，这种教学方法的特点是教师成为知识的主要来源，在知识来源相对缺乏的以往，这种教学方法也曾经起过立竿见影的成效，但在信息来源多渠道、知识爆炸的今天，这种灌输式教学方法较难培养学生的创新素质、独立学习能力和批判思维，也无法引起学生共鸣，激起学生的学习兴趣，更无法随时检测学生的学习情况与问题。更重要的是传统的系统演讲教学，重理论轻实践，往往流于知识的堆砌，以过往的经验为主，与实践相对脱节，而在治安形势不断变化的今天，新的犯罪手段层出不穷，造成毕业学生面对新情况缺乏应变能力，这也是公安实战部门对刚走出校门的学生的主要反映。

这种现象对培养如法官、检察官、警察、律师等从事实务工作人员的影响较大，今天的大学教育已不再是往日的精英教育，多数毕业生要走向实际工作岗位，从事实务工作，有学者指出，从业人员的培养应当兼顾理论与实务，因此在教学内容和方法的设计方面，就应当努力在理论与实务两方面架起桥梁，使未来的从业人员不仅具备知识，而且具备应用知识、学习知识的能力。这方面以往的教育工作者作了不断的尝试和努力，创立了各种各样的教学方法。如孔子提出来的启发式教学，苏格拉底的讨论式教学(discussion method)，哈佛大学曾经大力倡导的案例教学(case method or case-based instruction or case-study teaching method)，还有临床法律教学(clinical legal education)、问题教学(problem method)、情境教学、研究性教学、实验教学等方法。任何教学方法都有其长处，也有其训练不到的地方，因此在公安教育的改革中，我们主张进行“案例—问题—讨论—启发复合式”的教学方法。

三、复合式教学法的实施步骤

“案例—问题—讨论—启发复合式”教学法，是在教师理论讲授的基础上，以问题为中心，以案例为载体，以课堂讨论为主要教学形式，通过启发，让学生主动获取知识，培养创新精神和实践能力的一种教学方法。这种教学方法是对传统的系统理论讲授教学法的有效补充。“案例—问题—讨论—启发复合式”教学法的教学过程分为4个阶段，8个环节。

(一)案例阶段

这是复合式教学法的载体。它分为案例的编写和感受两个环节。

1. 案例编写环节。教学案例的类型可以分为真实的案例(true cases)、隐匿的案例(disguised cases)和虚构的案例(fictitious cases)。使用真实案例的好处是学生能够知道案例来自于何处，可以利用他们对这个案例的了解进行分析，真实案例的外在效度也比较高，因为它反映了真实的问题与过程。这部分案例主要选取媒体广泛报道，学生对案情有基本了解，同时有公安内部资料披露细节的典型案例。如张君团伙系列抢劫杀人案、马加爵杀人案、张子强系列绑架案等，无论是作案过程还是侦破过程，都具有典型性和代表性，能够体会警方对侦查措施的综合运用。隐匿的案例是基于真实案情，但其中的时间、人名、地名、机构名等重要资料作了更改，以保护当事人的隐私或不适合披露的情形。如侦查过程中出现失误或错误的案例，相关机构不太愿意将资料外流，以免自曝其短，这时就有必要用假名、更改时地或其他无关紧要的信息。虚构的案例是改写或加工而来，它源于真实案例，但应当是对多案例的综合和对案例的提炼加工，使包含的元素更全面，或对案件未来发展方向作出积极的预测。

案例可由教师自行编写，或者利用现成的案例，或者由学生自行编写案例。教师自行编写案例的好处是可以对认为重要的问题予以突出，进行专项精确训练，不足是时间花费多，难度高。通用现成案例的好处是可以省去教学者的许多时间与精力，不过选取与教学主题相配合的案例有一定难度，因为目前能直接供教学的案例并不多见，散见于报纸、网络的大量案例因为多由记者所写，受角度和专业知识水平限制，难以直接应用于教学，需要进行一定的修改和加工。案例也可以由学生自行编写，收集资料，分析整理的过程也是对自主学习能力的锻炼和提高。

案例编写的步骤有五个：第一，选定特定主题。第二，围绕主题搜集相关资料，尽可能呈现案例发生的真实情境和细节，真实案件的侦破过程不是缺乏线索，而是难以对线索的真实性进行精确的判断和确定，足够的资讯，可以为学生创设分析、讨论问题的情境。第三，确定需要展现的案例事实的逻辑顺序。第四，编写案例，注意要使案例内容清楚、细节清楚、逻辑一致，案例中人物与环境要有明晰的交代，同时注意在相关地方留空，供提问、思考和讨论。第五，给予教学案例一个切合内容的标题，使学生能够围绕主题对案例进行分析和讨论。

2. 案例感受环节。公安教育的特点是实践性强，目前有大量的侦查案例，形式表现为视频案例、图片案例、文本案例，因此教师可以利用影片、图片、文字、语言来展示案例，如对侦查学教学而言，视频案例的效果较好，情境真实、感同身受、信息量大。但需要注意尽量选用纪实性的影片，同时进行剪辑和加工，配文字说明，而对演绎性的公安题材的电视连续剧尽量不用，目的和角度的不同使其难以用作教学案例。学生只有完整的感受案例，才能为下一步的问题、讨论教学打下良好的基础。需要注意的是如果案例占用的时间较多，可以要求学生在课前进行浏览和阅读，而在课堂上进行分析和讨论，以充分利用课堂教学时间。

(二)问题阶段

这是复合式教学法的基础，分为案情分析和提出问题两个环节。

1. 案情分析环节。当学生感受案例后，需要对案例进行分析，即提出事实性的问题。如对侦查学的案例，需要分析作案者的作案特点，什么时间、选何地点、用何工具、何方法手段、造成何种后果？侦查机关在侦破过程中采取了哪些侦查措施和手段？这些是比较直观的，在案例展示后比较容易归纳总结出来，同时对案例的情境有了进一步的理解。在这个环节中，学生要学会分析材料的轻重缓急，哪些材料是重要的，哪些材料是无关紧要的，事实性问题供讨论的空间很小。

2. 提出问题环节。学生在充分了解案例的基础上，围绕主题进行提问，形式可以是教师问学生、学生问学生、学生问老师。老师要善于巧妙地引出问题或诱导学生自己发现问题、提出问题，创设良好的提问情境，先易后难，激发学生的求知欲望，让学生带着一种积极、兴奋的情绪从事学习与思考。正所谓“善问者如攻坚木，先其易者，后其节目，及其久也，相说以解。不善问者反此。善待问者如撞钟，叩之以小者则小鸣，叩之以大者则大鸣，待其从宏，然后尽其声。不善待问者反此”。

此时的问题以解释性问题为主。即案例事实所包含的意义，常以“为何”、“如何”、“何故”等文字呈现，留有较大供学生讨论的空间。如刑事案件中作案人持菜刀作案，那么可以设问：为什么持菜刀？为什么不是砍刀、匕首、斧头、锤子等其他工具？菜刀的来源？持菜刀作案的是新手还是老手？持菜刀作案是一种好的选择吗？等等。解释性问题是对事实性问题的进一步深化。

(三)讨论阶段

这是复合式教学法的主干，分为合作讨论和提出假设两个环节。

1. 合作讨论环节。教师在学生独立思考后，组织学生开展讨论。讨论中要引导学生以案例为依据，以教育规律、原则为准则，正确地指出适用解决问题所涉及的理论知识。讨论可采取个人发言、小组讨论与集体辩论等方式，让学生充分发表看法，畅所欲言。讨论时应紧紧扣住案例展开，尽量做到学生参与的广泛性，发言的代表性，要求学生回答规范、具体与明确。

2. 提出假设环节。学生经过讨论，会提出自己的各种假设，不同意见经过碰撞，不断修正、验证自己的各种假设，并逐渐发展暂时性的结论。

讨论阶段虽然以学生为主体，但并不代表教师的角色可以比较轻松，教师必须注意倾听、回应和沟通，应注意控制讨论的速度与方向，确保参与讨论的学生公平的发言机会，教师要能够控制讨论情境，在引发学生主动思考、踊跃发言的同时，要善于提供意见、指出问题，要求学生对无根据的、语意不清的论点提出说明，以确保讨论的品质，免于流为市井之谈，并且奖励提出好观点的学生，同时也要确保不同的观点都有发表的机会，并鼓励学生提出相反的意见，训练学生的批判思维。

(四)启发阶段

这是复合式教学法的核心，分为归纳启发和理论应用两个环节。

1. 归纳启发环节。学生按照已确定的方案，通过实践、寻找相关事实和理论来验证假设，得出讨论小结。教师对讨论加以概括、强调、归纳、总结，并进一步进行提问和启发，从更高的角度提出这个问题与前面问题的内在联系或这个问题在实际中的意义，主要应当是评价性的问题——问题的答案须由学生根据所学理论，结合自己生活经验来判断，没有特定的标准答案，进行发散思维和进一步思考的空间较大。在教学初期，老师进行归纳总结，在学生逐渐熟悉相关技巧后，可以安排学生进行归纳总结，学会倾听他人意见。

2. 理论应用环节。将现有理论应用于案例，比较讨论意见与理论的异同，并共同讨论这些理论的合理性。理论是前人经验的总结，但如果将理论直接告诉或要求学生被动接受，学生就难以感受学习的快乐，也难以体会思考、讨论、分享结论的乐趣。理论被合理推导出来，而不是被动接受，学生从案例—问题—讨论过程中学会主动思考，学会提出问题、分析问题到解决问题的方法，即从得“鱼”走向得“渔”。理论被接受后，教师还应指导学生讨论理论的应用性和价值性，使理论进一步升华。

为探索“案例—问题—讨论—启发复合式”教学法的教学效果，我们在侦查学、现场勘察、国内安全保卫等课程的教学中，在运用其他教法的同时，对某些教学内容开展了复合式教学法实验，收到了良好的教学效果。它在培养学生学习兴趣、自学能力、创新素质、合作精神、参与意识、批判思维等方面都有传统教学方法不可替代的作用。

参考文献：

[1] B. B. Levin. Using the Case Method in Teacher Education: The Role of Discussion and Experience in Teachers Thinking about Cases. Teaching& Teacher Education，2005.

[2] J. H. Shulman. Case Studies for Teacher Problem Solving. Teachers College Press，1992.

[3] 王世卿. 案例教学初探. 中国人民公安大学学报(自然科学版)，2005(4).

[4] 王大伟. 中国公安教育的特色与定位——从中西比较的角度考察. 中国人民公安大学学报，2003(2).

思想政治教育与▶ ▶新闻理论教学

李道荣①

新闻属于社会的上层建筑，与哲学、文学、历史、宗教、艺术等一道构成了社会的上层建筑中的意识形态，是意识形态中的一个部门。因此，作为反映和指导新闻实践的新闻学便打上了鲜明的意识形态的烙印，具有天然的思想政治教育功能。而在新闻学的各门课程中，作为基础的框架性知识结构的新闻理论课程(又称新闻学概论或新闻理论基础)意识形态的色彩最为浓厚，其对新闻传播类专业大学生的思想政治教育功能在专业课教育中最能得到集中的体现，因而把思想政治教育贯穿于新闻理论课程的教学中，是具有中国特色的社会主义新闻理论教育工作者责无旁贷的任务。

一、新闻理论教学中的两种倾向

改革开放以来，我国的新闻理论发生了很大的变化，其最根本的标志是摒弃了过去那种把新闻作为无产阶级专政的工具的说法，而是把新闻学作为一种科学来对待、来研究，正视新闻传播的客观规律和基本职能。在新闻理论教学中，各种新闻理论的教材随时代的发展而不断涌现，

① 作者简介：李道荣，中南财经政法大学新闻与文化传播学院教授。

各种理论体系也不断翻新，因而也带来了新闻理论教学内容的不断变化。从总体上看，我国当前的新闻理论教学的内容和效果是积极的、健康的，但同时，笔者认为有两种倾向也值得关注。

(一)介绍阐释西方资本主义新闻理论时辨析批判的力度不够

西方资本主义的新闻理论是伴随着资本主义的发展而出现的，在人类的新闻实践史上有着不可否认的积极意义和进步作用，否认这一点，就不是一个真正的唯物主义者。但同时，我们也应该看到西方资本主义的新闻理论在促进资本主义社会的发展，促进人类新闻事业发展的过程中，也存在着和资本主义制度相伴生的一些不可消除的痼疾，这就是生产资料的私有制和新闻传播的社会性、公共性之间的矛盾，由此导致媒介资本对利润的最大化追求、媒介的垄断、信息的扭曲、社会责任的逃避、黄色新闻的泛滥、低级趣味的迎合等现象。

在资本主义新闻理论中，对大学生最具迷惑作用的无过于“新闻自由”的口号，许多学生以为新闻自由就是没有任何限制和责任的自由，于是用消极的自由替代积极的自由，把社会公众获取新闻的自由消解为新闻界的自由，把新闻立法片面理解为单纯的对新闻自由的保护而忽略防止对新闻自由的滥用。

不可否认的是，我们的一些新闻理论课教师在介绍阐释西方的新闻理论时，偏重于对一些进步的积极的理论观点、理论要素的讲授，忽视或无视一些根本性的理论缺陷，或者在谈及资本主义的新闻理论缺陷时轻描淡写，不做深入的剖析与批判，由此导致学生对资本主义新闻理论和新闻制度的欣赏，对社会主义新闻理论和新闻制度的片面理解。

(二)介绍阐释马克思主义新闻理论时机械僵硬

马克思主义新闻理论是在无产阶级革命和社会主义建设过程中产生发展起来的，在指导引领无产阶级革命和社会主义建设时期的新闻实践过程中发挥了巨大的历史作用和现实作用，并且在今后建设具有中国特色的社会主义新闻理论和新闻实践中还将发挥巨大的作用。虽然这种理论还将随具有中国特色的社会主义实践的发展而不断发展与完善，但其巨大的历史作用与现实的指导意义是不可否认的。

我国的新闻理论是以马克思主义新闻观为指导的新闻理论，讲授宣传马克思主义新闻思想尤其是中国共产党三代领导人的新闻思想，是新闻理论课教师的头等重要的任务。可以说，我国新闻理论课教师的绝大多数在这方面是尽心尽力的。但不可否认的事实是，一些教师在讲授马克思主义新闻理论时缺少对马克思主义新闻理论的全面了解，缺少对马克思主义新闻理论构建过程中具体的历史背景的全面把握，尤其不能结合具体的历史与现实的社会实践和新闻实践活动来解说马克思主义的新闻理论，由此导致讲授机械僵硬，讲授效果并不理想。

较有代表性的事实是，我们的一些教师在讲授无产阶级新闻工作的党性原则时，缺少对列宁提出无产阶级党性原则历史背景的了解和新闻工作党性原则在社会主义新时期的历史发展；在讲授马克思对政党报纸的要求时，忽略马克思对大众报纸的理论观点的阐述；在讲授列宁对资本主义新闻事业的批判理论时，省略列宁对资本主义上升时期的新闻理论与新闻制度的肯定性观点；在讲授中国共产党的三代领导人对新闻工作的论述时，缺少对马克思主义新闻理论在新的历史条件下发展的阐述，尤其不能结合具有中国特色的社会主义新闻实践活动的具体实例。凡此种种，都导致讲授机械僵硬，学生学习热情的消解。

二、以科学的态度讲授新闻理论课程

思想政治教育本身是一门学问，是有自身科学的系统和客观规律的。同理，新闻理论本身也是一门科学，是有自身的学科框架和经受实践检验的基本的理论观点和学术主张的。要把思想政治教育融入到新闻理论课程的教学中，就应该尊重新闻实践上的历史事实，尊重新闻实践发展过程中所体现出来的客观规律。如果我们为了某一方面的思想政治教育的需要而人为割裂某方面的理论观点和历史事实，或为了印证自己的主观思想和意图而曲解某种理论观点和历史事实，就不是科学的态度，就会使新闻理论课程失去它应有的科学理性的色彩，同时也会使这门课程应该具有的思想政治教育的效果大打折扣。

传播学的理论告诉我们，讲究传播效果，必须研究传播的要素，用在课堂教学上，就是谁在讲，对什么人讲，通过什么渠道讲，在什么时间讲，在什么地点讲。显然，课堂教学是人际传播，讲究教学效果，就必须研究传播的要素和传播效果的规律。在传播的几大要素中，我们特别应该注意对传播的对象即教学对象的研究。

新闻理论课程的教学对象是新闻传播类专业的大学生，因此，把思想政治教育的因素融入新闻理论课程，就必须注意大学生的特点和行为方式。大学生不同于中小学生，他们已有相当的科学文化知识和一定的社会生活经验，对事件问题有相当的识别判断能力，在处理具体问题时也有自己的主张。他们的求知欲望强烈，他们上大学的目的之一就是对自己感兴趣的某一学科领域的理论知识的追寻，对未来职业的知识上的系统的准备把握。同时，他们又处于世界观、人生观、价值观形成的时期，是人的态度、性格、行为等心理品质初步定型的时期，他们思想活跃、朝气蓬勃、精力旺盛，同时又易冲动、偏激。所有这些，都造成了对大学生进行思想政治教育的难度和引导的重要性。

明白了我们的传播对象，还必须研究针对特定对象所应采取的传播策略和传播方法。传播学的理论告诉我们，在面对文化知识水平不高的受众时，采用单一的正面传播内容效果最好，而在面对文化水平较高，社会经验丰富，辨识能力较强的受众时，双面或多面的传播内容传播的效果更好。

大学生是一个文化水平较高的高智商青年群体，要把思想政治教育的内容融入到专业课的教学中，就必须注意传授的知识的准确与客观，在讲授某种理论知识时应注意其理论知识本身的历史发展脉络，在阐释某种理论观点的具体内涵时应注意与之相近相关乃至相反观点的解说，在比较多种理论观点时应注意阐释某种理论提出的历史背景，它的历史作用以及优势与不足。

以资产阶级的自由主义新闻理论来说，它的产生是在16世纪开始之后的资产阶级上升时期为了反对封建专制斗争而提出来的，是与资产阶级夺取政治的权力相配合的，它的具体的观点内涵是政府不得干涉报刊，报刊却拥有对政府的监督权，它主张意见的自由市场和对事实的客观报道的信念。显然，资产阶级自由主义的新闻理论在推翻封建王朝的新闻制度，解除对新闻界的种种枷锁方面是一种进步的理论，这种理论在推动资本主义的新闻事业的发展上是起了巨大的历史作用的。不讲清这一点，就难以说明资本主义社会新闻事业的发展的理论根由和制度依据。但同时我们也应看到资产阶级自由主义新闻理论从它产生时就存在着的理论缺陷和难以破解的外在的社会制度制约。资产阶级自由主义新闻理论的哲学基础是过于相信人类的理智，过于相信人的本性中善的要素，因而它所提出的“意见的自由市场”或“自我修正”理论便经不起实践的检验。事实是人不是神，他也会犯错误，人性中恶的成分也会干扰人类的实践活动，从而导致人类社会的实践活动偏离正确的轨道。历史的发展过程也证明了这一点。在资产阶级的自由主义新闻理论转化为一种制度安排之后，各政党报纸相互指责谩骂成风，报刊黄色新闻泛滥，虚假新闻满天飞，而政府却处于被动无为的状态。由此便导致社会公众对新闻的逃避和对新闻界的抗议，也因此导致对自由主义新闻理论的批判。

正是在这种社会历史的背景下，资产阶级新闻理论中的社会责任理论产生。社会责任理论是对自由主义新闻理论的一种修正，它认为新闻的自由是有限制的自由，主张社会公众有对客观事实“知”的权利，呼吁报刊应该约束自己的行为，认为如果报刊不能满足社会公众的需要，不能为社会公众服务，那么政府就应该进行干预或者兴办自己的媒体。由此又导致了政府对新闻媒介各种限制措施的出台和信息法案的推出。显然，社会责任理论是对自由主义新闻理论的一种超越，是资本主义新闻理论自我完善的表现，也是一种社会历史的进步。但同时我们也应该看到社会责任理论在实践中所无法克服的制度性的痼疾，这就是新闻媒介资本的私人占有与新闻媒介的社会性、公共性之间的矛盾是无法克服的。这种矛盾导致新闻媒介对利润的追逐，对媒介的垄断，对信息的垄断。社会的公众虽然在理论上有兴办媒体的自由和获取新闻的自由，但由于没有巨大的资本投入便不能进入媒介所设的资本壁垒，于是，新闻自由在一般公众那里就只能是一种空洞的东西或无可奈何的现实服从。

如果我们讲清了资产阶级的自由主义新闻理论和社会责任理论的具体内涵、发展过程、优点与缺陷，那么，学生就会在掌握理论知识的同时，理性地客观地正确地看待资本主义的新闻理论和新闻制度，而不会盲目地信奉资本主义的新闻理论和新闻制度。

与之相对，我们在讲清了资本主义的新闻理论和新闻制度的变迁之后，再讲授马克思主义的新闻理论和具有中国特色的社会主义的新闻制度，学生就会加深对马克思主义新闻理论和具有中国特色的社会主义新闻制度优越性的理解，就会认识到社会主义的新闻媒体为何不能私人占有，为何必须服从党的领导，为何必须为社会主义服务、为人民大众服务的道理。同时，学生也会明白社会主义的新闻媒体必须与时俱进，不断改革创新的重要性。

思想政治教育贯穿于专业课教学中，不应该是强加的，应该是在科学理论的客观全面的讲授中自然而然地显现出来的，是一种自然的融入，自然的显现。如果我们相信自己讲授的课程本身就是一门科学，是具有真理性质的内容，那么，我们就应该理直气壮地把思想政治教育纳入我们的专业课教学中，因为它并不是一种附加的任务，而是理应体现出来的一种责任。

同时，我们应该注意在专业课的教学中进行思想政治上的有意识的引导。这种引导应该是结合专业课特定的教学内容特定的教学环节来进行。如在新闻理论课的教学中，在讲授资产阶级的种种新闻理论时，结合种种不同的理论观点和事实材料，就能说明资产阶级新闻理论的缺陷；在讲授马克思主义的新闻理论和具有中国特色的社会主义新闻理论时，结合历史背景和现实的改革开放的实际，就能说明马克思主义新闻理论的先进性和具有中国特色的社会主义新闻理论的与时俱进的特点，从而使学生产生维护社会主义新闻制度、遵守党的新闻纪律的自觉性。

三、思想政治教育融入新闻理论教学的主体要求

课堂教学的主体是教师，要把思想政治教育融入到课堂教学中，除了教师要熟悉并掌握马克思主义的基本理论观点，熟悉并把握具有中国特色的社会主义理论体系之外，教师还必须具备相应的人格修养、专业素养和科学的教学方式与方法。

就新闻理论课程的教学来说，教师的主体性要求应该包含以下几个主要的方面。

(一)要信奉马克思主义的新闻理论和具有中国特色的社会主义新闻理论

马克思主义的新闻理论是在资产阶级新闻事业发展到一定阶段，在无产阶级同资产阶级的革命斗争中产生发展起来的，它代表了无产阶级先进文化的一个方面，具有历史的先进性和理论的科学性；而中国特色的社会主义新闻理论是在我国改革开放的时代潮流中对马克思主义新闻理论的继承与发展，是结合当代中国特色的社会主义新闻实践活动而产生的，是邓小平理论、“三个代表”重要思想、科学发展观理论体系中的一个有机的组成部分，因而是当代中国的马克思主义新闻理论，具有鲜明的时代特色和与时俱进的特点，它对当代中国社会主义新闻事业的建设具有巨大的理论指导作用和实践推动作用。

如果不相信这一点，我们就无法从理论上说明当代中国社会主义新闻事业的成就以及新闻理论研究的成就。如果我们教师不真信，就不会真讲，从而我们的思想政治教育就只能流于形式或遗忘于脑后，甚至违背课堂教学的政治纪律。

(二)要有扎实的新闻专业理论素养

要把思想政治教育融入新闻理论课的教学中，教师必须具备扎实的新闻专业的理论素养。中外的新闻理论，中外的新闻传播史，中外的采、写、编、评、播、摄、发、管等新闻业务理论都必须熟悉。只有具备了扎实的新闻专业理论素养，我们才能把思想政治教育自然而然地融入到新闻理论知识的讲授中，也才能把课程内容讲透讲活。

例如我们不熟悉列宁在十月革命后在建设苏维埃政权过程中所遭受到的西方新闻媒体的谣言攻击和人身侮辱以及背后的险恶用心，我们就不能理解列宁为何由先前偏重于对西方资本主义社会新闻制度的肯定转变为后来对西方资本主义新闻制度的全面批判；如果我们不熟悉列宁在重建俄国社会民主党(共产党)的过程中的艰难，我们就不能理解列宁提出党报党性原则的极端重要性，也不能明白列宁当时要把党报办成党的思想中心和组织中心的良苦用心，如此等等。

一种科学的具有活力的理论应该能够说明解释现实的现象和问题，新闻理论也不例外。面对当前复杂多变的国际形势和改革攻坚的国内环境，新闻报道必须讲究报道的策略与方法，在讲究实效性的同时，还必须注意时宜性。

新闻学在发展过程中借鉴融入了许多其他学科的埋论知识，新闻埋论也不例外。因此，新闻理论课教师要讲好新闻理论，还必须注意对其他学科理论知识的借鉴吸收，以此来丰富我们的新闻理论和教学内容，开阔学生的眼界，活跃学生的思维，而这些理论知识也往往蕴涵着丰富生动的思想政治教育的材料。

(三)要不断改进教学方式和方法

思想政治教育的形式和方式方法是丰富多样的，因而要把思想政治教育有机地融入新闻理论课程的教学中，也应注意教学方式方法的不断改进。

比如课堂教学与课外作业相结合，教师讲授与学生讨论相结合，理论阐述与实际事例相结合，提出问题与学生思考回答相结合，课堂训练与实验操作相结合，教师讲授与媒体从业者的讲座相结合，校内教育与社会实践相结合，专业实习与理论总结相结合。如此等等，不一而足。

如果我们把思想政治教育蕴涵在以上多种多样新闻理论课程教学方式方法的改进中，新闻理论课程所显现出来的思想政治教育的长效机制就会落实到实处，就会达到“润物细无声”的理想效果。

澳大利亚本科教学模式见闻及启示

——以会计学专业为例

贺　欣[1]

从1979年我国恢复高考以来，我国会计学科本科教育的模式一直沿用计划经济下的教学模式，虽进行过几次教学改革，但基本上仍以课堂教学、期末考核方式为主，注重学生的考试成绩，而忽视学生的实践能力和平时表现，导致现有的本科学生学习以考试成绩为最终目标，知识掌握不扎实，学生能力与社会对大学生的需求之间的差距越来越大。

笔者于2007年赴澳大利亚进行了为期一个学期的教学学习和考察，期间对澳大利亚会计专业本科阶段的教学情况及模式进行了深入的了解。总体来讲，澳大利亚学生教育及本科教学方面有许多优点值得我们借鉴和学习。本文将主要介绍澳大利亚会计学本科教育的模式，说明澳大利亚本科教学模式的一些方法和特点，对我国会计学专业本科教育模式的改进提出一些建议。

① 作者简介：贺欣，中南财经政法大学会计学院讲师。

一、澳大利亚会计学各专业本科阶段专业及课程设置

(一)会计学专业设置

会计学专业设置呈现以市场需求为导向的多种专业方向并存的格局。会计学专业学位有单一方向和双方向两种，学生可以根据自己未来的职业设计或理想选择不同的学位课程进行学习，以满足社会或企业中不同职业的实际要求。单一方向有会计学和应用会计技术方向两种，双方向包括会计和会计技术双方向、会计和银行双方向、会计和企业双方向、会计和金融双方向以及会计和金融筹划双方向五个，以满足不同行业对会计知识结构的不同要求。

(二)专业课程设置

澳大利亚的本科阶段的学位教育采用学分制，完成 450 学分即可拿到学士学位。通常，会计学专业主干课程每门每周上课三个学时，修完一门课程并及格可获得 25 学分，在本科两年半的时间内学习 18 门课程即可获得会计学本科学位或双学位。

为了保证教学质量，澳大利亚的学生通常一个学期选择 4～5 门课程进行学习，特别是在第一学期，通常最多只能选择 4 门课程，而学校对于国际学生的建议是，为了熟悉新的学习环境和学习方式，一般选择两门课程进行学习。对于中国留学生的实际情况而言，通常选择 4 门课程，以期在两年的时间内拿到学士学位。

双方向与单一方向相比，在课程设置的数量上，修习的课程数量一致，会计学课程的减少使得会计专业知识有所减少，而其他特定方向的课程则有所增加，以满足取得双专业学生未来就业的需要。在课程涉及的领域上，攻读会计学单一方向和双方向的学生要学习的课程涉及会计、税收、经济法及金融等领域。

二、澳大利亚会计学专业课程的教学特点

总体上看，各专业的课程重在精而不在多，没有繁重的公共课程，而对于基础学习技能和知识的培养，或者在高中阶段完成，或者由学校的专职辅导部门负责，并且大部分不计算在学分之内。在教学上，主要有以下几个特点。

(一)教学形式适合教学要求

该校会计学院每一门专业课程的教学形式有课程讲授(Lecture)、习题课(Tutorial)、讨论课(Seminar)，授课教师均由一个主讲教师和多个辅导教师组成，主讲教师负责课程的总体教学计划和工作，包括按课程要求设计课程大纲、选择教材，主要负责课堂教学、设计作业和考试题目，以及参与部分班级习题课和讨论课的教学。辅导教师则是在主讲教师的指导下，主要负责习题课和讨论课的教学和作业的修改，并反馈学生对该门课程的建议等工作。通常，学生如果对某一门课程存在意见或建议，可以向教师反映，也可以在学期中间的教学评估中进行匿名反映，教师则会及时地对学生提出的建议进行答复，或对课程进行改进，以保证实现该门课程的教学要求。

(二)教辅课程及设施完备

一方面，学校硬件及软件设施设置齐备。图书馆、网络教室、日常维护及更新及时。同时，还有24小时的自习及网络教室和校园巴士，为晚间学习的学生提供便利。

另一方面，由于本科的学生来自世界各地，各国或地区的教学模式有较大的差别，为了使学生尽快适应澳大利亚的教学，提高学生的适应能力、学习能力和学习效果，学校中各学院专门设置有辅导学生的部门，称为沟通技巧部(Communication Skill Center)。该部门负责帮助学生解决作业、语言、写作、日常沟通及交流等多方面的问题，所有辅导及课程均为免费且不计算学分。学生有任何除专业问题之外的学习、作业及生活上的问题均可预约该部门的教师或者辅导人员予以解决，为学生的生活和全方位发展提供了必不可少的帮助。

(三)学生成绩主要以各方面的成绩或表现进行综合评价

学生的成绩评估并不是期末考试一锤定音，且根据课程对学生能力要求的不同，设置不同的考核体系。通常，学生的成绩是由平时作业、期中考试和期末考试的成绩共同决定，三者在最终成绩中所占的比例大致相当，以保证学生成绩的公允性和准确性。但对于以应用为主的课程，如初级财务会计、中级财务会计、金融分析、财务软件等课程，平时作业及课堂表现则是最终成绩的决定因素，而没有期末考试，甚至没有期中考试。同时，学生的成绩会及时反馈给学生，学生有机会就考试成绩进行质询并对考试中的问题进行询问。

三、我国会计教学模式的改进建议

通过对澳大利亚会计本科教学模式的考察，笔者认为，我国会计学专业本科教学可以从以下几个方面予以改进，提高我国会计本科教学水平，提高学生的综合素质。

(一)针对教学要求的不同，改变所有课程以考试成绩为主决定分数的制度

我国会计本科教育中大部分课程基本上都是以考试成绩作为课程成绩评定的主要因素，而且除实习类课程外，基本不允许某一门课程没有考试。课程成绩评定模式僵化，成绩的决定以期末考试成绩为主，导致学生在学习上“分数至上、六十分万岁”，出现以考试为导向，考什么学什么的现象，与社会对学生能力的要求差距越来越大。学生学习目标单一，不追求自身素质的全面提升和技能的提高，没有考虑到社会或实务的需求，不利于学生综合素质的提高。比较来看，以多种方式评定某门课程的成绩，从多个方面体现学生的学习努力程度和学习成果，可以使学生不再以分数为最终目标，由始至终均努力学习，有利于全面提高学生的综合素质。

(二)理论教学应与企业实务相结合，增加案例教学的比例

会计学是一门应用学科，专业设置的目的是希望学生掌握在实务中应用会计知识的能力。我国传统的会计专业教学模式是以教师为中心，以教科书为依据。在这种模式下，教师按部就班地一部分、一部分地讲授课本知识，学生只是机械式、被动地接受知识，没有动力对学到的知识进行消化和吸收，更无法应用，无法有效地达到课程的教学目的。相反，理论与实务相结合，增加案例教学，可以使学生对学到的理论知识进行思考，在案例中予以应用，通过实际运用来掌握理论，可以扎实、有效地掌握理论知识，提高学生的实际动手能力，全面实现教学目的。

(三)软件教学设施的完善

我国大部分大中专院校会计学本科教学的硬件设施已经相当的完善，但软件设施则跟不上硬件的完善，造成大量硬件设备得不到有效利用。例如，各学校的图书馆均有大量的藏书和电子资源，但学生没有掌握利用图书馆的相关知识，等于站在宝藏面前，却没有开启宝藏的钥匙。对

此，各院校应设置相关的部门和服务制度，帮助学生从高中的学习模式尽快地转换到大学的自主学习模式，尽快适应大学生活，利用大学四年的宝贵时间尽可能多地学习各方面的知识。

从总体上看，我国会计教学中许多方面都与我国的国情相适应，但教学模式、手段和制度的僵化，盲目地学习他人的教学经验和管理模式，给我国会计教学水平的提高和学生素质的提高带来了不利影响。我国在学习西方或其他国家优秀教学经验的同时，应注意结合我国的实际情况，灵活选用、因地制宜，以从根本上提高我国的会计学专业本科教学水平。

参考文献：

［1］梁爽．澳大利亚会计学位教育的启示与借鉴——从科廷科技大学会计教育引起的思考．东北财经大学学报，2006，45(3)．

［2］Courses Handbook. Curtin University of Technology，2007.

浅谈高等数学 ▶▶ 教学改革

贺胜柏　王　怡　吴亚豪[①]

高等数学是理工类、经济管理类学高等学校的一门重要基础课，这门课程学习的好坏，不仅影响到学生后续专业课程的学习，而且对学生素质、能力的培养起着举足轻重的作用。同时，数学作为基础性的学科，它在自然科学及工程技术领域发挥的作用也越来越重要，但是目前陈旧落后的教学方式无法满足现代社会对数学越来越高的要求，因此，高等数学课程的教学改革迫在眉睫。本文从几个具体的方面谈谈高等数学的教学改革。

一、教学中注意概念、命题及定理的自然引出

高等数学的理论性内容主要包括定理、性质等，作为教材上的这些内容，经过人们长期的提炼，往往抹去了它们最初形成的痕迹，使得逻辑关系十分严密，对学习者的推理能力要求较高，若讲授不得法，不注意引导学生探究这些内容形成的前因后果，照本宣科，就会使学生感到枯燥无味。对这部分内容的引入，切忌突然搬出，这样会使学生感到神

① 作者简介：贺胜柏，中南财经政法大学信息学院副教授；王怡，中南财经政法大学信息学院讲师；吴亚豪，华南理工大学讲师。

秘莫测，匪夷所思，望而生畏，应该根据已知知识与新内容之间的内在逻辑关系顺其自然地引入定理，在分析定理条件与结论之间的联系时，通过变更条件、提出相关问题，使学生置身于定理出现前的情景，再经过引导学员运用比较、分析、演绎、综合、归纳等方法，弄清定理条件与结论的必然联系，达到感知定理产生过程，强化创造性思维能力训练的目的。

王梓坤说："数学的特点是内容的抽象性、应用的广泛性、推理的严谨性和结论的明确性。"而数学中的概念都以定义的形式给出，其抽象精练准确的特性给教学带来一些困难，往往让学生难以理解和接受，但人们不能因为其抽象而降低其准确严谨的特性，因为数学概念是数学的基石，没有它，便无法去构筑理论体系，因而在数学教学中占有重要地位。

为此，我们应该尽可能避免直接拿出概念，因为在高等数学中，很多概念，比如导数、定积分等往往有一定的几何意义或者物理背景，在教学中应该充分注意到这些，几何意义有助于学生直观地认识概念，而物理背景有助于学生理解概念，通过深入浅出地讲解自然而然地引出相应的概念，这不仅能帮助学生记住概念，更为重要的是能帮助他们深刻理解概念的内涵，让他们认识到这些抽象的概念并不是无缘无故地从天上掉下来的，而是顺理成章地出现的。从而使学生看到数学概念的来龙去脉，体验到数学概念的形成过程。

高等数学中的结论以命题或定理的形式给出，数学本身的特殊性要求它们必须经过严格的演绎论证，这种形式化、严谨的推理使得教材体系准确、精练、系统性强，但是它所表达的思维过程与实际发展是完全相反的，这不符合人们的认知规律，这给教学工作带来极大的困难。我们在讲授时要从问题出发，与教材行文相反，逆向地引导学生分析每一个环节，这样才符合人们认知事物的规律，也更容易让学生理解。

二、利用好习题课与小结

每上完若干课题或是一个章节，一定要抽出一定的时间给学生上习题课，而在上习题课之前，最好将这一阶段所学习过的知识进行小结。小结就是把所学过的课题、章节的有关知识进行梳理，通过比较异同和寻找相互联系，提炼出实质性的东西，例如定义、定理、公式、法则等。把它们用简明的文字概括起来或是用图表示意，使之条理化、系统化。杨乐院士介绍学习方法的时候说过"在理解的基础上多积累"。这一条理化、系统化的过程，实际上就是一个积累的过程，它既能加深学生对知识的理解，又能促进对知识的积累和记忆。

小结能让前后的知识相互响应，使学习过的数学概念、理论和方法条理化、系统化，又可使学生进一步理解本章的内容，以系统的观点对本章所学内容有一个更为清晰的框架，加深对各部分内容之间关系的理解。它不是仅仅将所学的课程内容简单地重复罗列一遍，而是发动学生积极参与，通过章节小结，提示有关数学理论知识的内在结构和各有关部分之间的逻辑联系。小结的形式可以多种多样，可以是教师引导学生画知识结构图(见图 1)。如在讲完中值定理与导数应用这一章之后，可以引导学生把四个中值定理之间的关系自己找出来，使学生抓住中值定理的核心内容，也可以是教师指导学生分析本章节内容的重点、难点以及如何抓住重点，突破难点。在讲授总结课时要求学生注重前后知识的联系与发展，善于运用类比的方法将所学的知识归类整理，使之系统化。

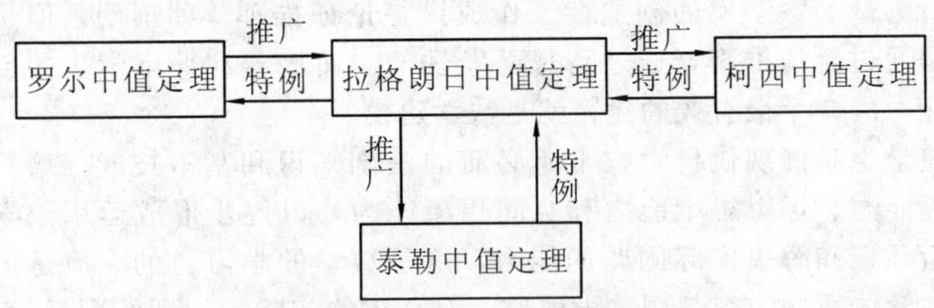

图 1　四个中值定理关系示意图

当然，这种做法也可以跨章进行，比如在讲完所有积分之后，把各类积分之间的关系用图表给学生做一交代(见图 2)。使学生头脑中对积分问题有一个总体的认识。当学生明白所有积分最终都要化为定积分来计算，相信他们对复杂的多重积分以及空间曲线积分和曲面积分有一个更清晰的认识。事实上，如果一堂习题课和小结课能够给学生一种三伏天饮冰水的那种解渴的感觉，那么学生一定能从中收获不少知识。

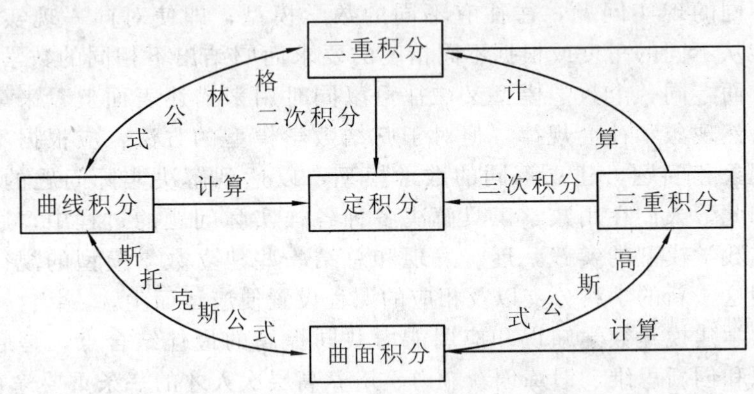

图 2　高等数学中各类积分的关系示意图

三、注重培养学生的创造性思维能力

高等数学在现代科学中的基础性地位，对其他学科的影响，与其他学科知识的融合性，是其他学科知识所无法替代的。很多科技领域无法绕过高等数学而独立、深入地进行研究。学习高等数学，不仅是要学到一些数学的概念、公式和结论，更重要的是要了解数学的思想方法和精神实质，掌握高等数学的精髓，获得理性的逻辑思维和创新的实践能力。

数学的创造过程与任何其他知识的创造过程一样，在证明一个数学定理之前，先得猜测这个定理的内容，在完全作出详细证明之前，先得推测证明的思路，把观察到的结果加以综合然后加以类比，一次又一次地进行尝试。数学家的创造性工作成果是论证推理，即证明，但是这个证明是通过合情推理，通过猜想而发现的。而培养和锻炼学生的创造性思维能力的一个最有效的途径就是数学建模。

使学生学好现代科学技术所必需的基础知识和基本技能，培养学生的运算能力、逻辑思维能力和空间想象能力，以逐步形成运用数学知识来分析问题和解决实际问题的能力，这是数学的学习目的。但是传统的数学教学体系和内容都侧重于理论，而真正的实际运用训练则远远不够，这使得本来比较枯燥乏味的数学让许多人望而却步。为解决好这一难题，数学建模恰好起到了其他课程不能替代的作用，数学建模课程及活动就是培养学生用数学来解决实际问题的最好的训练。特别是计算机技术和数学软件的不断发展，为数学建模提供了非常好的平台，它不仅可以使学生利用其强大的运算功能去比较算法、分析结果，而且还能通过几何图形来帮助学生去联想，类比和发现问题的线索，找出规律的结果。这样既让学生动手、动脑，又让学生更有效、更主动地学好数学。

不同的现实问题，往往有不同的数学模型；即使对同一现实问题，也可能从不同的角度或根据不同精度的要求而归结出不相同的数学模型。另一方面，同一个数学模型又往往可以同时用来描述表面上看来毫无关联的自然现象和社会规律。但对于归结数学模型的方法，应根据不同的自然现象和问题，建立不同的数学模型，以达到解决实际问题的目的。尽管如此，人们在用数学工具解决各种各样实际问题的过程中，通过大量归结数学模型的实践，逐步发现和总结一些建立数学模型的规律，数学模型这一新的学科分支以及相应的课程设置便应运而生。

数学建模是数学知识和应用能力共同提高的最佳结合点，是启迪创新意识和创新思维、锻炼创新能力、培养高层次人才的一条重要途径；也是激发学生欲望，培养主动探索、努力进取学风和团结协作精神的有力措施。但是，开展数学建模教育，应该有其独特的教育模式，要结合大学生的年龄特点、知识结构和智力水平，结合正常教学的教材内容，分层次逐步推进，分阶段培养数学建模能力，从而达到全面提高大学生数学素质的目的。近年来，我校在这方面取得了优异的成绩。

总之，如何使教师的授课由抽象变为具体，使学生感到枯燥的数学教学过程变得生动活泼，如何最大限度地激发学生学习数学的兴趣和愿望，培养学生运用新技术的基本素质，开发学生的思维创造力，发展个性，增强学生自主学习的意识、能力和创新精神还有许多需要解决的问题。我们要进一步改革教育思想和教育观念，强化人才的质量意识，加快教学改革力度，才能搞好高等数学教学改革。

参考文献：

[1] 余丽琴，杨宏林. 高等数学教法探讨. 大学数学，2004(20).
[2] 毛京中. 高等数学教学概念的一些思考. 数学教育学报，2003(12).
[3] 成晓红. 数学建模——数学理论与应用的桥梁. 数学的实践与认识，2001(5).

在经济类本科生实训课程中开展案例教学的探索

孙　荃[①]

中南财经政法大学在《本科学生修业管理办法》和《本科专业全程培养方案和专业介绍》中明确规定，学生应在第六学期参加校内开设的实训课程的学习。在实际操作中，不同专业的实训课开展情况存在一定差异。会计、金融等专业由于实务性较强，内容具体，实训易于操作。而理论经济学类专业则由于理论性较强的特点，缺少具体、明确的职业技能，其实训课程亦缺乏现存的经验可供借鉴，因而有必要对其进行实训教学的方法和模式进行探索，完善和创新实训教学实在是当前本科院校教学改革的一项重要内容。

一、实训教学与案例教学

(一)实训教学的概念和实施

实训应该是职业技能实际训练的简称，是指在学校控制状态下，按照人才培养规律与目标，对学生进行职业技术应用能力训练的教学过程。在本科生中开设实训课程，是全面落实本科生全程培养方案和教学计划

① 作者简介：孙荃，中南财经政法大学经济学院副教授。

的实践性教学环节之一。本科生以学习理论性知识为主，开设实训课程，能促进学生理论与实践相结合，训练学生实践动手能力，培养学生实际操作能力和技巧，提高本科生综合素质。

在经济类本科生中开设实训教学，意义表现在以下三个方面。

(1) 巩固教学成果。实训课程开设于第六学期，学生已修完了绝大部分的专业课程，具备了一定程度的专业知识。通过综合性很强的实训课教学，有助于学生系统回顾以前所学的各门课程，将各方面的知识组织起来，在应用中逐步形成较为完整的知识体系，这将有利于教学成果的巩固和加深。

(2) 理论联系实际。经济学不同于工商管理、会计等实践性很强的学科，它侧重于理论研究，较为抽象。在经济类专业课程设置和传统教学中，都体现出经济学理论性强，抽象程度高但和实际的联系稍弱的特点。通过开设实训课程，将之前的理论学习内容联系到现实经济生活中，有助于提高学生分析解决实际问题的能力。

(3) 提高综合素质。在经济类专业的传统教学和考核中，主要侧重对学生经济学基本思想和相关研究方法掌握程度的考查，而相对忽视学生动手能力的培养。在就业形势相当严峻的现阶段，综合素质高低直接决定了学生求职中竞争力的强弱。因此，有必要通过实训课的教学，提高学生的团队合作、应用写作、口头表达等综合能力，为今后走向社会打下坚实的基础。

(二)案例教学及其在实训课程中的应用

案例教学(case study)是在学生掌握了有关基本知识和分析技术的基础上，根据教学日的和教学内容的要求，在教师的精心策划和指导下，将学生带入典型案例的特定事件中进行案例分析，通过学生的独立思考或集体协作，进一步提高其识别、分析和解决某一具体问题的能力，同时培养其正确的管理理念、工作作风、沟通能力和协作精神的教学方式。

案例教学的主要目的是：将学生置于复杂的现实生活环境中，让学员从“局外人”变成“局中人”，让学生体验到实际政务操作的各种压力和复杂性；提供分析问题的理论框架和认识工具，帮助学生不断提高分析实际情况、解决具体问题的能力；让学生根据自己的知识和经验，练习根据案例提供的有限资料来进行决策分析，根据不完全信息来判断形势，提出相应对策，采取相应的行动的基本功；使学生积极参与教学过程，在教学互动过程中开发学生多方面的潜能。

1. 经济理论与案例教学的联系

经济理论与案例教学之间存在着必然的联系，主要表现在：

(1)从产生渊源上，经济理论不是凭空想象出来的，而是源于企业单位的管理方法和经验、经济部门或领域的运行规律、国家或地区的经济形势和规律。因而其理论的成长和创新与经济运行实践密切相关。可以通过案例教学来模拟经济运行实践。

(2)从内容上来看，经济理论具有极强的社会应用性，任何理论都是针对特定的实际的经济运行环节，是将微观或宏观经济运行规律的总结。我们可以运用经济学理论对现实案例进行分析，开展实训教学。

(3)从学习目的来看，经济学理论学习的最终目的是学以致用，解决实际经济问题。在实训课程中开展案例教学，可将抽象的理论具体化，增强学生对企业经营管理过程、宏观经济运行以及市场运行等实践的深层次的了解，提高学生实践能力。

2. 案例教学与经济类实训课程的联系

经济学类专业理论性强，涉及面广，实训缺乏相关的操作环境和内容，较难具体实施。针对这一困境，可以尝试在理论性较强的经济类专业实训课程中开展案例教学，以达到学以致用，提高学生实践能力的目的。案例教学在经济类本科生实训课程中开展的必要性突出地体现为：案例教学的特点十分有利于实训教学目的的实现。

(1)有利于学生全面系统地巩固已学的经济学理论知识。案例教学中采用了各个经济领域内的案例，通过对各个案例的深入分析和任课教师的适当引导，学生可以很好地回顾之前所学的各门专业课程，如政治经济学、微观经济学、宏观经济学、计量经济学等。这样能够有效地避免知识的遗忘，充分巩固之前的教学成果。

(2)有利于学生对学习的自觉性的培养。案例教学引入了大量实际生活中的案例，能够有效地引导学生自觉地将之前所学的理论知识应用于经济实践中，通过提出问题、分析问题、解决问题，使学生能够对理论有更深的理解，自身的实践能力也得到了提高。

(3)有利于应试教育向素质教育的转变。由应试教育向素质教育转变是我国教育体制改革的目标和关键之一。传统的应试教育是以“灌输式”、“填鸭式”为主的教学方式，教师机械地满堂灌，学生被动地听，其后果是学生只是靠死记硬背学习经济理论，考试一旦结束便统统忘掉，无法形成系统的经济学理论体系。而案例教学则与之不同，案例教学往往是让学生运用经济学的基本原理分析解决现实经济问题。在分析案例的过程中，学生置身于事实环境中，主动对案例进行分析、判断和归纳总结，锻炼了其分析和解决实际问题的能力；同时，还可以通过讨论或辩论的方式锻炼学生口头表达能力、临场应变能力和集体协作能力等诸方面的综合能力和素质，有助于解决所谓“黑板经济学”和高分低能的问题，有助于培养技能型、应用型的人才。

(4)有利于提高教师的教学、科研水平。案例教学给教师提供了新的教学模式，同时使教师面临着更大的挑战。首先，教师要不断地根据教学中的重点和难点寻找和编撰恰当的案例，这就需要教师不仅有扎实雄厚的理论功底，还要对现实的经济问题有较强的敏感性，并对理论知识的实际应用有深刻认识。其次，案例教学也对教师的教学组织能力提出了挑战。在案例教学中，教师充当着“导演”的角色，必须对讨论的问题和具体的实施方式作出统筹安排，此外，还须加强与学生的沟通，做好组织工作，使案例讨论或辩论能够有序进行。最后，还要通过书面报告或其他形式及时对案例教学进行总结。这些均有助于教师不断提高教学、科研水平。

总之，案例教学能够很好地提高学生的综合素质。

二、案例教学在实训课程中的组织与实施

中南财经政法大学经济学院××专业05级本科生的实训课程，在任课老师的指导、设计和学校的支持下，根据本专业学生知识结构及现有条件，为加深学生对专业知识的领会和贯通，提高学生分析和解决社会实际问题的能力，促进学生深入了解社会、认识社会，开展了案例教学的尝试。实训课的主要内容是经济管理案例分析。

(一)案例教学的组织

中南财经政法大学经济学院××专业05级共有67名学生，根据这一情况，将学生分为3大组，每个大组下又分为4个小组(每组约5～6名学生)共12个小组。由每组学生分别选择或撰写一个经济管理方面的案例，按照：①案例的阅读及相关理论知识的自学。②个人分析与准备。③小组集体学习与准备，拟定案例分析报告。④课堂案例讨论。⑤学习心得与发现的记录。⑥完善和确定管理案例分析报告六个阶段的要求进行分析。

具体来说，实训课通过三个机制来有效地保证每一个同学都能参与到案例分析中来并得到锻炼。第一，展示机制：每一个小组都要在课堂上通过演讲和幻灯片展示的方式向大家展示本组案例分析和研究的成果。

展示完毕后，要接受下一个小组和班级其他同学的现场提问。这就要求小组在课前要做好充分的准备，成员之间要紧密协作。第二，评价机制：每次实训课由同一大组的4个小组同时参与，A小组展示研究成果，B小组向他们提问，C、D两个小组分别对他们进行评价和打分。这样就充分锻炼了学生的分析能力、表达能力、诊断能力、应变能力和评价能力。第三，激励机制：实训课程的分数分为三部分——案例分析(50%)、研究报告(25%)、课程总结(25%)、案例分析由评价组根据展示组每一个同学的表现分别打分；并对该组的案例研究报告进行整体评价；课程结束后，任课教师对每个人提交的课程总结进行打分。在分数的激励下，学生踊跃地参与课堂讨论，认真书写研究报告和课程总结。75%的分数由学生评价作出，充分体现了学生在案例教学中的中心地位。

(二)案例分析实训教学的实施

该学期的案例教学主要分为三大部分进行。

第一部分：案例教学导论。

在这一部分，由任课教师用9个课时的时间向学生讲授案例教学的理论知识，包括案例教学的基本原理、历史沿革、案例分析的基本方法、基本步骤等，并通过具体的案例来向学生演示如何进行案例分析，让学生在进行案例分析前掌握基本的原理和方法。

第二部分：案例分析。

案例分析是案例教学的核心。在这一部分中，学生成为课堂的主角，由学生自主进行案例分析和课堂讨论。这一部分共占用36个课时，具体通过6个环节实施。

(1) 案例的阅读及相关理论知识的自学。

学生在课前阅读案例分析的相关书籍，学习有关的理论知识并搜寻选择自己感兴趣的案例。

(2) 个人分析与准备。

在小组讨论前，个人先查阅相关文献资料，思考案例选题、研究方向以及写作计划，为团队讨论做准备。

(3) 小组集体学习与准备。

在组长的主持下，小组成员进行集体学习和准备，确定案例选题，进行集体讨论。按照基本情况简介、研究问题界定、当前亟待解决的问题、有待今后解决的问题等要点对案例进行分析。

(4) 课堂案例讨论。

每次案例讨论由同一大组的4个小组进行，具体分工如下。

A 小组：用幻灯片和解说展示本组的案例研究成果，并回答 B 小组和其他小组同学的提问。

B 小组：对 A 小组的展示进行质询和“挑刺”。B 小组提问结束后，由其他小组同学向 A 小组提问。

C 小组：对 A 小组的表现进行评价和打分。

D 小组：对 B 小组的表现进行评价和打分。

每一次新的案例讨论，各小组的角色进行轮换，直到本大组进行完毕。例如，下次课由 B 小组展示，C 小组向 B 小组提问，D、A 小组分别对 B、C 小组进行评价和打分，依此类推。这样，各组就可以扮演不同角色。小组评价和打分完毕后，由老师进行总的点评。

(5) 学习心得与发现的记录。

课堂讨论结束后，在组长主持下，小组内部再进行讨论，交流学习心得和课堂展示中出现的问题，并记录。

(6) 教师的总结与点评。

教师进行简短的点评，如重新把讨论集中到某些尚未深入讨论就被忽略的关键问题上或鼓励大家认识某个学生分析的前提假设。

(7) 案例分析报告的拟定。

根据学习心得修改、完善最初的案例研究成果，最终形成案例分析报告。拟定的案例报告应包括以下几个部分：①前言。②情况分析。③问题。④可行方案。⑤方案分析。⑥方案建议。⑦结语。

第三部分：社会实践。

案例教学进行过程中，如条件允许，任课教师可联系企业或政府机关，带领学生进行参观和学习，体验真实的经济管理实践；或者进行拓展训练，锻炼学生勇气，培养团队精神。

(三)师生的角色和作用

在传统的教学过程中，教师既是教学过程的控制者，又是教学内容的制定者，而学生只能机械地听取教师的讲解，常常“身在曹营心在汉”，教与学是一种主动和被动的关系。在案例教学中，教师的角色是“导演”，负责主持和引导。比如，以教学过程中教师的总结与点评为例。教师的点评应该是简短的，没有导向性的，教师对学生的发言不应做是非判断，留给学生进步思考的空间，使学生得到些有价值的启示。要避免给出肯定的观点或答案，否则的话，学生会不假思索地接受教师的观点，达不到讨论的初衷。案例分析前，教师为学生讲授案例分析的基础知识，引导学生进行正确的案例分析，安排案例分析的步骤，制定案例实施和评价规则；案例分析后，对学生的研究情况进行点评和总结，督促学生完成案例分析报告的修改和完善。而学生是案例分析的“主角”。课前准备，课堂讨论，课后总结，撰写案例分析报告等各项工作都由学生自己完成。因此，教师必须做到角色的转变，保证良好的师生互动，引导学生积极思考，主动交流，教学相长。

三、关于在经济类本科生实训课程中开展案例教学的探索

(一)实际绩效

在中南财经政法大学经济学院××专业05级的实训课程中开展经济管理案例教学，取得了显著的成效，主要有以下几个方面。

1. 课堂气氛得到明显改善

在传统经济学课堂上，教学内容以教师讲授为主，和学生的互动不足，且内容理论性强，与现实联系不够紧密，学生的学习兴趣得不到激发，因此课堂气氛比较沉闷。引入了案例教学后，课堂的主角由教师转变为学生，案例的准备、编写、讨论、总结都由学生自主完成，教师的任务变为制定规则和适当指导，此外学生选择的案例大都紧密结合时事，课堂气氛自然十分活跃。例如，在“并购浪潮下，娃哈哈还笑得出来吗”这一案例分析中，大家讨论非常激烈，争先恐后地发言，达到了实训教学的效果。

2. 教学成果得到巩固

传统教学中各门课程往往缺乏延续性和联系性，使学生很难掌握经济学各分支的内在联系，建立完善的知识体系，这样知识的遗忘程度就很高，教学成果不易巩固。在案例教学中，学生很自然地会将之前所学到的知识和当前准备分析的案例联系起来，在应用中重温理论，在分析中回顾知识。这样的自主学习要比单纯地灌输和重复更加有效地让学生们掌握经济学各项理论，构建完善的知识体系。例如，“中国第三新特区设立方案的研究”这一案例，综合运用了区域经济学、政治经济学、新制度经济学等多学科进行分析，巩固了所学知识。

3. 学生能力得到显著提高

实训教学的一个非常重要的目的就是要提高学生的综合素质。通过案例教学的实施，学生在传统教学中被忽略的综合素质得到了显著提高。在传统教学中，大多数学生几乎没有上课发言的机会，课下很少动笔，相当重要的表达能力、写作能力等得不到有效的训练和提高。而在案例

分析的全过程中，学生的团队协作能力、查找资料能力、规范写作能力、口头表达能力、问题洞察能力、临场应变能力等都得到了相当程度的锻炼。案例教学全面提高了学生的综合素质。例如，该班有几名西藏同学平时很少发言，但在实训课堂上，他们做了充分准备，大胆地走向讲台发言，令人刮目相看。

(二)有待改进之处

在实训课程中开展案例教学取得了显著的成果。但是在实施过程中，由于经验不足也留有一些缺憾。至少以下几点可以进一步改进。

1. 分组方式有待改进

该班实训的分组按照自由结合的方式进行，大家在选择案例时容易出现意见不一的情况，案例选择很难满足每一个同学的偏好。以后可按职业取向进行分组。比如，以后有志于做公务员的可以结合为一组，选择国家经济政策制定的案例；有志于到企业工作的，可以选择一个企业的案例来分析；有志于进一步深入研究经济理论的，可以选择一个经济理论模型案例分析……这样的话，不仅能激发组员行动的热情，也切实训练了同学们的实际工作技能，发挥出了实训的作用。

2. 形式单一化

案例教学形式还存在比较单一和固定的问题，每一个案例分析小组虽然内容各异，但基本程序和模式相同，当新鲜感消退之后，教学质量就会有所下降。这主要是由于学校对实训课没有经费投入，导致师生只能在教室中进行模拟分析，社会实践很难开展。

3. 准备适合教学需要的精选案例

案例的选择一定要注意质量高和针对性强，因为经济学管理学中的每一个理论都与实际有着较强的联系，都能反映经济管理实践中某一方面的规律性。因此针对性强的案例能给学生带来较感性的认知，有助于学生理解枯燥的理论。

具体来说，案例的选择应注意以下几个方面：一是案例的取材要保证是社会经济实践中所发生的真实事件，是现实工作中常见的而又复杂的问题。这种真实的、接近实际的案例才有讨论的价值。二是案例的主题不能过于暴露，应该提供充足的争论空间。同时不要用标准化的唯一的答案来束缚学生的思考能力，而要提供可以思考和解决问题的多个途径。事实证明，这种方法确实能引导学生思考出许多新颖的答案。三是案例的选择要根据课程的进度和课程的培养目标。毕竟案例教学是服从于教学培养目标的，学习并讨论案例是为了让学生更深刻地领悟经济理论和实质，掌握在现实中应对的技能和技巧。如果案例不能紧扣课程目标，那么案例再典型、生动也不会起到太大的作用。所以案例的选择要紧跟教学环节的设计，与培养目标相一致。

案例教学成功运用的一个关键点是案例的收集和编制，由于个人的时间精力有限，仅靠个人力量很难收集和编制出众多适合教学需要的案例。这就需要学院或系及教研组集体编制案例库，学院应拨出适当经费支持案例库的建立。此外，案例教学作为一种新的教学方式，教师在案例教学中倾注大量的心血，因此需将案例教学效果与教师评估制度相结合，在对教师各项工作进行评价的规则中加入对教师案例教学设计与实施的评价内容，并与教师的考核和晋升挂钩，由此从制度上保证案例教学的推进。所以，引入案例教学就需要对与教师业绩相关的一些制度进行相应调整，使案例教学制度与其他制度协调，以保证能有足够的持续的激励机制。

4．全面、客观地进行成绩评定

案例教学效果的好坏与学生积极性密切相关。要充分调动学生的积极性，案例课成绩的评定无疑是个重要的激励手段。

教师在评定成绩时应力求全面、客观、公允，以充分调动学生积极性和提高学生分析问题的能力为准则。对于每次案例教学的效果，教师必须及时地检验，目的在于检验学生是否掌握了所学的管理学基础理论知识和应该具备的技能。

第一，教师应该全面地进行成绩评定。一般来说，最终的成绩评定依赖于学生对案例中所涉及的决策、解决问题方法的运用，但它不以案例分析报告为唯一形式，而是涵盖个人准备的情况以及小组讨论、全班讨论参与程度在内的。

第二，教师应该客观地进行成绩评定。鉴于经济学管理学案例的特殊性，许多问题没有标准答案。所以教师在做成绩评定时，对于学生所作出的决策不应该以自己的主观倾向来评价，而应该根据学生是否将理论与实际相结合、决策依据是否充分、结论推断过程有无逻辑性、是否有学生个人的见解、结构清晰等方面检查评定其成绩。如果教师能够在评定学生成绩时，引入一些定量指标，那么成绩评定会更为客观。

5．改变学生的学习观念和习惯

案例教学与传统的讲授法的一个最大的不同点就是：师生之间是互动的，而不仅仅是老师说学生听。它需要学生主动参与、配合，乃至创新。否则，案例教学就无法实现应有的效果。但现实的情况是，长久以来的讲授法养成了学生依赖和被动的习惯，这必然会给案例教学的推行工作带来很大困难。因此，在实训教学中实施案例教学必须要改变学生的学习观念和习惯：一是学生要加强相互之间的协作意识，能积极地与同学围绕案例进行讨论，从而形成一个学习团队。二是要学会成为一个好的听众，在讨论案例时，认真听取他人的意见。这样既能对自己的观点进行反思，也有利于团队得到更好的解决方法，这也是案例学习者所需的一项技能。三是能积极地说出自己的见解，与教师及其他同学形成互动，在培养自己的口头表达能力、判断能力和思维能力的同时，也能得出更多的创新方法。

在经济类本科生实训课程中开展案例教学，既是一种教学方法的探索，也是教学理念的改变。案例教学是理论教学的延伸和深化，可使学生加深对理论知识的理解，并培养分析、解决实际问题的能力。这种新的教学方式有待于我们进一步探索和实践。

参考文献：

何志毅．对中国企业管理案例库建设的思考．当代财经，2003(1)．

关于财政实践教学体系的研究和实践

肖 准①

一、现状与挑战

高等教育的目的是培养高素质的学生。财政专业学生培养的方向，不仅要求其在财经领域有广博的基础知识，而且还必须具有一定的理论深度和实践经验，并能把这种知识同社会经济的重大问题相互联系起来。因此，培养融通型、创新型财政人才是当前及今后较长一段时间内财政学专业的培养目标定位。而要培养融通型、创新型的人才，除了在理论教学环节中向学生传授财政理论、管理理念并鼓励学生树立创新意识之外，还要在实践教学环节中注重培养学生的创造性思维和创新精神，传授并不断提高学生的动手能力和创新能力。实践教学构成财政教学环节中重要组成部分，有着其他教学形式所不可替代的作用。

传统的财政学教学比较重视课堂理论教学，却忽视实践环节教学。经过长期的建设，财政学课堂教学基本形成完整体系，包括课堂讲授、学生自学(课外资料阅读和案例辅导)、课堂讨论课、作业、辅导答疑、专题讲座、期末考试等。而实践环节则一直比较薄弱，主要包括第六学

① 作者简介：肖准，中南财经政法大学财税学院教师。

期写作学年论文，第六学期结束后在暑假进行毕业实习，最后一学年完成毕业论文。这种实践教学环节不系统、不连贯，过于简单化。

财政和国民经济各部门有着广泛的联系，其信息化程度和管理水平也越来越高。财政学也是一门实践性很强的学科。面对信息时代激烈的市场竞争和人才竞争，社会上用人单位对高校毕业生的实践能力和操作水平的要求越来越高。如果片面追求专业理论的系统、精深和广博，或者偏重于理论型和识记型人才培养，是难以培养出合乎市场需要的学生的。当前有必要根据学科特点进行各方面的资源整合，推进财政实践教学体系的整体改革。

二、财政实践教学体系的构建

(一)财政实践教学环节的基本框架

财政学实践教学环节是为配合财政理论教学，培养学生分析问题和解决问题的能力，加强专业训练和锻炼学生实践能力而设置的教学环节。完整的实践教育体系包括实验教学、实训教学、学年论文、毕业实习、毕业论文、课外活动、社会实践(调查)等。其教学周期如图1所示。

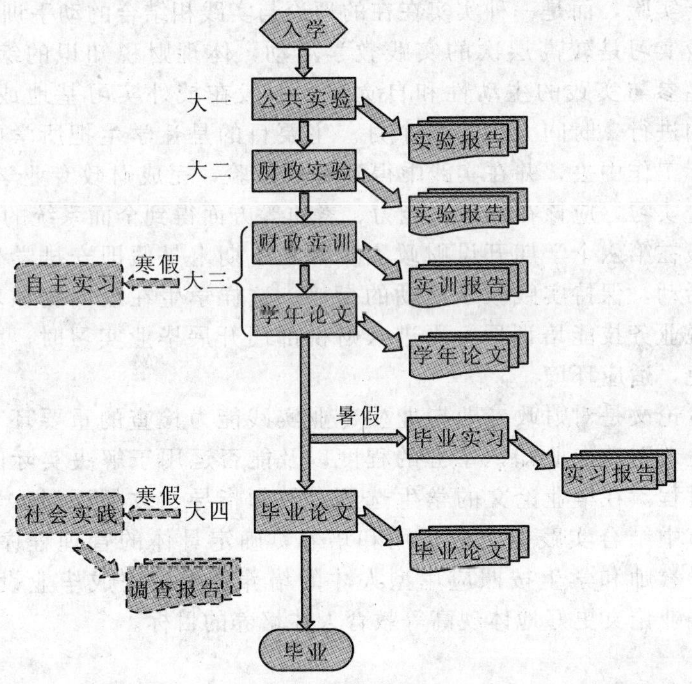

图1　财政实践教学环节

图1左边虚线为学生自主实践活动，图中只列举一二。右边为教学计划安排中的教学实践活动。

公共实验主要完成计算机基础、高等数学等公共课程的实验教学。这一平台总体上与全校其他学科门类相一致，同时又有经济管理类的特点，在实验内容上，主要强调对数据的处理和常用工具软件的使用。

财政实验是根据财政专业课程内容和对学生的学习要求进行的实验，一般安排在专业课堂教学期间，与有关专业课程同步进行，由任课教师组织在学院专业实验室进行，时间约为标准课时的1/5，但不占用标准课时，可酌情安排。其主要目的在于对专业知识了解和运用，尤其是对专业课程知识点逐个认知和部分业务的熟悉。因此，财政实验重在验证规律和理论或熟悉从实际问题抽象出来的模型。

财政实训是着重培养财政专业学生的业务操作技能而进行的实践教学环节，一般是在专业课程基本讲授完成后，为了将知识系统化所进行的训练，主要在学院专业实验室进行，实训的设备应领先或至少类似于实际使用的水平，时间大约一个学期51个课时。财政实训通过实际业务问题的课程化处理，将不同的知识点业务操作进行有机的结合，构成相对完整的知识链条，使学生适应今后的工作岗位。因此，财政实训不完全等同于实验，而是一种实实在在的理论与实践相结合的动手训练。

毕业实习是较高层次的实践教学活动，体现财税知识的综合应用，考查学生参与实践的主动性和自觉性，一般在校外实习基地或财政局、税务局内进行，时间大约为两个月。主要目的是让学生把所学的知识运用到实际工作中去，并在实践中得到有效检验，完成财政专业学习任务。学生通过实习，应该在知识、能力、素质等方面得到全面系统的训练。

一般在第六个学期开设财政实训课程，期末暑假即安排学生进行毕业实习活动，保持实践教学活动的衔接。这样学生在校内实训基地进行相关财税业务技能培训后，再进入财税部门开展毕业实习时，就能及早进入角色，适应环境。

毕业论文是对财政专业毕业生专业实践能力检查的重要环节，是检查毕业生对财政专业知识掌握的程度以及能否运用于解决实际问题的重要实践过程。在毕业论文的学生选题、教师指导、教师评阅、学生答辩等各环节中结合实践能力的运用和培养，确定具体的管理程序与要求，促使指导教师和学生按照应用型人才的培养要求去完成毕业设计工作，以确保毕业论文更好地体现高等教育人才培养的目标。

(二)财政实践教学模式设计

1. 财政实验教学模式设计

财政实验是在财税实验室或网上实验平台进行的针对财政理论教学内容的相关实验，如帕累托效率实验、囚犯悖论实验、公共商品供给实验、偏好显示实验、投票实验等。教学形式包括多媒体讲授法、小组讨论法、案例分析法、模拟法、亲身实验等。对学生的考核也可采用操作、实验报告、答辩、综合研究设计等方式来考核。设置与理论课程“同步”的实验项目，目的是帮助学生更好地理解课堂所讲授理论。实验课程由对应的理论课程教师进行教学，可以使实验的内容更好地与理论课程衔接，为理论教学服务。

2. 财政实训教学模式设计

(1)部门预算。部门预算编制实践教学旨在在基本掌握部门预算理论基础知识的前提下，学以致用，对部门预算编制实务操作进行专题培训，注重实用性和可实施性，紧密结合财政部门和预算单位面临的实际问题，提高学生的编制预算的能力。学生通过本实验，可以了解部门预算编制的基本要求和操作步骤。教学形式包括讲授法、小组讨论法、案例学习法、模拟法、亲身实践等。教学方式鼓励勤于思考，鼓励发散性思维，养成写报告的习惯，摒弃完成作业的思想。教学效果评估包括理论知识测试，论文、分析报告、项目设计报告等文档写作水平，部门预算编制软件使用水平等。

(2)国库集中支付。国库集中支付是较大型的综合实训，它是在学生学习完有关专业课程以后，在校内财税实验室，仿真模拟实际财政部门，从机构设置、人员配备、岗位职责的制度，到资金拨付、相关报表的编制及分析进行一次全面、系统的财政实训。与前面的实践项目相比，它更系统、更有深度，使学生能全能系统地、独立地掌握国库集中支付全程，让每个学生都仿真成为一个财政人员，处理相关业务，改变了原来缺乏将各门知识有机结合进行训练的状况。国库集中支付实训能够身临其境地锻炼学生处理财政信息以及沟通、协调的能力。

(3)政府采购。政府采购实验以案例教学、模拟招投标、旁听审批、设立“第二课堂”等实践性教学形式，充分发挥财政学素质教学的功效。模拟招投标通过学生模拟政府采购的全过程，在检验理论掌握的同时，锻炼学生的临场应变能力，形象、直观，印象深刻。将学生分成若干小组，分别参与到立项、审核、招标、开标、评标等过程中，最大限度地调动学生的积极性。这种实践活动检验了学生的理论知识，并增强社会责任感。

(4)非税收入管理。非税收入是政府财政收入的重要组成部分，加强财政对非税收入管理是市场经济条件下理顺政府分配关系、健全公共财政职能的客观要求。随着国家相关政策的完善和贯彻，对非税征收实行“收支两条线”管理。非税收入管理是财政、公共部门、代理商业银行多方共同参与完成的财政业务，具有涉及面广、执收金额较大、实时性准确性要求高的特点。本实验采用B/S结构实现实时在线收费，形成“单位开票、财政统管、银行代收”的实验模式，利用网络技术将财政部门、主管部门、执收单位和代收银行有关执收信息数据有机联系起来，全方位地模拟了现实经济生活中非税收入管理。通过本实验，使学生了解对非税收入进行规范化管理的基本要求，以及如何协调财政与其他部门之间的关系。

3. 税务稽查实验教学模式设计

纳税检查实验以引导启发为主，采用先进的计算机手段进行辅助教学。加强课堂讨论，使学生充分参与，以提高其交流技巧和理论分析能力。加强案例分析，将一些税务稽查的经典案例引入教学中，提高学生的分析问题和解决问题的能力。重视教学手段的建设与更新，与厂商合作开发多媒体实用型电子教案，实行多种形式的专门辅导，巩固教学效果。适当安排财政专业学生到会计手工模拟实验室进行现场实验，并与会计专业学生进行实战对抗。

4. 国债投资实验教学模式设计

国债是财政政策和货币政策的连接点。通过本实验课程学习，使学生了解和掌握金融投资的重要组成部分——国债投资，了解国债投资实际操作过程，学会股票分析软件钱龙的运用，学会常用技术分析方法，学会基本投资技巧，学会简单分析财务报表，能够对国债的投资价值进行分析并对国债的买卖进行灵活操作。通过与中国股票市场保持一致的模拟交易环境，让学生真实了解宏观调控对中国股市影响，并作出自己的判断。这样通过国债投资模拟实验，学生能够切身体验国债的经济效应和宏观调控的效应，培养投资意识，提高风险意识，也使学生掌握新的业务技能，拓展就业渠道，体现了我校培养融通型人才的目标。

(三)支撑体系

1. 专业实验室建设

本着“立足发展、适度超前、突出特色”的原则，我院加强财政学教学基础设施特别是实践教学条件的建设，多方投入180万元，建立了一个占地面积400多平方米的现代化财税实验室，包括一个能容纳60多人的财税模拟实验室和一个能容纳10人的开放性实验室。财税模拟实验室配备有一套多媒体教学设备，64台终端，全部接入教育网，安装有部门预算编制、国库集中支付、政府采购、非税收入管理、税收申报、纳税检查等业务系统，能够真实地模拟财政、税务部门工作环境。开放性实验室主要针对一些学有余力、科研能力较强的学生，自选一些开放性实验项目，安排教师进行指导。开放性实验室主要安装了实验经济学软件、经济仿真软件等。

2. 网上实验平台

目前，各高校对实验课的教学，大都存在着实验形式、内容、要求越来越高与实验设备、器材、场地、经费的保障相对滞后的矛盾，实验保障条件的制约在一定程度上影响了实验教学的开展和学生实践创新能力的培养。虚拟实验作为传统实验的一个必要的有益补充，既能节约大量的教育经费，也使实验在时间和空间上得到有效的延伸。针对目前财税实验室在人力、场地和设备等方面的约束，构建网上实验平台，把一些实验项目进行改造，搬到虚拟空间，实现了实验教学的功能。目前可进行的网上实验有帕累托效率、囚犯悖论、非税收入管理、远程支付申请等。在实验教学期间，服务器24小时开放，无人值守。学生可以随时登录网上实验平台，进行有关项目实验。

3. 校外实习基地

为深化学生对理论知识的理解，掌握财税实际工作知识，了解财税改革动态，我院与地方财税部门签订了合作协议，每年选派学生到财税部门进行社会实践。目前，已在湖北省财政厅、武汉市国税局、武汉市财政局、焦作市财政局、新乡市财政局、黄石市开发区财政局等单位建立学生社会实践基地。

三、结论

(一)实践教学工作是学科建设的一项重要内容

专业教学是衡量专业学科建设的重要标志，也是推动学科建设的最活跃的因素。积极组织做好实践教学的工作又是专业教学工作的重要一环。提倡理论教学与实践教学相结合，并与学科建设配套，一方面完善学科建设体系，丰富学科建设内容；另一方面，学科建设也为实践教学创造了良好的条件。长期以来，我校财政学科建设坚持教学与科研两条腿走路，财政学实践环节的改革和完善无疑使教学的步伐更加踏实有力，有效促进了财政学科的发展。2004年我校《财政学》课程被评为国家级精品课程，财政学专业2006年1月被《中国大学评价》课题组评定为中国大学经济学专业A++级。2007年财政学科点再次被评为国家级重点学科。

（二）实践教学是实现新时期专业人才培养目标的重要手段

根据人才培养目标和21世纪对人才知识结构、能力结构、素质结构的要求，将实践环节全程纳入人才培养方案之中，使课堂理论教学与实践教学、课内与课外有机结合起来，同时突出设计性、综合性实验教学，更好地实现国家提出的具有良好道德素质、创新精神和实践能力的人才的培养目标。

多层次实践活动的开展增强了学生的科研能力，同时也提高了学生的动手能力和综合素质。近年来，财政专业学生多次荣获湖北省高等学校大学生优秀科研成果奖、湖北省优秀学士学位论文奖和中南财经政法大学“博文”杯大学生实证创新基金资助和奖励。在全国财政学等专业学生就业普遍受冷落的同时，我校财政学专业学生就业率一直在90％以上。这些事实彰显了财政实践教学环节的建设对于人才培养的意义。

建立实验室公共服务体系▶▶ ▶▶实现实验室资源共享

祁仁玲[①]

实验室工作在高等学校的教学和科研中占有非常重要的地位，它承担着科学研究、知识创新、教学改革和人才培养的主体工作，是学校学科建设和人才培养的基础，学校学科建设和教学过程正常运行的保障，是学校发展工作中重要组成部分。一所高校的发展速度和发展水平，不仅取决于它的办学思想和师资水平，还取决于高校实验室的建设模式和管理水平。

一、实验室目前的状况

国家实施“科教兴国”的战略，加大了对教育的投入。因此高校在硬件上的投入占学校整体投入的比重是相当大的，为了实现 21 世纪高等学校发展目标，提高学校的整体水平，一批具有国内、国际先进水平的大型、精密、贵重仪器设备相继进入各高等学校。

然而，大多数高等学校的实验室建设架构都属于单一型，也就是说学校及各院系、各部门实验室工作只对内部开展，许多高价值的设备过于分散，设备利用率很低，造成国有资源极大的浪费，这就是目前大多

① 作者简介：祁仁玲，中南财经政法大学现代教育技术中心副研究员。

数高校实验室存在的突出问题。

李岚清在《关于推动大型仪器资源共享情况的工作报告》的批文中指出："现在重大型科技仪器设备重复购置，利用率不高，造成很大的浪费，因此我赞成大型科学仪器资源共享，做到资源充分利用。"实际上仪器设备利用率不高的原因主要有两个：一是高校贵重仪器设备的校内服务对象往往不是量大面广的基础实验教学，而是与项目有关的科研和某些专业课，从而形成了"设备没有不行，有了又不可能经常使用"的现象，造成利用率低。二是没有相应的科研设备的部门，而需要使用的部门（包括校内外的部门），又因为没有正常、有效的渠道获得使用这些设备所必需的完整信息和明确规范并能及时简单进入实验室工作的办法，难以进入使用。比如，我校计算机实验室曾经在国家教委的主持下，向世界银行贷款了100多万美元，引进了一套中型计算机，从该机的引进到报废，时间长达15年之久，然而这套具有高价值、高性能的计算机除了给学生实习用外，基本上是闲置在那里。而在此期间一些高校、科研单位、大型国企曾多次来我校联系使用，但由于诸方面的原因，比如资源信息、技术信息不能及时有效的提供给对方（学校政策当时不允许对外有偿服务），最后造成这100多万美元的设备根本无法发挥它应有的作用，简直是对资源的极大浪费，这种现象在相当一部分高校普遍存在。从这个意义上讲，高校在加大贵重仪器设备投入的同时，应该考虑到综合实验室公共服务体系的建立，使院系与院系、学校与学校、学校与社会共享资源，实现资源使用率最大化。

二、实验室公共服务体系

所谓综合实验室公共服务体系是指：将具有一定通用性，为多学科教学科研服务的仪器设备组织起来，能适应学校教学科研需要的实验室管理信息系统，以及与之相适应的管理体系。即把实验室的管理模式从封闭的计划经济管理方式变为类似于目前超级市场的市场经济管理模式，让所有需要使用实验室资源的部门和人员，能以最快的速度得到最准确的信息、最佳的状态进行选择、最方便的渠道得到最及时的使用和最好的服务。实验室管理信息系统是指从各高校实验室的实际出发，开发具有满足多级用户需要的信息浏览、查询、反馈、发布、报表打印、辅助决策功能等，又具有满足多级用户需要的灵活的数据处理、数据维护、资源调度等事物处理功能的学校内部网络管理系统。

根据实验室管理的需求，综合实验室管理信息系统可分为不同层次，实行多级管理，比如校级实验管理中心、院级实验中心、基础与专业实验室等。实验室管理信息系统的组成一般至少包含以下几个部分：实验室建设管理、实验教学管理、实验项目管理、实验队伍管理、仪器设备管理、耗材管理、实验室档案管理等。不同层次所管理的职责各有侧重，但又相互联系。比如，校级实验管理中心负责实验室规划、建设、评估、验收，实验教学管理，实验项目管理(包括对内、对外有偿服务项目管理)，仪器设备订购计划管理，实验队伍建设，物质供应等；院级实验中心负责实验室人员管理，实验教学组织管理，实验项目实施管理(包括对内、对外有偿服务的实施管理)，实验仪器设备维护及管理等；基础与专业实验室负责实验室教学与科研的实施(包括对内、对外有偿服务项目的具体实施)，人员岗位安排与工作量计算，仪器设备运行与维护等。

综合实验室管理信息系统是实验室公共服务体系的技术支持，它可以使学校实验室在进行规模建设、规模教学的同时充分提高教学资源利用率，有利于实验室进行宏观管理，有利于学科之间的交叉渗透，也有利于将科技成果转化为生产力和产品。

三、实验室管理信息系统的开发

中国企业管理百科全书定义管理信息系统(MIS)是："一个由人、计算机等组成的能进行信息的收集、传送、存储、加工、维护和使用的系统。"实验室管理信息系统的开发是一项复杂的系统工程，它涉及的知识面广(数学、管理、计算机等)，不仅涉及技术，而且涉及管理业务、组织和行为，尽管至今在这个学科领域还没有一种完全有效的方法来很好地完成系统的开发，但在不同的历史阶段也确有一些方法可以借鉴。

目前 MIS 开发常用的方法有三种：生命周期法、原型法、面向对象法。辅助系统开发的工具是计算机辅助软件工程方法(CASE)。

生命周期法(Life Circle Approach)，这种方法可以说是从计算机程序结构设计而来的。它是自顶向下的对系统进行科学的分析和设计，其系统分析的基本思想是将系统开发看作工程项目，按部就班，有计划有步骤地进行工作。生命周期法开发系统包括六个阶段：系统请求、系统规划与初步调查、系统分析、系统设计、系统实施、系统运行和维护。

原型法(Prototyping Approach)，与生命周期法相比，原型法抛弃了那种一步一步周密细致的调查、分析，然后逐步整理出文字档案，最后才能让用户看到结果的烦琐做法。而从一开始就凭借着系统分析人员对用户需求的理解，在强有力的软件环境支持下，给用户一个满足基本要求的交互式的初始模型系统，然后系统分析人员和用户一道对模型进行评价，根据评价结果，再对模型进行修改，如此反复，周而复始，直到可行为止。原型法是利用动态直观模型，在快速建造工具的支持下，强调用户的直观参与，通过原型的迭代设计过程，到达明确用户需求(研究型)或仿真系统功能(试验型)进化为完善系统(进化型)的目的。

面向对象法(Object Oriented Approach)，面向对象法是近年来迅猛发展的一个研究领域。所谓对象，就是现实世界中实体的抽象，同一类对象的抽象，称为类。从类自身的内容来看，它描述了一组数据及其上的操作，这些数据为对象类所私有，只有操作对外可见，即类体现了一种数据抽象。对象是声明为对象类的一个实例，是可操作的。所谓面向对象，就是将现实世界的实体抽象成程序中一个个封装好的对象类，用一组数据(属性)刻画它的特征并且支持一组对它施加的操作(事件和方法)。

CASE(Computer Aided Software Engineering)是一种软件开发自动化技术，是集图形处理技术、程序生成技术、关系数据库和各类开发工具于一身的计算机辅助软件工具，CASE 环境的应用必须依赖于一种具体的开发方法，例如生命周期法、原型法、面向对象法等，它是重点支持软件开发周期的软件开发工具。

上述几种开发方法各有其自身的优缺点，实践中往往交叉使用，选择好合适的开发方法是 MIS 成功的关键，一般来说，较复杂项目多采用面向对象法，结合其他方法共同开发；使用环境较为稳定，项目本身的需求又易被定义的多采用生命周期法。

建立综合实验室公共服务体系，将会使传统的实验室管理从根本上得到改变，它不仅仅是管理手段的改变，在实现资源共享的同时可以使教师、技术人员接触到范围比较广、种类比较多的边缘学科问题，为他们提供了相互学习，相互提高的机会，也为他们提供了良好的教学和科研环境。十分有利于教师、科研人员的业务知识与技能的提高，有利于他们培养一流的人才。

参考文献：

[1] 马相堂等. 推进大型仪器设备共享的实践与思考. 高等学校大型仪器设备开放服务研讨会论文集，2005(11).

[2] 徐春辉. 高校实验室管理体制改革的探讨. 科技广场，2006(6).

[3] 许银华，彭高明，董爱荣. 高校内部设备资源共享问题探讨. 科技进步与对策，2003(3).

[4] 杨宇科. 加强高校实验室的管理与建设. 乐山师范学院学报，2007(5).

[5] 卢可. 实验室信息管理系统的应用. 安庆科技，2007(1).

大学数学教育应当开设▶▶ ▶▶数学实验课程

李政兴[①]

近几十年来，数学科学取得了飞速的发展，新的数学分支层出不穷，而且各分支之间，数学与其他科学之间相互渗透，呈现高度统一的新趋势，大量新兴的数学方法在科学研究和生产管理各种领域中被成功地应用。现代数学已不再仅仅是其他科学的基础，而是直接发挥着第一生产力的作用。因此，能否自觉地运用数学观念、数学知识和定量思维方法已成为衡量一个民族文化素质的标志。

面临数学地位的巨大变化，科学工作者和各类管理人员对数学知识的需求大大增加了，以往传统的数学课程已远远不能满足需要。新型的人才不仅需要有传统意义上的逻辑思维能力和几何直观能力，而且要求具有更强的数学建模能力和使用新的计算工具即计算机的能力。数学实验正是基于这种需要而设立的，它是高等学校数学教学内容和课程体系改革的成功举措。

一、数学实验内涵的界定

所谓数学实验，简单地说，就是用计算机代替笔和纸以及人的部分

① 作者简介：李政兴，中南财经政法大学信息学院副教授。

脑力劳动进行科学计算、数学推理、猜想的证明以及智能化文字处理等，因此，数学实验也被称为计算机数学。

科学计算包括两类：一类是纯数值的计算，例如求函数值、方程的数值解等；另一类是符号计算，又称代数运算，这是一种智能化的计算，处理的是符号，符号可以代表整数、有理数、实数和复数，也可以代表多项式、函数，还可以代表数学结构如集合、群等。我们在数学的教学和研究中通常用笔和纸进行的数学运算多为符号计算。而用计算机进行符号和代数运算是数学和计算机领域的一个新的发展方向。长期以来，数学家和计算机科学家梦想用计算机代替人脑进行代数符号运算以及数学的各种处理，使数学走向"机械化"的道路，从而也使计算机本身更加智能化。我国著名数学家吴文俊院士首先提出的"吴方法"为数学处理在计算机上的实现奠定了理论基础，并在几何定理机械证明、方程求解、理论物理、机器人学、计算机图形学等数学和高科技领域相继获得了广泛的应用。

20 世纪 80 年代以来，用计算机进行代数运算的研究在国内外发展非常迅速，涉及的数学领域不断扩大，出现了多种符号运算方法、计算程序和系统，并逐渐形成了一个新的数学分支——计算机数学。这是一个以构造性数学为核心，以计算机实现为目标，以实用的算法为研究内容，以实用程序或软件为成果的研究领域。计算机数学的发展逐步产生了一批独立的计算机程序库，称为计算机代数系统。一部分计算机代数系统发展成为完整的专用或通用的数学软件，如美国的 Mathematics、Matlab，加拿大的 Maple，以及我国具有自主知识产权的数学机械化平台 MMP 等。

如果从课程观出发，可将数学实验界定为：为获得某种数学理论、探求或验证某个数学猜想、解决某类数学问题，运用一定的物质技术手段，经由数学思维活动的参与，在典型的环境中或特定的条件下进行的一种数学实践活动。

数学实验也是一种教学模式，是大学数学课程的重要组成部分，是与微积分、线性代数、概率论与数理统计等课程同步开设的重要教学环节，它将数学知识、数学建模与计算机应用三者有机融为一体。通过数学实验使学生深入理解数学基本概念和基本理论，熟悉常用数学软件，培养学生运用所学知识建立数学模型，使用计算机解决实际问题的能力。数学实验作为高等学校的一门数学课程有其自身的特点：

1. 以问题为载体。通过实际问题的解决，培养应用数学知识解决实际问题的意识与能力。

2. 以计算机为手段。实际问题的解决离不开数值计算，计算机的强大功能正是高速计算。

3. 以软件为工具。科学计算的基础主体工具是数学软件，进行数学实验必须充分利用数学软件。

4. 以学生为主体。数学实验既然是实验就要求学生多动手，多上机，少讲多练，在老师指导下探索建立模型解决问题的方法。

二、开设大学数学实验课程是数学发展的迫切要求

随着计算机科学的迅速发展，数学科学的学习和研究方法也在发生着深刻的变化。引发这场变革的主要事件是1976年美国伊利诺伊大学的两位数学家K. Appel和W. Haken利用计算机解决了困扰数学界长达近200年之久的著名的“四色猜想”。这一成果震惊了整个数学界，因为两位数学家的论证有很大部分并且是关键的部分是由计算机完成的，这就意味着“数学证明”的概念发生了突变。经过近三十多年的发展，数学科学中的一个新的重要分支——计算机数学得到了人们的广泛关注并有了长足的发展，而计算机数学的发展又引发了现代数学实验的兴起与发展。

现代社会正经历着由工业社会向信息社会过渡的变革，计算机技术迅速发展并广泛应用于各个领域，数学的应用范围急剧扩展，“计算机无处不在，数学无处不在”。由此提高数学素质已成为提高民族文化水平的一个重要途径。那么高等学校培养的人才究竟应具备什么样的数学素质呢？数学素质是数学知识和能力的综合体现。数学素质除了包含抽象思维能力、逻辑推理能力、空间想象能力、数学运算能力外，还应包含数学建模能力与数值计算能力(包含数据处理能力)，即会“用数学”解决实际问题，会用计算机进行科学计算。中国科学院院士王梓坤在《今日数学及其运用》一文中指出：“精确定量思维是对21世纪科技人员共同的素质要求。所谓定量思维就是人们从实际问题中提炼数学问题，抽象为数学模型，用数学计算求出此模型的解或近似解，然后回到现实中进行检验，必要时修改模型使之更切合实际，最后编制解决问题的软件包，以便得到更广泛的方便的应用。”1992年美国工业与应用数学学会(SIAM)宣称：“今天，在技术科学中最有用的数学研究领域是数值分析和数学建模。”这说明当前高等学校培养的各类专业技术人才，应该具有将他所涉及的专业实际问题建立数学模型的能力，这样才能在实际工作中发挥更大的创造能力。在数学教学中必须培养学生的数学建模能力与数值计算能力，加强在“用数学”方面的教育，使学生具有应用数学知识解决实际问题的

意识和潜力。“数学实验”正是为实现这一目标而设置的。

在我国，十多年前设置数学实验课程的构想一出现，立即在数学教育界引起反响。1995 年，在原国家教委组织实施的“高等教育面向 21 世纪教学内容和课程体系改革计划”中，“理科非数学类专业高等数学课程体系和内容改革”项目的总体构想报告，就把“数学实验”列为高校非数学类专业的数学基础课之一。21 世纪初，在教育部高教司主持编纂出版的《高等教育面向 21 世纪教学内容和课程体系改革计划系列报告》的《高等数学改革研究报告》中，把数学实验列为高校部分非数学类专业的基础课之一，并明确指出了数学实验在数学教学体系中的作用和地位。实践证明，数学实验在数学教育特别是数学素质教育中的重要地位被越来越多的人所认识，而且，数学实验这一新的数学学习及研究方法也被越来越多的人所接受。

三、开设大学数学实验课程的指导思想

传统的数学实践课程是习题课，而没有真正意义上的实验课。数学的习题课对于巩固课堂教学一直起着重要作用，然而习题课不能解决数学教学和计算机等信息技术的结合问题，也就难以将培养学生数学素质的任务落到实处。高等学校开设数学实验课的目的主要是让学生学会独立使用各种先进的计算机工具来探索，解决一些典型的数学问题。

大学数学实验是计算机技术和数学软件引入教学后出现的新事物，是数学教学体系、教学内容和教学方法改革的一项尝试。数学实验分为传统数学实验和现代数学实验两类。本文研究的是现代数学实验，它以计算机和数学软件作为实验手段，以图形演示、数值计算、符号变换等作为实验内容，以数学理论作为实验原理，以实例分析、模拟仿真、归纳发现等作为主要实验形式，它的目的在于探索数学现象、发现数学规律、验证数学结论。

由于计算机代数系统具有方便、快捷及不易出错的特点，学生可从大量烦琐的计算中解放出来，把更多的时间用在数学思想、方法和技巧的理解及应用上，通过数学实验课程中“做数学”的体验，更能够激发学生的兴趣，增强学习的积极性，能给学生提供更多动手的机会，尤其是计算机的人机交互功能，为实现教学的“个别化”创设了理想环境。

因此，从推动数学教改和培养创新人才出发，数学实验课程应该强调以学生动手为主，在教师指导下用学到的数学知识和计算机技术，选择合适的数学软件，分析、解决一些实际问题。

数学实验课程的能力培养目标可归纳为以下三个方面：

1. 算法设计能力。分析问题、简化问题的能力以及将问题转化为用逻辑严谨的算法语言表达的能力。

2. 程序设计能力。应用计算机代数系统进行程序设计的能力，具备运用适当的数学思想、方法和技巧解决所遇到的实际问题的能力。

3. 综合创新能力。初步具备一定的创造能力、书面表达能力以及与他人分工合作能力等。

四、数学实验课程的实施构想

(一)数学实验课程的内容设计

作为数学实验课程的内容，既要注意揭示数学概念、定理的形成和发展过程，展示数学问题的解决过程，又要与基本的数学思想、数学方法挂钩，有机地与数学知识教学相互结合、相互促进。一般来讲，数学实验课程内容可分为以下五类：

1. 基础实验。熟悉并掌握计算机代数系统(如 Maple、Matlab 等)的基本操作，熟悉数值计算、符号计算及图形绘制等基本功能。

2. 验证性实验。通过数学实验，体验数学中的基本思想和典型方法，加深对数学抽象概念的感性认识，揭示数学知识生成的规律性。

3. 探究性实验。任课教师提出实验课题，学生设计实验方案，运用数学理论和方法，通过数学实验寻求解决问题的途径。

4. 应用性实验。结合实际问题，特别是数学建模问题，让学生亲身体验用数学解决问题的全过程，培养学生分析问题、解决实际问题的能力。

5. 拓展性实验。对数学中定理、命题进行不同角度、不同层次的变式实验，揭示数学知识之间的联系，或以数学为中心向边缘学科发散，从中发现新知识。

(二)数学实验课程的教学过程

数学实验课程的具体教学过程中，针对不同的实验类型使用不同的教学方式，不拘一格。验证性实验通常采用“告知—验证—应用”的教学模式，在实验中所有的学生都做同样的事情，学生被告知如何操作，观察什么，记录什么，如何得出结论，这是一种比较固化的操作模式。而探究性实验则可采用“问题—实验—交流—猜想—验证—证明”的教学模式，一般由教师提出问题，学生提出假说，引导学生朝着预先设计的方向提出实验方案，预测可能的结果，然后学生进行数学实验，验证猜想，让学生在探究过程中理解数学、获得知识。例如，关于“迭代”复杂性问题，可选择 Logistic 差分方程的迭代引起分岔并最终导致混沌的实验，以及 Lorenz 系统、Rossler 系统的动力学行为实验，在此基础上初步形成对系统混沌行为的认知。拓展性实验则可由教师或学生提出问题，学生设计并实施实验方案，收集处理和分析数据、得出结论，并将其应用于新的情景加以检验。这种模式强调探索和创造，学生以一种近似数学家发现数学问题的方式进行数学发现学习，不再强调获得正确的结论，而是强调对过程和结论的解释。如利用“兔子繁殖”问题对 Fibonacci 数列进行探索，通过实验，使学生了解 Fibonacci 数列及与之密切联系的黄金分割数，继而探索高阶线性差分方程的求解问题和优选法的基本原理，最后对“树的分枝”、“杨辉三角形”等问题进行研究，从而提高学生使用离散方法建立数学模型的能力。

但是值得注意的是，必须恰当地处理实验结论。通过数学实验提出猜想并得到结论，并不代表数学实验结束，还需要验证结论，对结论用演绎推理方法加以证明，因为数学结果只有经过证明才是可信的。

(三)数学实验报告撰写

与其他科学实验一样，数学实验也应撰写实验报告。实验报告是实验进程的最后一步，是实验结果的书面总结。通过撰写实验报告，可以培养学生对问题的分析能力和对实验结果的处理能力。数学实验报告可包括如下几个部分：

1. 引言。简单描述实验动机与目标。

2. 实验过程。详细记录下操作的流程与条件，如果需要，简述实验所涉及的数学理论和方法。

3. 结果。条理分明地写出实验结果，照实陈述实验所得结果。

4. 讨论(或论证)。由观察所得到的结果，进一步整合分析，说明由实验结果透露出来的信息。若有与事实或已知不符的要仔细讨论或解释，通常都要引用已发表的论点来讨论，并且引申出可能的解释模型。该部分最重要的是体现学生的专业能力。

5. 图形与表格。与实验有关的图表一定要精确制作，正确而易懂的图表有助于研究结果的判读，图表要加相应的文字说明。

6. 参考文献。实验报告中若引用他人结果，一定要列入参考文献。

(四)数学实验课程的学习评价

由于数学实验课程的特殊性，应该重新全面确立评价标准和内容，使学习评价从单纯检查掌握知识向既检查知识又考查能力的综合性评价过渡，注重对教学过程的全程评价。因此，学生的学习评价应由两部分组成：一部分是笔试成绩，另一部分是实验考查与创新设计。比较合理的比例是，这两部分各占50%。实践证明，这种改进使以往学生只注重书本知识的机械记忆的局面得以改变，学生普遍认为更重要的是数学应用能力、数学素质以及创造力的培养。

以“数学建模、数值计算、数据处理”为核心的数学实验技术进入教学过程和学生课堂是实施以数学素质教育为中心的数学教学改革的重要组成部分。但是，我们必须清醒地认识到，数学实验课程绝不能取代传统的数学教学，它只能作为传统数学教学的一个补充，只有真正把数学实验思想融入数学类主干课程，力争与已有的教学内容有机结合，才能充分体现数学实验思想的引领作用，才能真正实现“做数学”、“用数学”的教学目标。

高等学校作为人才培养的基地，一定要把握住发展素质教育的机遇，提高大学数学教育质量、大力培养学生的数学素质，加大数学实验课程建设的投入力度，大胆实践、勇于创新，为大学数学课程改革作出贡献。

参考文献：

[1] 郭迎春. 实验与教学相结合改革高等数学教育模式. 数学教育学报，2008(3).

[2] 张文丹. Mathematica 平台上多元函数极值判定的数学实验. 长春理工大学学报，2007(1).

[3] 刘光辉，刘兰初. 融入数学模型和数学实验的大学数学教育. 科技信息，2008(1).

[4] 郭冠梅. 关于数学实验教学的几点看法. 广东教育，2008(6).

[5] 孔雨佳，王峰光，安洪庆. 开展高等数学实验教学以适应创新性教学思路. 科技创新导报，2008(3).

第三篇

质量监控与管理创新

论市场竞争背景下法学专业评估体系及其建构

陈小君　周佳玲[①]

中国是一个教育大国，同时也是一个经济欠发达的发展中国家。在穷国办大教育、教育资源原本有限的前提下，中国高等教育资源的不合理配置与低层次重复建设问题应引起高度关注。高等法学教育就是一个明显的例子。如何优化我国法学教育资源配置、规范法学高等教育市场、提高法学人才培养质量已成当务之急。解决这一问题的方法和手段固然很多，如国家行政管理、宏观调控等，但建立在自由竞争下的优胜劣汰机制则无疑是其中最为经济、便捷的途径。构建一个科学合理、透明度高、导向性明和操作性强的法学专业评估体系迫在眉睫。

一、我国法学教育资源配置的总体状况及存在的问题

(一)总体状况

中国的法学教育经历了一个"繁荣—调整—停滞—恢复—发展—急剧膨胀"的过程，其每一阶段均可从法学院校数量和在校生人数的变数中得

① 作者简介：陈小君，中南财经政法大学副校长，教授；周佳玲，中南财经政法大学高等教育评估与研究中心主任，副研究员。

以鉴证：新中国成立之初，全国设有政法专业的院校数为53个；经“院系调整”、“司法改革”后来到20世纪五六十年代，政法院校数量从20个下滑到9个；经过“文革”，到1977年恢复高考制度时，北京大学法律系、中国人民大学法律系、湖北财经学院法律系成为硕果仅存的三个宝贝；1978年只剩“文革”前原有的9所政法院校恢复招生。

随着改革开放国策的确立、市场经济体制的建立、法治建设步伐的加快，中国呈现出了法律人才供需两旺的美好前景，一时间法律人才炙手可热，法学一跃成为“显学”。随之而来的是法学院校数量的急剧增加。无论是财经大学、理工大学，还是师范、农林地矿油院校，更不论能力的大小和条件具备与否，“有条件要上，没有条件创造条件也要上”。据统计，拥有法学专业的院校在1992年为63所，1993年新增64所，1995年增至140所，1998年增至170所。2004年猛增到389所，占当年普通高等院校总数的60％以上。

随着法学院校数量的增加，法学专业的招生规模也在不断扩大。据统计，普通高校法学专业本科在校生1992年仅3980人，到2001年以令人难以置信的速度猛增至213278人，占当年在校本科生总人数的5％，是1992年在校生人数的53倍；2002年增至264039人，比2001年净增50761人，占当年在校本科生总数的5.2％。近年，教育部才正式对外宣称，要对法学学科申报进行严格控制。

一时间，中国法学教育大有千帆竞走、百舸争流之态。声势不可谓不浩大，场面不可谓不壮观。

(二)存在的问题

快速发展是必要的，但我们对无序盲目发展引发的问题务必予以高度的重视。

1. 建设专业的认识存在偏差

长期以来，一部分高层管理者和没有法学专业传统和积淀的学校普遍认为，法学名声好、门槛底、投入小、出门易，加上有一定市场需求，在争创该专业后，便只注重课堂书本内容的简单传授，从根本上忽视了法科学生的法治意识、逻辑经验及实践能力的培养。殊不知，在任何一个真正拥有法制传统的国家，培养一名法科生的成本是极高的，且不说诊所教育、法律援助、苏格拉底式教学法、模拟审判，是每个学生的必经之途，利用小课堂对学生的专业熏陶司空见惯，法学教师的分工极细，对此类人才的培育可谓凝心聚力、精雕细刻。在他们看来，办好法学专业，强烈的职业责任感、宽厚的学术视野和优秀的专业背景，是教育者所必备的基础。这些恰恰是国内许多院校建立法学专业所不曾考虑的要素。

2. 教育经费投入不足

高等教育体制改革开始后，我国高等教育基本形成了以国家拨款为主，社会资源为辅的资金来源机制，经费来源较以前有了更广的途径。但从总体上看，法学教育需要高投入，而法学经费划拨与一般人文专业相比并无任何差别，加上专业数量增长过快，使原本有限的经费从上至下严重“分流”，无法支撑迅速膨胀的法学教育，进而难以保证法学教育的高质量。

3. 师资力量严重短缺

这种短缺既有量的不足，更有质的下滑。随着近年来高校招生规模的迅速扩张，师资配备不足已成为中国高校的普遍现象。法学也因其学科的特性和观念的差异，较其他专业问题更加突出。尤其是那些条件尚不具备的院校，无论是质与量都难以满足基本的教学需求。招生规模的扩大只需用一日之功，但教师资源的开发与利用绝非一朝一夕，一蹴而就。十年树木，百年树人，师资梯队与学术地位的形成有其自身不可抗拒的规律和周期，凡突击性地解决了量的问题必然是以牺牲质为代价的。所谓首尾难以兼顾是也。

4. 就业形势日趋严峻

招生规模迅速扩大，教育资源紧缺、人才参差不齐，势必引发就业供求关系的失衡，即一次就业率低，从事非法律职业的学生比例逐年加大。这无疑是社会与教育资源的另一种浪费。

5. 专业评估形式化现象突出，缺乏合理退出机制

近两年来，在高校中开展的法学教育评估，只见评价，未见触动；只见形式迎评，未见实质投入，并未在相关院校中引起应有的重视。盲目扩招和抢办的法学专业，更未因评估而退出。如此评估下去，不仅会继续降低法学教育门槛，亦无益于法律优秀人才的培养和法治国家的建设。

二、法学专业评估体系建构的基本原则及总体设想

构建法学专业评估体系的目的是优胜劣汰，促进法学教育的规范化能力、人才培养的国际化水准。对此，应该首先有一个宏观把握和理性思路。

(一)构建和完善评估体系的基本原则

1. 导向性原则

导向性，即“法学专业评估体系”应该在法学教育的培养目标、办学条件、师资队伍、管理水平、教学状况、人才质量等方面，借鉴发达国家的成功经验，从一级指标的明确指向性上发挥引领的建设作用，从而保证法学专业的基本办学质量。

2. 实践性原则

“法学专业评估体系”不是一个只可远观不可把玩的欣赏物，而应该是具体的、可操作的日用品；不应该是脱离中国法制建设实践的空中楼阁，而应该立足于司法实践对法学教育提出客观要求，注重法学教育的实践性。

3. 前瞻性原则

前瞻性，即“法学专业评估体系”要符合社会发展的客观要求，既要体现时代精神，又要放眼未来；既要有预测性，又要能反映法学教育的发展趋势，适应法学院校改革的新要求。

4. 规范性和多样性兼顾原则

“法学专业评估体系”既要尊重法学教育的客观规律，规范操作，避免多重标准；又要正视中国法学院校的客观实际，切忌一刀切，防止千校一面。要结合法学院校的实际情况分类指导，要求并允许各法学院校按其自身评估体系的基本要求，在进行教学基本建设和教育教学改革工作同时，结合本校实际，保持特色，发展个性，扬长避短。

(二)构建和完善评估体系的总体设想

1. 评估主体多元化

《中国教育改革与发展纲要》(以下简称《纲要》)提出，要“建立有教育和社会各界专家参加的咨询、审议、评估等机构，对高等教育方针政策、发展战略和规划等提出咨询建议，形成民主的、科学的决策程序。”根据《纲要》的精神，高等院校的法学专业评估主体应该是多元的，也就是变过去政府为单一主体的评估制度为教育界、实务界和社会广泛参与、多方介入的多元主体的评估制度。在多元化主体的评估制度中，政府只负责评估的组织和宏观控制，不再参与到具体的评估活动中，经常性的评估则逐渐由法学院校的专家负责过渡到由社会中介评价机构和实务界负责。只有这样才能使评估机构脱离行政权力的不当干预，又有适当的分工，从而保证评估的公正、公平和评估结论的客观与科学。

2. 评估对象自主化

由于对政府组织的外部评估的高度依赖，学校内部的经常性自我评估往往被忽视。事实上，优良的教育质量应当是学校内部全体师生员工自觉努力的结果，单靠外部的监控是难以持久的。教育行政主管部门应建立一定的机制促使法学院校内部经常开展评估活动，以提高教学质量和办学效益；同时，还要有激发学校自我评价积极性的制度，将评估的动力由外部赋予转变为学校发展自身的内在需要，即从"要我评估"变为"我要评估"。自评工作在形式上可实行阶段性评估与综合性总评结合，以促进学校自我调节、自我完善、不断改进工作，不断提高法科教学质量。

3. 评估标准科学化

健全的指标体系和科学的评估方法是保证教育评估效度和信度的基础。为此，应不断完善评估指标体系，并积极创造和使用新的方法与技术。目前，已有研究者在这方面作出了有益的尝试，如北京高教局在教育质量评价中提出并推行的"参数法"等。同时，随着科学技术的不断发展以及我国评估理论研究水平的提高，新兴科学理论、方法和技术被越来越多地运用于评估之中。采用科学的评估手段，可使评估更加接近真实、贴近本质，更好地完成评估任务、实现评估目标。

三、完善法学专业评估体系的基本框架和主要内容

大学法学教育是高等教育的一部分，法学专业的评估框架和内容不能完全摆脱我国《普通高等学校本科教学工作水平评估方案》另辟蹊径，而应遵循其基本思路与架构，在指标内涵和观测点上予以增减取舍，有所侧重地突出法学教育的专业特点。同时，在指标体系的设计上，主要适用于大学的法学院，也可作为考查以法科命名大学的法学专业的依据。唯其如此，才能保持整体与局部的统一性和评价标准的一致性。

笔者以为能突出法学教育特色的评价内容大致有以下几个方面。

1. 办学指导思想

在设计该项评价指标时，除要有院校定位与规划、教育思想观念、教学中心地位内容外，还应重点设计能考察法学院校是否具有先进的法学教育思想、是否具有崇尚法治和社会正义的基本理念、是否具有开放意识和全球意识的项目。缺乏崇尚法治和社会正义之基本理念的法学教育必定是舍本逐末、缘木求鱼的。

2. 师资队伍建设

在设计师资要求时，除应考量法学专业教师与学生数的比例外，还应着重以专业课教师的专业化情况，即承担多少专业课平均每学年完成学时数为主要参照系数。在师资队伍结构方面，则应侧重于专业教师学历、学院状况和法学学术成就等。

3. 教学条件与利用

应尊重法学教育的客观要求，对生均教学科研仪器设备值、实验室、实习基地面积提出更为合理、可行的要求。与其他学科相比，法学教育有其特有的规律和属性，专业课几乎没有或极少有需要借助实验室和仪器设备来进行的实验，除模拟法庭外也没必要建立校内实习基地，如果将与校外合作单位建立的实习基地面积加以统计，缺乏判断价值。因此，关于实验室和实习基地的面积可不作硬性要求，生均教学科研仪器设备值的合格标准可适当降低。但具实质性协议的校外挂牌实习基地评价指标是很有必要的。

在对法学专业的办学基本设施评估时中还应增加模拟法庭的利用率和诊所教育、法律援助活动室、讨论室的建设标准。对于法学教育来讲，各种小型讨论课的重要性与必要性是毋庸置疑的，讨论室的有无、人均面积的大小、设施的配备自然应该列入法学院校基本教学设施的考察范围之内。

此外，为提高法学院校专业设置的合理性和评价的标准，还应考虑在办学条件中增加省级以上重点学科点数、硕士学位授予权数等软件要求。

图书于法科学生培养的重要性也已在法学界达成共识，是否配备专门的法律图书馆、法律图书馆馆长和管理员法学专业背景有无及素质高低、生均法学专业图书占有量和法学专业图书(电子图书)品种数的多寡，专业资料的开发与利用情况，当成为衡量一所院校法学专业是否具备从事法学教育的重要条件之一。

4. 专业建设与教学改革

关于专业培养方案。应着重考查人才培养目标是否是为了让学生获得将来从事多种法律职业都应具备的知识和能力上，课程设置是否与之相适应，是否有利于引导学生形成宽广的法学知识结构，是否有利于训练学生把法律问题放到开阔的社会环境和多元知识背景中去思索。能否形成具有本校特色的合乎课程逻辑结构的优质课程，诊所教育、讨论课是否列入教学计划之中，也应是考查专业培养方案的两个重要内容。

关于教学方法与手段。多媒体教学固然重要，但法学更在乎思辨能力的建构与逻辑习惯的养成。法学课程不必过分依赖多媒体手段而忽略了师生的课内互动。加入WTO后，世界经济一体化、法律的全球化，使双语教学在法学教育中显得尤为重要，在指标体系的设计上，应提高双语教学合格等级的比例要求，特别应突出双语教学在国际法专业课教学中的运用。此外，法学教育所特有的诊所式教育、案例式教育、讨论式教育等教学方法和手段在教学中的运用程度及运用效果，应该成为法学专业评估独有的标准。

关于实践教学。大多数人认为，法学本科阶段的教育对大多数人来说是特殊的高级职业教育，基于这样的认识，实践教学环节在法学人才培养方面的地位和作用就凸显了出来，相应的评价标准应该更高些。

5. 教学管理

在管理队伍方面，一般只考查教学管理人员状况，但在法学院校的评估体系中，应增加对院长或班子管理规划的考查项目。法学院长乃法学院校的领军人物，将一个法学院带向何方，关键在于院长。合格的法学院长不仅要有出类拔萃的法学专业理论学养，更应具有超前的法学教育理念与法学教育思想，不仅要是优秀的法学家，还应是睿智的极具人本观的教育家。

6. 教育教学效果

在检验学生法学专业基本理论与基本技能掌握的水平和程度时，可采取对高年级学生现场测试的方式进行，可通过分析案例、制作法律文书等，综合考查学生运用所学专业知识分析问题、解决问题的能力，为判断教学效果优劣提供客观依据；另外，可组织正在学习法学某专业课程的学生随堂讨论，以检验其逻辑构思、知识的运用、语言表达等能力的培养效果。

诊所教育、法律援助及效果、司法考试合格率以及法学专业毕业生从事法律职业的占当年毕业生比例，均是体现法学专业教学效果的重要内容，应在观测点中均有所体现和要求。

诚实信用是法科学生必备的、基本且至关重要的品行，在思想道德修养中应特别增加“诚信”的考查内容要求。

最后应注意的是，通过评估，一方面应使法学专业设置和建设要求实起来；另一方面还应让办有成效的法科院校从中受益，因而，四个等级评估是必要。优秀的内涵至少应是“品牌响、示范性强、影响力大、特色鲜明”。

一个评估指标体系从酝酿到成熟要经过相当漫长和艰巨的孕育过程。我们满怀期待，期待着更加科学、完善的中国法学专业评估方案尽早问世，那将是法学高等教育真正走向辉煌的起点。

中国应试教育的制度分析

卢现祥　唐静芳　罗小芳①

一、引言

我国从1993年就明确提出中小学要"由应试教育转向全面提高国民素质的轨道"，十多年过去了，应试教育之风越刮越烈，难道存在的就是合理的吗？"应试教育"乃属中国特有的名词，是中国学者针对中国当前的教育弊端提出来的，是一种极端化的教育现象。

对于应试教育的含义，众说纷纭，莫衷一是。有人把应试教育等同于片面追求升学率，如徐晓云(1992)认为所谓应试教育是脱离社会发展和人的发展的实际需要，以应付升学考试为目的违反教育教学规律的一种传统教育模式。② 而马玉(1994)认为所谓应试教育就是学校围绕升学考试而开展的各种教育教学活动。③ 夏荣(2005)认为，应试教育是一种以应付升学考试为唯一目的，围绕"应考"开展教育教学活动的片面的淘汰式

① 作者简介：卢现祥，中南财经政法大学经济学院院长，教授，博士生导师；唐静芳，中南财经政法大学硕士研究生；罗小芳，中南财经政法大学经济学院讲师。

② 徐晓云：《试论应试教育与素质教育》，载《教育理论与实践》，1992(6)。

③ 马玉：《应试教育与素质教育》，载《教学与管理》，1994(3)。

教育。在教育内容上，应试教育只重视升学考试科目的教学，轻视甚至放弃非考科目。①

对应试教育弊端分析比比皆是，但应试教育最大危害是什么？科举、应试教育与寻租有什么内在联系？科举乃是应试教育的前身，Tullock(1980)以中国古代的科举教育作为寻租活动的典型案例来说明寻租活动对资源的浪费，认为科举教育就是一种非生产性的追求既得经济利益的活动，即寻租活动。Ballmol(1990)批判了科举制度的寻租性。崔卫国(2003)也将寻租理论运用于应试教育的弊端分析，唯分论让学校教师和学生家长都迷失了教育的本能，单一的考试制度泯灭了栋梁的创新思维，投入的教育资源没有发挥最大的教育效用。

综观已有的研究，应试教育的弊端不外乎于以下几个方面：其一，重知识传授、轻能力发展；重分数指标，轻智力与非智力素质(人本素质)的提高；学生学习负担重等，不利于提高学生素质。其二，应试教育是一种选择性汰劣式教育，不利于教育面向全体学生。其三，阻碍教学方法的改革，影响素质教育的提高。其四，阻碍学生个性的发展，扼杀创造力，等等。当然，应试教育也有其合理性的一面，在我国这样一个讲人情、讲关系的国家里，用统一的严格分数标准作为录取的唯一依据大大地减少了权力对这个领域的干预，在一定程度上保证了教育的公平性。从经济学上讲，应试教育的运行成本要比素质教育的运行成本要低得多。

关于应试教育存在原因的分析，徐琼(1999)认为，应试教育的存在是因为教育体制的不完善、教师教学方式的惯性以及社会过分强调分数标准。黄国勋、唐佐明(1999)认为，应试教育存在的原因主要是高等教育资源稀缺与强盛需求的矛盾，人事制度、教育评估及教师考核与奖惩办法存在政策导向偏差，教育个体受利益驱动；高考命题标准化及内容选取的规律性等。② 顾海兵(2002)认为，中国的高考制度乃至高校招生制度过分依赖分数，人事职称制度也对应试有很强的导向。崔到陵(2005)将应试教育分为应试教育制度和应试教育行为两种并分别对其进行分析，认为当前的教育问题就出在具有功利性的应试教育制度上，而应试教育行为是无辜的。③ 我们认为这些关于应试教育存在的原因分析还主要是在表面层次上，还没有深入到应试教育存在的深层次原因上。本文将从制

① 夏荣：《素质教育与应试教育》，载《济宁师范专科学校学报》，2005(3)。

② 黄国勋、唐佐明：《应试教育成因分析》，载《广西大学学报》，1999(5)。

③ 崔到陵：《应试教育的局限性分析》，载《当代教育论坛》，2005(5)。

度层面系统揭示我国应试教育存在的根源。

二、应试教育体制下应试教育的具体形式

1. 教育目的的功利性

应试教育即以应对考试为目标的教育，是一种以升学为目的，以提高应试成绩为教育目标，以知识灌输为教学方法的教学体系。教育过程中完全忽略了人的个性，一切都强调标准，强调整齐划一；教师和学生都成为了考试的附庸，缺乏独立性和灵活性。由于要根据考试分数定质量、论奖赏，造成学校偏重分数，学生追求分数，评估需要分数，家长喜爱分数的为考试而教育和学习的局面，使学生沦为考试的奴隶，教师沦为创造高分的工具，① 这些都扭曲了教育的内在价值要求，曲解了教育的本质内涵，也体现出在接受教育吸收知识过程中的被动性和功利性。

2. 教学内容的单一性

1952年以后，从学科分布、院系设置、招生分配到教材编写、考试科目，完全纳入国家的统一计划，教育完全成为了国家的行为。以全国一套教材、一个大纲、高度统一的教学模式，以应试为价值取向，在教育上表现为单一式、灌输式、一个标准教书、一个模式铸人，培养大批统一规格的人才。这也决定了应试教育的教学内容逃脱不了全国统一的教材，走不出统一的考试大纲的范围，因为考试的界限已经框定，违规者必将承受被淘汰的命运。

3. 教学方式的“填鸭式”和投机性

应试教育下一切以考试为中心，考试成绩是学生、教师乃至家长的目标和期望。中小学生围绕各种考试而学，教师围绕考试题目而教，“教”、“学”中心内容局限于应付考试，最终陷入“题海”而无暇顾及全面发展。为了应付考试，学生在一种无形的压力下反反复复翻着指定的教科书，甚至不惜想尽办法，费尽心思去背诵书本内容，大脑成为教科书的简单翻版。

从某种程度上说，应试教育在教育效果上具有虚假性，本应由学生自己归纳总结所学的知识，教师却为了“节省”学生的精力和时间给学生代劳。大量的教师自创的公式、解题定理及规律泛滥，学生可以不求甚解，只需记住解题套路，既节约答题时间，准确率又高。而且，目前我国对考试题型采取部分标准化策略，如高考每科考试都有选择题，语文

① 丁宏伟：《考试的作用及其与应试教育和素质教育的关系》，载《医教研究》，2001(12)。

少不了作文，数学离不开应用题、证明题，理化考试不能没有实验题等有规律可循，这就为教师押题，帮学生总结出投机取巧的解题定律等应试行为提供了条件。

三、应试教育的制度分析

我国的应试教育在很大程度上是我国传统文化及集中计划经济体制相结合的产物。政府过多地对教育资源的垄断和管制是应试教育存在的根本原因。

1. 应试教育的实质：教育资源集中配置条件下的寻租

教育寻租是指，在我国现阶段教育资源特别是优质的教育资源严重缺乏的状况下，为满足教育消费群体对教育资源的竞争性需求，教育资源的所有者在价值或效益最大化的思想的指导下，在使其教育资源实现从无到有，从低到高的回报的价值或效益追求过程中，所产生的有形或无形的教育资源在地区间的流动和阶层间的变迁的种种社会现象（邓凡茂、郭金波，2004）。

无论是科举制还是现在的高考制度，为资源非生产性的运用提供了比其他生产性应用更高的报酬，即为应试教育设了“租”。综观目前的人事就业制度，各单位不顾自身的职业能力需求，一味提高招录人员的学历要求，学历成了获取理想职业的敲门砖。同时，由于我国的应试教育体制以集权化为特征，大量的教育行政权力掌握在政府手中，教育主管部门利用手中的行政权力，利用资源的稀缺性，无意、被动、主动创租，致使、诱使、迫使学校向其“寻租”。例如，高考分数所承受之重让学生和家长对此异常关注，进入重点大学是他们的向往和追求。与此同时，出现了重点大学升学率高的重点高中、初中以及小学。良好的教学环境以及优秀教师的引进离不开政府的扶持，稀缺的教育经费是各个学校的竞争对象，政府部门所掌握的重点学校的审批权也为学校寻租提供了机会和条件。由于教育资源的稀缺性，学校有些部门或掌握一定权力的个人，同样通过创租诱使学生及家长向学校或个人进行寻租。尽管现在的义务教育是实行电脑派位的就近制，但是高费跨片择校的行为仍然屡禁不止。目前，在基础教育中，寻租已经延伸到学生的任课教师身上。为了让孩子能得到教师的重点培养和栽培，甚至是特殊照顾，各家长纷纷请客送礼，无所不用其极。由此可见，应试教育及体制与科举教育一样，都没有创造或实现价值，为社会增进福利，而是对已经创造和实现了的价值进行争夺与窃取，造成了经济资源配置的扭曲。

由于教育供给权的垄断和教育主管部门对高校运行的直接干预，教育主管部门能够在一定程度上左右教育资源的配置，高校的一些管理者也能左右教育机会的供给，这都会成为寻租的目标。于是教育主管部门与高校的一些行政人员利用手中的权力给寻租者以优惠和特权，腐败就会产生。

应试教育不仅是对教育本质的一种扭曲，更重要的是应试教育使有才能的人被配置到寻租职业而不是生产性职业上来，降低经济增长，而且最大的问题是把社会的精英吸引到寻租上来，使整个社会的动力机制扭曲，这会降低创新和技术进步。安德烈·施莱弗和罗伯特·维什尼以1960年的GDP作为基数，在对全体国家的回归中，发现工程师对增长有显著的正效应，而律师对增长有不太显著的负效应。即寻租降低经济增长，而企业家活动和创新则提高了增长。如果新入学的学生中选择工程专业的人多10%，将使工程专业的入学人数提高大约一倍，那么会导致每年的经济增长率提高0.5%。如果选择法律专业的人多10%，也将使法律专业的入学人数提高大约一倍，那么每年的经济增长将会下降0.3%[①]。这些年我国高校招生中经济、管理及法律专业是增长最快的，而与生产性活动相关的专业却成了冷门专业。从就业来看，公务员成了许多大学生、研究生教育的首选。

2. 路径依赖与应试教育体制的变迁

中国的应试教育体制的产生绝非偶然，从古代的科举制度到如今的高考制度已有数千年的历史。在历史文化长河的沉淀下，已经形成了与之相适应、相配套的庞大组织机构和繁杂的制度安排，他们由于应试教育体制的存在而产生，固然为其筑起坚强的保护壁垒。本文将分别从路径依赖自我增强机制的四个方面来说明应试教育体制的顽强性。

首先，应试教育体制的规模效应。设计和推行一项制度必须投入大量的初始成本，而随着这项制度的推广，单位成本和边际成本都会下降。中国人口有13亿之多，适龄的在校学生人数超过2亿，应试教育体制也随着义务教育的普及延伸到神州大地的各个角落。且经过时间的洗礼，整个社会都已经习惯并接受了这个教育体制，它所涉及的面积之广、范围之大、影响之重，确实给应试教育体制的变革带来了巨大的交易成本，使教育体制变迁的阻力巨大。

其次，应试教育体制的学习效应。在一个制度框架中，所提供的机

① ［美］安德烈·施莱弗、罗伯特·维什尼：《掠夺之手——政府病及其治疗》，北京，中信出版社，2004。

会集合会产生显著的组织学习效应，适合于这一制度框架的组织会逐步建立，并在历史的进程中积累经验。其结果是各种组织必将利用该制度框架下所提供的各种机会，同时反过来强化制度本身。① 中国的应试教育体制具有典型的集权型特征，为适应全国教育工作集权管理的需要，从中央到地方政府，成立了庞大的教育行政组织。与我国政府行政组织的层级相对应，教育行政组织有国家教育部、省教育厅(自治区、直辖市教育局)、市教育局、县和乡镇教育主管部门五个等级。在各个等级下，还组建了繁多的内部机构。繁杂的教育行政组织容纳了大量的从业人员，由于教育行政工作的特殊性——工作的单一性、简单性以及稳定性、安逸性，致使在中国这样一个“官僚体制”的社会中，教育部门的众多从业人员关系盘根错节，要对其进行改革、裁员重组并非易事。

再次，应试教育体制的协作效应。在既定的制度框架下组织与组织之间会产生显著的协作效应，使人们习惯于既定的制度框架。在应试教育体制下，整个教育系统都习惯了上下隶属式的协作关系。学校、教师、家长乃至学生也都习惯了以应付考试为学习的目标，学校的管理方式、教师的教育方式、家长的协作方式以及学生自己的学习模式都极具功利性——高分。

另外，对于学校教师来说，经过多年的准备和适应，已经习惯于既有的教材、当前的教学模式和现有的规章制度，他们并不会因为国家颁布了一项教学改革的命令，或者因为这种改革对学生长远发展更有利而去打破这种习以为常的生活。

最后，应试教育体制的适应性预期。当人们预期到这一制度将延续，预期到他人将会按照这一规则行事时，自己就会首先按照这一规则行事，其结果必然是强化了制度本身。② 高考的招生录取制度、就业时的人事选拔制度等都是应试教育体制的强硬盔甲。录取是以分数为准绳；人事选拔上唯学历是从，尤其是国家机关和事业单位，让人们对分数寄予了更高的期望。目前的国家公务员报考，部分职位有学历的限制。中国本就是一个受“学而优则仕”观念影响极深的“官本位”国家，这就更强化了学生和家长的高分信念，高分——高校——高学历——好职位是现实赋予他们的思维逻辑，这些正式或非正式规则成了他们行动的规则，在博弈的过程中，都理性预期到对方会采取应试高分策略，自己最优的选择也只有应试高分，从而为获取高分而采取极端的做法也是合理的。

---

① 卢现祥：《新制度经济学》，武汉，武汉大学出版社，2004。

② 高金岭：《教育产权制度研究》，桂林，广西师范大学出版社，2004。

3. 意识形态与应试教育体制的变迁

意识形态是一种普遍存在于政治和社会中的具有影响政治判断和社会选择的价值观与行为的思想体系。意识形态一旦进入社会约束范畴，它就会长期地稳定地影响着人们的行为和价值判断，强化社会制度变迁中的路径依赖。[①] 当意识形态强烈地影响着现有的教育活动和制度活动的时候，制度创新和制度变迁的可能性就很小。

中国古代的科举制度本质上是文官制度，而不是教育制度。它存在的目的是帮助政府培养与挑选官员。凡是培养官员不需要的专业，它就不设置。国家垄断了教育权，把教育变成了政治的一部分，并通过组织统一考试来使教育服务于建立和维持中央集权大一统。科举制度随后被废除了。但科举教育制度的核心——集中统一考试以及国家垄断教育，却被继承下来了。通过这样的考试安排，个人丧失了自主性，而只能被动地服从"需要"。所以，全国统一考试，统一命题，禁锢了人的思想，是教育制度中弊端最大的一个部分(刘军宁，2006)。

我国自采用科举制度选拔人才以来，读书、考试、做官就三位一体地发挥作用，这种经过数千年历史积淀下来的文化传统形成了一种强大的历史惯性。在古代要报效祖国也只有做官一途为正途，读书则可能做官，做官必须读书，金榜题名是人生的至高追求，被古人誉为人生三大幸事之一。延续至今表现为家长重视子女的教育，鼓励、帮助、支持子女通过教育走向仕途、博取功名，从而形成了中国特定的考试价值观，使教育—考试—谋取好职业、博取功名的价值观念一直占据主流地位。

"学而优则仕"的观念几千年来左右着我国教育的走向，越是经济欠发达地区，读书崇拜就越严重。在教师的作用中，人们千百年来信奉的是韩愈的"师者，传道、授业、解惑"之说。与此同时，学生只能被动地接受教师的所传之道，所授之业，所解之惑。正是这种集体无意识，这种经由千百年来形成的民族心理和习惯，使得应试教育成了人们普遍认可、接受的现实。

4. 应试教育体制下的利益集团

在应试教育体制的长期运行中也形成了相应的利益集团，以中小学教科书的供给为例，应试教育体制规定教育行政主管部门制定学生使用的正式课本。同时，教育法还规定，适龄儿童必须上学，而上学的儿童必须购买教科书，这就使教科书成为了一种义务消费商品，而且消费主体和消费决策相分离。因为教科书在我国是实行中央政府指导下的省级

① 闵维方：《探索教育变革：经济学和管理政策的视角》，北京，教育科学出版社，2005。

人民政府定价制；其生产和销售过程存在政府规定下的专营和垄断经营，即我国的教科书是一种受严格政府经济管制的商品。

据新闻出版署的统计，1998年全国出版中小学教材40亿册，定价总额为165亿元。因此对于出版发行行业来说，教科书意味着巨大商机。再看利润的分层情况，中小学教科书的出版印刷由省级新闻出版局制定下属的某几个出版社和印刷厂印刷出版。所有中小学教材均由新华书店独家发行。新华书店的发行折扣为定价的30%，其利润约占定价的20%；省出版局的利润定价为定价的30%；原材料费、印刷费、管理费等为定价的40%。教材出版利润率在2000年以前平均为15%～20%，① 这种丰厚利润造就了不同的利益集团。这些利益集团为保持既得利益，必定会捍卫应试教育体制，成为应试教育改革的强大阻力。

5. 教育评价技术水平与应试教育体制

首先，劳动就业市场上的人才识别系统技术落后巩固了现行的应试教育。人才的识别是个复杂的工程，因为人的能动性很难把握。更何况当今这个效率第一、利润至上的社会，要求企业花费大量的时间、物力和财力来检测应聘者的能力是不现实的，而要企业招聘人员在短时间内来评判众多的应聘者中最适合公司职位的也有很大的难度和风险。在没有相关仪器的硬性检测指标来对应聘者的能力进行客观分析时，招聘者的经验以及其主观能动性就起了重要作用。但是，不可否认，从整体来看，学历高的群体要比学历低的群体更有潜力和能力，几年的继续教育使他们接受和消化新知识的能力与速度更强更快。作为招聘者来说，在短时间内以相对高的安全系数来招聘新员工的方法就是以学历、文凭以及证书等为主要标准，把工作能力与学历文凭联系起来。更有甚者，把引进高学历人才当作装门面，提升知名度增强企业形象价值工程的手段。此外，对国家公务员的要求往往在报考阶段就给出了严格的学历限定条件，学历成为向上角逐的必要工具。

其次，对于学校、教师等教育相关人员及组织绩效的评价技术系统不能清楚划分彼此的权责利。目前的评价系统以升学率为唯一的标准，而且现行的高考制度和招生制度也为之提供了便利的条件。全国统一高考，时间、考卷一样，阅卷标准相对一致，录取以分数为至高准则，在这样相对“公平”的环境下很容易计算出各校乃至各班的升学率。对高考的重视使升学率高的学校得到公众的青睐，生源好，学校创收多，众家长不惜高费择校。另外，现行的教育评价技术系统难以对素质教育的成

① 边星灿：《平等与效益——教育决策的两难选择》，载《浙江社会科学》，1998(6)。

效进行量化，如学生生动活泼的个性难以抽象数量化，学生丰富多彩的发展过程也不是几组僵化的数字可以表达的。从社会评判的角度来看，对应试教育的考核成本远远低于对素质教育的考核成本。

综观以上利用制度变迁理论对应试教育体制存因分析过程，虽然可得出如下结论：应试教育的实质是教育资源集中配置条件下的寻租；当前的应试教育体制的存在有其历史客观原因——路径依赖惯性；意识形态滞后；利益集团阻碍；教育评价技术不完善等，致使应试教育体制改革受阻，素质教育推行困难重重。

四、应试教育向素质教育转变的对策建议

要实现应试教育体制的变迁就必须改变固化现行体制的各种因素，逐步动摇应试体制的根基，为素质教育的推行做好铺垫。

1. 进行配套制度改革，改变以往应试教育体制的路径

由于现行体制具有路径依赖的特性，当前的应试教育规则会派生出诸多与之相关的正式规则与非正式规则，如高考及高校录取制度、人事选拔制度、教育评价制度等，要变迁应试教育体制，单独改变某种制度是行不通的，这些制度之间相互关联、相互牵扯、相互影响，牵一发而动全身。只有对相配套的制度体系进行整体性的松绑，才能改变应试教育的路径。为此，我们可积极探索建立通过学业考试、综合能力和专项水平测试、职业资格认证、教育督导、社会中介评估、质量检测、数据报备等多层次、全方位的教育质量保障改进体系。

2. 转变教育观念，淡化读书定终生的传统意识形态

意识形态也存在着路径依赖问题。所以，当一种制度变迁涉及意识形态变化的时候，首先需要的是意识形态的变革，而意识形态变迁首先需要克服的是路径依赖问题。“万般皆下品，唯有读书高”等传统观念一直影响着中华民族的教育走向，要改革应试教育体制，让众人自觉遵从新规则的前提是在意识上先接受，但意识形态的改变是渐进的过程，且受到外界利益机制的影响。为此，改变应试观念不仅要在社会上营造良好的教育氛围，而且在对人才的选拔和考核上应弱化成绩和学历的标准，从内外两方面来动摇并改变传统的意识形态，为素质教育的实施做好思想准备。

3. 发展民办教育，从增量入手带动应试体制的改革

既得利益集团无疑会为维护自身利益而阻碍制度变迁，但如果改革暂不触动当前部分利益集团的既得利益，他们就不会对改革设阻碍了。

如发展民办大学，增加高等教育资源供给并未触动当前利益集团，也就不会带来改革的阻力。大力发展民办私立大学，并在政策上给民办教育松绑，切实赋予其与国立大学同等的权利和待遇，给民办教育一个宽松的环境发展壮大，增加高等教育资源供给，吸收更多高中毕业生，降低升学的竞争指数，缓解高等教育的供需矛盾，消除实施应试教育的客观压力。

4. 推行科学的多元的教育评价机制

切实纠正“以考代评”的错误做法，改变以升学率作为评价学校和教学工作的唯一依据的倾向。正确充分地发挥学业综合评价、多元化的专门测试和职业资格认证在升学、就业等方面的作用。在充分发挥教育督导机构作用的同时，鼓励社会中介力量参与教育评价工作，培育教育专业评估机构。教育评价还应当从行政人员主导的评估和所谓的专家参与的评估回归为教育同行的评估。以内部评价或自我评价为主、以外部评价或他人评价为辅的被评价者和评价者的关系逐步确立，为学生的全面而有个性的发展、教师的专业发展和学校的自主发展服务。

5. 高考科目与内容的改革应体现科学的价值取向

对高考科目与内容的改革必须坚持科学主义价值取向，降低应试策略的高分绩效，减少应试机会主义动机。要依靠现代化的科学技术手段，全面考测出学生的各种能力。我们可以借鉴发达国家的先进经验，如美国的 SAT 和 ACT 就是主要用来测量学生的学习能力、性向和适应性的，韩国的 GSAT 也是较为成功的能力测试。采用先进的科学技术来控制考试的信度、效度，保持合理的区分度，以此来维护高考的稳定性和权威性，尽量做到由素质和能力来主导高考，让应试下的教学成效无法彰显。但在高考改革的科学主义取向中，不可避免地出现由主考官意识决定成绩的主观项目，这又与人们所朝奉的“客观公平”原则起了分歧，在一定程度上阻碍了高考科学程度提高的进程。所以，在高考改革中，一方面要追求改革的科学性，使高考能尽量科学公正地反映学生各方面的能力和素质；另一方面要努力克服片面倚重考试的弊端，弱化分数在录取中的比例，采用多元的入学评价方案，从而降低应试教育模式的高分绩效，使应试教育在需求上缺乏市场，从根本上扭转应试教育的局面。

刍议中原大学办学形式的演变

王列平[1]

中原大学是我校的前身。这所在解放战争中诞生的新型革命大学，在新中国成立前夕和新中国成立初期的短短5年中，培养出了1.4万余名干部，不仅补充了战争时期前方干部的不足，而且也为华中、中南地区乃至全国各地输送了大批急需的建设者，使之成为各条战线的重要骨干。

由于学校经历了战争、新中国成立以及由战争转入和平建设的过程，其办学形式也随之发生了很大变化。然而，作为学校的继承者，我们却对这段历史缺乏深入系统的研究。两年前，关于我校从何时开始培养研究生的讨论中，就十分明显地凸显出对中原大学办学形式的变化不甚了了。鉴于此，本文依据所掌握的资料，对这一特殊历史时期办学形式的演变作一概述。

一、为革命事业培养干部

在中国共产党的历史上，办教育历来都是为了革命事业和战争的需要。因为在推翻国内反动阶级的统治和反抗外来侵略的斗争中，暴力革命和武装斗争是共产党人的首要任务。因此，中国共产党在开办教育时

---

① 作者简介：王列平，中南财经政法大学校史馆副研究员。

所制定的方针是“树立一种适应于历史和时代的潮流、符合于党和人民的最高利益、服从于和服务于中国革命的总任务和总路线。”①

中原大学是中原解放区第一所新型的革命大学，也是共产党人为取得革命战争的最后胜利而建立的人力资源基地。但由于受当时革命任务、战争环境、办学条件和学员素质等诸多因素的制约，学校开办之初的主要任务是，通过极短的时间迅速地改造、训练、培养出一批具备基本革命理论，较熟练地掌握党在解放战争时期各项工作方针、政策的干部，为开辟新解放区，接受旧政权做好各项准备工作(政治、经济、文化等)。正因如此，这就决定了中原大学办学初期具有以下特点。

教育方针：使全体学员受到共产主义世界观和为人民服务人生观的教育，以及党在解放战争时期的总路线、总任务和各项基本政策的教育。

训练方法：采取理论联系实际的原则，针对当时深受国民党统治区宣传教育毒害的青年学生的思想特点，注重发扬他们爱国、求进步、求民主，反对蒋介石独裁内战政策的积极方面，引导他们自觉地克服从旧社会感染而来的诸多不良习气，强化集体主义和组织纪律观念。

主要课程：马列主义基础理论，中国共产党党史基本知识、党的基本政策，以及随时辅以革命战争形势的教育。

教学形式：采取教、导、学相结合，以导为主的方针。所谓“导”，就是疏导、开导干部、教员深入学员中做细致而周到的思想政治工作。在教学上，一方面按照学员既有的文化程度，循序渐进，深入浅出地进行政治理论教育，使学员们通过解放区与国统区的两种政策、两种政治环境的比较而受到启发，自觉地接受马列主义理论，改造旧思想。另一方面，调动青年知识分子向往革命的内在积极性，通过集体生活的实践锻炼，初步形成既有民主又有集中的工作作风，学会自觉地开展批评与自我批评的良好风气。

中原大学开办初期，正是采取了这些行之有效的教育方针和方法，使在短期内训练、培养出一大批干部的目的得以实现。随着革命形势发展的需要，第一批学员(1948 年 8 月入校)228 人，于 11 月下旬提前毕业后，即被分配到中原解放区和华北解放区各党政机关工作。淮海战役进行中，学校及时地选派出 258 人组成支前工作团，开赴前线担任各项工作。1949 年 4 月，为配合渡江战役的进行，学校分配了两批学员 651 人去第二野战军和第三野战军工作。与此同时，还有数百名学员加入了南下工作团，奔赴各地参加地方政权建设工作。这些学员在校期间通过一

① 熊复：《中原大学校史·序》，5 页，武汉，华中师范大学出版社，2003。

段时间的思想教育、政治学习，初步掌握了马列主义基础理论和党的方针政策后，成为了革命队伍中的一员，在建立和建设新中国的奋斗中贡献了自己的力量。

学校在实施思想教育、政治训练的短期教育形式时，还注重了高级人才——研究生的培养。学校之所以采取这一重大举措，是为而后转向正规化教育培养师资队伍。1948 年 12 月，学校先后成立了两个直属研究室(政治研究室、文艺研究室)。研究室的工作内容：一是研究贯彻党在解放战争时期各项方针、政策，并承担全校的政治理论授课任务；二是挑选、吸收一些政治思想强，文化基础好的学员进研究室作为研究生培养，通过两年学习研究，使之成为合格的教员。当时由于各方面条件所限，招收研究生的工作进展缓慢，人数也较少，没有形成一定规模。

1949 年 12 月，学校在已开办研究生教育的基础上，第一次明确提出了财经学院、教育学院从培养的学员中各招收研究生 50 名和 25 名，① 并正式确定了研究生的政治和生活待遇，“研究生在学习期间仍为学员身份，但物质供给可按干部待遇，参加教联会。”

1951 年 3 月，为进一步规范研究生的教育和管理，学校又专门作出了《关于研究生之调整与学习领导的决定》。此决定着重解决了两个问题，一是对过去所招研究生进行了一次严格考试，强调研究生的质量。“凡考试成绩优良，并能担任一定教学任务者，可提拔为助教；凡考试成绩中等，有培养可能者，则继续留研究室学习；凡考试成绩劣等者，调出研究室另行分配其他工作。”二是明确了研究生有关学习事项。规定研究生学业 2 年制，原则上第一年全部学习理论。第二年学习各科业务。在研究生的指导上，由研究室主任教员成立指导小组进行指导。与此同时，还强调要加强研究生俄文学习，并为他们配备一定数量的图书等。② 在这些有力措施的保障下，研究生的培养工作步入正轨，不仅及时有效地解决了师资的培养问题，也为以后研究生的培养探索了道路。

二、不拘形式，学以致用

新中国成立后，党的工作重点开始由乡村转向城市，由武装斗争转向和平建设。与此相适应的大学教育，也必然要逐渐转向专业与学术的正规化。1950 年 8 月，潘梓年副校长在纪念建校两周年时指出：“大军南

① 《中原大学第三次校务会决议》，湖北省档案馆提供。
② 《中原大学关于研究生之调整与学习领导的决定》，湖北省档案馆提供。

下，迅速胜利，一年又半，中国形势已从以战争为中心转变到以建设为中心的新局面，中大建校时所接受的历史任务，即随之告一段落，它在建校一年又半以后，就已需要从以短期的政治训练为中心，转变到以比较长期的专业训练为中心。而目前，就正是在这一转变的过渡时期。”①鉴于此，学校为适应这一过渡时期的需要，在办学形式上则采取了短期训练与专业化相结合的方针，不拘形式，从而达到学以致用的目的。

新中国成立之初百废待兴，一方面各行各业极缺政治性强，懂专业的干部；另一方面从解放区来的干部虽然政治性强，但不懂专业；旧政权留用人员以及旧知识分子虽然懂专业，但必须通过思想改造，转变观念才能更好地为新中国建设服务。正因如此，学校此时承担了双重教育任务，不仅需要继续改造旧人员，提高他们的政治觉悟，迅速地训练出一批适应经济建设需要的骨干力量，而且还要逐渐地转向专业与学术的正规化，为国家经济建设发展培养各类高级专业人才。

1949 年 12 月，中原大学财经学院成立后不久，就应中南地区经济建设的急需，受中南财经委员会委托，先后用一年至一年半的时间轮训了中南六省两市的财经干部 2000 多人。这其中包括县级财经干部和工业、交通、财贸等部门的财经干部。轮训期限，短期为两个月，长期为一年(3 个月的政治学习，9 个月的业务学习)。正是通过这种轮训的方式，为新中国成立之初的中南地区各级财经建设部门输送了大量的财经干部，为国家经济恢复作出了贡献。中原大学的文艺学院、教育学院、政治学院也都同样承担了大批短期培训任务。

1951 年年初，随着经济建设的需要和学员成分的变化(初、高中毕业生增多)，学校决定率先在财经学院实行由过去以短期培训为主的教育形式，转向以专业与学术的正规化方向发展。为此，当年 8 月财经学院在原有各专业的基础上改建成财政、金融、贸易、合作、工管五个本科系，并招收本科学员 260 人(工管 100 人、其余各系 40 人)，学制为 3 年。对这批本科学员，学校决定不再搞一段时间的思想改造，而是政治理论课与业务课穿插进行。3 年制本科全程教学计划规定学员必须修完 21～22 门课，其中政治理论课 3 门，即历史唯物论、辩证唯物论(120 学时)，政治经济学(170 学时)，中国革命史(64 学时)；公共课 2 门：俄语(488 学时)、体育(180 学时)；专业课 16～17 门，并规定 2 周实习时间，3 年总学时大约 2100 小时。② 这与现在的 4 年制本科几乎没有区别。

① 潘梓年：《中原大学建校两周年》，载《中原大学二周年纪念专刊》，1950(8)。
② 《中原大学财经学院本科各系教育计划》，湖北省档案馆提供。

放区的开辟做好各项准备工作。因而“不拘形式”是它的办学特色，“学以致用”是它的办学目的。所以，在任何形势下办学一定要坚持自己的特色，务必使培养对象通过学习达到“学以致用”的目的，学校才能有旺盛的生命力，学生才能受到社会的欢迎。

其二，“与时俱进，开拓创新”，是中原大学壮大的根本。新中国成立初期，百废待新，急需各方面的专业干部。为此，中原大学成立了文艺学院、财经学院、教育学院和政治学院，及时地调整了过去以单纯的思想改造和政治训练为主要目的学习，加强了专业知识的学习和培养，并在不长的时间内训练、培养出了一大批专业干部。不仅如此，为适应国民经济恢复和建设的需要，财经学院迅速地成立了 5 个专业系，开始招收 3 年制本科生，并将过去短期培训也转变成了 1～2 年的专修科，所开设的许多课程也是旧学校所没有的，如国民经济计划、新中国现行财政制度、国民经济各部门拨款、新中国保险业务等。这些新课程的开设，不仅适应新形势的需要，而且也成为推动新学科、新学术发展的动力。

其三，“重培养，抓师资”，是中原大学转向专业与学术正规化的保障。学校开办不久，就十分注重师资队伍的培养、建设，因为这是学校打基础、管长远的重要举措。1948 年 12 月，中原大学开始招收研究生。一年以后，便成规模地招收研究生，其目的就是为了培养、建设自己的师资队伍。如果没有一支政治思想强，业务素质高的师资队伍，学校也不可能在极短的时间内就开设适应新中国经济建设的课程，为新中国经济建设培养高级人才服务。

六十年的办学历程，在弹指一挥间中划过，它记录着昨日，启迪着今天，昭示着未来。今日的中南财经政法大学正是在继承“中原精神”的基础上，日新月异，不断蓬勃发展。

中美辅导员制度比较及其启示

傅小勇①

我国高校辅导员制度已经走过了半个多世纪的历程，随着高校教育改革的深入，对辅导员工作的要求日益提高。作为世界教育强国的美国，其辅导员职业已经成为一个分工明确、运行高效的专业领域。本文拟通过对中美辅导员制度的比较，以期对我国的辅导员专业化、职业化有所启示。

一、中美辅导员制度比较研究

(一)产生原因

美国辅导员协会认为美国之所以需要辅导员，是因为辅导咨询这种处于教学外围的工作是不可或缺的，当教学、课程、硬件、管理等高等教育环节越来越完善的时候，一些外围的工作，包括心理辅导、学习辅导、职业辅导等，却跟不上，于是，便逐渐产生了对辅导顾问类工作的需求，于是辅导员就出现了。

我国的辅导员的产生具有很强的政治性，是面对国内外的政治形势，

① 作者简介：傅小勇，中南财经政法大学公共管理学院委员会书记。

为培养具有坚定共产主义信念的接班人，必须加强对大学生政治方向的引导而设立的工作岗位，类似于军队中的政工人员的职责，最为本职的工作是政治工作，组织学生进行政治学习。

(二)发展历史

美国的辅导员制度至今有100多年的历史。1908年，美国心理学家帕森斯在波士顿成立了第一家辅导中心，专门辅导青年认识自己的志向、能力和兴趣，以便寻求合适的工作。这项服务在美国大受欢迎，帕森斯也因此被称为"辅导之父"。与此同时，学校教育为了适应社会发展的要求，也设立了心理辅导学科，并开始由学校的任课教师兼任辅导员，对学生进行心理辅导和职业辅导。后来，学校心理辅导工作在美国迅速发展，高校都建立了完整的辅导体系，并逐渐获得与学术教育相对等的地位。各高校设置"学生人事服务处"或者"心理辅导中心"，由受过专业训练的辅导员为学生的个人成长提供测评、咨询服务。随着高等教育的发展和社会的进步，辅导工作的目标逐渐从矫正和治疗有心理问题的学生向促进学生的全面发展转变。

我国高校设立辅导员有50多年的历史，开始叫"政治辅导员"，最为本职的工作是政治工作，也进行部分管理。随着我国高等教育的发展和高校事务的拓展，各方面对辅导员的要求也发生了一些变化，辅导员的工作属性开始由单纯的管理工作向教育和管理双重属性拓展，使辅导员工作成为高校育人的一个重要环节。随着近些年来高校扩招，学生就业压力增大，学生心理问题增多，对学生进行就业方面的指导和心理辅导，逐渐被各高校所重视。学校层面的心理和职业服务机构开始注意对辅导员的培训，使辅导员拥有一定的心理和职业发展方面的知识。于是，我国的辅导员逐渐发展为思想政治工作者和管理、服务育人的复合角色。

(三)人员构成

在美国高校中，学生工作的部门呈条状分布，各院系不再另设学生事务管理组织。每个管理部门即是面向学生管理服务链中的一环，部门间事务人员人数确定，职责明确，不重叠，无交叉。这些事务人员团体即为学生工作者，其人事设置上一般是设立一位副校长统筹学生事务，下设副校长助理、执行助理以及各部处办负责人协同负责，各部门确立工作干事人员。

在我国高校中，学生工作的部门呈块状分布，各院系另设学生事务管理组织。学生管理决策层在校党委，一般由一位校党委副书记分管，决策关系学生工作根本性和全局性的大问题。同时学校的院系也成立学生工作组，成员有院系党总支副书记、院系行政副职、学生工作办公室主任、分团委书记、专职辅导员，而且以上人员的身份还可能交叉，而不同的院校的设置可能也有所不同。

(四)发展现状

在美国，早在20世纪20年代就有了最初的学生事务协会，称为全国学生人事管理者协会(NASPA)。NASPA会议每年定期在美国召开，随着时间的推移，NASPA的规模不断扩大，现达到每年几十个国家共计几千名代表参加的规模。美国学生工作者无论在学历还是职业化、专业化以及学生工作的终身化上，都要胜出一筹。在美国怀俄明大学心理咨询中心现有6个全职注册心理师，还有6名博士生、2名博士后。

而在中国基本上没有全国性的正式相关协会组织，而是以行业为主体的民间团体的方式对学生工作进行过一些尝试，而且教育部也在组建全国性的辅导员协会、全国高校辅导员创新论坛等。在我国，辅导员一般具有所辅导学生学科的专业知识，年龄上呈年轻化，具有研究生及以上学历的辅导员很少，博士生辅导员基本为零，更难说博士后了。

(五)工作理念

美国学生工作者强调以学生为本，学生消费者第一，通过为学生服务来促进学生学习和个性化、全面性发展的实用理念；美国学生工作者首先是作为一个服务者、管理者，然后才是一个研究者的身份，教育者身份基本不涉及。

中国辅导员则突出德育、政治思想性，重视教育和引导，在教育、日常管理中灌输给学生理想信念、爱国主义、公民道德、个人修养等。我国辅导员是集教育者、管理者、服务者于一身的老师，同时辅导员根据工作的需要研究学生的思想现状和管理的规律。

(六)从业分类

美国的高校辅导员是依据专业来分类的，是根据“咨询辅导”这种教学外围工作的实际需要来划分的，兼职辅导员是对全职辅导员的一种补充，其分类非常细，既包括全职的心理辅导员、职业辅导员、学习辅导员、生活辅导员，也包括兼职的学习辅导员、生活辅导员、住宿辅导员等。这些辅导员许多都具有相关专业博士学位，并且通过了辅导员协会的职业考试。另外，在美国的高校中也普遍聘用优秀的高年级学生担任学习辅导员、住宿辅导员、生活辅导员。

我国的辅导员在过去的50年中只是统称为“思想政治辅导员”。思想政治辅导员则分为专职思想政治辅导员、青年教师兼职辅导员、研究生助管兼职辅导员和高年级学长辅导员几种。各地、各高校根据实际情况不同，辅导员的组成情况会有所不同。

(七)运行机制

在美国，辅导员协会对会员辅导员工作有业务上的指导义务，但并不进行直接的管理。而在各高校，辅导员是通过预约制度来进行管理的。需要辅导员的时候，学生可以向辅导中心提出预约。辅导中心会根据具体的情况安排具体的辅导员进行个体辅导或团体辅导。

在我国高校中，每一个班级必须配备一名辅导员进行管理。学生工作的重心在院系，各院系都会设立分管学生工作的党总支(支部)副书记，下设班(年)级辅导员。一般情况下，每周在学校层面会有一次学生工作例会，由学校层面党委副书记、相关部处和院系总支副书记(学生工作负责人)共同出席，上传下达相关学生工作事宜。会后，院系层面也会安排一次学生工作例会，根据学校学生工作例会精神和院系安排对辅导员进行工作布置以及汇总基层情况。因此，我们主要是以班(年)级为单位进行管理，学校开展学生工作主要在于抓辅导员队伍。

(八)工作效果

美国辅导员工作内容在于服务，因此在心理辅导、职业辅导、学习辅导、生活辅导等方面，能够应用心理学、医学、管理学、组织行为学、公共关系学等学科的前沿理论和实践为学生服务。因此，向辅导中心寻求帮助的学生确实能够享受到比较好的服务，不过在学生接受服务的广度方面跟我们相比就有很大差距。美国高校将寝室管理、行为规范管理等工作都交给宿舍部管理，并且管理比较松散，更有相当多的学生在校外租房，无法进行管理。因此美国高校不像我国高校那么稳定，犯罪率也比较高，学生学风也没有我们这么好，毕业率也比较低。

我国高校稳定、犯罪率低、学风比较好、积极向上的学生活动丰富、有良好的班级文化和寝室文化、学生毕业率比较高等，这些都得益于我国高校强有力的管理体制、辅导员的指导和管理能力以及细致全面的工作。不过，我们也存在一些问题：第一，忙于事务性工作，思想政治教育这一本应属于辅导员最重要职责的工作做得还不到位。第二，我们在心理辅导、职业辅导这些非常专业化的服务方面还远远不能满足学生需求，这主要是因为我们起步比较晚，工作人员和辅导内容方面都还没有专业化。

二、对我国辅导员建设的启示

通过对中美两国辅导员制度的比较，我们可以看出，中美辅导员制度各有千秋，但是美国的辅导员制度有着相对比较优势可供借鉴和吸收。具体来讲，有以下几点启示。

(一)加强理论研究

我国高校的辅导员工作是从政治思想工作转变而来的，辅导员工作主要以政治教育和学风建设为重点，在工作意识上仍倾向于把学生看作被教育和管理的对象，满足于不出事、不闹事，因此，必须进一步加强对辅导员工作的理论研究，更好地树立以学生为本、为学生服务的理念，完成从注重政治思想教育和道德教育到以培养全面发展的人为目标的转变、完成工作方式从管理学生到服务学生的转变，同时，要促进高等教育学领域从事学生事务管理专业方向的学科建设，实现高校辅导员队伍的专业化培养模式。

(二)提高重视程度

要继续提高对我国辅导员及其工作的重视程度，让我国辅导员能像美国学生工作者一样将学生工作作为一种自我实现的需要，作为一种归属感和终身事业，让年轻的辅导员倾注激情，充分实现个人价值。正如美国著名的社会心理学家马斯洛的人的需求层次理论所言，人在满足最基本的需求之后，会向更高层的尊重需求和自我实现的需求迈进。中央16号文件明确提出要采取有力措施，着力建设一支高水平的辅导员、班主任队伍，学校要从政治上、工作上、生活上关心他们，在政策和待遇方面给予适当的倾斜，为这支队伍朝着职业化、专业化、专家化的目标发展提供政治保证和政策导向。

(三)建设专业学科

随着社会主义市场经济体制的确立和完善，学生工作已经是一门科学，它涉及社会学、政治学、管理学、教育学、心理学、伦理学、美学和行为学等方方面面，必须有一支相对稳定、素质健全的学者型、专家型队伍去终身从事这一职业，才能够满足现实需要。在我国，学生辅导员队伍的专业组成五花八门，有的可以说与所从事的学生工作根本不相适应，在涉及个人职务和职称发展时，需要挂靠别的学科，这实际上不仅仅降低了学生工作的地位，而且否定和淡化了学生事务管理工作的科学内涵。可以说，没有相对独立和完善的专业学科支撑，辅导员的选拔聘任、培训进修、职务职称等问题就很难纳入规范渠道，辅导员的专业化和职业化建设就不可能实现。

(四)创新运行机制

美国高校学生工作机制就好像学校为学生设置了品种齐全、个性突出的自助大餐，学生只要凭借个人兴趣和需要去选择相应服务就行。这种机制的优点是人员分工明确，专业化明显，每个人只要在自己的领域中发挥作用就算完成任务。我国高校学生工作机制是块状的，每个辅导员要面临一个班级或者几个班级，要解决这些学生遇到的所有需要解决的问题。这种机制的优点是可以加强我们对学生的管理程度，教师和班级在学生中的作用比较突出。但缺点是使辅导员陷于事务性工作，不利于自身可持续性发展。因此，可以借鉴美国的经验，把辅导员进行分级或者分层，比如根据高校学生工作需要，可以将学生辅导员岗位确定为职业生涯设计辅导员、心理辅导员、住宿辅导员、涉外辅导员、院系资深辅导员五大类。前四大类统一纳入学校学生工作部，由学校统一协调管理。这样，既解决了辅导员的专业方向问题，又把辅导员从烦琐的事务中解放出来，更是实现了学生事务工作的规范化、一体化。

(五)制定法律规范

美国高校辅导员专业化程度高，在很大程度上得益于完善的法律法规，其许多工作只要按照现成的程序、步骤和规范去操作就行。学生在法律、法规面前，明白学校要自己做什么和怎么做，其自我约束意识也大大增强。目前，我国涉及高校学生管理的法律法规不能满足当前学生工作的要求，存在着空白点多、操作性不强、连续性不够等问题，从而使高校学生工作标准不一，法律依据几乎空白，学生行为缺乏有效的权威规范。这就造成不同高校学生辅导员职责不同，待遇不一，工作方式各异，工作内容千差万别。这严重制约了学生工作的发展，往往导致学生辅导员在行使自己工作职责时，不得不面临法律的困惑和社会的无奈。因此，要做好相关法律规范的指定工作，使得辅导员在开展工作时有法可依，有法必依，统一思想，统一标准，实现培养“合格建设者和可靠接班人”的总体目标。

参考文献：

[1] 首都师范大学学生事务赴美培训团. 美国学生事务管理工作及其启示. 北京教育，2006(11).

[2] 邓续周. 中美高校学生事务组织机构的比较. 第二届上海高校辅导员论坛.

[3] 周济. 切实推进高校辅导员队伍建设，为加强大学生思想政治教育提供坚强的组织保证——在全国高校辅导员队伍建设工作会议上的报告提纲.

[4] 李明忠. 美国大学生事务管理工作的发展特征. 现代教育科学，2005(5).

[5] 马健生，滕君. 美国高校学生事务管理的历史流变. 比较教育研究，2006(10).

[6] 林美璇，李稚. 中美大学学生管理工作的比较分析. 广东工业大学学报(社会科学版)，2006(2).

[7] 王群. 迈向21世纪的高校学生辅导员队伍建设. 全国高校学生工作研究会第十二届年会论文，1999.

本科课堂教学质量▶ ▶评价指标体系初探

徐桂菊[①]

课堂教学是教学的基本形式，课堂教学的质量直接影响学生培养的质量。用什么样的评价指标体系，科学地评价和考核教师的课堂教学质量与教学水平，是所有学校一直探索的课题。所谓课堂教学质量评价指标体系，一般来说，是指课堂教学质量应评价的项目、评价的要点，评价的内容以及各项指标(项目)所占比例、权重等。为保证评价工作正常开展，广义的评价指标体系除了评价的指标和标准外，还应包括被评价的对象、评价的主体、评价的方法以及相关的文字说明等。可以说，制定科学的课堂教学质量评价指标体系，健全和完善教师课堂教学质量考核机制的核心内容，改变目前本科课堂教学质量评价状况，加强教学管理和提高教学质量，帮助教师改进教学工作，切实提高本科课堂教学质量是各高校孜孜以求的目标。

一、本科课堂教学质量评价指标体系的原则

本科课堂教学质量评价是高校教学管理的一项常规性工作，也是高校教学质量监控与评价系统的一个重要组成部分。但用什么标准去评价

---

① 作者简介：徐桂菊，中南财经政法大学教务部常务副部长，副研究员。

课堂教学，一直以来都是广大教师、学生和教学管理人员关注的热点。这是因为评价指标体系不仅是参评者（同行专家、学生和教学管理人员）评价课堂教学质量的依据，而且也是被评教师不断转变教学态度、充实教学内容、改进教学方法、提高教学效果、规范教学行为的依据，同时也是教学管理人员规范教学管理行为的依据。因此制定科学本科课堂教学质量评价指标既是评价工作的基础，又是评价工作的核心。鉴于此，本科课堂教学质量评价指标体系应符合以下原则。

（一）科学性与可行性原则

科学性是指评价体系的内容是否符合客观实际，是否反映本科课堂教学的本质和内在规律，基本要求是否正确等。科学性原则要求教学质量评价标准的制定，要反映和遵循基本教学规律的要求，认真分析与研究影响教学质量的主要因素，保证评价内容的严谨，在把握好评价体系整体建构的同时，分清指标之间的轻重、主次之分，做到重点突出、评价的项目适当。同时，鉴于课堂评价指标是教学质量评价的依据，通过评价指标的各项内容来判断教师的教学态度、教学内容、教学方法与手段以及教学效果等实际情况，因此评价标准既要符合课程教学的统一要求，又要符合不同课程的实际情况，如理论课、实验课、体育课评价标准问题，既要考虑教师的特长、个性，又要适用于所有教师。这就要求评价指标中的评价项目和评价内容应具有可观察、可感受、可评价的特性，便于操作，具有可行性的特征，指标和标准要从实际出发，防止要求过高或过低。

（二）导向性和激励性原则

课堂教学质量评价注重的是对整个教学过程的评价，目的是提高课堂教学质量，保证教学效果强调的教与学互动，因此评价指标体系不仅是参评者评价课堂教学质量的依据，而且也是被评教师不断转变教学态度、充实教学内容、改进教学方法、提高教学效果、规范教学行为的参照和依据，具有较强的导向性。同时评价指标体系还应充分考虑其激励作用，让广大教师在理解、接受评价标准的前提下，自觉遵守评价指标内容并按其要求增强自我调控能力，不断改进教学工作，提高教学水平，真正实现从他律到自律的转变。

（三）广泛性和一致性原则

为了有利于规范教学，有利于评价工作的开展，有利于评价结果的客观与公正，相同类型的课程应只有一个评价指标，这个指标标应是对所有教师、所有课堂教学的基本的普遍的要求，如理论课教学中无论是公共课还是专业课都应是一个评价指标。因此课堂教学质量评价指标应具有广泛性和一致性，不应因课程类型不同有若干个评价标准。

(四)定性与定量相结合的原则

因此教学评价的根本目的是促进广大教师提高教学水平，促进学校教学质量的整体提高，而不是为了评价而评价，教学评价的结果不应仅仅是一个过于抽象的优良中差，还应是一个可比较可把握的具体结论。因此在进行教师课堂教学质量评价时，必须遵从定性与定量相结合的原则，对教师课堂教学质量评价既作量的分析，也作质的分析。只有把定性分析与定量分析相结合起来，才能使评价结果既是一个综合的、全面的，还是单项的、具体的；既可对教师教学情况的总体情况进行评价，也可对教师某一方面如教学态度、教学方法、教学内容、教学水平(效果)进行专门评价。这样不仅有利于对教师的教学质量总体情况有一个全面的把握，而且有利于掌握教师在教学过程中的某一方面的表现有所了解，能准确地发现教师教学的长处与不足，有针对性地对某一方面存在的问题进行改进，做到有的放矢。

二、本科课堂教学质量评价指标体系的结构

综观各高校课堂教学质量评价指标体系，不难发现各校评价指标体系五花八门、形式各异，如综合的、单项的或单项与综合结合的，不同评价主体通用的，专用的，不同课程通用的、专用的，等等，评价指标体系的差异必然十分明显。这主要是由于一方面教学活动是一种非常复杂的社会实践活动；另一方面评价活动的目的、要求、内容不同，可以从不同角度设计出各种不同的评价指标，但无论差异多么明显，都不外乎主要是根据课堂教学活动的组成要素或从教学活动发展的过程来设计评价指标和项目。从多年实际工作情况看，笔者认为，本科课堂教学质量评价指标体系应主要从以下四个方面入手。

1. 依据课堂教学活动的组成要素来确定评价指标的结构更具科学性。一般来说，课堂教学评价指标是依据课堂教学活动的组成要素、课堂教学活动发展过程或学生学习效果三个方面来设计的，但无论是按照教学活动发展过程，还是学生学习的效果来设计，都离不开教师、学生、课程等教学活动的要素，同时按照课堂教学活动要素来确定指标的结构更

有利于操作和评价目的的实现。那么如何评价教学活动的要素——教师、学生、课程呢？这几个要素可以具体从教师教学态度、教学内容、教学方法与手段、教师教学效果与学生学习效果等几个方面来反映。教学态度、教学内容、教学方法与手段、教师教学效果与学生学习效果等项目又可以通过不同的评价内容来衡量。

2. 教学质量评价指标体系的结构应是单项与综合结合的，既可以对教师总体的教学情况进行综合评价，也可以对教师某一方面进行评价。这是因为评价结果往往是通过不同的分数表现的，但在同样的分数情况下，教师间的个体差异有时是非常明显的，有的是教学内容的问题，有的是教学方法的问题，有的是教学态度的问题，有的则是教学效果的问题。评价指标体系的结构采取单项与综合结合的，既可以在总体评价好的教师中发现其不足的方面，又可以在总体评价略低的教师中发现其某一方面的亮点与长处，便于教师取长补短，促进教师水平的整体提高与改进。

3. 不同评价主体的评价指标应尽量统一，避免指标过于繁杂，使被评教师难以适应。这是由评价的目的决定的，教学评价的目的是促进教师提高教学质量，评价指标不仅是参评者评价课堂教学质量的依据，而且也是被评教师不断转变教学态度、改进教学内容、教学方法、提高教学效果、规范教学行为的依据。不同评价主体使用不同的评价指标，必然会造成评价指标的多样和繁杂，极易造成教师无所适从，影响评价导向性的效果。

4. 不同属性的课程应有不同的评价指标。不同属性的课程如理论课、实验课、体育课由于基本的要素相同，都离不开教师、学生、课程等，因此其评价结构应尽量保持一致，但由于其教学目的、教学内容、教学方式、教学场地等不同，评价的内容应有较大区别。

三、本科课堂教学质量评价指标体系的内容

为了保证评价工作的顺利开展，明确了课堂教学质量评价指标体系的结构后，就应确定相应的评价内容。其评价内容主要有以下几个方面：

1. 关于教学态度。应考查教学准备、仪态、遵守教学纪律以及授课是否认真等。

2. 关于教学内容。应考查教学内容的深度与广度，内容是否系统、科学，内容是否充实、重点、难点是否突出，教学信息量及教学内容的改革与更新等。

3. 关于教学方法。应考查是否因材施教，教学方法是否灵活多样，是否注重理论联系实际、善于启发思维，能否科学、合理使用现代化教学技术手段。有的还可以考查板书和普通话使用情况等。

4. 关于教学效果。应考查学生到课率，教、学互动情况以及学生理解和掌握主要教学内容的情况等。

实验课、体育课由于其教学目的、教学内容、教学方式、教学场地等不同，除了在教学态度的考查内容与理论课相近外，对教学内容和教学方法的评价内容应有所不同。譬如实验课的教学内容可着重考查实验目的、任务是否明确，内容是否充实、是否融入科技创新和实验教学改革成果，实验内容与理论教学以及社会实践是否联系密切，是否注重学生能力培养，以及开设综合性、设计性实验项目情况，等等。又譬如体育课的教学方法则应注重考查课堂的组织，讲解、示范、口令等。所以，不同属性的课程应有不同的评价内容。

总之，评价内容的设计要在大量的调研和收集相关资料信息的基础上进行综合分析、筛选，指标要求应适度，既要符合统一要求，又要符合被评价对象的不同情况，评价的项目要适当。同时评价项目和评价具体内容、要素应具有可观察、可感受、可评价的特性，便于操作，具有可行性的特征。

四、本科课堂教学质量评价体系的主体

评价指标体系主体主要指的是“谁来评价”的问题。“谁来评价”直接决定和影响评价标准的把握，评价内容、评价方式的确定以及评价结果的客观性，等等。在确定评价主体时应考虑到将影响到课堂教学质量的因素尽可能纳入评价主体的范围。在排除专业设置、人才培养模式和经济社会发展需求及其他客观因素如教学安排、教学条件、教学环境等对教学质量的影响之外，教育者、受教育者应该是影响教学质量的重要因素。教育者包括教师、教学管理人员等，受教育者则是学生。从这个角度来讲，评价主体应多元化，学生、教师、同行专家和教学管理人员都可以成为评价的主体。具体说来，本科课堂教学质量评价指标体系的主体应包括以下几个方面。

(一)学生作为评价主体

课堂教学的对象是学生，学生是课堂教学活动中不可或缺的要素，是教学活动的主体，也是课堂教学质量优劣的直接受益者和受害者。因

此学生的评价也是最直接、最客观的。通过学生对教师课堂教学质量的评价，反映出教师的教学态度、教学方法、教学水平是否符合学生的要求，也可以反映教师在学生中的威信、受欢迎的程度。但是由于学生主要是从个人的学习角度评价课堂教学质量，他们缺乏对教学目标或意图、内容和方法上的总体了解，同时学生对教师的评价也存在许多不确定因素，如学习习惯、学习方法等，甚至师生关系都可能使评价工作产生一定的误差。因此，学生评价不宜采用抽样评价，而要让全体的学生都参与评价。开展学生评价教师课堂教学质量活动，科学合理地运用评价结果，是提高教育教学质量，加强教风与学风建设的一条有效途径。

(二)教师作为评价主体

教师是教学活动的主导，是课堂教学的组织者，其重要地位是不言而喻的，他们对教学质量的评价或者说对课堂教学质量优劣的看法会直接影响其教学行为，进而影响到课堂教学质量的优劣。因此，将教师作为课堂教学质量的主体不仅可以促使教师按照评价标准修正与提高，激发任课教师的责任感和主观能动性，不断改进教学工作，提高教学水平，而且可以促进教师不断转变教学态度，充实教学内容、改进教学方法、提高教学效果、规范教学行为。从这个角度来讲，教师自评的过程也是一个从他律到自律的过程。

(三)同行专家作为评价主体

同行专家一般是指在同一学科、专业具有相当学术水平、相应专业技术职务的学者，他们具有丰富的教学经验和较深的学术造诣。在课堂教学质量评价工作中，同行专家一般为院系负责人、教研室或课程组负责人，他们对教师的基本情况比较了解，对本学科、课程的教学目标、内容、方法以及对师生的背景情况较为熟悉，因此同行评价易于作出恰如其分的判断，因此他们对相关课程教师课堂教学质量的评价具有权威性和指导性。同行专家开展评价工作不仅有利于掌握本专业、本课程教学的总体情况，而且有利于开展相应的教学研究与改革，针对教师的不同情况开展有针对性的传、帮、带，以提高教师整体的教学水平。

(四)教学管理人员作为评价主体

根据教育部颁发的《普通高等学校本科教学工作水平评估指标和等级标准》的规定，教学管理人员包括学校分管教学的校长、教务处等专职教学管理人员、系(院、部)分管教学的主任、教学秘书等教学管理人员。

在教学活动中，虽然教学管理人员既不是教学活动的主导，也不是教学活动的主体，但他们是教学活动的组织者、管理者。他们的工作如教学安排、教学组织等直接影响教学质量。

五、本科课堂教学质量的评价方法

评价方法主要指的是"如何评价"的问题。"如何评价"也决定和影响评价标准的把握，评价主体、评价内容的确定以及评价结果的客观性，等等。一般来说，评价有自我评价、他人评价。评价主要包括相关评价信息的收集与统计、分析与结果的反馈三个部分，而信息的收集是评价工作的关键，一般通过听课即课堂观察、问卷、访谈等方式进行。目前各高校较为普遍是采取听课的方式，也有部分学校采取问卷的方式。作为评价主体的学生、同行专家、教学管理人员基本上是从听课中收集评价信息的。当然为了保证评价结果的客观性，应考虑将多渠道收集到的信息纳入评价的范围如学生信息员收集的信息等。

当然，课堂教学既是一门科学，又是一门艺术，作为一门科学，就应该有一定的评价标准，而作为一门艺术，贵在创新，就不应该有唯一的评价标准。同时由于课程属性、教学方式、教师的个性及特长等因素存在着客观差别，课堂教学既有共性、有统一的教学规范，同时也应允许有个性、有创新、有特色，这就要求课堂教学评价指标既要有统一规范的要求，也要为教师的个性化教学、独特的教学风格、教学方法等留有空间和余地，否则就会由于统一的规范，使课堂教学走向僵化。因此，要保证评价结果的客观有效，关键的一点是建立科学合理、可行的本科课堂教学质量评价指标体系。

参考文献：

[1] 侯光文. 教育测量与教学评价. 济南：明天出版社，1991.

[2] 路海东. 教育心理学. 长春：东北师范大学出版社，2002.

[3] 余林. 课堂教学评价. 北京：人民教育出版社，2007.

[4] 李庆丰，章建石. 高校内部教学质量保障体系的理论构建. 中国高等教育，2008(11).

[5] 钱存阳，林维业，曹魁. 课堂教学质量评价指标体系的探讨. 高等教育研究学报，2003(4).

[6] 郝建平. 教学评价的设计. 人民教育出版社课程教学研究所网站，2006-05-22.

[7] 教学评价概述. 株洲教师教育网.

建立本科质量保障机制 培育财经政法创新人才

廖啟新①

为国家和社会培育创新人才，是历史赋予我国普通高等学校的根本任务。实践证明，要确保创新人才培养的质量，必须建立与中国国情相适应的、行之有效的教育质量保障机制，这是学校确保创新人才培养质量的关键。因此，普通高等学校始终都应当把建立科学教育质量保障机制作为学校确保创新人才培养质量，进而实现学校奋斗目标的一项十分重要的战略措施予以高度的重视。经过近十年，特别是近几年的不断努力，我校坚持创新教育观念，以实行全面质量管理为突破点，以实施"质量工程"为契机，以制度建设为基础，狠抓教育质量保障机制的建设，现已初步建立起结合我校实际的、具有我校特色的切实可行的本科教育质量保障机制，为国家培育了一批又一批深受社会和用人单位好评的财经政法创新人才。回顾走过的历程，我校在本科教育质量保障机制建设的过程中，主要在以下三个方面进行了有益的尝试。

① 作者简介：廖啟新，中南财经政法大学高等教育评估与研究中心副研究员。

一、创新教育观念，不断提高建立本科教育质量保障机制的必要性和重要性的认识

“创新是一个民族的灵魂，是一个国家兴旺发达的不竭动力。”同样，创新也是建立本科教育质量保障机制的灵魂。如果不能创新，不去创新，高等学校本科教育质量保障机制就难以建立起来，难以有效地确保人才的培养质量。因此，建立行之有效的本科教育质量保障机制，创新精神不仅需要而且必须贯穿于整个保障机制建设的全过程。这就要求我们必须树立创新的教育观念，在建立本科教育保障机制的全过程中充分体现创新的精神。这样，才有可能建立科学的行之有效的本科教育质量保障机制，进而确保高等学校本科人才培养的质量。基于这一认识，学校于2003年9月开始，在全校范围内开展了三次以“改革、创新、发展”为主题的教育思想教育观念大讨论，并将讨论成果汇编成三册公开出版。通过三次大讨论，学校的领导、教学管理人员及广大教师更新了教育思想，创新了教育观念，大家一致认为：建立本科教育质量保障机制绝不是可有可无的事情，而是一项必须全力以赴抓紧抓好的事情，是关系到学校本科创新人才培养质量、关系到学校兴旺发达的战略措施。在不断提高建立本科教育质量保障机制的必要性和重要性认识的基础上，学校决定结合本校的实际，借鉴国内外高等学校建立教育质量保障机制的成功经验，有领导、有计划、有步骤地加快我校本科教育质量保障机制建设的步伐。

二、明确指导思想，科学提出建立本科教育质量保障机制的基本原则

建立科学的系统有效的本科教育质量保障机制，应当明确建立保障机制的指导思想，并提出科学的建立保障机制的基本原则。在调查研究的基础上，我们明确了建立保障机制的指导思想：以科学发展观为指导，坚持社会主义办学方向，以适应具有中国特色的社会主义经济建设和社会主义精神文明、物质文明建设要求，体现高等财经政法教育自身规律，反映我校鲜明的办学特色，把能否确保财经政法创新人才培养质量当作本科教育质量保障机制是否科学有效的重要标志，使本科教育质量保障机制的建设朝着健康、有序、高效的方向发展。根据这一指导思想，我校科学提出了建立本科教育质量保障机制应当遵循的六条原则：一是求

真务实、改革创新；二是科学合理、简便易行；三是高效有序、明确责任；四是加强基础、突出重点；五是措施到位、落实到人；六是不断完善、健康发展。

三、结合学校实际，初步建立具有特色的行之有效的本科教育质量保障机制

从国内外高校建立教育质量保障机制的情况来看，虽然建立保障机制的基本原理大致相同，但是，由于各高等学校的实际情况千差万别，类型也各不一样，因而从理论上来说不可能在建立教育质量保障机制的模式上完全相同。事实上，各所高等学校建立的教育质量保障机制也不尽相同。因此，我们认为，不同类型的高等学校应当根据各自的实际情况建立与其相适应的独具特色的教育质量保障机制。我校是一所以经济学、法学、管理学为主干，多学科协调发展的全国唯一的财经政法大学，我们的奋斗目标是建设成为国内一流国际知名的具有中国特色的研究型人文社科大学。我校建立的本科教育质量保障机制，必须依据这一实际情况和奋斗目标精心设计，组织实施。只有这样，我们建立的本科教育质量保障机制，才能结合学校实际，才能显现我校的特色，才能科学合理，才能行之有效。经过近几年的努力建设，我们已结合学校实际，初步建立起具有我校特色的本科教育质量保障机制。这一保障机制主要是由本科教育质量规章制度机制、本科教育质量监督机制、本科教育质量评估机制、本科教育质量预报机制、本科教育质量约束机制、本科教育质量责任机制、本科教育质量信息反馈机制、本科教育质量奖惩机制有机组合而成的。这是一项较为完善的系统工程，它有严密的组织，需要学校各个部门和全体教职员工及学生共同参与；有科学、严格、有效的运行机制，根据本科人才培养的规律和教育教学管理规律及学校的特色，分部门、分层次、分阶段组织实施，明确各自责任，不断提高管理水平和运行效率；有称职的一定数量的素质较高的队伍，采取必要的有力措施，增强他们的服务意识，加强爱岗敬业的职业道德教育，提高思想政策水平和业务能力，进行定期的科学考核。围绕建立本科教育质量保障机制就是要确保本科创新人才培养质量这一最根本的要求，我校建立的本科教育质量保障机制具有以下八个主要显著特点。

一是本科教育质量规章制度机制基本完善。完善的本科教育质量规章制度机制是本科教育质量保障机制正常运行的制度保证。学校紧紧围绕创新教育观念和培养创新人才目标，根据高等教育发展趋势和经济社

会发展对高素质人才提出的要求，不断强化高等教育的质量观，构建了比较完备的具有创新精神的本科教育质量规章制度保障体系。自2001年以来，学校先后制定了51个教学管理规章制度，并多次进行了完善和修订，编印了《中南财经政法大学本科教学管理手册》，颁布了《本科教学质量手册》。我校的本科教学质量规章制度系统科学，全面具体，涉及本科教育质量的各个层面，涵盖了本科教育质量的每一个环节，为保证本科教育质量提供了强有力的制度保障。学校实行严格的教学检查制度，每学期期初、期中由教务部组织相关专家和管理人员对教学环境、教学设施、课堂教学和教学运行等进行检查，及时发现问题，及时传递信息，及时采取措施，保持了良好的教学秩序；学校实行期末考试巡视制度，组成由学校领导带队、督导员、评估专家、教学管理人员参加的巡视队伍，对各教学单位考试准备工作进行督促检查，坚持对每个考场进行巡视，并进行考场评估；每年召开两次全校性的本科教学工作会议，对各学期的本科教学工作进行总结，通报教学检查和期末考试的情况，表彰模范教师，指出和纠正不良现象，批评和处理失职人员，使本科教学过程中的各要素、各环节保持良性互动，健康发展。本科教育质量规章制度机制的进一步完善，维护了正常的教学秩序，使得我校各学院能严格执行教学计划，严格控制调停课比例，保证了本科专业全程培养方案的严肃性和稳定性。学校在积极推行学分制、选课制、弹性学制和主辅修制外，还鼓励学生依据自身兴趣和特点参加各类课外实践活动，创造性地实施了“本科生课外素质学分制”，取得了明显的效果，它不仅弥补了专业教学计划单一性和固定化的不足，完善了本科人才培养方案，而且由于素质学分内容丰富，人人可选择，人人可实现，因此为学生搭建了展示自我的大舞台，拓展了学生的知识面，训练了学生的实践能力和适应社会的能力，引导学生根据自身实际打造合理的知识结构，促进了学生的全面发展。

二是本科教学质量监督机制日趋健全。建立、健全的本科教学质量监督组织机构是本科教学质量监督机制运行的组织保证，学校建立、健全本科教学质量监督的组织机构，除了在教务部设立“教学质量管理办公室”进行教学质量的日常监督管理之外，还设立了高等教育评估与研究中心、教学督导室等实体机构。这些机构既有科学分工，又有紧密协作，为本科教学质量监控提供了强有力的组织保障。“高等教育评估与研究中心”根据教育部有关本科教学工作水平评估的指标体系要求，制定适合我校特点的自我评估与监控体系，对本科教学工作进行指导、检查和评估，并对评估工作、教学工作进行研究，为学校进行科学的教学管理提供决策依据。教学督导室聘请有丰富的教学经验和教学管理经验、工作能力强、作风正派的高级职称人员，组建了一支结构合理、素质高的专兼职教学督导队伍，对影响教学质量的各环节进行密切督导检查，对出现的教育质量问题进行研究，提出建议和决策。同时，学校注意发挥学院在教育质量监控中的作用，将管理权限下放，监控层面前移，实行校、院两级教育质量监控模式，充分调动了各学院的积极性、主动性和创新性。此外，学校还吸引收学生参与本科教育质量管理，一方面组织学生信息员搜集、反馈教学信息，监督教学质量；另一方面开展学生网上评教，点面结合，充分发挥学生在本科教育质量监控机制中的重要作用。

三是本科教育质量评估机制比较完备。本科教育质量评估机制是本科教育质量保障机制的重要组成部分，是规范教学过程、提高教育质量的一项重要措施。根据学校颁发的本科教育质量标准，我们制定本科教育质量评估办法与指标体系，涉及本科课堂教学、教学单位本科教学工作水平、本科生考试试卷、本科毕业论文(设计)、期末考试考场等方面，为我校开展全面系统的本科教育质量评估提供了客观依据和评价标准。根据上述评估办法和指标体系，高等教育评估与研究中心和教务部组织有关专家对本科各专业的教育质量进行了认真的评估。评估采取听汇报、查资料、召开座谈会、随堂听课、实地考查等形式，重在肯定成绩，推广经验，挖掘亮点和特点，找准问题和差距，进行及时整改和建设。在评估的过程中，重点突出地运用“四位一体”的评估机制对教师课堂教学质量进行客观的评估，即由学生、教师、教学督导和教务部门共同形成对教师课堂教学质量的评价结果，收到较好的效果，得到较好的反映。

四是本科教育质量预报机制以生为本。大学因学生而存在，通过教育教学活动，使学生成人、成才、成功，报效国家，服务社会，是大学的根本任务。因此，我校本科教育质量预报机制始终坚持以学生为本，体现“以人为本”的人性化管理精神。在充分研究和广泛征求意见的基础上，我校于 2007 年 11 月 27 日出台了《中南财经政法大学本科学生学业预警办法(试行)》，将本科教育质量预报机制运行提到了实施阶段。学业预警是指学校依据本科修业的有关规定和各专业全程培养方案的有关要求，对学校本科学生各阶段的学习情况适时通报，对可能无法顺利完成学业的学生发出警告并采取有针对性的防范措施，帮助学生顺利完成学业的制度。学业预警不仅有利于促进学风的明显好转，减少社会、家庭因学生学业等问题带来的矛盾及困难，帮助学生成才，而且可以促进学校加强对学生学习过程的管理，及时研究和解决学生的实际问题，对改革管理观念，改进管理方法，改变管理作风，提高管理水平具有积极的作用。

为了保证此项工作的顺利进行，学校还专门组织了专项培训。可以预见，学业预警制度的实施将会给学校本科教育质量的管理机制增添生机与活力。

五是本科教育质量约束机制依法规范。作为一所财经政法类普通高校，实行“依法规范”，既是学校的天职，更是一种自觉行为。我校在长期的办学历史中，将“依法治国”的改革精神贯彻到了办学的方方面面，积极推行“依法治教”，用法律法规规范本科创新人才培养，依法保护学校教职工、学生的合法权益，为教学、管理和服务工作和本科教育质量约束机制的高效运转提供了有力的保证。按照《高等教育法》、《教师法》等法律，我校制定了《中南财经政法大学章程》，对办学情况、办学宗旨、发展目标、培养目标、学校内部管理体制及运行机制、党的监督、教工民主管理、行政管理、校内申斥与调解、学校决策程序等重大问题作出了全面的规范。在章程的统领下，学校将“依法规范”细化为学校各部门的职责。在教学方面，学校教务部按照《教师法》、《教师资格条例》及国家教育部有关教学方面的规定，引导、督促教师全面贯彻培养方案的要求，完成教学任务；在管理方面，学校各管理部门贯彻执行《教师法》、《治安处罚条例》，依法保护教师的合法权益；在服务方面，后勤等教辅部门依法履行对学校育人工作的支持职责，贯彻执行《食品卫生法》、《学校卫生工条例》、《物价法》等，为教学提供优质的后勤服务。学校设立“法律事务部”，作为直属校党政的咨询、审核和决策机构，制定《关于加强中南财经政法大学法律事务管理的暂行办法》，一方面，对学校所有的规章制度进行合法性审查，对与现行国家法律法规相悖的校内规章制度提出修正意见，尤其对影响师生员工个体权益以及容易引发纠纷的招生管理、学位管理、学生处分等方面相关政策文件进行严格审查；另一方面，学校规定新文件的出台，必须先由法律事务部进行审查，建立从报送、审议、审核到备案的校园“立法”程序。为了切实保障学生的合法权益，学校还于 2005 年在湖北地区率先成立“学生申诉处理委员会”，专门受理学生对违规、违纪处分的申诉，反响巨大。我校建立的体现“依法规范”的本科教育质量约束机制，强化了学校的科学管理，形成了学校自主管理、自我约束和自我发展的良性循环。

六是本科教育质量责任机制显现功效。学校在加强统一管理、总体协调的同时，明确校、院两级本科教育质量责任，发挥学院的积极作用，使本科教育质量责任机制产生最大功效。为建立本科教育质量责任机制，我校开展了三个方面的工作：第一个方面是建立本科教育质量分级管理责任制。校长、党委书记作为学校本科教育质量的第一责任人，对全校本科教育质量负责；分管本科教学的副校长、分管学生工作的党委副书记及教务部负责人负责学校本科教育质量管理的各项工作；各学院党政一把手作为学院本科教育质量的第一责任人，对本院本科教育工作与教育质量负责。第二个方面是签订《本科教育质量目标管理任务书》。学校每学年与各学院签订《本科教育质量目标管理任务书》，明确规定各学院本科教育工作及教学质量的目标和任务，学年结束时按照《本科教育质量目标管理任务书》，对各学院的本科教育工作进行检查与考核。第三个方面是充分发挥学院的积极作用。学校下放一定的管理权限，充分调动各学院的积极性、主动性和创新性，有的学院实行院、系、教研室、教师四级听课制度和观摩学习制度；有的学院成立本科教学检查组，并设立"本科教学质量院长奖"，切实有效地提高了本科教育质量。

七是本科教育质量信息反馈机制畅通直达。为加强信息沟通，及时倾听学生意见和建议，学校建立了畅通直达的本科教育质量信息反馈机制。除了利用校报和"教务在线"传递教育质量信息外，还实行校长接待日制度，主管本科教学的副校长和教务部负责人定期接待学生，回答学生的提问，讲解教学规章制度，有效地消除了许多学生在思想上的困惑和学习中的困难。学校还通过座谈会、专题研究会及教职工代表大会等形式，征求、听取、收集、整理教职工对本科创新人才培养的建议，并召开专题会议研究有关问题，采取相应措施，提供解决办法，创造了一个良好的培养创新人才的环境和氛围，受到大家的普遍欢迎。学校将"学生信息员制度"引入本科教育质量信息反馈机制中。"学生信息员制度"是学校按照一定的条件和程序聘请本科学生作为信息员，负责教学状态调查、教学与管理信息收集、反馈等工作，每个行政班原则上设立一名教学信息员，并保持相对稳定。"学生信息员制度"真实、及时地反馈了教学信息，提高了学生参与教学活动的积极性，充分体现了学生的主体性，发挥了学生在本科教育质量信息反馈机制中的重要作用。

八是本科教育质量奖惩机制泾渭分明。所谓"泾渭分明"就是严格按照学校制定的有关本科教育质量奖惩办法，对在本科教育质量系统工程建设中作出重要贡献并取得优异成绩的教职员工予以表彰和奖励；对于违反有关规定和纪律的及时作出处理。学校坚持开展"优秀教师"、"师德标兵"、"先进工作者"、"优秀共产党员"、"优秀学生工作者"等单项表彰活动，涌现出了全国名师、全国教育系统模范、全国师德先进个人、全国优秀教师、全国模范教师及湖北省、教育部、财政部、司法部优秀教师、先进工作者及大批学校优秀教师、先进工作者和获得各级各类殊荣的优秀学生。与此同时，对发生教学事故的教师按照学校《教学事故处理办法》严肃处理，对违纪的学生，严格按照有关规定作出处理并送达本人。这样，促进了本科教育质量奖惩长效机制的建立。

正是由于我们创新了教育观念，明确了指导思想，坚持了基本原则，结合学校实际建立了行之有效的本科教育质量保障机制，经过全校教职员工的齐心努力，共同奋斗，使得本科教育质量不断提高，科研实力日益增强，社会声誉愈来愈高。据统计，50余年来，我校为社会培养了近30万名财经政法人才，他们绝大部分都已经成为我国政界、学界、商界和企业界的中坚力量和栋梁之材，为国家和社会作出重要贡献，深受社会的好评。

尽管我校在建立本科教育质量保障机制方面进行了上述尝试，并取得了一定的效果，但是还存在着有待进一步解决的问题。今后，我们将在党的"十七大"精神指引下，以科学发展观为指导，不断完善本科教育质量保障机制，为国家培养更多更好的财经政法创新人才。

浅析教学督导在高校教学质量监控体系中的作用及其定位

杨 梅[①]

在高等教育规模迅速发展的今天，高校必须把教学工作作为高校所有工作的中心，视教学质量为学校所有工作的生命线。因此，加强教学管理，特别是建立一套行之有效的自我评价和自我约束机制，构建一个教学质量监控保障体系，已成为各高校十分关注和亟待解决的重要课题。高校教学督导体制作为教学质量监控系统的一个重要子系统，成为高校教学管理改革和发展的重要主题和必然趋势。

一、教学督导是高等学校教学质量监控体系的重要组成部分

(一)高校教学质量监控是高等教育管理体制转变的内在需求

随着“政府统筹规划、宏观管理，高等学校面向社会自主办学”体制的建立，高校办学自主权逐步扩大，高校不仅要保证教学过程的质量，还要保证学校定位的准确性、人才培养的社会适应性、教学计划的科学性等办学中的种种行为。教学质量不再是教学主管部门关心的问题，而

① 作者简介：杨梅，中南财经政法大学高等教育评估与研究中心秘书。

是高校在自身发展过程中必须保证的核心问题。

2001 年教育部在《关于加强高等学校本科教学工作 提高教学质量的若干意见》中要求："政府和社会监督与高校自我约束相结合的教育质量检测和保证体系，是提高本科教育质量的基本制度保障。各级教育行政部门要建立科学有效的本科教育质量评估和宏观监测的机制；高等学校要根据新世纪人才培养的要求，不断深化教学管理制度的改革，优化教学过程控制；建立用人单位、教师、学生共同参与的教学质量内部评估和认证机制。"因此，建立高等学校自我发展、自我约束的教学质量监控机制是适应高等教育管理体制改革的内在要求。

(二)构建以教学督导为主体的教学质量监控模式

我国大多数高校的教学质量监控机构并不是独立的部门，基本上都是挂靠在教学管理职能部门如教务处，依据教务处的工作安排开展督导活动，这样导致了教务部门"既是运动员又是裁判员"的现象，有失质量监控的公正性与权威性，监控的力度与效果不可避免地受到约束和限制。因而，设置独立的教学督导机构，并以此为主体构建教学质量监控体系，有利于确保教学质量监控的公正性与权威性，便于学校从宏观上把握教学质量监控和人才培养质量，有利于高校教学管理改革的深化。

实践证明，教学督导制度的建立，不仅对完善教学质量监控体系，强化质量管理中的学术权力的作用，削减质量管理活动中过强的行政权力，促进教学质量和教学管理水平的提高起到了非常积极的作用；同时，开展教学督导工作，可以沟通、协调教学工作。高校教学督导机构将工作中所掌握的各种信息，及时反馈给相关人员及部门，促成种种问题的及时解决，实现各部门各环节之间、领导与教工之间、教师与学生之间的交流与沟通、增进相互间的理解，从而协调和改善教学中各方面的关系，促进教学工作的顺利开展。

二、高校教学督导的定位

教学督导是高校为了全面贯彻国家的教育方针、保证教学质量、促进高校发展而进行的一种对教学工作的"督"和"导"活动，是高校对教学质量的监督、控制、评估、指导等一系列活动的总称。其主要工作方式是通过对教学活动全过程和教学管理进行检查、监督，掌握情况，总结经验，发现问题并及时进行分析与指导，从本质上讲，教学督导的核心是教学质量监控。

(一)教学督导机构定位

设立相对独立的教学督导机构，在学校直接领导下，与教学管理职能部门密切联系而又独立于外的专门负责承担教学监督、指导、评估以及咨询。这种相对独立的高校教学督导制度，在比较客观、公正的立场上，协助教学管理职能部门对教学质量进行监督指导，严格教学过程管理，保证正常教学秩序，促进教风学风建设，从而保证教学质量的稳定和提高。按照“检查督促，总结经验，发现问题，指导改正”的思路，依据一定的评价标准，协助教学管理职能部门对教学工作的绩效进行调查研究、质量分析、检查监督，以此为基础对教学工作进行监督与指导，从根本上提高教学质量，推动教学改革的不断深化。

(二)教学督导队伍建设定位

教学督导队伍合理构成及工作水平直接影响督导工作的顺利、有效开展。督导人员的专业结构是否合理在很大程度上影响督导工作的正常开展。总的来说，在选聘督导人员时，要充分考虑到学校各学院、专业的实际情况。在高校飞速发展，专业数量急剧增加的形势下，宜采取以学科分类，按不同的学科种类选聘教学督导的方式来组建督导队伍。高校教学督导队伍构中应该有各种专业的督导人员，而且应该对本专业造诣深和具有丰富的教学经验。这样，才能在督导中发现问题，提出问题，并及时加以正确指导。

同时，高校教学督导队伍构成应该是专兼结合，专职督导人员保证督导工作的相对稳定性和权威性，兼职督导人员保证督导工作的相对灵活性和全面性。按照各高校实践经验，专职督导一般从符合要求的高职离退休人员中选聘而兼职督导则应从各教学院系部学术水平较高的在岗高级职称教师中选聘，或从教学管理职能部门中教学管理经验丰富的在岗管理干部中选聘。无论是对专职督导，还是对兼职督导，均应实行任期责任制。

(三)教学督导工作内容定位

督导而言，应包括“督教”、“督学”、“督管”三个方面，而多数高校在教学督导实践中，只重视教学质量的督导，而忽视其他教学环节和教学过程；重视理论教学质量，而忽视实践教学环节；重视教学秩序而忽视对人才培养方案、教学大纲及课程设置；重视课堂教学而忽视实验教学、专业实践及作业等其他教学环节；重视对老师的督导而忽视学生的学习情况及教学管理等。

"督教"的内容目前各高校教学督导工作开展的重点，而"督学"与"督管"却由于人手不足等问题普遍得不到重视。"督学"是指对学生的学习活动过程、学习效果进行多方位的督导。学生是教学活动的主体，是体现学校人才培养质量好坏的直接检验者，应成为教学督导的重要对象。只有加强督学，才能促进良好学风的形成，调动学生学习的主观能动性，提高学生的综合素质和水平，从而达到教学督导教学质量监控的最终目的。"督管"是指对教学管理质量、育人环境等环节进行督导，并进行检查、监督和评价。其主要内容是，检查评议学校教学宏观管理各环节工作的质量和效率，根据督教和督学所反馈的意见，经过汇总、分析和整理，向有关部门提出改进建议、改革方案和措施，不断提高管理工作的质量和水平，促使学校人才培养质量的有序化、规范化，提高教学管理各环节的工作效率。

(四)教学督导工作目标定位

教学督导是根据校长或学校的教学指导委员会的委托从事章程规定的检查、监督、指导等方面的工作，没有直接处理权和决策权，只能将评估结果通过向学校领导和职能部门建议来实现其工作意图，其工作性质与职能部门不同，因而具有非职能性。一方面，高校的教学督导对学校日常的课堂教学情况和教学行为(主要指教师)进行督察、指导和评价，使其不断提高课堂的教学质量和教学水平。另一方面，教学督导通过在日常教学督察中的一些问题的发现，对学校的教学工作思路、教学文件和管理制度等进行督导，提出可讨论的意见，论证其是否符合当前的教学实际情况，有否进行修订和完善的需要，这些往往被管理者看不到而忽视的但对高校教学质量的提高有着更重要和深刻的意义的问题，教学督导机构就可以比较全面和客观的提出来。

(五)教学督导工作理念的定位

树立"以人为本"的督导理念，提倡以导为主，从教师的角度出发，提倡进行换位思考。要从思想上充分认识到教师那种渴望被社会肯定、被他人尊重，从而实现自我价值的积极性，把督导工作从原来以检查、监督为重点的以督为主转为以导为主。在督导工作中，坚持"寓导于督，督导结合，以督促导，以导为主"，在"导"字上下工夫，努力达到督导的最佳效果。督导者与被督导者之间的关系应是和谐、宽容、平等、合作、信任的关系，要讲究督导工作的方式、方法，在具体工作中要做到"督要严格，评要中肯，导要得法，帮要诚恳”。要开展多种形式的帮教活动，如举办专题研讨或讲座活动；还可根据听课与集体评议的结果，开展示范性教学，总结、推广好的教学方法与模式。

参考文献：

[1] 林晓欢．试论高等教育教学督导团．暨南学报(哲学社会科学)，2002(2).

[2] 刘智运．进一步完善教学督导机制．中国高等教育，2003(2).

[3] 朱继洲．高等学校教学督导的作用和定位．江苏高教，2005(1).

[4] 张增年，徐立清，郭国扬．教学督导与评估长效机制构建．电子高等教育学会 2006 年学术年会论文集.

[5] 于永华．教学督导制度与高校教学质量管理权的制衡．高校教育管理，2008(2).

[6] 赵连根．以发展性教育督导评估促进学校主动发展．教育发展研究，2002(5).

[7] 李泽民．高校教学督导现状与发展调查报告．广东教育学院学报，2004(11).

试论研究生学位▶▶论文质量评估创新

李　波　田恩舜[①]

质量是研究生教育的生命线，提高质量是研究生教育永恒的主题。学位论文是研究生培养的重要环节和衡量研究生培养质量的重要标志。知识的发展与创新、人才成长的客观规律决定了研究生教育成果的产生是一个较长的过程，且对科研资源有较强的依赖性。近年来，我国研究生教育大规模、超常规发展所引发的研究经费、研究课题、研究设备等普遍紧张以及导师质量、研究生生源质量等的下降势必会对研究生教育质量造成影响，从而使得人们对质量问题更加关注与更加忧虑。

学位论文的质量是关系研究生教育质量的一个关键问题。在研究生培养中，撰写学位论文是研究生培养过程中的重要任务。目前高校学士论文普遍存在文献综述和分析不充分，研究方法不够科学严谨，创新性不够或者缺少创新性等问题。研究研究生论文指导过程管理、质量保证机制与模式的创新，对推动研究生培养工作和宏观管理工作的改进将起到基础性的作用。

① 作者简介：李波，中南财经政法大学财税学院教授；田恩舜，中南财经政法大学硕士生。

一、创新研究生学位论文质量管理的意义

从学术意义看，学位论文是本科学生完成学业前的综合考核，是其提出毕业或申请相应学位时评审用的学术论文，撰写学位论文是高等教育的重要环节，是进行科学研究和独立工作能力训练的必要实践。作为高等教育的一个有机环节，学位论文写作目的在于让学生总结在校期间的学业成果，培养综合运用所学理论知识、解决实际问题的能力，经受科学研究的基本训练，开发创造力。

首先，对学位论文质量管理的研究，有利于深化学位论文质量管理有关问题的理论认识。在一定程度上甚至可以说目前高校还缺乏对学位论文质量管理进行全面系统的研究。对学位论文质量有关问题进行理论分析与研究，将有助于我们更深入地认识学位论文质量管理的特点，起到推动学位论文质量管理理论发展的作用。

其次，对学位论文质量管理的研究，可以起到丰富与深化高校研究生教育理论特别是研究生教育管理理论的作用。在理论上对研究生教育及研究生教育管理进行研究，具有极为重要的意义。

再次，研究学士学位论文的指导和生产过程，有助于把握学位论文指导中规律性的东西。由于撰写学位论文的时间有限，不少学生是初次搞科研，教师指导具有决定性作用和意义。学位论文的性质、特点决定了教师指导的重要意义：把握方向、训练指导、保证完成的概率。学位论文是大学生从学习阶段向研究、创新阶段发展的重要标志。教师指导学生写作时，如果选准既符合学生主客观条件，又具有广阔发展前景的创造性课题，不仅能指导学生写出一篇高质量的毕业论文，还将把他引进未来大有发展的广阔天地，这正是教师的一大贡献。

从现实意义看，作为一个现代财经工作者，应当既是实干家，有较强的实际工作能力，又是专业科研工作者，有相当水平的理论素养和科研能力。撰写研究类文章，应当是每个有事业心的财经专业人员工作、学习内容的重要组成部分。就科学研究而言，它是相当复杂的思维活动，只有不断地记录、整理、推敲、修改，创造性成果才能臻于完善。就财经专业人员来说，没有研究能力是不堪设想的。而完成好的研究生学位论文是走向成功的财经专家的第一步，具有连接课堂理论和学生未来实践工作的指标性意义。学位论文质量是研究生教育质量的一条重要衡量标准，如何保证和提高学位论文质量，是研究生教育与管理最主要的任务。

近年来，研究生学位论文质量管理实践中有不少问题需要解决。论文质量生产过程的疏于管理，论文评审中的人情风，论文开题与论文答辩的走过场，等等，成为学位论文质量管理实践中经常谈论的话题。论文生产过程阶段不重视管理的原因是什么，论文的生产过程应当如何管理，应采取什么样的措施才能解决论文质量管理过程，教师在指导本科论文中应该如何教学和控制，是学位论文质量管理的实践中需要加以回答与解决的问题。

二、国内外研究的现状

(一)国内对学位论文质量管理的研究

最早是从对发达国家研究生教育的组织和管理体制的介绍开始的，介绍了各国学位论文的基本要求(清华大学，王秀卿和张景安)。自此学者开始了对研究生培养模式的研究(刘鸿、胡玲琳)。20世纪90年代至今，我国学者对研究生教育的关注，主要集中在学位制度与培养模式两大方面。从研究的走向上看，基本是沿着从国外到国内这条线路行进的，尽管他们也对学位论文及其质量要求有所涉及，但没有对其进行详细的分析。

随着国内研究生规模的不断扩大，研究生教育质量问题已开始引起理论与实践界的重视，有关研究生教育质量观和研究生与质量保障体系的研究文献开始出现。薛天祥对研究生学位论文质量管理有关问题进行了分析，其中导师论、学位论对学位论文质量管理的研究提供了有价值的参考材料。近年期刊杂志发表的有关学位论文质量管理的文章，集中在《高等教育研究》、《中国高等教育评估》等刊物，主要内容集中在对于研究生教育质量的研究与研究生教育质量保障的研究两方面。有关学位论文及其管理方面的文章，大体上集中在研究论文的创新、论文的过程管理、论文评审与答辩以及与之相关的问题方面。

关于论文的创新，王伯年认为可以从七个方面衡量学位论文是否做出了创造性的成果；唐卫东等归纳出了创新的三个特点。尽管对学位论文的创新有了深入的分析，但学位论文除了创新还有什么要求，创新在学位论文质量中究竟占有怎样的地位，如何对不同层次与不同类型的学位的创新进行判断，由谁判断，怎样判断，这些问题仍有待深入研究。

对于学位论文的质量进行过程管理进行研究的不多，而且基本上是按照论文质量的生产环节进行研究的。李阿利介绍了学位论文质量生产的六个步骤；梁少琴等介绍了所在高校在研究生学位论文过程管理中采取的有关措施。相对来说，对于学位论文质量过程管理有关理论的研究较为薄弱，而且对过程管理多局限于环节控制方面，这固然与学位论文质量的过程管理主要体现在环节把关上面有关，但是对于过程管理中导师应如何进行指导以及相关的管理机构及管理人员在管理中的权责与作用分析不多。

在对学位论文的评审与答辩方面，有不少学者进行了研究。解飞厚提出了建立规范的论文送审制度、制定科学的论文质量评价体系、加强评阅人自身的学术道德修养以及科学合理地安排时间的解决办法。薛林群等人提出了论文评审和答辩应当采取匿名评审制度与交叉答辩的形式。但是，对于学位论文的评审与答辩究竟为什么导致把关不严这样的问题，很少有人进行专门的研究。

(二)国外对研究生学位论文质量管理方面的研究

集中在三个层面：对学位论文的研究、对学位论文质量的研究、对学位论文质量管理的研究。关于学位论文的研究，美国学者对美国和加拿大几所大学有关研究生学位论文情况进行了调查研究，发表了《学位论文的作用与特性政策的陈述》研究报告，是迄今为止最为广泛与最为全面的一次调查研究。关于学位论文质量的研究，不少学者对学位论文的“创新性”与“独立性”的含义进行了具体分析。英国的菲利普斯就学位论文的“独创性”对导师和研究生进行了调查，并归纳出了“独创性”的九种表现形式。与国内的学者对有关问题的分析比较起来，国外学者对学位论文的“创新性”、“独立性”等术语的分析更为透彻和深入。但从国外学者的研究情况来看，对学位论文的质量到底应当包含哪些内容等问题的研究至今还未见较为全面的总结与归纳。关于学位论文质量管理的研究，国外集中在学位论文的指导以及学位论文的评审与答辩等方面。史密斯认为导师的类型有合作型、放任型与年长的学者型三种，不同类型的导师对学生的指导方式是不一样的。在对学位论文答辩环节的处理上，有不少研究者对论文的评审与答辩之间的关系作了理论分析。

国内对论文质量管理研究有如下特点：一是相关研究较多，直接研究较少。对学位论文质量管理的研究，所涉及的学位论文、质量、管理几部分均有不少文献研究，但直接以学位论文为题进行的研究很少，而且基本上都将研究重点集中在论文质量评价方面。二是程序介绍多，理论分析少。对学位论文阶段各环节各个国家如何组织如何实施等的介绍较多，而从理论上解释为什么这样做的分析较少。三是单个环节分析多，整体分析少。对与论文的评审和答辩的研究及分析的文章较多，但用系统的观点对论文质量的生产环节进行分析的较少，对学位论文内部质量保障的关键环节即论文生产过程的管理研究不充分。因此有关学位论文质量及质量管理的问题，还须作进一步的探讨。同时，国外对学位论文及其质量管理的研究表现出如下的特点：一是以调查研究为主。大部分有关学位论文质量管理的文章，都是在进行问卷调查的基础之上通过统计分析而得出结论，如对论文的目的、论文的创新性等的分析都采用调查的方法，从理论上进行研究的文献较少。二是从个案进行分析的较多，对学位论文质量及其管理的共性进行概括的较少。应该说，对隐藏在众多的学位论文质量管理中的共性进行研究是很有必要的。

三、国外学位论文质量保证模式发展的共同趋势

尽管各国由于政治、经济和文化背景的不同，特别是在各国高等教育管理体制、原有高等教育评估的基础等多种因素的作用下，形成了各具特色的高等教育质量保证模式，但是我们仍然可以透过这些不同模式，归纳出学位论文质量保证模式发展的一些共同特征与基本走势。

(一)权力结构的均衡化

西方高等教育在经历了20世纪六七十年代的“黄金时期”后，于80年代纷纷开始了高等教育改革。在高等教育管理体制改革方面，中央集权型管理体制与地方分权型管理体制、市场主导型管理体制与政府控制型管理体制在相互吸取对方的优点，不断走向融合，寻求在一个新的起点上达成新的平衡。反映在学位论文质量保证模式上，其发展的趋势之一就是学位论文质量保证模式中的三种力量，即国家权力、市场和院校自治的相互制约与平衡。具体表现在两个方面：一是原来以政府为主导的控制型模式，开始注重赋予高校更大的自治权，并越来越多地吸取社会中介组织的力量参与质量保证。二是在自主型模式和市场型模式中，政府通过立法、对评估机构的认可、对评估结果的有效利用等方式使其力量得到了加强。

(二)质量保证主体多元化

通过对美、英、荷、法等国的学位论文质量保证模式的比较分析可以看出，学位论文质量保证主体大多经过了从一元控制到多元管理的变革，政府、高校与社会相互分工、相互协调，共同参与高等教育质量保

证。表现在：一是以自我评估为核心的院校内部质量保证在整个高等教育质量保证中处于基础地位。在西方发达国家高等教育质量保证的实践中，有关各方达成的一个重要共识是：必须充分重视高等教育机构的自我评估和改进。在外部力量日益渗透到高等教育质量保证中的情形下，高校积极主动地建立自我保证机制，是保护学术自由、院校自治，同时向外界证明其质量与效率的一种有效手段。对高等院校而言，自评是其日常的一项质量保证环节。二是国家主导高等教育质量保证的发展方向，将质量保证作为推进高等教育改革的政策工具和维持国家对高等教育影响力的重要手段。三是多种社会力量在高等教育质量保证中发挥日益重要的作用。国际高等教育质量保证的实践表明，社会力量的参与能及时将社会对人才培养的要求、毕业生的就业状况及其他有关信息直接反馈给学校，使学校及时了解、关心社会经济部门和社会发展对人才培养提出的要求，保证高等教育沿着社会需要的方向发展。社会力量参与质量监督和评价主要有三种方式：校外人员直接参与学校管理；专门职业团体及其他法定组织的质量评价；媒体每年一次的高等学校排行。

(三)质量保证的实质性目的与工具性目的有效结合

各国建立学位论文质量保证模式，不单单是为了实现某一种目的或功能，而是通过一系列内、外部质量保证活动，有效地实现改进与提高高等教育质量、满足外界问责的需要、为政府和社会各界提供质量信息和决策资讯等多种目的或功能。在各国的高等教育质量保证模式中，院校自我评估是其日常的一个质量保证环节。各国通过院校自我评估和外部同行专家评估的有效结合，实现了学位论文质量保证的实质性目的——质量改进。

(四)质量保证机构的专业化与系统化

学位论文质量保证是一项十分复杂和影响深远的专门性工作，只有专业化的组织及具有较高评估理论素养和丰富评估实践经验的专业化队伍，才能很好地完成任务。

(五)质量保证内容：输入、过程、输出多个环节并重

质量保证的内容主要覆盖教育资源、教育过程和教育结果三个方面。传统的评估比较重视教育资源和教育过程，并且有了一套比较完整的评估方法。20 世纪 90 年代中期以来，评估转向偏重教育结果，但也不忽视教育资源和教育过程。一般而言，学位论文质量保证由内部保证和外部

保证两部分构成。院校内部质量保证关注的多是输入和过程的运作，对院校教学、科研和社会服务状况进行自我评价，从而促使学校积极参与到质量保证活动中来。外部质量保证多通过同行评议、雇主调查、学生反馈及新闻界排行等来评估学校的整体质量状况，尤其是对输出的结果——学生的综合素质的评估。

(六)质量保证程序与方法日趋成熟与稳定

尽管各国开展学位论文质量保证的具体程序和方法存在差异，但其核心部分是相同的：通常按照"被评院校的自我评估——外部同行评价和专家现场访问——研究评估信息、作出评估结论——发表评估报告"的一般程序进行。一是以自我评价为基础，同行评估和现场考察相结合。任何一种质量保证模式多是以高校的自我评估活动为基础，辅以外部的同行评估和现场考察，自评报告是内外部质量保证活动的结合点和平衡点。二是运用绩效指标对高校质量进行评估，定量与定性相结合。三是对评估结果加以报告和公布，并与拨款形成间接联系。

综上所述，在经济全球化、高等教育国际化的背景下，各种学位论文质量保证模式均处于不断的变革之中：自主型模式开始关注外部的质量需求，并注意与政府、社会协商、合作；控制型模式的改革，主要是落实院校自主权，并让院校承担相应的质量保证责任；合作型模式的改革，主要通过引入市场机制，加强了社会在学位论文质量保证模式中的作用；在市场型模式中，政府的作用在加强。总之，学位论文质量保证模式变革的共同趋势是向多元复合型模式靠拢。

四、我国研究生学位论文质量保证模式的改进与创新

(一)确立规范化的质量保证程序，提高质量保证程序的民主性、开放性、公正性

从国际范围来看，各国的研究生论文质量保证程序表现出惊人的一致性：公布评估无论是院校评估，还是专业、课程评估，第一步是要求被评学校或系科提出自我评估报告，包括对学校或学科、专业本身的质量保证机制及运行状况进行自评；第二步是与各有关院校或系科协商，组建外部同行专家小组，必要时候还要对评估专家进行培训，培训内容包括评估指导思想、方法、指标体系及其运用等方面，同行专家小组在对学校或系科提交的自评报告进行研究后，赴被评院校实地访问、核查；

第三步是准备评估报告，报告定稿前要呈送被评学校，听取其意见，合理意见要加以吸收，或者在评估报告中附上学校的保留意见；第四步是正式报告。

从各国的经验来看，其质量保证程序日益规范、成熟和稳定，并且程序中体现出较强的民主性。这种民主性，主要体现在多元主体参与研究生论文质量保证，在质量保证过程中，各主体的价值需求能够得到反映。审视我国现有研究生论文质量保证模式，我们不难发现其存在程序上的不规范、不合理，因此，我国研究生论文质量保证的操作模式需要变革。如果我们将整个质量保证的运作系统分为三个组成部分，即输入系统、操作系统和输出系统，那么，在这三个子系统中，政府、社会和学校三方主体的价值需求都要能得到体现，以提高质量保证的民主性、开放性、公正性。

在输入系统中，专业性评估机构的评估资源来自政府、学校和社会，评估机构面向政府、学校和社会各界提供评估服务。在操作系统中，评估的工作程序主要包括评估专家小组的组成、评估方案的制定、评估方案的实施、评估意见的形成等环节。在评估专家小组的人员构成上，应该由来自政府、社会、学校的代表共同组成；在评估方案的制定上，应该由专家小组根据政府或社会用人部门制定的政策及标准，并征询学校的意见后研制评估方案；在评估方案实施过程中，专家小组主要是根据既定的评估标准审察学校自我评估报告，举行各种座谈会，与行政主管、自我评估小组成员、学术人员、学生代表等座谈，实地参观教学设施、教学现况等，然后专家组据此作出价值判断，提出评估意见。输出系统主要是以评估报告或咨询报告的形式，为改进学校的工作和政府及社会的决策服务。评估结果除了向各主体报告外，对评估机构也具有反馈作用，评估机构可以根据评估结果及时修订方案、调节评估操作，以提高评估活动的质量。

(二)建立科学合理的评估指标体系

评估指标体系要科学合理，首先应该针对不同层次、不同类型的高等院校，特别是不同学科、专业，制定适合国情的多样化的教育质量标准。在横向上，应该分别制定研究型、教学型、应用型大学的教育质量标准；在纵向上，也应该分别制定博士生、硕士生各自应达到的质量标准。现行评估指标体系总体上是根据学术研究型大学的办学标准制定的，而且以单一的指标体系评估多种类型、层次的高校，其结果是导致高校为达标而放弃特色，影响高等院校合理定位、分类发展，在各自的范围内办出特色、提高质量。为此，在制定高等教育评估指标体系时候，应坚持统一性与多样性相结合的原则：在一级指标的设计上，要体现对高等教育质量的共性要求；而对于不同类型、不同层次的院校，以及对于不同学科、专业，在二级指标和三级指标的设计上，应该具有针对性。

指标体系要科学合理，还必须处理好定量指标与定性指标的关系。由于教育评估是建立在教育测量基础之上的，因此定量的评估方法受到特别的重视。我国在建立评估指标体系时，采用的是建立指标权重系数以及加权求和的方法。但是，影响高等教育质量的因素复杂多样，它们并不能完全量化，例如学生的创新精神和创新能力、教师的敬业精神等，就不能量化评价。为此，在制定评估指标体系时，应注意两个方面：其一，教育质量的评估指标能量化的力求量化，不能直接量化的可用概括性问题代替；其二，由于不同质的事物难以加权求和，因此，除选优评估，一般评估不宜采用加权求和，宜改用按指标体系的大项“分类输出”。

(三)建立、完善学位论文质量评估结果的发布制度，在评估结果和决策之间建立适当的联系

尽管各国在评估结果处理上的具体做法不尽相同，但是，以一定形式将外部评估报告向社会公布则是共同的趋势。为了让评估过程更规范、更透明，我国应建立和完善评估报告的公布制度，对外公开的不应仅仅是经过权衡的评估结论，而应该考虑将总结、分析和建议等方面较为详细的内容予以公布，满足各方对高等教育质量信息的需求。评估报告公布之前，应征询被评院校的意见，甚至可以考虑将院校的保留意见附在评估报告之后一同发表。可考虑由质量保证机构或由质量保证机构与政府联合公布评估报告。评估报告所提建议的后续工作，应该由被评院校在一定期限内完成，然后再接受质量保证机构的核查，以保证整改建议得到落实。

高校管理中应坚持以人为本的理念

彭俊良[①]

当前，我国的高等教育已经进入一个飞速发展的时期。但随之而来的是许多新问题摆在了人们面前，考验着政府及高校各级管理层的能力。其中“教师厌教”就是新问题之一。这些新问题的出现，导致当前高等教育的教学质量普遍下滑。这已经是不争的事实。

所谓“教师厌教”，指高校教师不愿承担本科教学课堂的现象。目前教师队伍中，有讲师、副教授、教授三个层级。教授不愿为本科生上课，已是普遍现象。尽管教育部有关文件一再申令，教授必须每二学年内至少承担一门本科课堂的教学任务，[②] 但所谓“上有政策，下有对策”，有的教授只是挂一个名，通过与某讲师或副教授合上一门课，实际上通常是上一次或数次而已，大部分课时是由该讲师或副教授承担，来规避这一强制性规定。这已是公开的秘密，教学管理者对此也无可奈何。而讲师与副教授中，大多为年轻教师，他们中有不少人的心思并不在本科教学上，而是一心扑在科研上，争取多写文章，多发表文章，为的是快出成果，早上职称。而承接本科教学，只是为了完成必需的教学时数任务。

① 作者简介：彭俊良，中南财经政法大学法学院民商法学系副主任，副教授。

② 参见教育部：《关于进一步深化本科教学改革，全面提高教学质量的若干意见》，教字[2007]2号。

因此在一般情况下，绝不愿多接教学任务。教学管理者一般也不好强令他们多承担本科教学任务，以免影响他们的前程。

教师厌教现象的出现，主要还是由于制度层面上的原因，即普遍存在的“重科研、轻教学”的制度性缺陷。具体表现在两个方面：一是在职称评定机制方面，科研成果的数量尤其是论文发表的刊物的档次，越来越成为普通教师晋升高一级职称的制度性障碍；而教学只需完成规定的时数即可，至于教学效果如何，只要达到一般水平即可。二是在物质奖励机制方面，按现行规定，讲师上一节课只有60元的报酬，教授也只有80元，现在又限制了超课时奖。同时，只要完成了基本的教学时数(而按照目前教学时数的计算方式与计算范围，具有教授职称的教师又相当容易完成)，则岗位津贴“一个子也不会少”。而在核心期刊上发表一篇论文，就可得到学校1000元的科研奖励，如能在二类权威刊物上发表，则一次可得15000元的奖励(一类权威20000元)，① 可谓“名利双收”！何乐而不为？

教师厌教，也与学生厌学有关。当前各地高校中学生厌学现象相当严重。学生逃课率高，不尊重教师的教学，不配合教师的课堂教学，许多课堂成为教师的独角戏，等等，这些都影响着教师的教学心态与情绪。教师不能从教学中获得快乐，不能从学生那里获得尊严，试问还会有乐教者吗？

当然需要指出的是，在高校管理中，上述所谓“教师厌教”并非一种普遍的现象；问题在于，如果不及时加以制止，任其漫延下去，势必会严重影响高等教育事业的正常有序的发展。

由此可见，采取有力措施，扭转这种现象的进一步发展，是当前高校管理工作的中心任务之一。针对此一情况，我们需要在学校的管理尤其是教学管理体制所遵循的理念、制定的制度等方面进行深刻的反思。

高等学校的教学管理是“为实现教育目标，根据一定的原则、程序和方法，对教学活动进行计划、组织、领导和控制的过程”，是一个复杂的系统工程。② 当前，关键的问题就在于如何充分调动在教学管理中“人”的因素，充分发挥广大教师和学生在教学活动中的积极性、主动性。这是当前高校管理中一个不容回避的重要方面。不论是教学管理，还是教学活动，本质上都是“人”的活动。因此，在教学管理乃至整个高校的各项管理中，应当坚持“以人为本”的基本理念，以此来制定相关制度并组织

---

① 参见《中南财经政法大学科研奖励暂行办法》。

② 韩海燕：《以人为本的高校教学管理制度理念改革》，载《中国科技信息》，2005(23)。

实施之。

按照有的人说法，所谓“以人为本”，“是一个涵盖一切为了人、为了一切人及为了人的一切这三个不同的观念体系。”①这种说法或许有一定的道理，但也值得商榷。“一切为了人”，这无疑应当是高校管理的最根本的宗旨，但“为了一切人”的说法，在高校管理这个层面上，却不尽合理。我们主张，在高校管理方面，所谓“以人为本”，当然应当以“教师”与“学生”为本。因为，一方面，教师与学生是高校管理的对象，自然应当给予更多的人文关怀；另一方面，教师与学生，是搞好本科教学、提高教学质量的根本，只有调动他们搞好本科教学的积极性，提高教学质量才不能成为一句空话。另外所谓“为了人的一切”的观点，其片面性，自不待言。

坚持“以人为本”，体现在管理理念上，就是要坚决摒弃过去那种单纯为管理而管理的传统模式，真正确立服务于教学的意识。这句话说起来容易，但要做起来并不简单。这几年，我们制定过许多政策性文件，都要求管理部门及管理工作人员（笔者也算是其中一员）树立服务理念，放下身段，专心于做好教学服务。经过这几年管理部门及工作人员的努力，我们已经取得了很大的进步，但仍存有相当的不足。“衙门作风”仍时不时在具体的工作中“情不自禁”地流露出来，还没有真正将自己与广大教师和学生摆在一个平等的位置上，来考虑与处理各种管理中出现的问题。如出台的教学管理文件，有的是在加强或优化管理的口号下行的是如何尽可能地减轻自己的管理负担之实，而把一些本应由教学管理者做的事推给教师去做，从而加重了教师的工作负荷。因此，给教师减负，是众多教师的心声。

坚持以人为本，体现在制度的创制上，有两个重要的方面必须提及。

1. 在制定各项教学与科研的具体制度时，始终要将调动大多数人的积极性，维护大多数人的利益，尤其是作为“弱势群体”的广大教师的利益放在第一位。之所以强调在政策的制定过程中要维护广大教师的利益，是因为在这些年来，有关部门制定出来的教学和科研方面的制度，只有少数人得到了较大的实惠，而多数人未能得到或只是得到了一点点的好处。这些都严重地挫伤了他们从事教学科研的积极性。比如，在评定高一级职称的条件方面，一次比一次的要求高，使后来者总有一种赶不上的感觉。再比如科研，由于要求所谓的质量而不是数量，实际上将大多数人排除在获得科研奖励的大门之外，学校或学院大量的科研奖励资金

① 罗秀凤：《层次与整合：论高校教学管理中以人为本的理念与实践》，载《铜陵学院学报》，2006(4)。

最终多数落到了少数人的手中，其他人最多也只能沾得一点点的“雨露”。同时，在奖励政策方面，明显地向科研倾斜而轻视教学。科研能人一年能够拿到几万元或十几万元的科研奖励；而专心致力于教学、教学效果好但科研能力较弱的教师却很难从单纯的教学中得到这些奖励，教学便成了典型的“鸡肋”。这种明显的差别待遇，怎么能激发起教师对本科教学的热情来？我们坚持认为，如果大多数人不能从一项政策或制度中得到实惠，则该项政策或制度就是失败的政策或制度。因此，应当改变这种不公平的教学与科研制度的现状，在行使制定政策的“话语权”时，坚持出于“公”心，平衡少数人与大多数人的利益，才能调动各方的积极性，建立和谐关系，促进教育事业的繁荣发展。

2. 要勇于制度创新。当前，创新是我国政府推行的一项基本国策。江泽民曾在党的十六大报告中鲜明指出：“创新是一个民族进步的灵魂，是一个国家兴旺发达的不竭动力，也是一个正常永葆生机的源泉。”①创新包括技术创新和制度创新两个方面。相对于技术创新来说，制度创新更为重要。所谓制度创新，一方面是创新前所未有的新制度，为未来指引方向；另一方面则是使原有的制度不断更新，焕发新的活力，能够与时俱进。在高等教育的管理制度方面，大胆地进行制度创新，不仅是完全可行的，也是十分必要的。要进行制度创新，首先就要求我们解放思想，敢于走他人没有走过的路，做他人没做过的事，创设新的管理制度。比如，在教授岗位上，可以设想创设教学型教授与科研型教授两种类型的岗位。我们知道，人有三六九等之分。即使同样是高校教师，其能力也是有差异的。有的擅长教学，有的专长科研。我们应当理解并尊重这种差别，给不同的人以不同的晋升高级职称的条件。在高校，我们不能要求每一位教师都是科研能手，都要求他在权威刊物上发表论文若干；但每一个教师都必须是教学专家！因为这是作为教师的最基本的职责。因此，现行的以科研成果作为决定是否晋升高一级职称主要条件的做法，应当从根本上予以摒弃；新制度应当能让每位教师各守其所，各尽所长，各得其乐；给每一个人以不同的、可以看得见前程的发展空间。

总之，在高校管理中，实行并坚持“以人为本”的管理理念和管理制度，是克服“教师厌教”不正常现象的有效措施，是进一步提高本科教学质量的重要保证，是使高校持续性发展的根本所在，是繁荣我国高等教育的必由之路。希望能够引起政府及高校各级领导的高度关注。

---

① 江泽民：《全面建设小康社会，开创中国特色社会主义事业新局面》，载《人民日报》，2002-11-18。

与此同时，财经学院在开办3年制本科的同时，还将短期培训班加以提升，改变了过去由单一思想改造为主的教育方式，向专业学习为主的教育方式转变。同年9月，学院在兴办本科教育的基础上，又相继开办了统计、会计、合作、财政4个专修科，招收学员600余人，学制8个月，每周业务课24学时。1952年10月以后，又将专修科的学制延长到1～2年，使学员在校期间的专业学习更加广泛和深入，这也体现了学校向专业和学术的正规化方向发展迈出了重要的一步。

从1951年开始，学校不仅在办学形式有了很大的变化，而且就连校名也开始与办学形式相匹配。1950年4月11日，中南军政委员会批转中央人民政府高等教育部电文，将中原大学更名为“中南人民大学”(不知什么原因，最后没有宣布执行)。①

1951年下半年，随着形势发展的需要，中南军政委员会决定将中原大学文艺学院划归中南军政委员会文化部领导，更名为“中南文艺学院”；中原大学教育学院与私立中华大学合并，成立公立“华中大学”。虽然文艺学院、教育学院分别独立出去了，但中原大学财经学院却得到了加强。1952年9月，河南大学财经系师生合并到中原大学财经学院。学校在当年又招收本科学生300余人，并于10月3日连同合并进来的河南大学财经系师生一起举行了隆重的开学典礼。至此，学校的本科人数已达近千人。

1953年1月6日，根据中共中央中南局指示，中原大学撤销，其财经学院、政法学院分别成立直属国家高等教育部和司法部管辖的中南财经学院和中南政法学院，学校也由此完成了向专业和学术的正规化转变。

回顾中原大学5年来的办学历程，学校由一个短期训练、培养干部的抗大式速成学校，到设立各专业和学术正规化的高等院校，不仅是一个极大的飞跃，而且也是充分展现共产党人注重教育、创造性地开办高等教育的一个崭新过程。尽管中原大学在撤销时还没有一届本科毕业生，但就学校来说已初步形成了从短期培训到专科、本科、研究生培养的办学形式。而这5年的办学经验，笔者认为有以下三点值得借鉴和继承。

其一，“不拘形式，学以致用”，是中原大学发展的魂魄。中原大学的创办与其他学校不同，它是共产党人为完成革命事业而创办的一所战时革命大学。因此，其办学目的十分明确，那就是要在极短的时间内迅速地改造、训练、培养出一批具备基本革命理论，较熟练地掌握党在解放战争时期各项工作方针、政策的干部，为保障前方战争的胜利和新解

① 《中南军政委员会教育部通知》，1950年5月11日，湖北省档案馆提供。

以人性假设为基点谈高等教育管理范式的构建

赵 凯 陈亚奇①

本文试图从东西方现有的人性假设理论出发，探寻高等教育管理对象的人性基础，并假设性的提出“知识人”概念，在此基础上构建现代高等教育管理范式。

一、东西方人性假设对高等教育管理范式构建的启示

（一）西方人性假说理论

1. 经济人假设。它源于享乐主义哲学和亚当·斯密的经济理论。这种假设认为人是受经济刺激而驱动的，职工及其感情必须受到组织的监督和控制，这种假设导致把管理工作的重点放在提高生产率上，比较忽视人的情感，成为一种“以事为中心”的管理。对职工的激励以物质和金钱为主要刺激手段。“经济人”假设在管理中实质上把人“物化”了，把人视为追求效率中可以有效利用的工具。人在这种管理模式中，往往被外物或者说在追求外物（物质利益、金钱）中被异化了，从而人的主体性受

① 作者简介：赵凯，中南财经政法大学信息学院委员会副书记；陈亚奇，中南财经政法大学信息学院委员会书记。

到贬损以至于失落。这启示我们，在管理活动中，一味用物质刺激不可能真正激发职工的主体性，不可能使职工保持持久的、强烈的工作积极性。

2. 社会人假设。社会人假设认为社交的需要是人类行为的基本激励因素，职工更易对同事群体的社交因素作出反应。这种假设导致管理者把管理的重点放在工作中人的社会需要的满足上。从“社会人”假设出发，管理者会把自己看作是下属的同情者、支持者和满足下属社会需要的条件创造者，他会更多地从事工作中人际关系的协调活动。这种假设的支持者会把人际关系当作主要的激励手段，更多地采用团体的激励方式，并重视非正式团体在满足社会需要中的作用。这种假设把社交需要的满足作为激励的主要手段，在一定限度内对调动职工积极性具有积极的意义。但是这种假设没有全面衡量人的全部需要，也没有把职工视作实践中的主体，而只是作为可资利用的对象，只是把外在的物质刺激换为某种需要的满足，在本质上不能激发起职工的主体意识，也就不会使职工以主体的态势投入工作。

3. 自我实现人假设。这种假设认为，人的需要具有层次性，自我实现是人的最高级的需要，工作追求可以使人变得成熟，人可以进行自我激励和自我控制，职工有可能将个人目标和组织目标相统一。这种假设会要求管理者把管理的重点放在为人提供富于挑战性质的工作上，为职工创造有利于实现自我价值的环境上。这样，管理者的主要职能是为发挥职工的才智创造适宜的条件，然后让职工实行自我控制和发展。这种假设将人的高层次需要的满足作为主要的激励手段，有利于激发职工的主动精神，鼓励职工的参与和自我管理也体现了尊重职工主体地位的倾向。但是这种假设有点过于理想化，过分强调了职工的独立性、自发性，而没有认识到只有管理主体和客体之间的良性互动，才能确保和发展职工的主体地位，才能发挥职工的主体性。

4. 复杂人假设。这种假设认为人的需要是多种多样的，个人的动机模式、目标等随组织环境的变化而变化，管理策略会对每个人产生不同的激励效力。这种假设要求管理者将管理重点放在人性—工作—组织之间的恰当匹配上，要求管理者适时地对这种匹配进行调整。这种假设主张激励方式要因人、因事、因时、因地而制宜，切忌千篇一律。“复杂人”假设要求管理者采用权变型领导方式，要随机应变地处理各种事务。这种人性假设看到了人性的复杂多变一面，要求采用灵活机动的管理方式，它有助于照顾到职工之间的差异和特殊性，因此能够使管理者创造性地解决问题，在很大程度上调动职工积极性。复杂人假设注意到了人在具体情境中人性的可变性，但它忽视了人作为实践主体在特定的历史文化影响下，他的人性具有一定的稳定性，他的主体行为方式也具有一定恒常性，因此，复杂人假设所倡导的应变管理会变成无法管理。

(二)东方传统人性假设理论

东方管理文化中的人性假设学说也很丰富。中国传统儒家文化对人性的假设主要有两种学说：一是孟子的性善论，二是荀子的性恶论。无论是孟子的性善论，还是荀子的性恶论，都把道德人格的完善和追求作为人生的根本，中国儒家的文化是伦理型文化，其管理则主张道德管理。

儒家管理文化中的人性假设可以概括为“道德人”假设。其基本观点可概括为如下几点：一是每个人都自觉追求道德人格的完善，以道德君子人格的完成为人生根本价值的实现；二是在工作中，人具有很强的自我道德约束力，并具有不断超越自我的内在动力；三是个人追求与群体的和谐，追求成员之间交往的开放性与和谐；四是领导者的个人人格特征是影响管理效果的重要因素。“道德人”假设的核心思想是弘扬中国人自强不息、刚健弘毅的主体精神。“天行健，君子以自强不息；地势坤，君子以厚德载物”(《周易·象上》)，就是这种主体精神的高度概括。该假设导致在管理上强调组织成员的主体价值和主体发展，在管理方式上将个体的价值追求和组织的价值追求整合为道德理想实现的价值追求。从领导行为看，它强调管理客体的主体化，主张通过顺应文化传统，创建文化氛围，以价值观为导向而实施柔性的控制。领导者主要采用“修己安人”的方式，以自身人格的修养、示范为手段，以情感为中介对个体进行激励。

二、高等教育管理的人性基础

(一)现有人性假设理论在管理中的局限性

各种管理形态的区别，均源于对人性的不同理解。高等教育管理不同于以经济赢利为目的的商业管理，又不同于以效率和民主为宗旨的行政管理，显然是基于对自己辖域内的人性的不同理解所致。换言之，不同的人性假设对应不同的管理形态。那么，什么是高等教育管理的人性假设呢？即什么样的人性基础适合高等教育管理呢？

高等教育管理不同于普通管理。因为大学是传播文化的圣洁高雅之园，教师是文化的传播者，人们将他们比做“园丁”、“蜡烛”、“火炬”，比做人类灵魂的工程师，誉为太阳底下最伟大的职业，作为探究、传递和创造高深学问的大学教师更应是优秀中的优秀。他们既是教学者，也是研究者，更是激励学生研究学习的召集者与引路人；他们博学多闻，思想深邃，见解深刻，但仍然坚信学无止境，需要同学生一起共同成长；他们认真地从事科学研究，追求智慧与真理；他们热爱教育，热爱学生，以自己的热忱开启学生的心智，唤醒学生对生活的热爱；他们是学生的良师，也是学生的益友。学生是文化待哺者，大学生被誉为“天之骄子”，大学时代是一个人人生最美好的时光。他们带着自信走进大学，从各方面锻炼自己，积蓄着成为一个全面发展的人所需要的成熟的智慧与力量。可见，我们不能将高校师生与社会中的人相提并论，他们既不“经济”也不“复杂”，而是一片纯洁和本真的处子之地。因此，要培养既会做事又会做人的全面发展的人，不能将“工具人”、“经济人”、“狼一样的人”作为思想的开端。

事实证明，以政治管理、经济管理的人性假设为基础的教育管理活动，功利性和拜物倾向太强，培养出来的学生带有急功近利的特点。“文革”十年，以阶级斗争方式进行教育管理，结果培养出来的是“文攻武卫”的斗士；市场经济背景下倡导将经济规律引进到教育管理中，结果培养出来许多“拜金主义”、“极端个人主义”的经济“畸形儿”。可见，将普通管理学的人性假设，直接用于高等教育管理，是不合适的，甚至是有害的。

事实上，组织性质和特点不同，管理目的和管理本质不同，其人性基础也必然不同。高等教育管理的目的是求真，它的本质是引导完备人性的建构与发展。高等教育管理不同于一般管理，其人性基础也应不同。高等教育管理中出现的功利化、产业化、政治化倾向其实质原因在于管理者对高等教育管理本质认识不清，对人性作出了错误的判断。功利化的教育管理把人当成工具人，人成为管理者或学校达到功利性目的的工具。产业化的教育管理把人当成经济人，把人性基础建立在经济管理的基础之上。政治化的教育管理更是忽视教育的主要功能，将它建立在政治人的基础之上，把人视为为社会政治服务的工具。因此，我们必须重新探讨和确立适合高等教育管理这种特殊情况下的人性假设。其人性基础必须以符合高等教育管理的目的与本质为前提。经济人、政治人、工具人不符合高等教育管理求真的目标，也不符合教育育人的本质，更不符合高等教育管理引导完备人性建构与发展的本质。由此，我们提出知识人的假设，在本文中，知识人是与经济人、政治人、工具人相并列的概念，我们将其内涵界定为以传播、应用和创新知识为己任，以发展学术、追求真理为目的，有极大发展潜能与可塑性，追求自身的不断完善，以实现全面自由发展的一类群体。知识人体现了高等教育管理引导完备人性的建构与发展的这一本质。

(二)以"知识人"假设作为高等教育管理逻辑起点的原因分析

1. 知识人体现了知识经济时代人性的变化与发展趋势。任何一种人性假设理论的提出，都源于对现实的一种新的认识。而现实是处在不断的发展过程中的，现实的变化，使人对自身的本质也有了更深的认识。随着知识经济社会的来临、组织结构的变化和通信技术的进步，管理者必须强调人的知识性，只有这样，才能使我们的管理方式更符合现实的要求，才能提高我们的管理效益。

2. 知识人体现了高等教育管理的特殊性。知识人体现了高等教育管理求真的目的与引导完备人性的建构与发展的本质。知识人以传播、应用和创新知识为主要任务，以追求真理、发展学术为目的，这与高等教育管理的求真的目的是相吻合的。知识人又是有极大发展潜能与可塑性，追求自身的不断完善，以实现全面自由发展的一类群体，这也符合高等教育管理引导完备人性的建构与发展的本质。知识人反映了高等教育管理价值属性与"大学人"这一特定人群的性质特点。知识成为了两者由此及彼的通道，将高等教育管理与"大学人"的需要、动机、渴求紧密地联结为一体。知识既是知识人的本质特征，同时也是高等教育管理的核心内容。

知识人是高校学术工作的主要承担者。学术工作就是发现、保存、提炼、传授和应用知识的工作。知识人表现出对高深知识无止境的追求，把学习作为自己生命的一部分，求知的需要成为其最重要的需要之一。他们愿意、喜欢用他们的知识和能力创造出成就，不断地寻求自我发展，挖掘自身潜力，实现自我优化。于是，知识成为他们最本质的特征：以传播、应用和创新知识为己任，以发展学术，追求真理为目的；他们通过知识的传播，应用和创新来实现自身的不断完善，实现全面自由发展。

三、以知识人性为基础的高等教育管理范式建构

(一)以笃信真理为信仰追求

高等教育管理是以知识人为主要管理对象的管理。知识人是高等学校学术活动的承担者，他们掌握着高深知识，通过科学知识的发现、保

存、传递及其应用实现高等学校的职能。一切科学知识都建立在“真”的基础上，因此要揭开科学世界的谜底，要保证知识和学术的客观性，他们必须有一颗认“真”的心。知识人的活动必须服从真理的标准。以知识人为主要管理对象的高等教育管理应以笃信真理为信仰追求。一个顽强地追求真理的人，一定是一个善于发现真理的人，并且是一个珍惜真理和勇于捍卫真理的人，一个与真理同在的人。这既是高等教育管理要达到的目标，也是目标已经达到的确证成果。

(二)以崇尚真善美为价值取向

冯友兰曾这样概括真善美：“就普通所谓真善美而言，‘真’是对一句话说底，‘善’是对于一种行为说底，‘美’是对于一种形象说底。”按照冯友兰先生的理解，真是认识论的问题，善是道德论的问题，美是艺术性的问题。但是，真善美一旦被作为人格修养的标准，它们就被赋予了丰富的内容和具体的条目。

人类自觉地把握世界一般说来依赖着科学的、道德的、艺术的三大方式。科学是解决认识问题，道德是平衡功利问题，艺术是美化生活问题。认识的首要追求是真，功利的基本评价是善，生活的和谐境界是美。解决了认识才可谈功利，功利合乎善才有美。知识人人格指向真善美的和谐统一，以知识人为基础的高等教育管理也应以崇尚真善美为价值取向。

(三)以学会学习为技术旨归

知识人是以研究高深学问、探求真理为职责的，要做到与真理同在，就要善于学习，学会学习，在学习中追求真理。此外，“学会学习”突出学习者的主体地位，在学习活动中学习主体能自主选择学习目标和内容，自主支配学习时间，能动地调控学习策略和方法，主体作用得到充分发挥，从而对促进人的主体性发展起着重要的作用。更为重要的是“学会学习”强调学习主体在开放的环境中积极主动地、自由地学习，强调创造性学习和思维方法的训练，这些都有利于学习主体潜能的发展，有利于创新精神、创造能力的培养。因为人的这种能动的学习活动，能使人的“一切天赋(潜能)得到充分发挥”，而潜能的充分发展，正是人的全面发展的重要方面。因此，“学会学习”是促进知识人的发展的最好的学习模式之一。

以科学发展观为指引 创新高校院系教学管理

郭华桥[①]

党的十七大报告特别指出，“在新的发展阶段继续全面建设小康社会、发展中国特色社会主义，必须坚持以邓小平理论和‘三个代表’重要思想为指导，深入贯彻落实科学发展观。实施加快推进以改善民生为重点的社会建设，要优先发展教育，建设人力资源强国。要全面贯彻党的教育方针，坚持育人为本、德育为先，实施素质教育，提高教育现代化水平，培养德智体美全面发展的社会主义建设者和接班人，办好人民满意的教育。”教育是民族振兴的基石，科学发展观对于我国高等教育改革、发展和创新具有重要而深远的意义。在高校实施素质教育的过程中，必须深入贯彻落实科学发展观。

高校院系教学管理是高校教学管理工作的基础和关键，是高校教学管理的主体。其教学管理的状况和水平，不仅反映出整个高校教学管理的状况和水准，而且还直接影响到教学质量的好坏和人才培养质量的高低。因此，高校院系必须以科学发展观为指引，深化教学改革，创新教学管理，以顺应全面实施素质教育，推进教育创新，培养高素质创新型人才的时代要求。本文拟结合笔者的实践经验，以新闻与文化传播学院为例，阐述高校院系以科学发展观指导，创新教学管理，迎接素质教育

① 作者简介：郭华桥，中南财经政法大学新闻与文化传播学院教学秘书。

挑战的体会。

一、实施素质教育，呼吁高校院系创新教学管理

21世纪是知识经济的时代，是创新的社会。素质教育既是社会发展对高等教育的外在要求，又是大学提高自身竞争力的内在需要，培养创新型人才日益成为高等教育最重要的工作。高校全面推进素质教育离不开课堂教学，更离不开教学管理。因为素质教育与教学管理有着十分密切的关系。

首先，教学管理创新是实施素质教育的前提条件。素质教育注重的是学生个性的发展，鼓励学生自主学习，发现问题、提出问题、平等讨论问题，从而让优秀的学生脱颖而出。培养人才主要是通过教学来实施的，而教学管理又是保证教学正常运行和达到培养人才目的的重要手段和保障，对培养人才起着至关重要的作用。事实证明，高等教育只有狠抓教学管理创新，革除传统教学管理中束缚素质教育实施的环节，才能更好地实施素质教育，培养更多的创新人才。其次，实施素质教育推动着教学管理的改革创新。教育部部长周济在第二次全国普通高等学校本科教学工作会议上明确指出，高等学校教学工作要着眼于国家发展和人的全面发展需要，坚持知识、能力、素质协调发展，深化教学改革，注重能力培养，着力提高大学生的学习能力、实践能力和创新能力，全面推进素质教育。随着素质教育实施的深入，高等教育必将更加注重提高教育质量，深化教学改革，创新教学管理。

院系是教学活动的第一场所，也是教学数据的发源地，不可推卸地成为分级教学管理最主要的承担者，在高校教学管理环节中起着重要的作用。高校实施素质教育，培养高素质的创新型高级专门人才，必须创新院系教学管理。

二、高校院系以科学发展观为指引，创新教学管理的途径

2008年是中国改革开放30周年，胡锦涛总书记在《求是》杂志发表重要文章，深刻论述了中国改革开放的历史进程和宝贵经验。我们要以“十七大”精神和胡锦涛总书记重要文章精神为指导，进一步解放思想，深化教学改革，为实施科教强国战略贡献力量。

党的十七大报告明确指出，科学发展观，第一要义是发展，核心是以人为本，基本要求是全面协调可持续，根本方法是统筹兼顾。以人为

本即以教师为本、以学生为本，正是高等教育科学发展观的本质和核心。高校院系以科学发展观为指引，创新教学管理可采取以下四种措施。

(一)创新教学管理理念

1."以人为本"是教学管理的核心原则

首先，"以教师为本"，就是要从各个方面关心教师的生活和发展，为教师的全面发展创造条件。素质教育要求教育创新、人才培养创新，教学管理的方法同样要创新。在教学管理过程中，必须充分考虑全体教学人员的工作和心理特点，努力创造出一个和谐融洽的，并能充分展现其才华和发挥其创造能力的环境氛围，力求使每位教师获取教书育人的动力。同时还要特别注重在科学研究、进修学习等方面给教师提供便利。新闻与文化传播学院极力鼓励教师进行科学研究，对成功申报国家级课题的给予重奖，并要求青年教师积极参加各类研讨会。2007 年、2008 年先后出台了科研奖励办法、教学奖励办法，并在全院教职工代表大会上获得通过。对于教师进修博士后或出国留学，学院也积极给予支持，要求各系全力配合。

其次，"以学生为本"，就是要树立以学生为中心的教学理念，培养学生的自我意识和自我调节能力，充分发挥其主动性、创造性，使每个学生都能成为具有特色和特长的创新人才。同时，学生作为受教育者，应该赋予他们对教师教学过程的评价权和对教学管理的建议权。

总之，"以人为本"的核心使人性得到最完善的发展，教学管理如何使广大教师积极向上、精神饱满地投入工作，使学生热爱学习、主动地学习，需要物质、精神双重激励。新闻与文化传播学院采取举办青年教师讲课等各种比赛，给予教师双重奖励。在学生评选各类奖学金、助学金、发展党员时，学院也力争做到公平、公正、公开。正确运用这些激励方式，调动了师生的积极性，也培养出师生的使命感、成就感、荣誉感，使其在工作和学习中发挥主人翁精神。

另外，"以人为本"还必须是教学秘书在教学管理过程中牢记的原则。作为新闻与文化传播学院教学秘书，笔者自己定位"竭尽全力服务教师、热心周到服务学生、全心全意投入工作"。无论是学校繁重的教学评估，还是日常教学管理工作，始终保持微笑"服务"，任劳任怨、精益求精，把"以人为本"的核心原则贯彻到工作实处。首先，笔者总是努力满足教师的各种合理要求，尽可能地完成教师托付的各种任务。特别是每学期排课时，都积极主动地和教务部运行办公室沟通，把 51 学时的课程授课计划尽量多排成 3 课时，以避免住首义校区、年岁大住竹苑、有小孩的教师们单双周讲课，每门要多跑南湖校区9次或8次。这充分体现人文关怀，得到诸多老师的好评。其次，对学生的关心指导也日益增多。通常选课时，咨询补选、重修的学生总络绎不绝，笔者都不厌其烦地耐心解答。许多学生看到就业竞争激烈或转专业不成功，就会主动辅修一门外校或本校的热门专业，以增加就业的砝码。因此，辅修的教学管理任务也越来越重。同时，伴随着学校国际化办学程度的深入，院系教学秘书工作也相应增加了新的内容。2007年，广播电视新闻学专业(影像内容方向)中韩合作项目招生了部分学生。马来西亚黄宝珍同学也来到新闻与文化传播学院学习。由于都是首批学生，给教学管理工作带来了很多新挑战、新问题。笔者每次均积极开动脑筋，请示领导，妥善解决他们的各种新问题。

2.“全面、协调、可持续发展”是教学管理的发展思路

教学管理中的“全面发展”，就是要以教学质量为中心，全面推进教学管理制度建设，利用高效的激励机制和得力的评价体系，促进管理者、教师和学生的全面发展，从而真正体现“以人为本”的教学管理思想。

“协调发展”，就是要使院、系、教研室在教学管理过程中相互衔接、相互促进、良性互动，充分发挥教师和学生在教学管理活动中的主动积极性。

“可持续发展”，就是要求教学管理的所有工作都要着眼于教学管理的长远目标，无论是管理模式的采纳还是专业的设置或课程的建设等，都要考虑未来社会对创新型专业人才各方面综合素质的需求和权重。

(二)创新教学管理机制

1. 重心下移，使院系成为教学管理主体

高校现有教学管理体制的管理权力主要集中在学校一级，院系只停留在完成日常教学及教学管理事务上，因而院系缺乏积极性。因此，创新当前的教学管理体制，逐步使教学管理重心下移，使院系成为教学管理的主体，进一步明确学校和院系的责权利，建立科学、严谨、规范、高效的教学管理体制。两级教学管理体制建立之后，学校与院系之间的管理权限应有明确的分工，学校主要是进行政策、机制上的调整，进行评估检查，健全规章制度。院系则是负责对教学过程和教学质量进行监管。管理重心下移是教学管理创新的需要，也是落实责任、增强灵活性和适应性的需要。因为各院系学科、专业的区别，在教学上存在着自身明显的特点，必须按照学科的各自不同，在尊重专业特性的前提下，制定和选择出适合本专业的教学管理制度，从而提高院系教学质量，培养

出社会经济需求的合格创新人才。

2. 稳定队伍，提高教学秘书专业化水平

教学秘书工作是院系管理工作的重要组成部分。作为教学管理工作第一线的教学秘书作用显得尤为重要，他们既是教学管理决策的组织者、执行者，又是教学信息的传递者，担负着学校、教师、学生之间的桥梁作用。但目前许多高校存在教学秘书岗位人员流动的现象。教学秘书的频繁更换，势必给教学工作带来一些潜在的危机和影响。

稳定教学秘书队伍，也正体现科学发展观的"以人为本"要求。教学秘书不仅是一个服务者、引导者的角色，更是一个协调者、管理者、研究者的角色。学校和院系领导应重视教学秘书的待遇和出路问题。解决了这两方面的问题，才能真正稳定教学秘书队伍，激发他们工作的积极性。教务部召开教学秘书队伍座谈会时，曾有人提出：可比拟学校对辅导员的政策，提高教学秘书待遇，改变他们在学校中的"勤杂工"的地位和印象。只有稳定教学秘书队伍，院系教学管理创新才会根基厚实。

同时，还要不断提高教学秘书队伍专业化水平，使其更好地为教学工作服务。加强教学秘书队伍素质培养，可采用不同的途径和措施。对教学秘书的培训首选是在职培训。因为院系教学管理任务通常比较繁重，实行全脱产学习和培训不现实。通过在职培训，学习教育科学理论，掌握管理专业知识，能够运用现代教育管理科学理论和方法来指导自己的教学管理实践，提高教学管理水平，保证学校教育质量。其次，学校要有计划地组织院系教学秘书培训。网络创新了现代教学管理手段，如计算机排课系统、选课系统、教学质量管理系统、成绩管理系统、考试管理系统、教学评价系统等。可以定期举办短期学习、专题学习、专业技术学习等，使教学秘书掌握现代技术手段，特别是计算机、复印机、传真机、电子通信、网络等知识和技能，并能熟练运用于教学管理过程，提高教学管理效率及其科学性。最后，有条件地安排部分人员脱产进修、攻读学位，提升管理者的层次。其中可以借鉴美国重视教育管理专门化人才的培养。例如，美国哥伦比亚大学为在高校教育管理岗位上的在职人员设置了博士课程计划，目前美国各高校负责人中有15%毕业于该校的专事高校教育管理人才培养的师范学院。

(三)创新学分制实行过程

学分制是一种符合素质教育与创新教育思想的教学管理制度。实行学分制，有利于遵循教育规律，因材施教，因需施教；有利于推进学生个性的全面发展，充分调动学生的学习积极性、主动性；有利于增强教师的竞争意识，调动教学教研教改的积极性，提高教学质量和水平。在学分制实行的过程中，笔者认为还需进一步完善，不断创新。

1. 与时俱进，不断修订全程教学计划

全程教学计划是根据一定的教育目标和培养目标制订的教学和教育工作的指导性文件，历来都是学校培养人才、组织教学的主要依据。随着高校办学规模的扩大，学生群体出现多样化的趋势，学生学习兴趣、学习能力、学习需求的差异性日益突出。适应不同学生群体的需要，不仅是保证教育质量的关键，也是推进素质教育，培养创新型人才的重要突破口。因此，必须与时俱进，充分考虑学生日益增长的多样化、个性化的学习需求，及时修订全程教学计划。

新闻与文化传播学院从拓宽基础着眼，自 2007 年起，按“新闻传播学类”大类招生，尝试大类培养。为此，学院修订了原新闻学、广播电视新闻学专业教学计划，制订出《新闻传播学类全程教学计划》。学生在一、二年级不分专业，共同学习公共基础课、专业基础课和专业平台课。学生在三年级时根据个人兴趣、特长及社会需求，再确定专业方向为“新闻学”或“广播电视新闻学”，并修习对应的专业方向必修课。

2. 实行班导师制，指导学生自主学习

自主学习并不意味着学习者完全脱离教师指导而孤立学习。学分制以选课制为基础，但选课必须以学生各具差异的资质兴趣、学生就业生涯的需求和知识结构的科学设计为基础。学生的自发性选课有一定的盲目性，难以实现人才培养的目标。因此，实行班导师制，可以指导学生进行专业方面的自我设计，使学生根据各自的学习目的、学习兴趣选择修读相应课程，形成各自的个性化学习计划、选课计划，从而科学系统地展开自主学习。此外，班导师还应指导学生充分利用学分制留下的大量自主学习时间，博览丛书，不断丰富今后职业生涯所需要的知识。

新闻与文化传播学院 2007 年共招生 3 个班新生，新闻传播学类 2 个班、汉语言文学专业 1 个班，分别由新闻系正副系主任、中国语言文学系主任担任班导师，负责指导各班学生自主学习。中国语言文学系主任还特别研究出了一份《汉语言文学专业学生阅读书目》，供班级学生参考。实践证明，实行班导师制后，学生自主选择教师、专业、课程和学习方式更理性。

3. 提倡弹性学制，准许学生提前毕业

随着社会经济的发展，国际间交流合作更加密切，大学生要求提前毕业或延长学制的人数日益增多。例如，有的学生热爱自己专业，品学兼优，大三即修满学分，要求提前毕业。有的学生在计算机、网络技术等方面有特长，准备创业；有的学生因为身体原因要休学治病；有的学生以交换生身份或自筹经费出国留学。弹性学制正是在这种背景下产生的，它以完全学分制为基础，是具有较大灵活性的教学管理制度与人才培养模式。弹性学制的本质在于尊重并引导学生自主选择，教会他们自我管理。实施弹性学习制度，有利于学生综合素质的提高和创新能力的培养，对进一步推进因材施教，增强办学活力，提高教学质量具有积极的意义。

《中南财经政法大学本科学生修业管理办法》规定：本科学制为四年，学生可在三年至六年内完成学业。2008 年我校共有 8 名 2005 级学生提前毕业，其中白彧彧同学为新闻与文化传播学院学生。在接到其提前毕业的申请后，学院在教学管理方面作了不少变通。比如，实践教学环节中的毕业实习、学年论文、毕业论文答辩，都允许其与 2004 级学生同时进行。因此，他才得以提前一年修满全部学分。据悉，他顺利通过了国家公务员考试，已光荣地加入了公务员队伍。

(四)创新教学质量评价机制

教学质量是高等学校生存和发展的生命线，建立准确检验教学质量的评价机制和考试模式尤为重要。新闻与文化传播学院在构建教学质量评价机制方面作了一些尝试：院、系、教研室三级领导作常规评价；专业资深教师组成教学督导组，他们被赋予自由随机检查课堂的权利；各班学习委员、教学信息员可随时向教学秘书反映课堂情况。

同时，实施素质教育并不意味着彻底革除考试，我们要改革的只是考试的方式和考试的内容，使考试偏重能力方面的考核，考查学生基本理论、技能的掌握情况和分析、解决问题的综合能力。新闻与文化传播学院根据专业特色，如《播音基础》采取口试笔试相结合、《广告学》要求撰写广告文案、《新闻采访学》则由授课教师带领学生到科技园分组采访并写通讯稿的形式考试，促使学生独立思考，有目的的培养学生的创新意识、能力。

总之，高校院系加强和完善教学管理，不仅是高校健康发展的需要，更是时代赋予高校的责任和使命。我们坚信素质教育时期，只要在科学发展观的指引下，不断创新教学管理理念、完善管理体制、加强指导学生自主学习、构建科学的教学评估机制，高校院系教学管理就一定会持续取得好效果。

参考文献：

[1] 谢再莲．以科学发展观为导向推进高校教学管理创新．湖南经济管理干部学院学报，2006(7)．

[2] 张峰．高校院(系)教学管理中存在的问题和解决对策．今日湖北理论版，2007(3)．

[3] 郭晓红．素质教育时期我国高校教学管理制度改革刍论．湖南行政学院学报，2007(5)．

[4] 曾云燕．对高校教务秘书频繁更换的思索．皖西学院学报，2007(6)．

[5] 朱崇实．研究型大学创新型人才培养的思考与探索．中国高等教育，2007(Z3)．

[6] 谢和平．深入贯彻党的十七大精神努力为建设高等教育强国贡献力量．中国高教研究，2008(2)．

[7] 丁立群．适应个性化人才培养完善学分制改革．中国高等教育，2008(5)．

[8] 胡锦涛总书记在党的十七大上的报告．

关于高校院级教学管理的思考

刘　巍[①]

随着社会的发展和进步，高等教育在我国已经步入大众化阶段，这给高校的各项工作，尤其是教学管理工作提出了一系列的问题。目前，我国高校的教学管理基本上是按照校院(系)两级体系运行，它们肩负着不同层次、不同任务的教学管理职责。在教学管理活动中两级教学管理体系分级负责，相互协作，共同发挥各自的管理职能，以提高学校教学管理效率和教学质量。

学院作为高校的基层教学单位，是高校教学工作的具体实施点，全面担负着教育教学工作。学院的教学管理部门是高校教学管理的实施主体，站在高校教学管理的第一线，其工作现状和管理效能，直接影响到学校的教学质量和素质教育的实现，在高校教学管理中具有重要的地位和作用。因此，如何适应社会发展和高校人才培养的需要，加强院级教学管理，提高教学管理水平，促进院级教学管理体系的优化显得十分重要。

① 作者简介：刘巍，中南财经政法大学信息学院教学秘书。

一、院级教学管理的工作内容

院级教学管理工作主要包括教学计划管理、教学运行管理、教学质量管理和教学管理研究等。

教学计划管理即学院根据国家科技发展的现状，社会对人才的需求及学校的办学指导思想、教学活动的总体安排，立足于本学院的专业特点，在广泛调查研究的基础上，制定本专业人才培养目标，确定课程设置、实践安排、学分要求，保证教学计划的权威性；同时，要根据科技进步速度快、知识更新周期短等现实特点，适时向校级教学管理部门提出教学计划调整的意见和建议，使教学计划更趋于合理，更好地适应社会对人才培养的需求。

教学计划确定后，各门课程的建设，教学大纲的编写，教材的选用，师资的管理，教学任务的下达，教与学的实现，教学资料的归档等日常教学的组织实施是整个教学运行管理的基本内容。在这个过程中，要执行学校的教学管理规章制度，严格实现学校教学管理的过程要求，要遵循教学的一般规律，保持教学的持续性和一致性，同时又要根据自身专业发展的需要，不断进行改革创新。在高校的教学管理过程中，院级教学管理对建立正常的教学秩序、提供必要的教学手段、保证教学工作顺利进行起着重要的作用。

教学质量管理是按照教学计划要求对整个教学运行过程进行质量控制，是确保教学管理良好实施的监督和检查手段。教学质量管理包括教学运行中的督导、检查，教学数据的分析、比较等。如期初、期中的教学检查，管理干部、专家同行的听课制度，试卷分析、成绩分析，各项教学工作评估检查，教学信息员信息反馈，学生网上评教等。只有严把教学质量观，才能保证教学计划中人才培养目标的真正实现。院级教学质量管理对学校教学秩序的有序进行，教学目标的宏观实现发挥着强有力的作用。

教学管理研究主要是指与教学管理有关的、直接服务于教学管理工作的科学研究，它是提高学院教学水平、加强学院教学质量、搞好学院教学管理的基础。

院级教学管理虽然只涉及本院的教师和学校的部分学生，但其管理内容却涵盖了教学计划管理、教学运行管理、教学质量管理、教学管理研究等各方面，是直接对教师和学生教与学的管理，具有时间性、基础性、全面性、循环性、多重性等特点。它完全可以看成是学校教学管理的缩影，只有加强院级教学管理，才能保证教学管理的各项内容落到实处。

二、现行院级教学管理中存在的问题

学院是校内的二级行政管理机构，同时也是多个学科、专业的集合体，它在高校内部管理体制中处于很重要的一环。由于院级管理体制还很不健全，加上院级教学管理和校级教学管理两者的关系处理、任务划分不明确，各管理部门职能交叉，都造成了学院的教学管理工作缺乏应有的活力和动力。

从我校实际来看，校级教学管理部门是教务部，院级教学管理部门主要是分管教学院长、各系主任和教学秘书，在很多人眼中，教务部是教学管理的“指挥中心”，而学院的教学管理也只是“办事员”。学院大多依赖学校教务部的统筹监管，往往是根据教务部下发的一个通知，下达的一个任务来做各项教学管理工作，缺乏自主的管理意识和措施，“事事请示、时时汇报”，存在着极大的依赖心理。全校目标一样、要求一样、标准一样、形式一样，没有形成各自的特色。学院这种被动式的管理，过于强调管理的完成而忽视了管理的过程和效果，忽视了各学院不同的专业特色和教、学方法，这不仅不利于学院管理积极性的发挥，自我约束的形成和发展，也制约了教师的“教”、学生的“学”，将不一样的人培养成为了一样的人。

高等教育大众化的进程加快，专业、课程、教材建设要求提高，教学立项、成果等竞争激烈，教学监督、检查、评估逐步细化等给日常的教学管理带来了极大的压力，教学管理面扩大并日趋复杂，学院教学管理人员承担着大量日常工作，繁忙、劳累，时间紧、任务重、压力大，忙于应付事务性工作，而难以对教学管理工作中的问题进行潜心研究，这势必影响教学管理工作的质量和效率。

我校教务部设有各分门别类的职能办公室，而各院不设教学管理办公室，只配备1～2名专职教学管理人员即教学秘书。教学秘书长期从事琐碎、繁重的日常事务性工作，也不可能做出突出的成绩，且职称认定、评聘不受学校重视，学历提高，进修学习机会少，缺乏激励、奖励机制，这在一定程度上也打击了他们工作积极性。

三、加强院级教学管理的几点思考

(一)明确院级教学管理职责

校级教学管理部门着力进行教学的宏观管理并明确院级教学管理的职责。要充分认识院级教学管理的重要性，发挥其在学校管理系统中承上启下、横向沟通的作用，明确校、院两级管理权的分配问题，避免交叉、重复；校级教学管理部门要根据现代教学管理的内在规律，掌握全校教学管理大局，把握管理的适当尺度，避免因尺度过松而出现管理失控、校内一盘散沙，也不要因为尺度过紧，挫伤院级教学管理的积极性和能动性，使院级教学管理流于形式；要明确学院需具体承担的教学管理任务、教学管理自主权、教学管理责任，即“职、权、责”，变被动为主动，切断院级教学管理对校极教学管理的依赖心理及行为。

在实现学校统一目标的前提下，应强调各个学院达到目标有不同的方法和途径，突出灵活性和弹性，各学院应根据不同的条件、利用各自的专业特色，充分发挥自主性和能动性，采取不同的方法来进行教学管理；要鼓励学院制定和发展适合本学院的教学管理方法，自己进行有效管理，这样不仅使学院更清楚地发现自身的问题所在，也使学院能及时对问题加以解决，并为教学效果的提高作出更多的努力。

(二)优化院级教学管理体系

完善院级教学管理规章制度。教学管理规章制度是保证教学秩序顺利进行的条件，是教师、学生、教学管理人员在工作、学习中必须遵守的共同行为准则。没有完整、合理的规章制度，就没有严格、科学的管理，就难以保证教学过程的正常运行，也就失去了教学管理的依据和保障，所以要根据本院的实际情况，制定院级教学管理规章制度，使教学管理工作规范化、科学化。

抓好教学计划和教学运行管理。教学计划和教学运行管理是院级教学管理重要的内容之一，学院要按照教育教学规律，对教学计划、教学运行组织进行制订、实施、调节和控制，要对教学的各阶段、各环节，从时间上、形式上、内容上进行合理安排，使整个教学过程协调发展。

建立院级教学质量评价制度。教学质量评价是实施教育质量管理的主要内容和有效手段，建立一套适合学院实情，有利于学院教学的自我评估、自我发展的评价体系是保证院级教学管理健康发展的保障。教学质量的评价可以通过教学督导、各种专项评估、听教评教及其他信息的收集、反馈来实现。它可以促进学院教学工作的良性循环、发展，增强学院教与学的竞争意识和活力。

(三)加强院级教学管理队伍建设

教学管理工作是一项政策性强、业务性强、服务性强的工作，院级教学管理的效果如何与教学管理队伍自身的素质有很大关系。教学管理人员必须具备很好的业务能力、组织协调管理能力和全心全意服务的精神，同时这也是教学管理人员从事教学管理工作应具备的最基本的职业素养。

教学管理人员首先要熟知学校的各项教学管理制度和学院的各项规定，熟悉学院内各系的设置，各专业教学计划、课程安排、教材选定，课程体系、结构及各门课程的特点，学分、学时分配；本院各学期所开设的课程和教师承担的教学任务，各教学环节的安排和衔接，实验室的配置、实习基地的情况、各年级学生的情况等，只有这样，工作起来才能做到心中有数，游刃有余；要熟练掌握各种教学管理软件的应用，如学生成绩管理、教学任务录入、学生毕业审查等软件，并利用这些软件全面、快速地查询、储存工作中大量的资料数据，科学、准确地统计、处理这些信息；要掌握工作技巧、善于获取信息并正确判断，因教学管理人员工作中的许多事情都要及时通知教师和学生，如调停课、选课、补课、学生考试等，所以教学管理干部平时应加强与教研室、教师、班级、学生会、辅导员等的联系并充分发挥他们的作用，要及时掌握学生的学习情况和教师的教学情况，为改进教学、提高教学质量等提供可靠的依据。可以说院级教学管理从性质上是一项管理工作倒不如说是一项服务工作，因为其工作实质是为学院教学工作的顺利实施、实现而提供服务，特别是教学秘书的工作职责更凸显了这一特点。

可以看出，建立一支强有力的教学管理队伍是学院实现教学管理规范化、科学化、民主化的关键。因此，其一要重视教学管理队伍建设，要选拔一些工作能力强、有责任感，仔细认真、踏实勤奋的管理干部进入该队伍。其二要制定出相应的人事组织制度措施，重视对教学管理岗位人员的职称设置、评聘，从而进一步提高其工作热情和积极性。其三要给教学管理人员提供时间和机会，让他们及时接受新事物、及时学习充电，不断更新知识、拓宽知识面，以更好地利用科技手段、促进教学计划、教学运行及教学管理方式的改进。其四要建立、健全岗位责任制，根据工作质量的好坏优劣，进行奖励或批评，做到奖惩分明。

高等学校的根本任务是培养高质量人才，提高教育教学质量是学校工作永恒的主题。我们应充分认识院级教学管理在高校管理中的重要作用，不断加强院级教学管理工作的改革创新，促进院级教学管理体系的优化，以保证高校教学工作的顺利展开和教学质量的稳步提升。

参考文献：

[1] 张学秋. 论高等学校的系级教学管理. 辽宁师专学报，2004(3).
[2] 易和平，曹庆平. 分级教学管理的探索与实践. 石油教育，2004(4).
[3] 殷丽文. 教务干事做好院级教学管理工作的五要素. 辽宁师专学报，2005(2).
[4] 刘鲁庆. 两级教学管理初探. 苏州丝绸工学院学报，2000(6).

高校院级教学秘书的角色定位

陈　平①

教学工作是高等学校的日常性中心工作，而高校的教学工作是一个涉及多层次、多部门的系统活动。作为一个子系统，教学管理运行和控制直接关系学校教学质量的高低。要使高校教学整个系统活动高效、有序地运转，教学秘书肩负着重要的使命。目前，大多数高校的教学工作实行的是校、院二级管理模式，校级教学管理主要体现为宏观的规划与监控，院级教学单位既是各项教学活动的计划者、组织者，又是执行者、控制者。而教学秘书就是实现院级教学管理的基层执行者，因此准确把握其角色定位，切实提高教学秘书的管理水平，是实现高校教学管理规范化的重要前提和保证。

一、院级教学秘书的工作特点

(一)教学管理过程的协调性

院级教学秘书是贯彻执行国家教育方针政策、法规，实施学校教育、教学管理的最基层的专职管理人员。教学秘书必须在工作中处理好教务部门、教师、学生之间的关系，做好校院之间的信息沟通。作为教学工

① 作者简介：陈平，中南财经政法大学信息学院教学秘书。

作中最具体、最活跃的协调层次，教学秘书工作的协调功能贯穿于院级教学管理活动的全过程。

(二)教学事务工作的繁杂性

院系教学秘书的工作范围几乎涉及基层教学管理工作的各个方面，比较繁杂，工作量大，所有工作都牵涉不同群体的切身利益，工作难度大。既要处理常规性的日常教学管理工作，又要应付一些突发性的教学异常情况。

(三)教学管理工作的规律性和时效性

教学工作运行有其自身的内在规律。院级日常教学工作以每个专业的不同年级、每个学期的各个阶段为周期不停地运转，课程的安排、考试考查及成绩登载、学籍管理、教学档案的建立，以及专业教学计划的制订，都必须严格按照学校相关安排进行规范化管理。每学期的教学周数、每门课程的学时安排、定期的新生入学和学生毕业，都有严格的时间限制，任务集中，具有很强的时效性。

二、院系教学秘书的基本素质

(一)热爱本职工作岗位，具有强烈的服务意识

教学秘书工作是学院教学管理的窗口，工作范围广，内容多，日常事务繁杂，这就要求教学秘书应具备强烈的事业心和责任感，爱岗敬业，用自己的言行来展示院级教学工作作风和管理水平。同时，教学秘书应该增强服务意识，做到为院级领导服务，做好领导的参谋和助手，为领导决策提供信息支持；为教学科研服务，做好教学计划的执行者；为教师、学生服务，做好师生之间的桥梁和纽带，及时了解和掌握师生的意见和要求。

(二)具备良好的专业素质

教学秘书的工作是事务性工作，但不是任何人都能够承担的。作为新时期的教学秘书，应牢牢把握时代的脉搏，不断更新知识，完善知识结构，除接受正规的教学管理专业培训外，还应对所管理的各专业课程内容及彼此的关系有清楚的了解，不断适应新形势发展的需要，提供高质量的综合服务。

(三)具有较强的综合能力

院级教学秘书在教学管理中不等同于一般的工作人员。在看似琐碎的事务性工作中，事事有原则，件件有章法，处处有讲究。教学秘书是院级整个教学活动的参与组织者，这就要求他们必须在自己的岗位上精心设计、认真组织，在实践中提高自己的综合能力。

1. 辅助决策能力。在实际的教学管理过程中，为了协助领导科学决策，教学秘书应善于开动脑筋，善于思考，注意搜集资料，整理基本数据，制订完整的工作计划，为领导决策提供准备及时的客观依据。

2. 管理及协调应变能力。教学管理工作头绪繁多，为防止事务积压，避免难以协调的局面，教学秘书必须清楚自己的职责范围，分清工作的主次关系，统筹安排工作。

3. 具备信息处理能力。教学秘书应熟练运用电脑、复印机、扫描仪、传真机等现代化办公手段，借助网络等媒体，搞好文字编辑、信息收集、资料统计和数据处理等工作，建立完备的电子档案，随时准备为领导决策提供数据支持。

4. 档案管理能力。教学档案贯穿于教学过程的始终，科学、准确、齐全的教学档案是教师和学生教学状况的原始记录，对于教学部门总结过去、指导现在、规划未来，都具有独特作用。

三、院级教学秘书的角色定位

院级教学秘书，其工作性质应定位于既是教学工作管理者，又是服务者。而从本质上讲管理就是服务，因为整个学校的工作最终都要落实到服务上。作为教学秘书，这种服务意识更具体、更直接，即全面地服务教学、服务教师、服务学生，这是教学秘书的中心任务和本职工作。只有正确处理好以下几个方面的关系，院级教学秘书才能在学院的教学管理中明确自我定位，强化服务意识，提高服务质量。

(一)正确处理工作的被动性与主动性的关系

秘书工作的辅助地位决定了它的被动性。作为决策者的参谋和教务部门的助手，院级教学秘书随时按照院级领导和教务部门的指示办事，不能自行其是。而仅仅是被动接受任务，采取头痛医头、脚痛医脚的工作方式，势必会造成工作的被动。院级教学秘书要主动学习上级有关方针、政策，掌握教学活动的基本规律，了解院级乃至学校的办学指导思想和人才培养方向，根据教学规律制订工作计划，在日常工作中做到未雨绸缪，充分发挥参谋、助手、咨询和智囊的作用。

(二)正确处理事务性工作与思想性工作的关系

教学秘书工作中的事务性与思想性是相互渗透的。教学秘书工作整体上具有很强的思想性，但每一个具体环节都具有事务性。各种工作的具体操作体现出许多事务性特征，如打印课表、归档实习材料、整理学生论文等。而课程安排、论文答辩、毕业实习等工作都有很强的思想性特征。思想性工作渗透于事务性工作之中，事务性工作中蕴涵着思想性工作。如果只重视思想性，就会引起教学秩序的混乱，如果片面强调事务性，就很难充分调动师生的积极性，影响工作效率。因此，应充分认识工作中的事务性和思想性，在具体的事务性工作中突出思想性。

(三)正确处理经常性工作与突击性工作的关系

院级教学秘书在处理好大量类似于检查教学情况、核算学生学分、处理调停课情况、组织考试等经常性工作的同时，还要处理类似于组织英语和计算机等级考试报名、各类竞赛活动、教学评估等突击性工作，这些突击性工作时间紧、任务重，需要在日常工作中积累资料、储存信息，需要教师、学生等相关群体的通力合作才能完成。经常性工作与突击性工作既有区别又有联系，教学秘书要在经常性工作中积累经验，从而在处理突击性工作时能够从容应对。

总之，作为学校教学管理工作的基层执行者，院级教学秘书应该爱岗敬业，努力提高自己的综合素质，明确自己的定位，强化服务意识，为提高学校的教学管理水平和人才培养质量作出应有的贡献。

参考文献：

[1] 朱红. 高校教学秘书的角色定位、存在的问题及对策研究. 教学改革与教学管理研究. 武汉：华中师范大学出版社，2005.

[2] 史伟红. 高校教务管理人员业务能力的培养与提高. 继续教育研究，2000(2).

[3] 王舒. 高校教学秘书岗位职责及其积极性发挥. 丽水学院学报，2008(6).

[4] 胡辑. 论高校教学秘书的特点及能力修养. 时代经贸，2007(5).

[5] 徐东. 教学秘书在高校教学管理中的作用及素质要求. 山西财经大学学报，2005(9).

[6] 段玉玲. 重视高校教学秘书工作加强教学管理. 高教论坛，2004(2).

浅论高校教研室的建设和管理

陈勤舫　刘晓燕[①]

教研室是高等学校按照学科、专业或课程设置的基层教学组织。高校教研室根据学校人才培养总体目标与要求，承担教学任务，开展教学与科学研究、师资培养等工作。为了强化教研室的工作职能，本文从教研室建设和管理中存在的问题着手，强调要充分发挥教研室的积极性、主动性和创造性，提高教学水平，需要加强对教研室的建设和管理。

一、教研室建设与管理中存在的问题

一是对教研室的重要性认识还不到位。教育部教高(2007)2号文件《关于进一步深化本科教学改革，全面提高教学质量的若干意见》明确规定：要充分发挥教研室在开展教学，深化教学改革中的作用。高校教研室既是基层教学组织，也是基层研究组织。教研室承担着教学工作，进行教学基本建设，监督课堂教学质量，开展教学研究、科学研究和学术交流，规范教学档案的建设与管理以及师资队伍培养等。教研室不是简单的专业或学科的结合体，从某种意义上讲，教研室建设的水平反映了

① 作者简介：陈勤舫，中南财经政法大学教务部副部长，副研究员；刘晓燕，中南财经政法大学教务部办公室副主任。

学校教学工作水平。教研室作为高校的基层教学组织，在完善课程建设和专业建设、保证教学工作的顺利开展、深化教学改革、不断提高教学质量等方面具有重要的作用。只有充分认识到这个问题的重要性，教研室的建设才会有一个全新的局面，才能充分把教研室成员蕴藏的积极性、主动性和创造性激发出来。教研室的建设和管理虽然采取了一些积极有效的措施，但是还没有统一到事关本科教学质量大局上，由此造成了学校对教研室建设力度不足，观念上忽视教研室工作，对教研室的建设和发展投入的精力、物力不够，对教研室的困难关心和支持不够。主要表现在缺少必要的活动场所和经费支持，这样使得教研室的自主权少，教研室的活动空间拥挤，各院(部)系教研室几乎没有单独的办公室，即使配备了办公室，也缺乏必要的办公设备，往往就是几张桌椅，有的教研室甚至连电脑、打印机等基本的教研、办公设备也没有。这导致了教研室成员的积极性和热情很难调动起来，也严重阻碍着教育质量和教研水平的提高。

二是缺乏详细的、可操作性强的工作条例来指导教研室工作。学校和院(部)系较少制定相对完善的教研室工作条例，学校没有与教研室直接对话的机制，没有专门的“教研室主任工作会议”，同时，学校还缺乏直接对教研室的考核、评比和表彰制度。正是由于这些重要制度的缺失，很多问题和矛盾被掩藏起来，得不到及时解决，教研室工作流于形式，忙于行政性工作，真正组织教学科研活动时间无法保证，或根本就完全没有。通常教研室每周活动一次，每次半天，而由于种种原因事实很多院(部)系的教研室整个学期也难得召开几次教研会，少有的几次会议的内容也多为行政性管理事务，很少涉及教学研讨，而且时间极为短暂。

三是教研室主任的选拔还未真正实现优中选优。教研室主任待遇相对较低，且政策极为不稳定。教研室主任面对一线教师，工作内容复杂，责任重大，这样使得很多具有副高职称的教师无暇或不愿来担任该项工作。师资职称结构、学历结构不合理，队伍涣散、不稳定，教学质量难以保证。多数院(部)的做法是由年轻的教师担任，但是并没有起到应有的作用，造成人员无法合理调配、统一安排、忙闲不均、监督不力。教研室少则几人、十几人，多则二三十人，既要抓好搞好教学，对整个教研室教学计划、教研、师资培养等进行全盘考虑，还要对少数不安心教学工作的教师做思想工作，工作量很大。年轻教师担任教研室主任对工作的热情是值得肯定的，但是相对于职称高、阅历广的教师来说，他们经验不丰富、威望不高、办法不多，加上新补充的年轻教师大都准备攻读更高层次的学位，也不能全力投入教学第一线或管理。

四是激励机制不够健全。基层教研室不是行政组织，高校对其管理比较松散，其任务目标大多没有硬性规定，其活动的频次效果无机制监督，对其成绩过失缺乏奖惩措施，即使有相关的规定，但是相对来说也比较宏观、不具体，无法有效地实施，表现在指标不够量化，评估的办法不够多，影响了评估结果的公正性。由于高校教师在职称评聘上偏重论文和科研成果，对教学上的硬性要求在执行过程中偏软，完成基本教学工作量即可的这种职称导向机制，使得许多教师更多地关注课题立项、结题的问题，关心论文发表和编写教材的问题，部分教师受经济利益驱动，除了承担分内工作量以外，还有社会兼职，造成在教学改革研究、提高教学质量方面精力投入不足。① 过多地考虑到奖励制度但缺乏必要的惩罚措施，使得一些教师在对奖励措施不感兴趣的情况下，将工作重点转移到兼职工作，而忽视正常的教学工作，不积极开展教学研究，从而使得教学水平停滞不前，并影响教研室教学工作。

二、加强教研室建设与管理的对策

一是学校真正重视教研室建设，要加大对教研室建设的投入力度，给予相应的专项经费支持。首先，学校要加大对教研室工作的宣传力度，在学校工作、教学管理等会议上牢固确立人才培养是高等学校的根本任务，牢固确立质量是高等学校的生命线，牢固确立教学工作在学校工作中的中心地位的三个“牢固确立”加强本科教学工作的指导思想。从而加强对教研室重要性的认识，强调教研室的重要地位，重视对教研室的建设和发展的研究，明确教研室的性质、任务和职责，理顺教研室面临处理的各种关系，进一步优化教研室职能，强化教学管理，深化教学改革，提高教学质量。其次，学校要加大对教研室工作的规划和指导，学校成立专家组，对教研室的发展合理规划，对教研室工作的开展进行指导，对教研室主任的选拔和培养提供智力支持。再次，学校要加大对教研室的投入，主要体现为给教研室足够的活动办公空间和活动经费，做到专款专用和配备必要的教学与教研的办公设备，为教研室活动的正常开展创造良好的工作环境。

二是制定完善的规章制度来指导教研室的工作。在广泛征集意见、调研的基础上，规范教研室主任职责和教研室管理办法，并使其具有可

---

① 季爱华：《论高校基层教学组织教研室的建设》，载《安徽工业大学学报》(社会科学版)，2008(3)。

监督性。一方面，教研室要有具体可行的计划、实施办法及规定；另一方面，学校要完善教研室的工作制度，将教研室的各项活动进行细化，并要求有详细的活动纪律，防止流于形式。(1)完善教研室职责、内容，明确课堂教学、课程考核、教学实习、毕业论文(设计)等教学环节；细化课程建设和教材建设办法；丰富教学研究、科学研究和学术交流的内容；规范教学档案的建设与管理。(2)突出人才培养制度，根据学校和本单位师资培养规划，拟订教师培养计划；加强青年教师的培养工作，要充分发挥教研室主任、教授和学术骨干的带头作用，指定专人对青年教师实行传、帮、带；优化师资队伍结构，加强教学团队建设。(3)完善会议制度，规定会议的时间、人员、人数，并有专人负责考勤和作详细的记录。会议种类有教研室内部会议(内容包括业务学习和教研活动)和院(部)系“教研室主任工作会议”。(4)建立对话制度。建立起学校、院(部)系与教研室直接对话的机制，及时沟通工作中存在的问题，寻求办法加以解决。

三是重视教研室主任的培养和选拔，提高教研室主任的待遇。教研室主任是一个教研室的带头人，是教研室发展好坏、教师积极性能否得到充分调动的关键所在。学校要选择责任心强、有一定管理能力的学术骨干担任教研室主任，并给予一定的工作补贴，教研室主任必须具有良好的思想政治素质，同时应长期从事本科教学工作，有丰富的教学工作经验，具有较强的科学研究能力和一定的学术影响和副高级以上专业技术职称。此外要有较强的组织管理能力，公道正派，并得到教研室老师的信任和支持。同时要引入竞争机制竞选教研室主任，综合考虑其教学、科研、组织等能力以及奉献精神，建立教研室主任工作量化考核制度，对教研室主任的德、能、勤、绩进行考核，学校要对教研室主任工作效绩进行科学、公正的评价，并把评价结果作为奖惩、职务晋升的依据，对其实行任期制，任期 4 年，4 年后改选。促使教研室主任心理出现应激状态，提高心理活动水平，打破原先工作中一成不变的沉闷现象，激发广大教研室主任的岗位责任意识，可使工作积极性和效果明显改观。学校要举办教研室主任经验交流会，宣传教研室主任好的工作方法，先进事迹，同时不定期地组织教研室主任学习教育理论及兄弟学校的教研室管理办法，在充分研讨的基础上形成共识；对成绩不明显的教研室主任给予定期的工作指导，促使他们不断提高工作能力，树立干好教研室主任工作的自信心。

四是健全奖惩机制，激发教研室成员工作积极性。要加强对教研室建设水平评估，制定教研室建设具体评估办法，明确评估标准，建立科学的评估指标体系，定性和定量相结合，对教研室建设水平进行评估。在此基础上，制定相应奖励制度和交流措施，增强教研室的活力。加强对各教研室工作的考核，表彰先进，激励后进，做到奖罚分明。教研室的政治与业务活动开展情况及教研室主任的工作情况，各院(部)每学期期末进行一次检查与考核，学院(部)每学年进行一次考评。对于考核结果为优良的教研室要给予一定的奖励，不合格的教研室要予以整顿。学院(部)要经常组织教研室工作的交流，评比先进教研室；学校每两年评选一次“优秀教研室”，优秀教研室评比的条件既要重目标，又要重过程；既要全盘考虑教研室教师的政治素质，又要积极承担教学任务；既要开展教学基本建设，又要组织教学研究和改革，并且要有计划地开展教研室活动，规范教研室管理，重视教学档案。对评选出的优秀教研室予以授牌和给予物质奖励。在对优秀教研室进行奖励的同时，对教研室建设长期落后的，要进行整改，采取帮扶措施，使其摆脱落后局面。对教研室中不安心本职工作，不思进取的教师，在触及其切身利益的前提下，采取一定的惩罚措施，激发其工作热情，从而使整个教研室的建设水平得到提高，使学校教研室建设走上良性的发展轨道。

参考文献：

赵惠明. 浅谈教研室建设. 嘉兴学院学报，2002(11).

论提升研究生就业指数的▶▶ ▶▶应对策略

——基于就业质量和数量的视角

王广波[①]

随着我国高校继续扩招，国家整体毕业研究生人数不断增加，而社会的需求却没有较大幅度的增长，以致研究生人才市场供需矛盾越来越突出。同时，由于研究生专业结构与社会需求之间的不匹配、不协调，在很大程度上也影响了人才市场的供需关系。因此，在新形势下，高校必须切实做好研究生的就业指导和推荐工作，着力提升研究生的就业指数。

一、优化招生环节，创新培养制度

(一)优化招生环节

目前，研究生招生尚未与就业适度挂钩，导致部分专业供需失衡，毕业研究生就业困难。所以，在扩大招生规模的同时，更注意各专业之间的协调以及各专业与社会需求之间的协调，尽快实现招生与就业率的

① 作者简介：王广波，中南财经政法大学研究生部副科长，助教。

适度挂钩。当然，毕业研究生素质的下滑也是影响就业率的因素之一。因此，要从源头把控好研究生生源质量，一方面可制定奖励政策鼓励优秀生源报考；另一方面可严格控制某些专业的报名条件，如报考专业必须与第一专业相近或者一致等，从而“优中择优”。这不仅可以为提升高校毕业研究生就业竞争力打下良好基础，同时也是树立高校研究生教育品牌的前提条件。另外，要加大高校研究生教育的宣传力度，扩大研究生教育的影响，从而吸引优质生源，提升研究生教育的层次与质量，为研究生就业夯实基础。

(二)创新培养制度

从过去的就业工作经验来看，用人单位对高素质的复合型、实用型人才青睐有加，传统意义上的专才在就业选择面上反而越来越窄。近年来，毕业研究生多数专业基础较为扎实，但综合素质不高，他们在就业中对专业对口要求较高，造成就业面狭窄，而对于那些专业不限的岗位又缺乏竞争力。鉴于此，在今后的教学培养计划中，我们应根据市场需求作出适当调整，进一步注重学生综合能力的培养，既要强化专业性培养，强调专业优势，又要不断在知识体系的全面性、创新能力的综合性上下工夫，努力培养宽口径、厚基础的高素质、复合型人才，如允许研究生辅修第二学位等，以增强研究生的综合实力，提高研究生在就业市场上的竞争力。

二、深挖就业资源，扩展就业领域

(一)加强与用人单位的联系，深挖“现有股”，培养“潜在股”

要加强与用人单位的联系，更多地“引进来、走出去”。对于录用了毕业研究生的用人单位，要建立信息库，主动联系，征求反馈意见，与用人单位建立长期的沟通与交流机制。如每年进行定期回访，了解情况，收集信息，明确要求，从而达到储备资源、挖掘信息的目的，争取为解决来年的就业问题打下感情基础和信誉基础。对于潜在的用人单位，要主动深入就业市场，与用人单位建立广泛的联系，了解他们对人才的急需，为他们提供实际帮助，发出招聘邀请函，为供需双方提供双向交流、互动的机会，对于特别优秀的毕业研究生实行推荐制，主动出击创造就业机会。

(二)借助校友搭桥，挖掘就业信息，鼓励导师参与就业推荐

充分利用校友资源和积极发动导师参与毕业研究生就业工作，是实现就业目标的有效渠道。校友与用人单位有着天然联系，其中的优势和便利是其他关系所无法取代的。由校友担当学校和用人单位之间的桥梁，穿针引线，不仅减少了双方搜寻信息的成本，而且可实现有效的招聘和就业，从而达到三方共赢的局面。各专业导师在其本专业领域都有着一定的知名度和影响力，由导师参与推荐，更具说服力，成功率也会更高。此外，导师制与就业挂钩还可以促使专业导师将其丰富的职业经验传授给学生，使研究生不仅能在学术方面有所深造和升华，更能得到有关人生和职业生涯的悉心教诲，这也是研究生教育发展的重要目标。

(三)拓展研究生就业地域和行业

从历年毕业研究生就业地域流向和就业单位性质(就业行业)统计来看，各高校毕业研究生大多都有比较传统的和固定的就业地域与就业行业。在今后的就业工作中，除了要巩固那些传统的和固定的就业基地和行业外，还要进一步转变就业观念，开发西部就业市场，为毕业研究生开拓更为广阔的就业空间。在就业单位性质方面，要引导学生树立正确的就业观，帮助他们认识到在基层、民营企业、外资公司等单位同样可以施展才华和抱负，并鼓励他们自主创业，自己做老板，实现自我价值。

三、更新就业指导观，开展职业生涯教育

虽然各高校研究生工作部门进一步加强了对毕业研究生的思想政治教育工作，不断更新他们的就业观和择业观，鼓励他们到西部、到基层去，但仍有部分毕业研究生脱离社会实际和自身能力过高地设置了就业期望值，他们“高不成、低不就”，以找不到“理想工作”为由，迟迟不肯与用人单位签约，这在很大程度上影响了初次就业率，而且到西部和基层工作的毕业研究生比例仍然很低。因此，如何进一步引导学生认清当前严峻的就业形势，客观地认识自我，树立切合实际的就业观，对自己的职业生涯准确定位，将成为我们今后就业指导工作的重点之一。针对研究生中普遍“重沿海、轻内地，重发达、轻落后，重机关、轻企业”的就业观念，高校要启动研究生职业生涯教育系统，指导并鼓励毕业研究生去西部、去基层，树立远大的人生目标，将个人价值的实现与服务祖国和人民合二为一。当然，我们还要加强研究生“诚信就业”教育，使学

生形成“有约必守，违约必究”的就业观念，帮助研究生树立良好的“诚信”形象。

四、做好就业服务工作，提高服务意识和管理水平

深入贯彻“一切为了研究生，为了一切研究生”的指导思想，提高服务意识和管理水平，做好研究生就业指导和管理服务工作。一是要加强研究生心理辅导：就业期间，研究生既承担着竞争的压力，又承受着选择的痛苦和迷茫，各种矛盾和困惑使他们的心理压力极大，尤其是女生。针对这些情况，负责研究生就业工作的老师在平时细心观察，发现问题，耐心疏导，热心帮助，通过个别谈话和沟通，为他们答疑解惑，排忧解难，缓解压力，增强信心。二是要在关注整体毕业研究生的同时，通过个别指导和服务，尽最大可能去关心每一个研究生，爱护每一个研究生，为他们解决实际困难。尤其对于那些在就业、学业方面确实存在困难的学生，要及时了解他们的需求，给予他们思想上的指导和行动上的帮助。

总之，在毕业研究生的就业工作中，各高校要认真贯彻执行党和国家及学校有关毕业研究生就业工作的方针、政策和规定，积极主动地开展工作，努力拓宽就业渠道，团结协作，踏实工作，确保研究生就业工作的平稳、有序进行；要积极总结研究生就业指导和推荐的经验与教训，找出工作中的不足，创新就业工作理念，拓展就业领域，提高研究生的就业数量及就业质量，以期提高研究生的就业指数。

论我国体育俱乐部与球员的▶▶ ▶▶劳动关系认定

何珍泉①

随着我国体育市场的不断发展，体育俱乐部也随之产生并快速发展起来，体育俱乐部与球员间便形成了一种新的法律关系，但在我国法律上没有明确规定。这既不利于体育俱乐部与球员间法律关系的长期稳定，也不利于球员合法权益的保障。因此，进一步认定我国体育俱乐部与球员间的劳动关系，对于我国现阶段有着十分重要的理论意义和现实意义。

一、我国体育俱乐部与球员间劳动关系的认识

关于职业球员是否纳入劳动法的保护范畴，世界各国有不同的立法例，我国对此也有不同的认识。

(一)职业球员不受劳动法保护

1. 劳动法一般只适用于中低层次劳动者，其较之雇主的弱势地位非常突出，而职业球员属于稀缺和可替代性差的人力资源，其较之职业俱乐部的弱势地位不像一般劳动者突出，有的相对职业俱乐部还不一定是弱者，而且市场上形成的职业球员的报酬水平高于一般劳动者，这与高

① 作者简介：何珍泉，中南财经政法大学体育部主任，教授。

级职员不适用劳动基准法的原理相似。

2. 劳动法所调整的劳动关系中，人力资源一般不是由雇主投资所形成的，其处分权和收益权只由作为所有者的劳动者享有；而职业俱乐部作为人力资源的投资者，对职业球员的人力资源共享处分权和收益权，甚至习惯上将职业俱乐部视为人力资源的所有者①，故职业球员与职业俱乐部之间除了劳资关系因素外，还有"合资"关系因素。

(二)职业球员受劳动法保护

1. 职业球员具备劳动者的本质特征，即职业球员与职业俱乐部之间存在从属关系，尤其是人格从属关系。职业球员必须受所在俱乐部管理，按所在俱乐部的规定和要求从事比赛及训练，为所在俱乐部创造利润，以其所得报酬为其主要生活来源。

2. 球员市场上有能力同职业俱乐部抗衡、讨价还价的仅限于明星球员，而明星球员的数量相当有限，大部分的职业球员与职业俱乐部相比，仍处于弱势地位。

3. 职业球员所面临的风险，如伤残风险、失业风险等，在一定意义上还要高于一般劳动者。

4. 职业球员的流动性受到严重的限制，职业俱乐部对职业球员具有垄断性。

二、我国劳动关系的界定和认定标准

作为劳动法调整对象的劳动关系，是指劳动力所有者(劳动者)与劳动力使用者(用人单位)之间，为实现劳动过程而发生的一方有偿提供劳动力由另一方用于同其生产资料相结合的社会关系。② 在现代市场经济中，劳动关系的特征主要表现在：它的当事人一方固定为劳动力所有者和支出者，称劳动者，另一方固定为生产资料占有者和劳动力使用者，称用人单位(或雇主)；它的内容以劳动力所有权与使用权相分离为核心，即劳动力所有权以依法能够自由支配劳动力并且获得劳动力再生产保障为基本标志，劳动力使用权则只限于依法将劳动力用于同生产资料相结合；它是人身关系属性和财产关系属性结合的社会关系；它是平等性质与不平等性质兼有的社会关系。

---

① 黄越钦：《劳动法新论》，139页，台北，翰庐图书出版有限公司，2001。

② 王全兴：《劳动法》，31页，北京，法律出版社，2004。

劳动关系的认定标志，是基于劳动关系的内涵要点所引申出的可据以认定劳动关系或者辨别劳动关系与其他社会关系（如劳务关系）的标志。实践中可分为实质标志（或称核心标志）和形式标志：实质（核心）标志是反映劳动关系的实质或核心内涵的标志，即劳动力由他人使用→人身关系→劳动组织关系→组织从属性。劳动和社会保障部 2005 年发布的《关于确定劳动关系有关事项的通知》第 1、第 2 条中规定的“用人单位依法制定的各项劳动规章制度适用于劳动者，劳动者受用人单位的劳动管理，从事用人单位安排的有报酬的劳动”，“劳动者提供的劳动是用人单位业务的组成部分”，“考勤记录”等，就属于认定劳动关系的实质标志。形式标志是反映劳动关系的形式特征的标志，如书面劳动合同、员工名册、工作证、劳动给付、工资支付、劳动者资格、用人单位（雇主）资格等。在认定劳动关系的实践中，有形式标志的，一般依形式标志认定；无形式标志的，或者形式标志与核心标志不一致的，依实质标志认定。

三、我国体育俱乐部与球员间的劳动关系认定

我国劳动法虽然没有明确规定职业球员是否受劳动法保护，但依据《劳动法》第 2 条、《劳动合同法》第 2 条以及《中国足球协会运动员身份及转会规定》、《中国足球协会注册工作管理暂行规定》等相关行政规章对职业球员和职业俱乐部的相关规定，可理解为我国职业球员受劳动法保护。

（一）职业球员是劳动法中的特殊劳动者

1. 职业球员是我国劳动法中的劳动者。我国劳动立法虽然至今还未给劳动关系下定义，但在理论和实务上，都将劳动者与雇主之间的从属性尤其是组织或人格上的从属性作为劳动关系的本质特征。从我国的界定看，职业球员具备劳动法上劳动者的资格要件，并与职业俱乐部之间存在劳动关系，主要表现在：职业球员的最低年龄为 18 周岁，在法定最低就业年龄以上；职业俱乐部是具有独立地位的企业法人，在《劳动法》第 2 条规定的用人单位范围之内；职业球员与所在俱乐部必须签订聘用工作合同，其中至少要包括工资待遇、培训费分配、保险、伤病处理、双方的权利和义务、合同或协议中止条件、违约责任等条款，这属于劳动合同；职业球员必须严格遵守所在俱乐部的各类管理规章制度，服从

所在俱乐部的指挥与工作安排，在人格上从属于所在俱乐部。[①]

2. 职业球员是特殊的劳动者。职业球员作为劳动者，较之一般劳动者有其特殊性，主要表现在：①职业球员具有特殊的运动才能，每个人的能力都不尽相同，可替代程度低。②职业球员的人力资源投资高，即培养优秀球员是一个长期过程，必须从小进行训练，投资时间长，在投入期间，并不能很快获得收益，或不一定获得收益。③职业球员的人力资源开发，除了自己投入外，主要依靠他人投入，尤其是国家和俱乐部的投入，在进入职业俱乐部后，职业俱乐部则是主要投入者，因而职业球员的人力资源所有权作为人身权只能为职业球员享有，但职业俱乐部作为人力资源投资者，对其投资所形成的人力资源也应当享有一定处分权(如签订转会协议)和收益权(如收取转会费)[②]。④职业球员具有稀缺性，即由于球员具有特殊运动技能，可替代程度低，且投入周期长、成本高，所以在体育球员市场上，职业球员往往供给不足，属稀缺性人力资源。⑤职业球员具有高淘汰性和高风险性，主要表现为：球员的运动寿命有限，即使运动职业化可以延长其运动生涯，但其从事球员职业的期限还是远远短于其他职业的劳动者；球员在训练或比赛中受伤几率大，因伤残提前退出体育竞技领域实属常见；球员的运动技能和知识非常专业化，一旦退出体育竞技领域，很难从事其他工作；职业球员的流动受到限制，各国对球员的转会都有特别规定。

(二)我国体育俱乐部是劳动法上的用人单位

我国在具体的法律法规中并没有赋予体育俱乐部用人单位的属性，但不论是从理论上还是在现实中，体育俱乐部都应该拥有用人单位的法律资格。其理由表现为：①体育俱乐部拥有一定的财产能力。体育俱乐部有属于自己的体育设备，包括场馆、器械等，这些都是体育俱乐部存在的必要物质性条件。②体育俱乐部拥有一定的技术能力。体育俱乐部所经营的体育项目都存在着一定的技术，俱乐部的经营者是把这些技术因素在比赛中充分发挥而获得利润的。③体育俱乐部有严格的组织性。职业球员隶属于体育俱乐部，在其内部有一定的组织结构，职业球员是

① 《中国足球协会运动员管理条例》(试行)(2004年)第6章"运动员的合同或协议"、《中国足球协会注册工作管理暂行规定》(2004年)。

② 《中国足球协会运动员身份及转会规定》第33条中关于永久性转会即运动员所有权转让的规定表明，职业俱乐部是运动员人力资源的所有者。这种观点是不符合人力资源所有权原理的。作为人力资源投资者的职业俱乐部，对职业球员的人力资源虽然享有一定的处分权和收益权，但这不是人力资源所有权。

严格按照俱乐部的安排来进行训练和比赛的。同时，在我国相关劳动立法的过程中，特别是从《劳动法》到《劳动合同法》的立法进程中，出于对劳动者的偏重保护，对用人单位的界定越来越宽泛了，虽然仍然没有明确划分体育俱乐部为用人单位，但从立法的本意来解读，可以认定体育俱乐部为劳动法上的用人单位。

(三)我国体育俱乐部与球员符合劳动关系的实质要件

劳动关系的实质性标准主要是以是否有组织从属性来区分的，我国体育俱乐部与球员在签约期间，体育俱乐部安排球员的比赛和训练并支付报酬，球员服从俱乐部的安排比赛和训练并获取报酬，在这个意义上说，球员是从属于体育俱乐部的。而且对于球员来说，他们对于俱乐部有一定的人身依附性。由于现在的职业比赛的参赛机制和参赛水平限制了许多球员的参赛资格，球员需要体育俱乐部来为其安排训练提高竞技水平，从而获得参赛资格，在多人的项目中更是需要俱乐部组织起一个优秀的团队来参加比赛。在某种程度上，球员不可能离开体育俱乐部而单独生存。因此，我们可以看出体育俱乐部与球员间的关系实质上是劳动关系。

(四)我国体育俱乐部与球员间有劳动关系的形式条件

从形式要件上看，我国体育俱乐部与球员间也属于劳动关系。体育俱乐部与球员间订立了合同，虽然在过去并没有确定其合同的法律性质，但其合同期限、工作地点、工作内容、报酬、社会保障等事项，都属于劳动合同的必备条款，在现实中也把这种合同当作劳动合同来看待。体育俱乐部为了便于其自身的管理，基本上都设立了球员名册以及球员的身份证明。球员与体育俱乐部的工作时间一般都比较长，少则数月多则数十年，其报酬的支付一般都有名册，在社会保障制度的逐步建立过程中，体育俱乐部也逐渐承担起对球员的社会保障支付义务，相应地也建立了社会保险交费记录。这些都在形式上证明了体育俱乐部与球员间的劳动关系。

第四篇

思政教育与人才培养

治理腐败是高校面临的紧要任务

杨志光[1]

近10年，我国高等教育得到了长足发展，其中出现了两个“明显增长”。一是从1999年开始，高校扩招，我国在学学生人数居世界首位，高等教育实现了大众化，高等教育毛入学率明显增长；二是中央政府按照“共建、调整、合作、合并”的基本思路，实施了高等教育管理体制改革，随之而来的是许多高校开疆拓土、大兴土木，大学校园面积和基本建设规模明显增长。这两个“明显增长”使高等教育事业获得了空前的发展机遇，又使高校党风廉政建设面临着严峻的挑战和考验。纵观近些年发生在高校的腐败事件，许多无不与招生、基建和物资采购有关，腐败的瘟疫已悄然侵蚀着“象牙塔”曾经洁净的肌体，人们眼中的“清水衙门”已成为腐败的新的重灾区，社会上流传的“大楼盖起来了，干部倒下去了”的说法得到了验证，治理腐败已经是高校面临的一项刻不容缓的重要任务。

一、高校腐败的表现

从湖北省高校(含教育部在汉高校，下同)校级领导干部和我校处科

---

① 作者简介：杨志光，中南财经政法大学委员会副书记兼纪委书记，研究员。

级干部涉案的情况看，腐败案件呈迅速上升趋势，且数量之多、金额之巨、情节之恶劣，涉案人员职务、级别、学历之高，都是过去所没有的。

(一)湖北省高校9名校级领导干部违法违纪案例

湖北××学院原副院长×××案。其在任职期间，利用分管招生工作之便，为考生谋取利益，伙同其妻从中收受考生家长贿赂人民币22.3万元，接受礼金人民币13.35万元。该副院长受到开除党籍、开除公职处分，移送司法机关后被判处有期徒刑5年。

××大学原党委书记×××案。其在省属两所大学先后担任党委副书记和党委书记期间，利用职务之便，为他人谋取利益，收受建筑商和学生家长贿赂人民币36万元，非法占有人民币10.25万元，接受礼金人民币1.19万元、美金1000元。该党委书记受到开除党籍、开除公职处分，并被判处有期徒刑6年。

武汉××大学原副校长×××案。其在任职期间，利用分管招生、基建和后勤工作之便，严重违纪违法，湖北省纪委对其实施了“双规”，司法机关一审指控其涉嫌贪污罪、挪用公款罪和受贿罪。

武汉××大学原党委副书记×××案。其在湖北省××厅担任处长职务期间，利用职务之便，大搞权学交易，为他人谋取利益，涉嫌非法收受他人财物人民币×××万元，解决了数千名违规招收的学生学籍，现被移送司法机关处理。

湖北××学院原党委书记、院长×××等。其在任职期间，利用职务之便，为他人承揽工程谋取利益，涉嫌非法收受贿赂人民币×××万元，现被移送司法机关处理。

××大学原副校长×××等。其在担任校长助理、后勤产业集团总经理、副校长及校基建工程招标领导小组负责人期间，利用职务之便，为他人谋取利益，收受12家建筑公司贿赂63次，共计人民币81万余元，美金4200元。该副校长被开除党籍、开除公职，并被判处有期徒刑13年。

武汉××学院原副院长×××案。其在担任学校后勤基建管理处处长、副院长期间，利用职务之便，为他人谋取利益，收受建筑商贿赂人民币41.01万元，接受他人为其私车购买的价值1.2万余元保险。该副院长被开除党籍、开除公职，并被判处有期徒刑6年，处以没收个人财产人民币10万元。

武汉××大学原党委书记×××案。其在先后担任该校党委副书记、书记期间，利用职务之便，为他人承建工程及工程款结算、子女上学等谋取利益，收受贿赂人民币 50.4 万元，美金 3000 元，港币 1 万元，收受礼金人民币 18 万余元，港币 5000 元。该党委书记被开除党籍、开除公职，并被判处有期徒刑 10 年，处以没收个人财产 10 万元。

武汉××大学原校长×××案。其在任职期间，利用职务之便，为他人在承建工程及工程款结算等方面谋取利益，收受贿赂人民币 147.78 万元、美金 4.6 万元。该校长被开除党籍、开除公职，并被判处有期徒刑 13 年。

以上 9 名校级领导干部违法违纪涉及的主要是招生和基建领域。

(二)某高校 13 名处科级干部违法违纪案例(仅举 6 例)

从 2004 年 7 月至 2008 年 3 月约 4 年时间，某高校先后有了 13 名处科级干部和个别职工违法犯罪，分别受到了法律制裁和党纪政纪处分。

资产管理处原正处级调研员×××，在担任资产管理处处长期间，利用职务之便，收受他人贿赂共计人民币 222499 元，2004 年 12 月被人民法院以受贿罪判处有期徒刑 8 年。学校分别给予撤销调研员职务、开除党籍和开除公职处分。

现代教育技术中心原主任兼直属党支部书记(正处级)×××，利用职务之便，在网络建设中收受他人贿赂人民币 6.8 万元，2005 年 1 月被人民法院判处有期徒刑 2 年、缓刑 2 年。学校分别给予撤销党政职务和开除党籍处分。

校园建设处原处长×××，2004 年 4 月至 2007 年 3 月在担任基建处副处长、校园建设处处长期间，利用职务上的便利，先后索要和收受不法建筑商贿赂的财物价值折合人民币 5.26 万元。人民法院判处其犯受贿罪，免予刑事处罚；没收个人财产人民币 1 万元。学校分别给予行政撤职和留党察看 2 年的处分。

校园建设处原副处长×××，2003 年年初至 2007 年 8 月，利用职务之便，多次收受基建处项目承建单位人员贿赂共计人民币 9.4 万元和价值 5000 元的加油卡。人民法院判处有期徒刑 3 年，缓刑 4 年，追缴赃款 9.9 万元。

审计处原处长×××，2004 年 4 月至 2006 年 11 月期间，利用职务之便，先后收受基建项目承建单位人员贿赂共计人民币 8.8 万元。人民法院依法判处其有期徒刑 2 年 6 个月，缓刑 3 年，追缴赃款 8.8 万元。

审计处原副处长×××，2003 年 4 月至 2005 年 3 月在担任基建处施工科科长期间，利用负责学校工程项目施工现场管理工作的职务便利，收受不法建筑商的贿赂 4.6 万元。人民法院判处其有期徒刑 1 年 6 个月，缓刑2年，4.6万元赃款予以没收。

以上13名处科级干部和职工违法违纪涉及的主要是物资采购和基建领域。

二、高校腐败的特点

分析近年来高校暴露的腐败案件，具有以下4个特点。

(一)腐败案件主要表现为权力腐败和职务犯罪

腐败分子利用职务上的便利，运用手中权力，贪污、受贿、挪用公款，大搞权钱交易、权学交易等，这类案件占到了高校腐败案件的90%以上。从前面介绍的两类案例看，绝大多数也同样属于权力腐败和职务犯罪的类型。

(二)案发部位主要在权力集中和资金密集部分

高校腐败多伴生于基建、采购和招生等工作领域。2008年5月，吉林大学等11所高校在全国不同地区的22所教育部直属高校和部省共建高校中进行了问卷调查，调查对象为教师、教辅人员(占38.12%)、党政管理干部(含双肩挑人员，占27.17%)、后勤职工(占9.36%)和学生(占25.34%)。调查表明，高校滋生腐败排名前三位的重点领域是：基建及大型维修工程、大宗物资采购和招生。

一是基建领域。问卷调查显示，被关注率达到81.3%。近10年，由于不少学校扩展校园，新建和维修了许多用于教学、科研和生活的工程项目，腐败就滋生于工程招投标、发包、追加工程量和结算工程款等环节。一些不法建筑商为了承揽高校基建工程，把眼睛盯在学校主管基建的校处级领导干部身上，并大肆行贿，千方百计拉干部下水。湖北省违法违纪的9名校级干部中，与基建有关的就有7人。某高校13名处科级干部违法违纪案件中，与基建有关的也达7人。

二是采购领域。问卷调查表明，被关注率达到75.17%。腐败主要伴生于仪器设备、图书教材、网络设施和药品等大宗物资采购过程中。腐败分子利用职务之便收受贿赂，为个人谋取不正当利益。某高校13名处科级干部违纪违法案件中，与物资采购有关的就有6人。

三是招生领域。问卷调查显示，被关注率达到55.79%。这是一种行业不正之风。腐败分子利用手中决定考生能否上大学、能否获得学籍的权力，破坏教育公平，徇私舞弊，收受贿赂。湖北省违法违纪的9名校级干部中，与招生和注册学籍有关的就有5人。

(三)腐败行为的主体主要是高校从事管理的党政干部

在这些党政干部中，“一把手”比例较大，主管人财物审批工作的校长、书记、副校长、副书记、处长、副处长等校处级领导干部居多。某高校13人中，行政管理干部就占11人，其他两人分别为图书馆采购员和网络专技人员。湖北省有9名校级干部全都是校级班子党政管理干部，有的是党委书记或校长，有的则是党委副书记或副校长。

(四)作案方式和作案人心理基本相同

从作案方式看，行贿和受贿多为赠送与收受现金及有价证券。在某高校13人中，除个别人员收受了不法商人的一台电脑、几吨水泥、受邀去泰国旅游一次外，累计上百次的贿赂全部是现金及商场购物卡、汽车加油卡和手机充值卡及其他有价证券，并且行贿和受贿一对一进行。作案地点虽伺机而定，但大多发生在受贿人家里，也有的在酒店和办公室等公共场所。

从作案人心理看，行贿者一般都千方百计淡化受贿行为的犯罪性质，大事化小，麻痹受贿人。行贿者行贿时常说“我没有买什么东西，今天就算给你拜个年”、“我不会买东西，请你爱人自己去买件衣服吧”、“我们交个朋友，这就算是两条烟钱”、“你要买车，钱不够，就算我借给你，你有钱时再还给我就是”等诸如此类托词，使受贿者放松警觉，认为是朋友交往，收下这些钱问题不大。明明知道这样做不对，但侥幸心理占了上风，拒绝贿赂的态度不坚决，推推搡搡、欲罢不能，最终铸成了大错。

二、高校腐败的治理

党的十七大对加强以完善惩治和预防腐败体系为重点的反腐倡廉建设提出了新的更高的要求。在2008年1月召开的中央纪委第二次全会上，针对高校反腐倡廉所面临的形势，胡锦涛总书记深刻地指出，当前“出现了一些案件多发的新领域”，“高校、医院等单位案件呈多发态势”，强调惩治腐败，一刻也不能放松。在全会报告中，中纪委书记贺国强对加强高校反腐倡廉建设提出了明确要求，强调要“健全领导班子科学民主决策机制，加强对财务、基建、采购、科研经费、校办企业的管理和监督，提高校务公开制度化和规范化水平。”

2008年5月13日，中共中央又颁布了《建立和健全惩治和预防腐败体系 2008—2012 年工作规划》，提出了推进反腐倡廉教育、健全反腐倡廉法规制度、强化监督制约、深化体制机制改革、纠正损害群众利益的不正之风和保持惩治腐败的强劲势头六项任务。我们要认真贯彻落实中央精神，按照教育部有关加强高等学校反腐倡廉建设的若干意见要求，扎扎实实地推进高校治理腐败的工作。

(一)要落实惩治腐败的责任

高校党委是反腐倡廉建设的责任主体，担负着全面领导反腐倡廉建设的政治责任。要坚持“党委统一领导，党政齐抓共管，纪委组织协调，部门各负其责，依靠群众的支持和参与”的领导体制和工作机制，努力形成高校各个方面共同参与，各尽其责，齐心协力推进反腐倡廉建设的良好局面。

高校党委和行政要坚持“两手抓，两手都要硬”的方针，把高校反腐倡廉建设作为一项紧迫的工作来抓，将其纳入重要议事日程，与教学、科研等工作一起研究、一起部署、一起落实、一起检查，并贯穿于学校改革和发展的全过程。

高校党委书记和校长是党风廉政建设和反腐工作的第一责任人，对党政班子内部和管辖范围内的反腐倡廉建设负总责。他们应做到重要工作亲自部署，重大问题亲自过问，重点环节亲自协调，重要信件亲自批阅，重要案件亲自督办。要切实落实校级班子成员党风廉政建设岗位职责，书记和校长应定期听取班子其他成员落实党风廉政建设责任制情况的汇报。领导班子其他成员应根据分工，抓好职责范围内的反腐倡廉建设，按照“一岗双责”、“谁主管，谁负责”的要求，一级抓一级，层层抓落实。

高校纪委要切实担负起组织协调责任。维护党的章程和其他党内法规，检查党的路线、方针、政策和决议的执行情况，协助党委加强党风建设，组织协调反腐败工作，是高校纪委的三大职责，也是新时期高校纪委监察工作的光荣使命。围绕这一职责，纪委应做到“三个敢于”：一是敢于站在反腐败的第一线，主动为党委反腐倡廉出谋划策，积极组织对党员干部的教育。“在其位，谋其政”，绝不能得过且过，无所作为。二是敢于对校处两级领导干部进行监督，尤其是对学校党委书记、校长和各二级单位党政主要负责人的监督。坚决克服“上级对下级监督怕丢选票，下级对上级监督怕丢官位，同级平行监督怕伤情面”的错误认识，真正做到他们的权力行使到哪里，监督就延伸到哪里。三是敢于查处案件，要重视来信来访，扩大案件线索。对职权范围外的案件，应主动向上级纪委报告；对职责范围内的案件，要千方百计，克服各种困难，排除各种阻力，认真调查取证，并按规章程序处理，切忌当老好人。

要健全对校内各二级单位反腐倡廉建设督察、考核、奖惩和追究等工作机制，把二级单位反腐倡廉建设状况列入对处级领导干部尤其是党政主要负责人的考核评价范围，并作为工作实绩和干部奖惩的重要内容。校党委每年应对二级单位反腐倡廉工作情况进行检查，发现问题，及时整改，总结经验，不断提高。要严格责任考核，强化责任追究。对责任不落实，措施不得力，不抓不管，敷衍应付，出了问题的，要严肃追究相关领导的责任，并在各种评优表彰和领导干部选拔任用中实行“一票否决”。

(二)要依靠制度管人管事

邓小平同志指出：“我们过去发生的错误，固然与某些领导人的思想、作风有关，但是组织制度、工作制度方面的问题更重要。这些方面的制度好的可以使坏人无法任意横行，制度不好的可以使好人无法充分做好事，甚至会走向反面。”胡锦涛在十七大的报告中提出：“在坚决惩治腐败的同时，更加注重治本，更加注重预防，更加注重制度建设，拓展从源头上防治腐败工作领域。”结合高校情况，我们应着重完善以下制度：

一是完善领导班子民主决策机制。要严格执行党的民主集中制，完善并严格执行党委全会、党委常委会、校长办公会议事规则和决策程序，反对和防止个人或少数人垄断。对于重大决策、重要干部任免、重要项目安排和大额度资金使用“三重一大”事项(简称“三重一大”制度)，必须由学校领导班子集体决定；对于专业性和技术性较强的重要事项，必须经过专家咨询论证；对于涉及师生员工切身利益或事关学校改革发展的事项，必须经教代会讨论，广泛听取教职工意见，减少决策失误。学校所属学院(系、所)内的重要事项，要通过本单位党政联席会议研究和决策，不能只由行政办公会或党的会议研究决定。

二是完善干部人事管理制度。要严格按照领导干部选拔任用办法，坚持公正、公平、公开的原则，经过公布岗位、报名推荐、资格审查、民主测评、差额考察、党委决定、全校公示和正式任命(必要时还可举行笔试进行遴选)等程序，完善干部选拔任用机制。学校党委讨论任用重要干部应实行无记名投票表决。要坚持干部选拔任用前征求同级纪委意见的制度，要坚持党政领导干部职务任期、干部交流、任职回避和任期经济责任审计等制度。切实开展干部任前廉政谈话、诫勉谈话、领导干部向组织报告个人重大事项和干部述职述廉工作。校领导班子成员分工要定期调整，对人财物等权力集中的重点部门和单位的处级干部要定期交流，对在同一岗位任职时间较长的科级干部也应轮岗。

三是完善内部财务管理制度。要坚持“统一领导，集中管理”的财务管理体制，确保学校资金安全和有效使用。学校重大经济决策、重大投资及大额资金使用，必须由财经工作小组（或相关专家小组）进行科学论证，经学校财经工作领导委员会（领导小组）研究后，提交校长办公会甚至党委常委会集体讨论决定。要严格执行“收支两条线”规定，加强预算外资金管理，坚决杜绝“小金库”。各二级单位的各类办学收入均为学校收入，应按有关规定进行管理，不得坐收坐支、公款私存、违规私分和设立“两本账”。对于存在“小金库”及各类违规操作的单位和部门，一经发现，对于直接负责人一律先免职后处理，并追究分管领导的责任。

四是完善基建修缮管理制度。应坚持建设项目集体决策制度，新上项目或取消项目以及项目的重大变更必须经过集体决策。基建和大型修缮项目，应严格招投标制度、基建财务制度和基建审计制度，任何人不得违规插手、干预招投标活动。应实施基建和大型修缮项目管理与基建财务管理分离，实行项目工程款支付“两支笔”会签制度，实施基建工程全过程审计。同时，在学校（甲方）与施工方（乙方）签订了经济合同后，校内有关职能部门的行政主要负责人必须与施工方签订廉政责任书，防止有人从中谋取不正当利益，以保障甲乙双方的合法权益。另外，若乙方违反廉政责任书的规定，甲方有权将乙方列入黑名单，并令乙方永久不得进入甲方市场。

五是完善大宗物资采购管理制度。应建立、健全学校内部采购机构，统一组织对设备、药品、医疗器械、图书教材等大宗物资的集中采购。按照规定应实施公开招标的，必须公开招标，做到公开透明。要加强对邀请招标、竞争性谈判、询价采购和单一来源采购的管理，严格程序，加强监督，防止暗箱操作和违规操作，严禁在采购中违规收受各种名义的回扣，坚决杜绝商业贿赂行为的发生。

六是完善科研经费管理制度。高校取得的各类科研经费，不论其资金来源渠道，均为学校收入，必须纳入学校财务统一管理、集中核算，并确保科研经费专款专用。应完善学校内部科研经费管理制度，特别要建立和完善横向科研经费管理制度，建立、健全科研经费的使用和管理的监督约束机制。应加强对科研经费的管理审计，实施对重大科研课题或大额度科研项目的全过程跟踪审计制度。

七是完善校办产业、国有经营性资产管理制度。应改革高校企业管理体制，建立学校资产管理经营公司，完善现代企业制度和企业法人治理结构，建立以资本为纽带的校企关系，规避学校直接经营企业的经济和法律风险。应建立资产管理经营公司内部财务管理与审计制度。高校不得以事业单位法人的身份直接投资办企业，不得以国家财政拨款、基本建设经费和学生学费等各项预算经费对企业投资。高校所属学院(系)及各部处等内设机构，一律不得对外开展任何形式的经营活动和投资活动。

八是完善招生“六公开”制度。要深入推进高校招生“阳光工程”，进一步扩大公开范围，丰富公开内涵，使招生工作在阳光下进行，接受社会监督。应严格规范免试、本科自主招生、文艺特长、体育特长及各种特殊类型的招生行为，加强对这类考生录取工作的跟踪监督。应继续巩固治理乱收费的成果，任何类型考生的录取和专业异动均不得与收费挂钩。

(三)要突出工作重点

高校治理腐败涉及学校工作的方方面面，头绪万千，任务繁重，教职工对学校寄予厚望。我们要注意突出以下三个重点：

一是在工作客体上要以校处两级领导干部为重点。这是因为校处两级干部掌握了人财物的决策权和支配权，在管理上说得上话，拍得了板，是不法分子和别有用心的人紧紧盯住的对象，而且在现实生活中，我们所看到的高校腐败现象大多发生在校处两级干部身上。无论是湖北省违法违纪的9名校级领导干部，还是某高校13人中的6名处级干部，都无一例外。他们往往涉案金额最大，对学校事业的危害最大，给社会的影响也最坏。所以，只要校处级领导干部能带头勤政廉政，两袖清风，不给他人任何可乘之机，则这些不法分子和别有用心的人的任何举动都是徒劳的。因此，要教育我们的领导干部严格要求、洁身自好、甘于清贫、乐于奉献，经得起各种诱惑，不为任何非法利益所动。

二是在对领导干部的教育上要以理想信念教育为重点。一些违法犯罪的高校领导干部在自我反省中，几乎都认识到今天之所以走上犯罪的深渊，主要是因为个人理想破灭，信念动摇，世界观、人生观和价值观扭曲，私欲膨胀，个人主义作怪，丧失了一名党员干部应有的操守。所以，我们要以此为重点，加大对校处级领导干部理想信念教育，使他们真正树立起科学的世界观、人生观和价值观。

三是在治理范围上要以基建、物资采购和招生为重点。从近10年高等教育呈现的两个“明显增长”为背景，到湖北省高校9名校级干部和某高校13名处科级干部违纪违法的事实，再到今年5月吉林大学组织的问卷调查，充分表明了近来发生在高校的腐败现象，主要集中表现在基建、物资采购和招生三个领域。因此，我们应加强对从事这三个领域工作的领导干部和工作人员进行教育，加强对这三个领域的规章制度建设，加强对这三个领域工作人员的监督，真正使他们常在河边走，就是不湿鞋。

预防高校职务▶▶ ▶▶犯罪的思考

殷修林[①]

随着高校改革的不断深化和办学规模的不断扩大，一直被人们视为“一方净土”、“清水衙门”的神圣高校，也受到了社会上各种消极腐败现象的不断渗透和冲击。特别是近几年，发生在高校的职务犯罪呈上升趋势，其数量之多、金额之巨、情节之重、涉案人员职务级别之高，均系前所未有。这种现象不仅给国家和人民的财产带来重大损失，而且给高校各项事业的发展带来很大影响，阻碍了高校改革发展的进程，涣散了教职员工队伍，败坏了高等学校的社会声誉，污染了对青少年道德建设和大学生思想政治教育的环境。因此，认真思考如何有效预防高校职务犯罪，吸取惨痛的历史教训，总结已有的成功经验，采取切实措施加以综合治理，对于深化高校党风廉政建设和反腐败工作，保护高校干部队伍健康发展，具有十分重要的现实意义。[②]

---

① 作者简介：殷修林，华中科技大学博士生，中南财经政法大学新闻与文化传播学院委员会书记兼副院长，副教授。

② 王怡红：《西方国家的反腐败措施及对我们的启示》，载《齐鲁学刊》，2004(5)。

一

高校职务犯罪，是指高等院校中具有一定组织、领导、监督、管理职责的国家工作人员或依法从事公务的人员利用职务上的便利或者在职务行为中，因贪污、贿赂、玩忽职守、徇私舞弊等而成立的犯罪。

高校职务犯罪的行为人是担任一定领导职务包括厅级、处级、科级在内的部分高校干部，他们凭借手中的权力滥用职权，徇私舞弊，致使国家和人民利益遭受更大损失，属于职务犯罪行为。

纵观高校职务犯罪种种现象，目前可以归纳为四大主要特点。

(一)发案频率不断上升

据北京市某检察院的调查报告显示：2002 年至 2004 年三年间，该院查处的高校职务犯罪案件为 11 件 11 人，分别占三年立案总数的 7.6%和 6.8%。仅 2005 年，该院共立案 20 件 30 人，涉及高校职务犯罪的有 6 件 7 人，分别占立案总数的 30%和 23%；2006 年 1 月至 7 月，该院共立案 19 件 21 人，涉及高校职务犯罪的有 7 件 8 人，分别占立案总数的 37%和 38%。

据教育部纪检组、监察局统计，2005 年全国教育纪检监察部门案件查处情况，共处理信访举报 68979 件(次)，立案 6821 件，结案 6518 件，给予党政纪处分 5676 人，挽回经济损失 9121.8 万元。在受到处分的人员中，其中厅(局)级干部 5 人，处(县)级干部 155 人，455 人因涉嫌犯罪被追究刑事责任。

由此可见，高校职务犯罪的案件数和涉案人员数居高不下，呈多发趋势，在一定时期内发案率大幅上升。

(二)发案部位相对集中

高校职务犯罪的“重灾区”主要集中在掌管人、财、物权力的基本建设、财务支出、物资图书采购、各类招生、人事调配等职能部门。腐败行为的主体主要是高校从事管理的干部，其中单位和部门的“一二把手”比例较大，尤其以主管人、财、物审批和受委托经营、管理公共财产的人员居多。从行为主体的分布上看，从校级领导到处级干部、科级干部和一般工作人员，具有一定的广泛性。

湖北省纪委在总结 2003 年 1 月至 2005 年 10 月的高校职务犯罪特点时发现，涉案 46 人中，涉及基建招投标及后勤维修工程领域的 18 人；教材、教学设备、药品采购及网络招投标的有 15 人；财务管理环节的 6 人；招生录取环节的 7 人，占 15%。①

(三)窝案、串案比例增大

从最近几年查处的高校职务犯罪情况来看，窝案、串案所占比例较大，集体腐败已成为高校职务犯罪的一个新特点。在查案过程中，经常出现“查办一人挖出一窝，办理一案带出一串”的现象。窝案、串案主要表现为高校内部的“扎堆腐败”，往往是分管领导、下属单位负责人之间或者某一部门内部串通一气，为了少数人或者小团体的利益，形成同盟，共同实施犯罪。在 2005 年 3 月西安市检察院查办的 28 起高校职务犯罪案件中，就有 21 起是窝案、串案，占查处案件总数的 75%。②

(四)涉案职级金额攀高

20 世纪 90 年代，高校职务犯罪以处级、科级干部居多，所涉及的金额一般在十万元以下；现在校(厅)级干部日见增多，而且涉案金额一般都在几十万元、几百万元甚至千万元以上。

2004 年至 2008 年上半年，湖北省纪委、省各级检察机关共查处高校腐败案件 60 多起，涉及厅级干部 10 余人(处级干部 30 多人)。这类高校经济腐败案呈现几大特点：权钱交易明显，窝案、串案突出，腐败分子中党员、高学历、中老年人居多，“明”、“暗”回扣盛行，作案频繁，涉案金额较高。

二

高校职务犯罪的原因是多方面的，既有社会原因，又有历史原因；既有个人主观方面原因，也有教育、监督、制度等客观原因。但主要原因可归纳为以下几个方面。

(一)价值观念错位，道德防线崩溃

价值观错位，抵制腐败防线坍塌。高校职务犯罪的一些干部并不是从来就贪，他们过去多半是一个勤政廉政的干部。那为什么会犯罪呢？从主观原因上看就是思想发生了变化，人生价值观发生了错位。在建立

---

① 胡惠兰等：《高校职务犯罪研究》，载《华南理工大学学报》(社会科学版)，2007(4)。
② 王世焕、储国强、边江：《高校校长跌入腐败陷阱》，载《瞭望新闻周刊》，2005(1)。

市场经济的新的历史条件下，商品经济消极因素的影响无处不在，无孔不入，一些意志薄弱的高校干部经不住商品、金钱、美色的诱惑，其价值观发生蜕变，从勤政廉洁滑向贪婪腐败。这是职务犯罪增多的内在原因之一。

道德观弱化，遏止犯罪防线崩溃。道德在规范人们的行为方面起着很重要的作用，各行各业都有自己的道德标准即职业道德。严格遵守职业道德，是遏止职务犯罪的重要保证。在社会主义市场经济建设的大背景下，高校不可能成为不受污染的“世外桃源”。社会不正之风、腐败诱发因素等太多的负面作用，必然会或多或少地影响高校，尤其直接冲击到对高校干部。特别是随着高校改革的深入，学校经济成分、组织形式、利益关系和分配方式日益多样化，分配差距日见拉大，造成某些领导干部的心理失衡，致使个别理想信念不坚定、对腐蚀诱惑放松警惕的干部失去抵制和防御能力，从而被一些别有用心的承包商、经销商以联络感情、提取中介费用等名义拉下水，导致腐败行为的发生。

(二)监督措施不力，犯罪行为失控

不受监督和制约的权力必然导致权力的滥用和腐败。① 高校内部权力制约和监督机制存在严重缺陷，内部纪律处分及行政处分被虚化。众所周知，当前我国高校内部监督是由纪检部门实施党内监督，由监察部门进行行政监察。由于高校纪检部门要接受同级党委的领导，高校监察部门要接受所在高校行政的领导，于是就形成了以小督大、以低督高、以弱督强的监督体制，导致在权力制约和监督过程中会出现“查小不查大、查下不查上、查软不查硬”的现象。这种体制、机制上的缺陷，致使高校职务犯罪分子往往能够依靠手中的权力，影响甚至剥夺高校纪检监察部门的监督权，从而给某些掌权人以可乘之机，使他们屡屡得手。有的高校“一把手”位高权重，独断专行，高校领导层管理活动缺乏透明度，相当一部分权力处于监督的真空地带，职务犯罪的概率直线上升。

自下而上监督制度不健全，监督的途径和渠道不畅通，群众监督不能到位。一方面，高校的教职员工绝大部分是高级知识分子，他们能够充分认识高校职务犯罪带来的危害性，但由于教学科研工作重，空余时间紧，关注自己多关注领导少，很少有人主动积极参与各种民主生活。另一方面，教代会没有真正发挥其作用，群众的检举、控告、弹劾、罢

---

① 杨茂春：《加强制度建设是保持共产党员先进性的重要保障》，载《中国石油大学学报》，2006(22)。

免等权利也缺少制度上的保证。

(三)制度落实不够，体制改革滞后

有些高校相关工作制度不完善，容易形成腐败漏洞，主要体现在财务、基建、物资采购、招生、重大问题决策程序等方面。随着市场经济的确立，高校办学经费来源已从过去的单一财政拨款转化为多渠道、多方位的筹资，而其内部的财务制度并没有随之建立起健全、有效的管理机制，一些现有的财务制度得不到落实或执行不力，使腐败行为难以发现。在基建方面，承发包工作不够严密，没有完全按要求招发标，甚至为了避免招标，在确定基建项目时，将大项目化整为零，使行贿人有空子可钻。在物资采购方面，设备采购部门权力过于集中，缺少货比三家、有关部门共同研究的环节，即使允许使用单位自行购买，缺乏操作制度，以至于一些人较容易收受回扣或贿赂，对像药品、图书等物品的采购一个人洽谈比较普遍，缺少制约制度。在招生工作方面，虽总体比较完善，但对特殊情况有少数人说了算的现象，缺乏必要的透明度。学校自行命题组织考试，缺少具体指导，形成较大漏洞，如批阅考卷不批具体分数、只给总分等，特别是体育、艺术特长生招生及自主招生，由某部门具体负责，学校缺乏监控，使一些不符合条件的学生入学。在重大问题决策过程中，程序不完善，对哪些内容需讨论，规定不全面，民主科学决策不具体、论证不充分，执行中对一些问题的审批权限不明确。

高校干部制度改革比较滞后，没有坚持完善科学、合理“轮岗”的制度。首先，高校领导班子很少校际交流，长期在一个学校执政很容易形成自己的“势力”，为个别领导形成“家长作风”、“独断专行”提供了条件。其次，有些高校个别主要领导自己说了算，讨论干部民主氛围不浓，没有做到“任人唯贤”。“好用”、“听话”、“放心”、“能办事”、“业务熟”、“能力强”等因素，往往成为学校领导安排嫡系到校办、党办、组织、人事、招生、财务、基建、采购、后勤等要害部门的“心中标准”。最大的问题还在于有的中层干部一直在核心、要害岗位连续工作十几年，有的在福利丰厚的单位工作大半辈子。有的干部虽说是“轮了岗”，可轮来轮去总在掌握人、才、物大权的核心职能部门任职。这样的结果可想而知了。

(四)法纪教育不实，威慑他人软弱

有些高校党委对法纪教育的重要性认识不足，没有具体的安排和部署。有些高校机关各部门的职责不明确，纪检监察部门的组织协调作用不突出，宣传教育的优势没有得到有效整合，表面形式多，实质教育少。有些高校在反腐倡廉法纪宣传教育上投入不够，成果也不明显，教育的组织领导不够有力，教育的方式方法缺少创新，教育的内容不能适应形势的发展变化，党风廉政建设“大宣教”格局还没有形成。

对高校职务犯罪惩治力度不够，威慑力不强。由于缺乏科学有效的预警和发现机制，如果没有群众举报，就很难发现高校职务犯罪。即使有举报，由于受客观条件的制约，能查出来的也是较小的一部分。对于查清楚的数量有限的高校职务犯罪，一些高校也出于种种考虑，学校领导暗中保护，结果是检察机关前面抓走，犯罪嫌疑人后面被放出。此举对当事人是一种解脱，可对其他抱有侥幸心理的人没有构成很大的威慑。

三

预防职务犯罪工作是一项复杂的系统工程，需要调动方方面面的力量，合理整合配置各类资源，从职务犯罪产生的内因和外因找准突破口，教育、制度、监督、惩处多管齐下，铲除职务犯罪滋生蔓延的主客观条件，使其主观上不愿腐败(教育)，客观上不能腐败(制度)，行为上不敢腐败(监督)，职位上不让腐败(轮岗)，才能有效地控制和预防职务犯罪。

(一)坚持教育在先，构建思想道德防线

思想指导行动，高校职务犯罪的发生就是以思想的蜕变为先导的。因此，预防高校职务犯罪，教育是基础，只有不断加强教育，才能减少职务犯罪的动机，增强拒腐防变能力，构筑一道思想道德防线。

(二)完善制度建设，严格管理狠抓落实

完善制度建设，严格管理狠抓落实，是高校预防职务犯罪的重要保障。邓小平同志讲：“制度好可以使坏人无法任意横行，制度不好可以使好人无法充分做好事，甚至会走向反面。”目前，各高校已有一些制度和规定，但有些过于原则和陈旧，既缺乏钢性规定，又缺乏针对性和可操作性。因此，高校要积极探索结合本校实际情况，通过体制深化改革，完善和强化管理制度，把制度建设贯穿于预防高校职务犯罪的各个环节，查漏补缺，狠抓关键部门、关键部位的管理，完善管理工作中内部的监督制约机制，避免给腐败分子“钻空子”或“打擦边球”，有效抑制腐败发生的几率。与此同时，各高校要明确制定和落实制度的责任单位与主要责任人并将责任层层分解和细化，落实到人，增强制度的执行力和约束

力。对制度不落实或不建章立制的责任单位和责任人要进行责任追究，并把制度制定的情况和制度的落实情况同制定者、执行者、责任人的利益、前途挂钩，确保制度的建立完善及制度能落到实处。

(三)强化监督机制，加大犯罪惩治力度

首先，必须大刀阔斧改革高校纪委、监察领导体制。现行高校纪委、监察处由学校党委、行政领导，工作人员都是高校在岗在编人员，其好处是便于学校统一管理，统一部署工作。为了避免出现“查下不查上”、“查小不查大”、“查次不查主”、“查轻不查重”、“查软不查硬”等现象，高校纪委、监察处干部应由省纪委、监察厅直接派任，不纳入高校编制，他们的职称评定、职务晋升、福利待遇都享受国家公务员同等标准。只有这样，高校的纪检工作才会发生质的变化，惩治职务犯罪的力度才会彻底改变。

其次，必须整合监督资源，形成监督合力。构建教育、制度、监督并重的惩防腐败体系，其核心是建立有效的权力制约机制和监督机制。预防高校职务犯罪，必须要整合内部监督资源，拓展监督渠道，使校内职能监督和社会监督相结合，形成强有力的监督合力。

再次，要注重对学校各级党政“一把手”的监督，加大犯罪惩治力度：要监督学校各级各部门领导班子认真贯彻民主集中制、集体决策议事制度和重大事项报告制度，要加强对“一把手”的选拔任用及其管理的监督检查，要加强对调整不胜任现职领导干部制度和引咎辞职制度的建立及执行情况的监督检查等。

(四)创新干部轮岗，严格执行问责制度

实行重要领导岗位轮岗交流制度，是预防高校职务犯罪的重要途径，对遏止高校职务犯罪的发生有着至关重要的作用。一方面有利于优化干部队伍结构，增强干部队伍活力，激发干部创新热情，防止有些干部因在一个岗位上任职时间过长，可能出现的思想懒惰、安于现状、不思进取的心理情绪；另一方面可以从客观上减少职务犯罪的发生。实践证明，任职时间过长的重要岗位，是助长“家长制”作风的温床，是滋生消极腐败的土壤。因此，实行干部轮岗交流制度，适当分散权力，打破人际关系对干部工作的束缚和影响，有利于抑制职务犯罪的发生。与此同时，还可以利用干部交流的契机，及时进行离任审计，进行廉政谈话等，加强对干部的监督和教育，发现问题及时解决。

当代大学生思想政治教育工作新视角

汪　平[①]

一、大学生思想政治教育工作的重要价值

大学生思想政治教育工作，是全面贯彻党的十七大精神，牢固树立以人为本、德育为先的要求；是解决好“培养什么人、如何培养人”这一根本问题的必然要求；是适应新形势发展的要求。党的十七大报告明确指出：“要全面贯彻党的教育方针，坚持育人为本、德育为先，实施素质教育，提高教育现代化水平，培养德智体美全面发展的社会主义建设者和接班人。”高等学校的教育，应以育人为本，以德育为首，必须始终把大学生思想政治教育作为学校工作的首要任务，把大学生真正培养成为德智体美全面发展的中国特色社会主义事业的合格建设者和可靠的接班人。大学生是十分宝贵的人才资源，是我们党的事业的后备力量，是民族的希望，是祖国的未来。加强大学生思想政治教育，提高其思想政治素质，对于全面实施科教兴国、人才强国的战略，确保实现全面建设小康社会，加快推进社会主义现代化的宏伟目标，确保我国在激烈的国际竞争中始终立于不败之地，确保中国特色社会主义事业兴旺发达、后继

① 作者简介：汪平，中南财经政法大学图书馆总支书记兼副馆长。

有人，具有重大而深远的战略意义。我国高校大学生思想政治状况的主流是积极的、向上的，能够在重大政治原则问题上与党中央保持高度一致。他们热爱党，热爱祖国，热爱人民，坚决拥护党的路线方针政策，对邓小平理论和“三个代表”重要思想有着充分的认识和认同，对坚持走中国特色社会主义道路、实现全面建设小康社会的宏伟目标充满信心。

二、大学生思想政治教育指导思想和基本原则

大学生思想政治教育的指导思想是：坚持以马克思列宁主义、毛泽东思想、邓小平理论、“三个代表”重要思想和党的十七大精神为指导，全面贯彻党的教育方针，深入落实科学发展观、促进社会和谐，弘扬科学精神，普及科学知识，紧密结合学校的办学目标和全面建设小康社会的实际，以理想信念教育为核心，以爱国主义教育为重点，以思想道德建设为基础，以学生全面发展为目标，解放思想、实事求是、与时俱进，坚持以人为本，贴近实际、贴近生活、贴近学生，努力提高思想政治教育的针对性、实效性和吸引力、感染力，培养德智体美全面发展的社会主义合格建设者和可靠接班人。

大学生思想政治教育的基本原则是：①坚持教书与育人相结合。学校应充分认识到自身的教育目的，要培养既有知识又有高尚的道德情操的一代新人。②坚持教育与自我教育相结合。在教育过程中，要充分发挥教师、党团组织的教育和引导作用，同时也要充分调动广大学生的积极性，引导他们进行自我教育、自我管理、自我服务。③坚持解决思想问题与解决实际问题相结合。在解决问题的过程中要从解决思想问题入手，既以理服人又以情感人，增强思想政治教育的实际效果。④坚持教育与管理相结合。把思想政治教育融于学校管理之中，使自律与他律、激励与约束有机地结合起来，有效地引导学生的思想和行为。⑤在教育过程中，要充分发挥教师、党团组织的教育和引导作用，同时也要充分调动广大学生的积极性，引导他们进行自我教育、自我管理、自我服务。

三、大学生思想政治教育的主要任务

大学生思想政治教育的主要任务是：以理想信念教育为核心，深入进行树立正确的世界观、人生观、价值观教育；以爱国主义教育为重点，深入进行弘扬民族精神、大力弘扬爱国主义、集体主义、社会主义思想的教育；以大学生全面发展为目标，深入进行素质教育。要用马克思列

宁主义、毛泽东思想、邓小平理论和“三个代表”重要思想教育学生，以爱国主义为核心的民族精神和以改革创新为核心的时代精神鼓舞学生，深入开展基本国情和形势政治教育，开展科学发展观教育，使学生正确认识社会发展规律，认识国家的前途命运，认识自己的社会责任，确立在中国共产党领导下走中国特色社会主义道路、实现中华民族伟大复兴的共同理想和坚定信念。深入开展中华民族优良传统和革命传统教育，培养团结统一、爱好和平、勤劳勇敢、自强不息的精神，树立民族自尊心、自信心和民族自豪感。要把民族精神教育与以改革创新为核心的时代精神教育结合起来，引导学生在中国特色社会主义事业的伟大实践中汲取营养，培养爱国情怀、改革精神和创新能力，始终保持艰苦奋斗的作风和昂扬向上的精神状态。加强法制教育，增强遵纪守法观念。加强人文教育和科学精神的教育，加强集体主义和团结合作精神的教育，促进大学生思想道德素质、科学文化素质和健康素质协调发展，引导学生努力学习、善于创新、乐于奉献，成为有理想、有道德、有文化、有纪律的社会主义新人。

四、新形势下大学生思想政治教育的有效途径

继续深入开展社会实践活动；进一步推进校园文化建设；加强网络思想政治教育新阵地建设，加强网络文化建设，营造良好网络环境；切实抓好大学生心理健康教育。社会实践是对大学生进行思想政治教育的重要环节，对于促进学生了解社会、了解国情、增长才干、培养品格、增强社会责任感，具有不可替代的作用。要建立学生社会实践保障体系，提高实效，以“三下乡”和“志愿者服务”为主要载体，建立社会实践长效机制，引导学生走出校门到社会中去。要把社会实践纳入学校教育教学总体规划和教学大纲，规定学时和学分，提供必要经费。校园文化对育人有着重要意义，要建设体现社会主义特点、时代特征和学校特色的校园文化，形成优良的校风、教风和学风。大力加强学生文化素质教育，开展丰富多彩的、积极向上的各类活动，把德智体美有机结合起来。要全面加强校园网的建设，使网络成为弘扬主旋律、开展思想政治教育的有效途径。要利用校园网为学生学习、生活提供服务，对学生进行教育和引导，不断拓展学生思想政治教育的渠道和空间。要建设融思想性、知识性、趣味性、服务性于一体的主题教育网站或网页，积极开展生动活泼的网络思想政治教育活动，形成网上网下思想政治教育的结合。要结合学生实际，广泛深入开展心理咨询活动，有针对性地帮助学生处理

好学习、择业、交友、健康、生活等方面的具体问题，提高思想认识和精神境界。加强大学生心理健康教育咨询中心和心理咨询网站的建设，以“5·25心理健康日”为载体，通过个别心理辅导与团体心理辅导相结合等多种形式，广泛开展心理健康教育和咨询工作，为学生提供及时、有效、高质量的心理健康指导，加强辅导员心理健康教育素质的培养，提高心理健康教育队伍的整体水平，构建学校、学院心理健康教育工作网络体系。

五、充分发挥团组织在大学生思想政治教育中的重要作用

发挥共青团和学生组织的作用，推进学生思想政治教育。共青团是党领导下的先进群众组织，是党的助手和后备军，在学生思想政治教育中具有重要作用。各级团组织要把加强学生思想政治教育工作摆在重要位置，充分发挥在教育、团结和联系学生方面的优势，竭诚为学生的成长成才服务。要全面实施大学生素质拓展计划，要加强对优秀团员的培养，认真做好推荐优秀共青团员入党的工作。要切实加强团的组织建设，要把团干部作为思想政治教育工作队伍的重要组成部分，做好培养工作。

学生会、班级、社团等组织是大学生思想政治教育的重要依靠力量，也是学生自我教育的组织者。学生会要自觉接受党的领导，在共青团指导下，针对大学生特点，开展生动有效的思想政治教育活动。把广大学生紧密团结在党的周围，在学生思想政治教育中更好地发挥桥梁和纽带作用。要加强对学生社团的领导和管理，帮助学生社团选聘指导教师，支持和引导学生社团自主开展活动。要高度重视学生生活区、网络虚拟群体等新型大学生组织的思想政治教育工作，选拔学生骨干参与学生公寓、网络的教育管理，发挥学生自身的积极性和主动性，增强教育效果。面对新形势、新情况，目前大学生思想政治教育工作的针对性、实效性有待进一步增强，思想政治教育工作队伍建设亟待加强，全员育人、全过程育人、全方位育人的格局尚未真正形成。对于这些问题，必须引起高度重视，采取积极有效措施，努力改进。

参考文献：

[1] 张海涛. 加强大学生政治思想教育的再思考. 辽宁教育行政学院学报，2006(1).

[2] 吴志文. 转型期高校学生思想教育难点问题的理性思考. 湖北大学学报(哲学社会科学版)，2006(2).

[3] 邓洁屹. 大学生思想教育网络化的基本对策. 中国大学生就业，2006(2).

[4] 曾国安. 新时期大学生思想教育工作探讨. 中国农业银行武汉培训学院学报，2006(1).

[5] 朱森林. 高校大学生思想教育工作应与时俱进. 教育与职业，2006(15).

[6] 王秀彦，高春娣，杜峰. 当代大学生思想教育创新的实践与思考. 中国青年研究，2006(12).

论大学生思想政治教育长效机制的构建

张朝举[1]

要构建科学合理的大学生思想政治教育长效机制，就需要坚持以马列主义、毛泽东思想、邓小平理论、“三个代表”重要思想和科学发展观为指导，以理想信念教育为核心，以爱国主义教育为重点，以思想道德建设为基础，以大学生全面发展为目标，坚持以人为本，贴近实际、贴近生活、贴近学生，努力提高思想政治教育的针对性、实效性、吸引力和感染力。

一、更新德育观念，为构建大学生思想政治教育机制提供理论指导

思想政治教育理念是人们对思想政治教育的基本看法和理性认识，是先于行动的核心理论和哲学前提。在新的形势下，我们必须坚持以科学发展观为指导，根据新时代、新形势和高校思想政治教育的新特点，创新教育理念，使思想政治教育富有时代性。

---

① 作者简介：张朝举，中南财经政法大学财税学院专职辅导员。

(一)树立“以人为本”的思想政治教育理念

科学发展观的确立，为进一步推进大学生思想政治教育的改革和发展，提供了明确的理论指导和思想保证。高校的思想政治教育工作者应该正确理解和树立“以人为本”的理念，并将这一科学的教育理念贯穿于大学生思想政治教育的全过程。

高校贯彻“以人为本”的思想政治教育理念，就是指高校的学生思想政治教育工作要以学生为出发点和归宿，满足学生的合理需求，并突出学生个性发展，同时充分发挥学生的主观能动性，提高思想政治教育工作的实效。首先，要尊重学生。要强调人本意识，遵循大学生自身发展的客观规律，把思想政治教育建立在更加尊重大学生的基础上。其次，要加强与学生的沟通，采取多种形式，帮助学生解决实际困难。再次，要提倡多样性，鼓励学生的个性化发展，培养学生的探索精神。同时还要鼓励、引导学生积极参加社会实践，把对学生的管理与学生的成长结合起来，培养健全的人格。最后，在招生、培养、就业等方面为学生提供周到的服务，努力用服务的意识去实现教育的目的，使思想政治教育工作更加贴近学生。

(二)树立以实现人的全面发展为终极目标的思想政治教育理念

党的十六大报告指出，“坚持教育为社会主义现代化建设服务，与生产劳动和社会实践相结合，培养德、智、体、美全面发展的社会主义建设者和接班人。”中共中央《关于进一步加强和改进大学生思想政治教育的意见》强调指出，加强和改进大学生思想政治教育就是“以大学生全面发展为目标，解放思想、实事求是、与时俱进……努力提高思想政治教育的针对性、实效性和吸引力、感染力”。由此可见，大学生思想政治教育不仅要提高大学生的思想政治觉悟，按照社会的要求将社会所需要的政治思想、道德规范、价值观念教授给学生，而且还应树立全面发展的教育理念，以大学生的全面发展和素质提高作为思想政治教育的最终落脚点，关注学生的自我发展和自我完善，尽最大可能为个人的全面发展提供和创造条件，这才是思想政治教育的根本价值所在。因此，在实践过程中，大学生的思想政治教育应做到“以德促智、以德促体、以德促美”三个促进，力图德、智、体、美协调全面发展，牢固树立以实现学生的全面发展为终极目标的教育理念。

二、完善领导体制，为构建思想政治教育长效机制提供组织保障

构建大学生思想政治教育机制，组织保障是关键。学生思想政治工作共同体是一个有机的整体，只有把党、政、工、团、学各自力量有机地凝聚起来，明确各自的职责，发挥各自的优势和长处，同时依靠广大师生员工的共同参与，形成合力，才能充分发挥思想政治工作的整体效能。

(一)充分发挥党委的政治核心作用

大学生思想政治教育必须坚持党的领导，这个根本原则是不能动摇的。要构建科学的大学生思想政治教育机制，就必须继续加强党对思想政治教育工作的领导。高校的党委与各级党组织是一个互相连接不可分割的组织体系，党委的核心作用主要体现在组织、监督、支持、发动、领导和“党管干部”上，围绕学校教育教学的中心工作和实际，制定思想政治教育的总体规划，并组织实施，监督党和国家方针政策在学校的贯彻执行，支持行政领导行使职权，支持教代会开展工作，充分发挥基层党组织的战斗堡垒作用和广大党员的先锋模范作用，发动师生员工完成改革和教学等各项任务，统一领导学校的思想政治教育和工会、共青团的工作，抓好领导班子建设和政工队伍的建设。

(二)充分发挥校长及其行政系统的作用

高校在实行党委领导下的校长负责制的情况下，要健全思想政治教育科学的系统管理机制，就必须把政治教育纳入行政管理的轨道，建立和完善以校长及其行政系统为主实施的思想政治教育管理机制。否则，要实施有效的思想政治教育，把它落到实处，就会变成一句空话。校长要对大学生德智体全面发展负责，把思想政治教育与教学、科研、社会服务工作结合起来，同时部署、同时检查、同时评估。因此，高校的校长及其行政管理人员都应责无旁贷地抓好思想政治教育工作，并把它纳入高校行政管理体系之中。

(三)明确育人职责，构建大政工机制

各职能部门都要明确各自的育人职责，加强沟通，密切协作，努力构建大政工机制。工会、学工部、共青团在思想政治教育中处于贯彻实

施的地位，是党联系教职工和团员青年的桥梁和纽带，要上下齐心、团结一致、共同承担思想政治工作的责任。在党委的领导下，在行政的支持下，发挥各自的优势，积极、创新、主动地开展各种具有特色的思想政治工作。学工部门是学生工作的主管部门，承担着全校学生思想政治教育、招生、就业以及助学贷款等工作，同时还负有管理队伍建设的任务，事情繁杂。因此，要建立相应的管理机制，强化各教学单位及辅导员、班主任的责任意识，充分调动他们的积极性；共青团组织要充分利用贴近学生的优势，深入到学生中，通过开展各项丰富多彩、健康有益的活动，拓展学生的素质，竭诚为学生成长成才服务，同时加强对学生社团的管理和指导，并针对学生特点，开展生动有效的思想政治教育，发挥好桥梁和纽带作用；工会的工作要紧紧依靠广大的教职工，协助党政领导抓好教职工的思想建设和文化活动设施建设，教育教职工树立主人翁意识，组织教职工参加民主管理和民主监督，维护教职工的合法权益，积极开展教职工喜闻乐见、丰富多彩的文化娱乐活动，以此增强学校的凝聚力；教务部门作为教学管理部门，承担着全校学生的专业学习、考试管理、学籍管理等，需要把思想政治教育融于这些管理中；后勤服务部门要把后勤社会化与学校育人职责有机结合起来，不断增强服务育人功能，以为学生提供优质服务为目标，做好后勤保障，让学生在接受满意服务中受到感染和教育。

三、加强队伍建设，为大学生思想政治教育提供智力支持

实践表明，大学生思想政治教育的效果始终与思想政治教育工作队伍的发展状况有着密切联系。建设一支高水平、高素质的思政工作队伍，是加强和改进大学生思想政治教育的重要人力资源保障。加强大学生思想教育队伍建设从总体上讲就是要高度重视思想教育工作，建立、健全制度化管理，具体而言做好以下几方面的工作。

(一)完善思政系列技术职务评聘机制

在定位上，如果还是坚持把这支队伍定在教师的系列，就应该把思想政治教育人员作为思想政治教育教学的主体，在思想政治教育这一学术领域加强研究，将实践经验用于教学，提高教学效果，出科研成果，评定教师职称，攻读思想政治教育学位，甚至攻读硕士、博士研究生，走专家化、专业化、职业化道路。同时相应单独制定和完善思政系列教

师专业技术职务评聘标准，把对这支队伍的评价从以教学、科研为主转移到以工作实绩和工作能力上来，并对相应的专业职务在待遇兑现上应与专业教师一视同仁，平等对待，使思政教师的待遇真正得到落实，从而调动这支队伍的工作积极性，保持队伍的稳定。

(二)健全相应的管理体制和约束激励机制

对于思想政治教育工作者，要按照思想政治教育工作的要求，着眼于思想政治教育工作者日常的工作，明确各部门、各岗位的工作职责，建立岗位责任体系，在工作中实现责、权、利的统一，对工作进行定性、定量管理，实行从过程到结果的全方位综合考核评价，建立科学、合理的工作绩效评价体系。

(三)建立相对稳定的培训进修机制

随着时代的进步与发展，对思想政治教育工作者的素质要求也越来越高。因此，要从实际出发，制定培养规划，有计划、有步骤地安排他们参加各种形式的岗前培训和在岗培训，不断提高他们的自身素养和政策水平，努力提高组织管理工作水平和工作技能。要建立必要的规章制度，切实保证各项培养工作的落实。

(四)优化选拔机制

在选拔思想政治教育教师时，要坚持德才兼备的原则，选拔政治素质高，思想作风好，学历层次高，具有较强组织管理能力，善于做群众工作的党员教师和党员政工人员做专职学生思想政治教育工作；要充分发挥思想政治理论课教师队伍的思想政治教育优势，鼓励思想政治理论课教师担任学生政治辅导员或参加学生党支部的工作。

(五)建立、健全岗位流动机制

由于思想政治教育工作具有的特点，对教育工作者在年龄、学历等方面有特殊的要求。为了提高这支队伍的战斗力，增强这支队伍的凝聚力和活力，使这支队伍感到学生思想政治教育工作有作为、有奔头，就要以有利于人才发挥作用为原则制定相应的岗位制度，增强思想政治教育岗位的吸引力。具体而言可以采取“专、转、提、学、出”的措施。“专”，就是鼓励部分骨干，专职长期从事学生思想政治教育工作；“转”，就是根据本人的条件和意愿，工作一定年限后，可以转任专职教师或其他岗位人员。同时，对不适合学生思想政治教育工作的人员，劝转到其他工作岗位；“提”，就是对表现优秀，成绩突出者，给予破格提拔使用；“学”，就是选拔推荐一批有培养前途的同志攻读学位或到党校和行政学院学习。同时，还选拔一批同志到国外深造；“出”，就是输送一批同志到地方从事党政管理工作。

(六)完善专业教师队伍对大学生的思想政治教育引导机制

党员教师尤其是党员教授，对大学生具有很强的影响力和感染力，他们的思想道德素质和理想情操，对青年学生具有潜移默化的作用。事实说明，在高校工作的许多优秀的党员教授，其党性修养、道德情操、业务水平、人格魅力等都深深地影响学生，特别是他们对党的态度和感情，对马克思主义和社会主义的认识，会对青年学生产生重要的影响。他们既要做学术上的带头人，又要做政治上的带头人。“桃李不言，下自成蹊”，学生从其敬仰的教师身上学习如何做人做事做学问，从而不断提高自身专业素质和思想政治素质。

四、营造良好氛围,为大学生思想政治教育提供环境支持

思想政治教育环境对大学生思想政治教育实效性具有重要的影响作用。思想政治教育环境一般可分为三个方面：学校环境、家庭环境和社会环境。这三种不同性质的环境，在人的发展中有着各自不同的作用。当三种作用力在方向上一致时就能够促进人的发展；反之，则互相冲突、抵消积极作用甚至引起学生发展的不健康。对学校、家庭、社会三种不同影响力的协调，有赖于这三者和谐互动运行的教育环境机制的建立。这一机制的建立，需要构建学校、家庭和社会一体化的育人环境。因此，促进学校教育、家庭教育和社会教育的有机结合，具有十分重要的意义。

(一)构建学校内部的大学生思想政治教育和谐互动机制

优化学校环境，创造良好的育人环境是提高大学生思想政治教育实效的关键所在。营造有利于高校建设发展的良好育人环境应该从以下几个方面着手：一是重视思想理论建设。良好的思想品德必须要以健康的人生观和价值观为基础。因此，营造良好的育人环境，要从思想理论建设入手，用正确的价值观、人生观引导广大学生，解决他们的精神支柱问题，正确的人生观教育，可以使整所学校形成一种健康向上的舆论环境。二是建设丰富多彩的校园文化。校园文化是大学生学习、工作和生活和谐相融的重要组成部分，对大学生的思想观念、价值取向和行为方

式有着潜移默化的影响，具有重要的育人功能。因此应大力繁荣高校的校园文化，使大学生获得健康的精神食粮，从而促使他们形成良好的心态和健全的人格。三是强化服务意识。高校有关部门在狠抓校园文化建设的同时，还应自觉强化自己的服务意识，把为广大学生服务作为工作的宗旨，把办好实事作为工作的基点。

(二)构建学校与家庭协同运作的大学生思想政治教育和谐互动机制

苏联著名教育家苏霍姆林斯基指出，“没有家庭教育的学校和没有学校教育的家庭都不可能造就全面发展的人”。通过建立学校与家庭及时有效的沟通机制、快捷的信息通报与反馈机制、共同教育与管理的协商机制、定期的双向汇报交流机制等，让学生家长能够及时了解子女在学校的学习、生活和思想状况，促进家长与学校相互配合，用亲情共同关心学生的健康成长。通过构建学校与家庭思想政治教育互动机制，既可以让家长及时了解学生在学校的具体情况，用亲情配合学校做好学生的思想政治教育，也可以让学校思想政治教育直接深入到家庭之中，提升思想政治教育效果，共同营造大学生健康成长成才的良好环境。

(三)构建学校与社会协同运作的大学生思想政治教育和谐互动机制

马克思认为，“人的本质并不是单个人所固有的抽象物，在其现实性上，它是一切社会关系的总和”。[①] 人是社会的人，人离不开社会。大学生思想政治教育工作是一项系统工程，需要全社会的支持，全社会都要关心大学生的健康成长，支持大学生思想政治教育工作。只有学校教育与社会教育结合，构建学校与社会协同运作的大学生思想政治教育和谐互动机制，才能确保思想政治教育工作的实效性。学校应通过优化校园周边环境，树立正确的舆论导向；积极为大学生专业实习、社会实践和学生就业创造条件，提供便利；积极动员社会各方力量，完善资助困难大学生的机制，帮助大学生解决实际困难；优化网络环境，增强抵御网络环境负面影响的能力等一系列措施建立学校与社会协同运作的思想政治教育和谐互动机制。

---

① 《马克思恩格斯选集》，第1卷，18页，北京，人民出版社，1972。

参考文献：

[1] 张耀灿，陈万柏．思想政治教育学原理．北京：高等教育出版社，2001.

[2] 张耀灿．思想政治教育学前沿．北京：人民出版社，2006.

[3] 中共中央国务院．关于进一步加强和改进大学生思想政治教育的意见．人民日报，2004.

[4] 周长春．新形势下大学生思想政治教育探索．北京：北京工业大学出版社，2005.

[5] 王畅．大学生思想政治教育保障机制的构建研究(硕士学位论文)．辽宁师范大学，2007.

切实加强新时期▶▶高校师德建设

胡江滨[1]

进入21世纪以来，我国改革开放发展到关键阶段，中国特色社会主义建设进入新的时期。在这个新时期，我国高等教育已由精英化阶段进入大众化阶段，这种发展不仅是高等教育在量上的扩张，同时还伴随着一场深层次变革，也给高校的师德建设带来了新的挑战。教师是人类灵魂的工程师，是学生成长的引路人，教师的思想政治素质和职业道德水平直接关系到学校的教育质量与学生的健康成长，关系到国家的命运和民族的未来。因此，我们必须应对新的挑战，切实加强新时期高校师德建设。

一、进一步认识加强师德建设的重要战略意义

胡锦涛总书记在2007年8月31日召开的全国优秀教师代表座谈会上的讲话中指出，“教师是人类文明的传承者。推动教育事业又好又快发展，培养高素质人才，教师是关键。没有高水平的教师队伍，就没有高质量的教育。”“中国的未来发展，中华民族的伟大复兴，归根结底靠人才，人才培养的基础在教育。”教师是振兴民族、振兴教育的关键，百年

① 作者简介：胡江滨，中南财经政法大学经济学院委员会书记，研究员。

大计，教育为本。教育是一个民族最根本的事业，是发展科学技术和培养人才的基础。唯有发展教育，才能全面提高人民群众的思想道德素质、科学文化素质和劳动技能水平，把沉重的人口负担转化为丰富的人力资源，为经济发展提供持续不竭的动力，为构建社会主义和谐社会提供有力支持。振兴民族的希望在教育，振兴教育的希望在教师。

当今世界，国与国之间的竞争，说到底，是民族创新能力的竞争。创新是一个民族进步的灵魂，是一个国家兴旺发达的不竭动力。不创新，总是步人后尘，就永远受制于人。高校是先进生产力和先进文化创新的重要基地，是培育创新精神和创新人才的重要摇篮，是认识未知世界、探求客观真理、为人类解决面临的重大课题提供科学依据的前沿。教师是创新人才的培养者，是知识创新、推动科学技术成果向现实生产力转化的重要力量，是民族优秀文化与世界先进文明成果交流借鉴的纽带。只有不断加强师德建设，提高自身素质，才能成为先进生产力和先进文化发展的弘扬者和推动者。

教师的职业是神圣的，教师是人类灵魂的工程师。教师的师德对于全面贯彻党和国家的教育方针、教育引导大学生全面发展和健康成长具有重要作用。加强大学生思想政治教育是全党全社会的职责，但学校、教师的作用至关重要，无可替代。学校是大学生思想政治教育的主课堂、主渠道、主阵地，教师是大学生思想政治教育的组织者、实施者、引导者。大学生正处于长身体、学知识、立志向的重要时期，他们的可塑性大、模仿力强，极易受到他人和环境的影响。教师的一言一行，无不对大学生发挥着教育引导作用，既影响一个人的学生时代，又影响一个人的一生。教师唯有自觉加强道德修养，率先垂范，才能成为大学生的良师益友，成为大学生健康成长成才的指导者和引路人。

二、切实抓好师德建设的各个环节

1. 提高师德认知水平。教师要有良好的师德，必须有正确的师德认知。教育部《关于进一步加强和改进师德建设的意见》中明确指出：我们要从确保党的事业后继有人和社会主义事业兴旺发达的高度，从全面建设小康社会和实现中华民族伟大复兴的高度，从落实科学发展观，落实科教兴国、人才强国战略的高度，充分认识新时期加强和改进师德建设的重要意义。这就要求我们把师德建设摆在教师教育工作的首位，贯穿于管理工作的全过程。作为教育者的教师，理应对师德有更深刻的认知水平，才能德高为范，为人师表。

2. 培养师德情感意识。教师的工作是神圣的，也是艰辛的，教书育人需要感情、时间、精力乃至全部心血的付出，这种付出是要以强烈的使命感为基础的。要通过加强对教师进行马克思主义、邓小平理论、“三个代表”重要思想和科学发展观的教育，坚持和改进教师的理论学习制度，做好教师经常性的思想政治工作，凝聚人心，激发教师的工作积极性和热情。要结合社会的发展，引导教师正确认识社会改革发展中出现的新情况、新困难、新问题、新矛盾，正确对待当前的经济形势和社会问题，增强教师的忧患意识和加快改革与发展的使命感。要采取灵活多样、行之有效的方式、方法，教育教师实践党的教育方针，关爱学生，以最佳的思想境界、精神状态和行为表现，积极地影响学生，以高尚品德和人格力量教育和感染学生。

3. 锻炼师德意志素养。师德意志素养是师德品质和师德人格形成的关键。如果没有坚强的师德意志素养，就不能在师德实践中克服困难，节制或牺牲个人利益。加强师德意志素养的锻炼，关键要坚持以人为本的理念，以教师的发展为本，即鼓励教师以自主发展为目标，以爱为核心，以理解人、尊重人、信任人为基础。要研究在市场经济条件下，如何增强教师的师德能力、道德选择能力，增强教师的竞争合作意识、自主意识、终身学习意识和创新精神。

4. 坚持师德信念追求。只有坚定的师德信念，才会有更高的师德理想和师德境界的追求。师德信念的具体化就是爱岗敬业，教育本身就是一项向野蛮和无知发动进攻的伟大事业，它需要我们的教师热爱、忠诚于自己的事业，甘于奉献。一个对国家与社会有高度责任感，具有强烈敬业爱岗精神的教师，不仅能给学生传授科学文化知识，还能通过自身的人格魅力不断影响学生，给学生以战胜困难的勇气和智慧，帮助学生不断修正前进的方向。反之，就不可能安心于教育工作岗位，就不可能认真完成教育教学任务，更谈不上取得好的教书育人效果。因此，敬业爱岗是师德的核心，是师德的基本规范。作为一名合格教师，应当深刻理解教师职业的崇高地位，建立和培养对教育事业的深厚感情，做到敬业、乐业、勤业。

5. 养成师德行为规范。师德教育要从关心、理解、体贴教师，即从推己及人的角度进行教育和引导，指导教师树立正确的价值观、教育观、师生观、人才观和发展观，不断适应教育面向现代化、面向世界、面向未来的需要。培养教师具有既要教书，又要育人，既要传授知识，又要培养创新能力的素质和技能，按照社会主义荣辱观的要求，树立自己的道德形象，以身作则，对学生潜移默化，做学生的表率和楷模。要将师德教育寓于教师的立身、立业之中，以增强师德教育的感召力和影响力，使教师真正认识到师德是教师的立身之本，立业之基，使师德教育化虚为实，收到实效。

三、建立、健全师德建设的制度机制

1. 建立和完善学习培训机制。尽管教师本身就是教育者，但为了强化教师的师德意识，有组织、有计划地对广大教师进行师德教育的学习培训十分必要。师德学习培训的内容，包括师德规范、职业理想、职业态度、职业责任和职业良心的学习和培训，更重要的是根据教师的思想实际和教育实践中的问题，有针对性地进行学习教育。学习培训的方法，可采用专题讲座、师德报告会、案例分析会等多种形式。总之，应把师德教育作为"教师继续教育工程"的必修课程，放在应有的地位，贯穿到各个环节，既灵活多样，又不搞形式、不走过场，并要长期坚持。

2. 建立、健全师德宣传示范机制。要大力弘扬师德先进典型，特别要注意挖掘带有普遍意义的好思想、好作风、好经验、好做法，并运用多种形式加以宣传推广。近几年来，高等教育界涌现出北京大学中文系孟二冬教授、海军大连舰艇学院政治系方永刚教授等先进典型人物。孟二冬教授作为一个普通的学者，深深热爱教师的岗位，全身心投入教书育人。他淡泊名利，勤于治学，甘于寂寞，甘于奉献，热爱学生，言传身教。他把"宁坐板凳十年冷，不著文章一句空"作为自己的座右铭。他为了学生的成长，不知疲倦，带病上好每一堂课，成为学生的良师益友，在平凡的教学岗位上绽放出时代的光彩，震撼着人们的心灵。方永刚教授作为一名政治理论教师，二十多年如一日，真学真信党的创新理论，真情传播党的创新理论，模范践行党的创新理论，用自己坚定的政治信念和执著的职业精神把三尺讲台当作实现人生价值的大舞台，全身心投入党的创新理论教学、科研和传播工作，充分展示了一名政治理论课教师的高贵品质和人格魅力，体现了一位优秀教师崇高的敬业精神和师德风范。对这些先进典型人物的事迹和精神，我们要大力宣传和弘扬。在宣传先进典型过程中，一定要避免人为地拔高，要实事求是地挖掘师德模范的真人、真事、真情，使先进人物贴近教师、感染教师、引导教师，让师德标兵可亲可敬可学。

3. 进一步健全师德激励机制。师德建设要取得实效，必须有一个有效的激励机制。激励机制包括物质激励和精神激励两个方面，有效地运用激励机制有助于激发广大教师教书育人的积极性，增强责任心和荣誉感，形成学先进、争先进的良性发展氛围。健全师德激励机制要特别注重对具有奉献精神的先进人物长远利益的保障，使那些模范教师严于自律的职业道德，既能体现对现实生活的追求，又能体现对现实生活的超越，在其师德表现受到赞誉的同时，他们的物质利益及个人发展机遇如果也能得到更好的保障，他们的自律行为就会在正向的激励下发扬光大，并会得到大多数人的学习效仿，为更多的教师群体树立起一个个鲜活生动、可信可行的榜样和表率。应当积极创造条件，提供广阔的舞台，使教师在教书育人实践中更好地发现自身的价值，有效地实现自身的价值，充分感受到教书育人工作的乐趣，从而把加强师德修养变为自觉自愿的内在需要。

4. 不断完善人事考核评价制度。与教师切身利益相联系的、客观公正的考核评价是最有效的师德教育形式之一。在教师年度考评中，应把师德与能、勤、绩等各项指标加在一起综合考核，考评结果作为其聘任、职称晋升、评选先进的依据。学校领导对师德建设工作要给予重视和支持，制定切实可行、客观公正的考评指标，秉着科学公正、实事求是的态度进行考评，从而确保教师队伍的稳定和高素质化。

5. 建立学术惩戒处罚制度。当前的学术腐败和学术泡沫化现象比较严重，各高校应制定相应的学术惩戒处罚制度，以维护学术的纯洁和权威。要引导高校教师自觉担负起学术道德建设的责任和使命，防止“科学的大跃进”和学术泡沫状态，大力弘扬求真、务实、创新的精神和作风，惩戒学术道德失范者，维护大学的声誉和师德的规范。

6. 建立各种师德监督机制。一是教研室的监督机制，发挥教师间的互相监督作用；二是院系的监督机制，建立有关师德监督制度，以利于院系领导对教师的监督；三是广大学生、学生家长和社会其他人士的监督。其中第三种监督尤为重要，它更能体现这个监督机制的公开、公正和民主的原则。学生与教师朝夕相处，对教师的评价是最为直接和真实的，尽管会带有个人感情色彩，但学生的评价是透视教师师德的重要窗口。学校可以通过设置“师德热线”等渠道为学生、家长和社会其他人士监督提供更为方便的途径。通过上述各种监督机制，可以促使教师自律与他律相结合，不断加强师德建设。

参考文献：

[1] 田秀云，李朝辉. 师德教育面临的问题与对策. 高校理论战线，2004(4).
[2] 石振保. 论加强高校师德建设. 中国高教研究，2007(8).
[3] 吴琼. 高校师德之研究. 当代教育论坛，2007(7).

网络思想政治教育合规律性的分析

李世黎①

20世纪90年代，互联网以令人难以想象的速度成为继报刊、电影等传统大众媒介后的第四大媒体，一个以互联网为核心的网络社会已悄然形成。飞速发展的网络把社会的方方面面都卷入其中，使人们的生活方式、工作方式和交往方式都发生了显著的变化。作为对人们施加倾向性影响，使其形成一定社会、一定阶级需要的思想品德的社会实践活动的思想政治教育，也应根据传播学原理和思想品德教育的规律，利用计算机网络进行思想政治教育实践，在了解计算机网络和多媒体知识，掌握现代传播技术手段的基础上，通过制作、传播和控制网络信息，引导受众全面客观地接触和选择吸收正确的信息，从而达到思想政治教育的目的，这一新的形式可称为网络思想政治教育。

作为在信息时代、虚拟空间中有存在的必要性和运作的合目的性的网络思想政治教育，在客观上必然具有合规律性。虽然合目的性强调的是主观的方面，而合规律性强调的是客观的方面，单就此而言，两者肯定是对立的。但从另一侧面看，它们又是一致的。因为自由意志的合目的性活动，本质上不过是被意识到了的合规律性的活动。排斥了合规律性的内容，合目的性就会成为不可理解的。关于这点，近代唯物主义思

① 作者简介：李世黎，中南财经政法大学学生工作部讲师。

想家们大多已经清楚地认识到了。例如，弗兰西斯·培根就明确说过，只有在认识上把握了客观规律，行动上才会有自由。不合规律的行动，人们不能为之，不合目的的行动，人们不愿为之，合规律性和合目的性的统一是人类实践活动的本质。网络思想政治教育作为一种新的实践形式也必然是如此。

一、网络条件下思想政治教育主客体变化规律

主体和客体是人类一切活动的基本要素，它们之间的对立统一贯穿于人类实践活动的始终。思想政治教育作为一种人的对象性活动，其活动和过程中必然包含着主客体问题，网络的出现和普及、虚拟环境的存在给思想政治教育带来了冲击和挑战，首先影响到思想政治教育的主体和客体以及二者之间的关系。网络以前所未有的开放性冲击着思想政治教育在人的思想形成过程中的主导地位，数量巨大、内容多样、来源广泛的信息凭借网络充斥于人们周围，以往有限的思想政治教育信息影响人们世界观、人生观、价值观的难度空前增大，在这种情况下，思想政治教育主体的导向作用与网络信息的导向作用交织在一起，甚至处于劣势地位。同时，网络又彻底改变了人们被动接受信息的方式，个体可以自主判断和选择信息、进行交流，思想政治教育客体的主动性与易变性大为增强。而网络所支持的平等交流方式也冲击着传统的思想政治教育的主客体交流模式。所以，在网络环境下，必须重新审视、正确分析思想政治教育主客体及其相互关系。

主体与客体，首先是作为哲学的基本范畴而出现的。哲学范畴中的主体，是相对于客体而言的，是在与客体的相互作用和相互比较中而得到自身规定的。所谓主体，是指有目的、有意识地从事认识活动和实践活动的现实的人；所谓客体，是主体在从事认识活动和实践活动时所指向的并能够反过来制约主体活动的一切对象物。人既是唯一的主体，又是特定关系中的客体，人是主客体的统一体。

思想政治教育主体是思想政治教育活动的承担者、发动者和实施者。它与思想政治教育客体相对应，是对一定的客体实施思想政治教育活动的主体。思想政治教育主体，可以是承担、发起、组织、实施思想政治教育活动的个人，即个体实施者，也可以是群体，即群体施教者。无论是个体施教者，还是群体施教者，他们都具有主体性的特征，即能够积极主动地、创造性地和前瞻性地进行思想政治教育并始终在教育过程中起主导和支配作用。具体地说，思想政治教育主体就是指按照一定的社

会要求与受教育者身心发展的规律，组织一定的活动对受教育者施行教育影响的人或者群体。

思想政治教育客体是思想政治教育的接受者和受动者，它与思想政治教育主体相对应，是思想政治教育主体的作用对象。思想政治教育客体可以是接受思想政治教育影响的个体客体，也可以是群体客体，但他们都同时具有客体性的特征，即客体必然受到主体施加的思想政治教育作用和影响并始终在思想政治教育过程中受到主体的主导、支配和调控，处于从属地位。思想政治教育客体与一般的物质客体不同，他们在接受教育时，不是完全被动的，同时也具有一定的主动性，但这种主动性只是接受教育的主动性，是客体性的一种特殊表现形式。

在网络条件下，人与人之间传统的交往模式发生了很大的改变，而根植于交往基础之上的思想政治教育的主体和客体也相应发生变化。他们在继承以往固有的特征的同时，不断进行着主动或被动的调整，努力适应着网络环境的变化，表现出新的特点。网络思想政治教育正是在科学分析了这些新特点的基础上而探索和总结出的合乎主客体变化规律的新的思想政治教育形式，具有合规律性。

1. 能适应主体传统的主导性弱化、客体性增强的变化规律

思想政治教育的基本矛盾是教育者所掌握的社会所需要的思想政治品德要求与受教育者思想政治发展状况之间的矛盾。传统的思想政治教育主体作为社会要求与受教育者之间近乎唯一的中介，在传播社会要求、实施教育活动、影响受教育者的过程当中有着必然的主导性，即受教育者只有从思想政治教育主体那里得到权威性的信息并据此进行内化而达到受教育的目的。而网络的兴起却打破了主体的信息垄断，拓展了人们的视野，人们不仅可以通过网络更多地参与社会、了解社会，而且可以迅速地获得大量的全新的思想政治教育信息，受教育者可以根据自己已有的思想政治品德发展图式去依从、认同、内化这些信息。受教育者得到的这些信息并不是以思想政治教育主体的面貌出现的，而是非人格化的，通过网络这一载体实现了社会要求与受教育者之间的直接互动。

在传统的思想政治教育过程中，主体之所以具有很强的主导性是因为主体掌握非常丰富的知识，拥有受教育者无力获及的大量信息，但网络的普及却弱化了思想政治教育主体作为理论灌输者和信息垄断者存在的现实基础。同时，由于网络信息的多元化与不确定性导致受教育者无所适从，他们迫切要求思想政治教育主体能够发挥有别于以往主导作用的新的作用，即为受教育者创设一种有利于他们主动学习和发展的环境与条件，帮助他们汲取先进的理论和技术养分，指导他们利用网络资源

使其自身思想道德素质和科学文化素质得到新的发展。这种新的作用较之主导作用自然是弱化了许多。

在网络环境下，思想政治教育主体必须通过网络进行思想政治教育活动，网络信息的交互性一方面使得主体与客体之间互动性加强，互相学习、互相教育、共同提高成为可能和必须；另一方面也使得思想政治教育主体不断地进行着自我教育。从这一角度上讲，网络也使得思想政治教育的客体性得以增强。

在网络环境下，思想政治教育主体虽然仍起着一定程度的主导作用，但相比以往的强势却弱化了许多。可这并不意味着削弱思想政治教育主体的权威、否定其主导作用，网络思想政治教育适应了这一需要，自觉调整主体起主导作用的范围，努力在培养受教育者的自我教育能力、网络信息检查、制作思想政治教育软件、开设思想政治教育网站以及加强受教育者的情感教育等方面有所作为，从而符合了思想政治教育主体变化的规律。

2. 能针对网络条件下新的教育客体

网络环境下人与人的交往具有了新的途径，网络这一神奇的纽带将不同国家、地域、性别、年龄、职业、爱好和信仰的人联系在一起，形成了一个特殊的非正式的松散型群体，这是一种前所未有的新群体，不妨称为网络共生体。以往的人际交往关系是在人的生活历程中逐步形成的，在本质上受到本人的职业、学校、工作场所和生活场所等物理状况的制约。但网络共生体则可以在与个人历程毫无关系甚至虚拟的地方形成，它由共同关心、喜爱网络或网络中某一领域的人所构成。在网络共生体中，一切成员都是平等的，没有命令与强制，只有自愿和沟通，网络共生体中的成员不必也不会受到年龄、性别、职别等现实空间中的实体要素的限制，而是由他们所关心、所提供的信息的内容所决定，组成他们各自的群体。但由于组成成员的来源广泛而复杂，他们的思想本身也相当复杂，加之他们之间极易交互和认同，网络共生体各成员之间的思想道德观念会在群体中产生最直接、自然和深刻的作用。网络思想政治教育正视网络共生体这一新的思想政治教育客体的产生给思想政治教育带来了新的难度，对他们给予了相当的重视，在一定程度上增强了工作的针对性。

3. 能适应客体的主体性增强的变化规律

马克思主义认为，人是认识世界和改造世界的主体，人的主体性就是人在认识、改造世界和人本身并创造自己历史的活动中所表现出来的能动性、创造性和自主性。思想政治教育客体的主体性则是在接受思想政治教育、进行品德修养过程表现出来的能动性、创造性和自主性，它是思想政治教育客体性的一种特殊表现形式。在思想政治教育活动中，不仅主体的主体性有十分重大的作用，客体的主体性也会发挥重要的作用。网络的普及使得思想政治教育客体获取信息的方式发生了根本性的改变，信息的来源更为广泛、内容更为丰富、更新更为快捷。信息量的飞速扩大，促使思想政治教育客体必须不断加强自我教育的能动性、自主性和创造性，从而在客观上增强了客体的主体性。

首先，网络使得思想政治教育客体的能动性增强。网络上传递的信息的多元化使得客体需要对其认真分析和判断，然后再选择和接受，这和以往几乎全盘接受主体传递的信息完全不同，客体必须在虚拟和无控环境下对自己的思想活动进行自我认识，在不同程度上自觉调节自己的思想活动和行为实践，发展和提高自己的思想道德水平。同时，思想政治教育客体还会自觉或不自觉地将自己的思想政治品德状况与网络信息所传递的思想道德要求以及思想政治教育主体所施加的思想道德影响进行全方位的比较，分析利弊，认清差距，最终激发起参与和接受思想政治教育的需要。这些都是能动性增强的体现。

其次，网络使得思想政治教育客体的自主性增强。网络上堆砌着大量的信息，思想政治教育客体作为有自主意识的人对这些良莠不齐的信息一定会自动地、有选择地接收，即吸收可认同的思想信息，排斥相反性质的思想信息。对于已接收的思想信息，客体往往会在感知的基础上自主进行分析、综合，然后在意识的控制下，自觉地调节自己思想和行为的运行状态，使其沿着既定的方向前进，直至达到自主完善的目标。而这整个过程中，客体处于无主体调控的状况之下，这正说明网络环境下，思想政治教育客体的自主性必须和已经增强了。

再次，网络使得思想政治教育客体的创造性增强。网络信息的复杂和不确定，使思想政治教育客体多少有些无所适从，他们必然会通过网络与和自己具有相同困惑的群体进行交流、讨论信息的对错与善恶，这无疑是一种全新的客体互帮互教活动，这种新的创造客观上促进了思想政治教育活动的广泛深入开展。

最后，网络环境下思想政治教育客体主体性的增强还表现为客体对主体的反作用力增强。在网络环境下，思想政治教育客体可能会更快更早地占有比主体多得多的信息，加之客体可能比主体更适应虚拟环境，因此客体在接受主体作用的同时，更有可能将自己的信息和认识反作用于主体，使主体不断提高对自身状况的认识和把握，从而达到主客体的互动发展，共同提高。

网络思想政治教育适应了客体主体性增强的规律，在工作方法和具体途径等方面给予客体更大的自主性，使得客体自我教育的机会较之以往更多，自我教育的可能性较之以往也更大，这也是网络思想政治教育适应网络条件的一个体现。

4. 能适应主体间性增强的变化规律

主体间性是主体与主体间相互交往的特征，是主体性的重要组成部分。在交往活动中，人作为主体参与程度各不相同，只有当交往使得人互为主体时才有主体间性的存在。在网络条件和虚拟环境下，思想政治教育主体的客体性增强，客体的主体性也得以增强，这样不仅主体与主体之间的交流与相互学习增多，主体与客体之间的交流与相互学习也增多，甚至思想政治教育的主客体可能演变为一种互为主体的关系。同时，网络上数字化、虚拟化的语言符号也为交往提供了新的对话方式，从而使得主体能够更好地理解其他主体以及互为主体时的客体。网络的出现，促使思想政治教育从交往的角度去理解自身，不应再把思想政治教育片面地定义为主客体对立的对象化活动，而应在一定程度上把客体也理解为特殊意义的准主体，而且思想政治教育主体与这种准主体之间的教育与被教育活动具有相当成分的平等交往内容。网络在一定意义上使得思想政治教育转变为人与人之间的交往性教育，转变为主体与主体之间以共同的客体为中介的交往活动，这个共同的客体可能是网络，也可能是思想政治教育的内容和要求。

网络条件下主体间性的增强无疑使思想政治教育目标有了更大的实现可能。网络思想政治教育正是抓住了这一有利变化，使得思想政治教育赖以存在的基础更为坚实与宽厚，使得思想政治教育主体与客体更为融洽地交流与共同提高，可以说网络思想政治教育完全适应了主体间性增强的变化规律。

二、网络条件下思想政治教育环境开发和优化的规律

网络的出现并在一定范围内的强势对思想政治教育的冲击已经十分明显，研究网络引起的思想政治教育环境的新变化，研究虚拟环境的特点，优化和开发思想政治教育环境已是当务之急。网络思想政治教育面对环境变化的挑战强化了自主意识，克服了对环境的盲从、屈从等依赖意识，加强对环境变化的自主把握，自主分辨多种新型环境因素，对环境需要进行自主取舍，符合自己需要的就进行充实和完善，不符合自己需要的就进行排除和封杀，从而达到了优化环境的目的，合乎网络条件

下思想政治教育环境开发和优化的规律。

具体来讲，针对网络中信息的泥沙俱下、鱼龙混杂，网络思想政治教育对信息进行分类，把商业职能和教育职能分离，同时加以提示，为人们的思想道德形成提供相对优良的环境；针对虚拟环境中信息的易接受性，网络思想政治教育多渠道、全方位地在网上发布亲和力好、导向性强的信息，从源头上优化教育环境；针对网站影响力的稳定性与教育的综合性、全面性，网络思想政治教育创建一系列实用性强，易被认可和接受的网站，创造优良的局部小环境来开展思想政治教育。所有这些措施，目的只有一个，即努力选择有利于思想政治教育开展的环境因素，避开和排除不利的环境因素，满足思想政治教育和受教育者个人双方面发展的需要。

网络引起的思想政治教育环境的新变化之中蕴涵着丰富的教育资源，在努力优化教育环境的同时，网络思想政治教育还着力开发这些资源。网络思想政治教育作为有目的、有计划的实践活动，充分利用了虚拟环境，重视和开发其教育价值，着力于建设符合自己需要的网络规范和网络文化，并通过虚拟环境的育人功能使“网络人”认可和接受，使受教育者自觉地把个体的现实需要和群体的发展目标结合起来，把人的外在责任与内在德行统一起来，形成群体和社会共同的价值观，最终达到思想政治教育的目的。

参考文献：

［1］张耀灿等．现代思想政治教育学．北京：人民出版社，2001.

［2］教育部思想政治工作司．思想政治教育学原理．北京：高等教育出版社，2001.

基于"文化人"假设的▶▶ ▶▶高校教职工思想政治工作创新

吕保华①

思想政治工作是一门科学，它是研究人们的思想政治品德形成、发展的规律以及对人们进行思想政治教育的规律的科学，是教育工作和其他一切工作的生命线。高校是知识分子高度密集的地方，人员文化层次较高，参与意识和接受能力较强，这给高等学校思想政治工作提出了更高的要求。而人性假设是思想政治工作的基础，人性假设意在对考察的活动主体，即人的现实本性、所需所求做一种真实的理解和把握，以便为人所进行的活动提供根据、原则、重点和方向，不管人们是否自觉地意识到，一定的思想政治教育方式也总是建立在一定的对人的理解的基础之上的，科学的人性假设将有利于思想政治工作有的放矢。

一、"文化人"假设的含义及渊源

在进入 21 世纪的时候，人类面临的是世界发展的新图景：信息革命、全球化、知识经济……这一切比以往都更加全面、深刻、迅速地改变着世界和人类自身。人类即将进入"知识社会"。适应这一新的现实，高校教职工思想政治工作的内容在变革，工作理念在更新，而思想政治

① 作者简介：吕保华，中南财经政法大学法学院专职辅导员。

教育的前提——对于人类本质的认识——也在深化。今天，人们认识到“人是文化的动物”，由此进入了人类思想史上的“文化人”时代。

德国哲学家卡西尔(Ernst Cassirer，1874—1945) 1944 年在耶鲁大学出版了《人论——人类文化哲学导引》一书，超越了自古希腊以来人们对于人类本质的各种假设，而提出了对人的全新认识。卡西尔修正和扩大了自古希腊以来关于“人是理性动物”的古典定义。他指出：“对于理解人类文化生活形式的丰富性和多样性来说，理性是个很不充分的名称。但是，所有这些文化形式都是符号形式。因此，我们应当把人定义为符号的动物(animal symbolicum)来取代把人定义为理性的动物。只有这样，我们才能指明人的独特之处，也才能理解对人开放的新路——通向文化之路”。①

在卡西尔看来，与其把人定义为“理性的动物”，不如把人定义为“符号的动物”，其理由在于人类文化的形式是符号形式。在这里，人与动物的区别，“符号”是其形式，“文化”则是其内容。在这个意义上，所谓“符号的动物”实际上也就是“文化的动物”。用卡西尔自己的话来说，符号是“人的本性之提示”，文化则是“人的本性之依据”。

卡西尔认为，如果有什么关于人的本性或“本质”的定义的话，那么这种定义只能被理解为一种功能性的定义，而不能是一种实体性的定义。我们既不能以任何构成人的形而上学本质的内在原则来给人下定义(像古希腊哲学家所做的那样)，也不能靠经验的观察来确定的天生能力或本能来给人下定义(像近代哲学家所做的那样)。卡西尔指出：“人的突出特征，人与众不同的标志，既不是他的形而上学本性也不是他的物理本性，而是人的劳作(work)。正是这种劳作，正是这种人类活动的体系，规定和划定了‘人性’的圆周。语言、神话、宗教、艺术、科学、历史，都是这个圆的组成部分和各个扇面”。② 因此，一种“人的哲学”一定是这样一种哲学：它能使我们洞见这些人类活动各自的基本结构，同时又能使我们把这些活动理解为一个有机整体。

人的“劳作”是人性的基础。通过劳作，人类创造了文化，同时也塑造了自己作为“文化人”的本质。卡西尔认为，作为一个整体的人类文化，可以称为人类不断自我解放的历程。语言、艺术、宗教、科学，是这一历程中的不同阶段。在所有这些阶段中，人都发现并证实了一种新的力量——建设一个人自己的世界、一个“理想”世界的力量。尽管这些力量

① [德]卡西尔：《人论》，34 页，上海，上海译文出版社，1985。
② 同上书，87 页。

趋向于不同的方向，遵循着不同的原则；但是，"这种多样性和相异性并不意味着不一致或不和谐。所有这些功能都是相辅相成的。每一种功能都开启了一个新的地平线并且向我们展示了人性的一个新方面。"①依据这一观点，人性有一个逐步展示的过程，"理性的动物"、"社会的动物"乃至"政治人"、"经济人"等，都是人性展示的不同方面。这些不同的人性面，构成了人类的共同本质——"文化人"。

二、高校教师群体更深刻体现了人类的"文化人"本质

在卡西尔看来，人不仅像动物那样服从着社会的各种法则，而且他还能积极地参与创造和改变社会生活形式的活动，从而创造出各种丰富多彩的文化形式。卡西尔在《人论》一书中持这种观点：在他看来，要研究人，就必须从研究文化着手。人只有在创造文化的活动中才能成为真正意义的人，也只有在文化活动中，人才能获得真正的自由。从此，"人是文化的动物"的命题把符号还原为它所载负的系统——文化，将对人的认识推到了一个更高的层次上，被大多数人类学家所公认。当代著名哲学人类学家兰德曼指出："人一方面受文化作用，一方面创造文化，人创造了客观文化，客观文化同时又在创造着人。"②人是文化的表征和体现，是用特殊的文化塑造并依其特定的文化原理进行生产和生活的。人与文化具有双向同构的关系：一方面，人是创造文化的主体，人在满足自身需要的对象性活动中创造了文化形式；另一方面，文化本身又具有超越主体的客观形式，具有自己的特定结构和功能，形成人类社会特有的遗传机制。人的社会素质是通过文化而实现人的社会化的。从这一方面说，文化又塑造人，人自身、人体凝缩积淀着文化。人是在文化的模塑下，在创造文化的实践中自我完善的。从主体性的意义上说人自身的发展、人化自身的过程，也就是内化已有文化的过程，创造新文化的过程。可以说，文化就是人化。

作为高学历群体的高校教师身上蕴藏着各种生理的和文化的潜能，是管理的潜在资源，这个群体更深刻地体现了人类的"文化人"本质，他们按照一定的价值系统去创造学校文化，学校文化反过来又使教师个体体现一定的价值系统，规约个体的思想行为。该群体既是特定文化的产物，又是一定文化的创造者。他是创设学校文化者的一员，自身又是学

① ［德］卡西尔：《人论》，288页，上海，上海译文出版社，1985。

② ［德］米夏埃尔·兰德曼：《哲学人类学》，6页，上海，上海译文出版社，1988。

校文化的沉淀物；他受既定的学校文化的影响与制约，又在既定的学校文化中生存与发展。他是学校文化的最重要的载体，是活的学校文化的体现者。他是一种文化目的，其意义是价值的追求与自我实现。

三、“文化人”假设对高校教职工思想政治工作的贡献及影响

1.“文化人”假设呼唤人本化的思政教育理念。

思想政治教育人本化教育理念以“人”的全面发展为最基本的价值取向，以培养充满活力、和谐发展的人为最基本的教育目的。马克思曾说：“人们奋斗所争取的一切，都同他们的利益有关。”①坚持人本教育理念，思想政治教育应努力关注、关心、尊重教职工的生活、学习、工作与发展、成长，充分相信和激活教职工的潜能，为教职工营造自身发展的空间，搭建施展才华的舞台，激发广大教职工健康发展的积极性。虽然，思想政治教育主要是解决教职工思想问题的。但是，教职工思想问题的产生是与影响他们自身生存发展的主客观因素密切相联系的。因此，帮助教职工解决实际问题的过程，就是做思想政治教育的过程。要动员全社会的力量，采取措施，帮助教职工解决工作、科研、发展等方面的问题，为他们的全面和谐发展创造条件。

人本化的教育理念不是将个体的需要、个体的表现、个体的自由看成是教育的全部内容，从而对个人的价值作过分的强调，而是针对个体面临的迫切需要解决的实际问题给予帮助、引导。人本化的教育理念有利于使远离人的终极关怀、处于工具理性主义下的教育回归于人本，回归人的全面和谐发展。人本化的教育理念不仅要以人为中心，而且要以德育人，要依据人的伦理道德、文化修养来调剂人际关系，培育人的灵魂，提高人的素质，挖掘人的潜力，目标是促进人的全面发展。

2.“文化人”假设要求高校教职工思想政治工作要以树立办学精神、高校价值观为核心的高校文化。

在“文化人”看来，人是文化的产物，同一生活环境下的人具有共同的行为模式。这一理论启示我们，思想政治工作要着眼于组织文化对人的思想和行为的影响及制约作用，积极发展先进的高校文化，用高校文化特有的熏陶力和感染力，激励教职工献身教育事业。与时俱进地加强高校文化建设，就要唱响主旋律。要坚持以科学的理论武装人，以正确

① 《马克思恩格斯全集》，第1卷，82页，北京，人民出版社，1956。

的舆论引导人，以高尚的精神塑造人，以优秀的作品鼓舞人。要调动教职工在各项文化活动中唱主角，把理想信念的培养与艺术性、娱乐性很强的业余文化生活融为一体，使教职工在健康的文化活动中陶冶情操、振奋精神。要突出高校特色，使之具有深刻的文化底蕴和高雅的表现形式，体现高校文化的高层次性。要在思想政治教育中突出人文内容，使教职工从古今中外优秀的文化传统中汲取养分，养成自强、博爱、平等的人文精神。要加大投入、完善设施，广泛运用电脑网络、电视广播等现代传媒手段，加强高校文化建设的时代感。

3. “文化人”的本质要求我们应该尊重文化的差异并理解文化的差异，进而去协调种种差异，使之达到平衡。

“文化人”人性假设告诉我们，文化不是普遍的，每种文化都有其独特之处。在一种文化中成长起来的人，对这种文化的理解与沟通的能力，与这种文化的独特性不无关系，并且对异种文化的认识和态度，常常是由这种独特性塑造出来的。人们总是企图将我们自己的独特行为方式与人类行为方式、自己的社会化习惯与人类本性视为同一。正如本尼迪克特所言：“白种人有着一种不同的经验。也许除了已欧化的局外人以外，他们从未见过其生活圈以外的人。他们毫无困难地接受了人类的本性与他们自己的文化标准等同的思想。”①“文化人”人性假设一个显著的理念是，我们应该尊重文化的差异并理解文化的差异，进而去协调种种差异，使之达到平衡。这种理念在思想政治教育过程中具体体现为：其一，在思政教育内容的选择过程中，要尽可能适应不同文化背景学习者的学习需要，要充分了解学习者的文化习俗与传统。只有这样，才能促使学习者对教育内容产生顺化，实现文化认同，并协调不同学习者之间的文化交流和适应，促进教育与教学的民主。

4. 人的文化性并非与生俱来，而是在“自然人社会化”和“个体人群体化”的社会结构化过程中逐渐产生的。因此我们更要注重对高校青年教职工群体的教育。思想政治工作要加强针对性：

(1) 要不断深化对人的认识。人是思想政治工作的实施者和具体的工作对象，只有正确地认识人，认真研究和把握人的需求，才能找准思想政治工作“着陆点”。客观地把握好人的需求，是做好思想政治工作的前提。思想政治工作者对人的认识应该随着时代的变迁、高校的改革发展和思想政治工作对象个人的变化而进行比较深入的探索，思想政治工作才会有较强的针对性。如果对人的认识大而不当，或者简单地用思想政

---

① [美]本尼迪克特：《文化模式》，12页，上海，上海人民出版社，1990。

治工作者的要求取代群众的要求，用一部分群众的意愿取代整个单位、部门或另一部分群众的意愿，思想政治工作肯定会事与愿违。

（2）要严格区分思想政治工作对象层次、做到有的放矢，思想政治工作要注意把先进性要求与广泛性要求结合起来。也就是说思想政治工作必须注意根据人的层次结构、知识结构、年龄结构等不同，采取不同方法、制定不标准、提出不同要求。对党员领导干部，必须高标准、严要求；对普通党员和要求入党的先进分子，要有相对高的标准和要求；对一般群众，应区分不同情况提出他们可以够得着、做得到的标准和要求。不分人群和层次，一律提过高要求，只能使思想政治工作的任务虚化、落空；对党员领导干部和先进分子要求不严，就会败坏党的声誉，影响思想道德建设和思想政治工作的效果；而对一般群众要求过高，则会导致形式主义。

参考文献：

[1] 马克思恩格斯全集. 第1卷. 北京：人民出版社，1956.

[2] [德]卡西尔. 人论. 上海：上海译文出版社，1985.

[3] 周瑞法. 契合生命本体需求：高校教职工思想政治工作的追求. 思想理论教育，2003(12).

[4] 郭毅然. 马克思主义人性论的思想政治教育价值. 探索，2004(2).

[5] 张三元. 思想政治工作与人的全面发展. 学校党建与思想教育，2002(11).

[6] 项久雨. 思想政治教育价值与人的价值. 教学与研究，2002(12).

文科教育▶▶ ▶▶新视界

——财经政法类大学生个性培养及考评方式研究

蒋雪岩 刘建明 向 敏 阚西浔[①]

文科教育(包括财经政法类教育)具有两重属性，它既是一种知识体系，又是一种价值体系；既是科学，又是意识形态。具体来说，它在干预社会运作和促进社会理解、在“全面素质培养”和“社会文明建设”方面，都具有特殊功能与价值。

近年来，我国高等教育得到了前所未有的发展，但毋庸讳言，问题也不少，而其中问题相对突出的是文科与艺术教育，且与国际上的差距太大；在国内，文科教育包括财经政法类教育落后于理科教育，落后于社会发展的现状，终将影响我国社会的现代化和建设民主法制国家的进程。文科教育为社会提供人文导向和人文关怀，关系到民族素质的塑造和现代化建设的成败。高等教育不是单纯的职业教育，而是要培养德才兼备，有文化、有品位、有个性和创造性的高素质人才。当然，我们不能全盘否认我们的努力，但是，我们要正视文科教育的现实，理性地思

① 作者简介：蒋雪岩，中南财经政法大学高等教育评估与研究中心副主任，教授；刘建明，中南财经政法大学组织人事部、党委统战部办公室副主任；向敏，中南财经政法大学公安学院委员会书记；阚西浔，武汉空军雷达学院讲师。

考改革的出路。本文从加强文科，主要是财经政法类大学生个性培养与考评方式两方面进行研究。

一

(一)个性及大学生个性发展的必要性与可能性

个性，是指一个人在认识和处理周围世界的关系时，所表现出的对个人和社会发展有积极意义的独特的心理与行为的总和，是个人的特殊性和主体性的统一。个性就其心理特征来说一般包括四个方面内容：气质、性格、兴趣爱好、能力及天资。个性贯穿于人的一生，影响着人的一生。马克思认为，“人们的社会历史始终只是他们的个体发展的历史，而不管他们是否意识到这一点。”①

世界上没有两片相同的树叶，同样也没有完全相同的两个人。每个人都会有自己的特点、优点，个性充分发展的人是具有自主性、能动性和创新性的人，他们有强烈的内在动力，追求自我实现，这种积极的进取精神在个人成长道路上有着巨大的推动力。

教育发展史告诉我们，学生的个性发展并非一路坦途。中世纪，教会赋予整个教育以宗教的性质，不许学生有丝毫的创造和探索，致使培养的学生千人一面。“班级授课制”的诞生，适应了大机器生产的需要，这无疑是教育发展史上的一大进步，它克服了个别教学的低效性，有利于教师主导作用及集体教育功能的发挥；但这种制度随着时间的推移，教学中的实践越来越少、共性越来越强，过分整齐划一，不可避免地在一定程度上抑制了学生的个性发展。

研究表明，一个人的潜在智力由观察力、注意力、记忆力、想象力和思维等部分组成，对于一般年龄在18～22岁的大学生来说，身体发育已基本成熟，潜在智力水平较高，对自然的观察已经由片面转变为比较全面、深刻，具有较为敏锐的观察力；注意力一般能够较长时间高度集中地进行学习与思考；记忆力从机械记忆上升为有意识、有联想的记忆；想象力较为丰富；思维具有一定的深度和广度；其他各种能力也初步具备。事实证明，当代大学生知识面比较广，思想活跃，勇于探索，易于接受新的思想；自我设计意识增强，迫切需要有适当的场合来表现自己

① 《马克思恩格斯全集》，第27卷，478页，北京，人民出版社，1995。

的个性。[①] 教育家苏霍林斯基曾深刻指出："在人的心灵深处，都有一种根深蒂固的需要，就是希望感到自己是一个发现者、研究者、探索者。"当代大学生作为同年龄青年中的佼佼者，这种个性心理需求表现得十分强烈，这是不容忽视的事实。但长期以来，我们的教育一直重视社会、集体和团体价值，却忽视个人主体性与独立人格的培养，忽视个性和独立精神的价值与作用。这与当今弘扬主体精神，强烈呼唤人的主体意识、个性发展的时代格格不入。

(二)文科院校人才培养价值与现实尴尬

从总体发展方向看，高等文科教育为国家培养了近半数的人才，全面而深刻地影响和推动着社会的发展。高等文科教育是一种"入世教育"，其基本内核是科学的世界观、人生观和价值观；其基本目的是培养人的系统观念、交流能力，激发创新思维，引导学生发展处世立身的品德——这是人之所以为人的根本，也是教育工作的根本出发点和终极目标。[②]

与其他学科相比，文科具有社会性、方向性和灵活性等鲜明的学科特点。文科教育强调学生的批判性精神、创新性思维和全球意识、公民能力、沟通能力以及理财与商业基本素养，它可为政府、贸易、教育等机构和部门提供善于学习、基础宽厚、适应力宽阔的高素质人才。由于文科对不同国家、不同地区的历史起源、文化进步、文学发展及其对当代社会启迪的重视，使更多的共享和交流合作成了文科方法的一部分。文科的综合教育方案对培养自身素质有极高的价值，文科生应当抓住今后激动人心的发展机会。当今的年轻人应该拥有广博的基础知识，在大学时代要避免过专过窄，应该建立一种对学习的洞察力，以此作为以后实际工作中向任何方向发展的基石。[③]

随着我国高等教育大众化的逐步推进和相应的精英教育荣誉感的逐步"丧失"，加之社会转型等多方面的原因，人文教育的短缺和学生个性的缺失等问题随之暴露出来，主要表现为：文科学生缺乏基本的科技知识，数学知识尤为匮乏，动手能力差，形成"文不通理"的"边缘人"；专业不专，缺乏必要的人文知识，不通"ABC"，也不懂黄河、长江，变成

① 李翰如、郑清奎、楼尚聪：《论大学生的个性发展》，载《高等教育研究》，1990(1)。

② 严晓蔚：《唤醒沉睡的能力——对高校文科人才培养的若干思考》，载《教育发展研究》，2003(9)。

③ 中国科技信息研究所：《文科教育极为重要》，载《今日美国》，2003-04-24。

"文不通文"的"空心人"；缺乏个性、丧失自我，习惯于依赖和顺从别人意旨，对知识批判性的继承和发扬精神不够，加之应试教育的长期影响，制约了创新精神和能力的培养；学习和实践脱节、学校和社会的远离，造成高校对社会发展的反应迟钝，阻碍了学生对时代的感悟和对社会的体察，削弱了大学生个性和对社会的适应力；以分取人，升学制度阻碍学生的个性发展，严重制约中小学素质教育和大学的特色发展；学历取人，就业制度也推波助澜，使大学成了"死记硬背"的考学、考级、考证应试的职业培训场所等。

以上表明，高等文科教育的改革到了刻不容缓的地步。必须把握规律，改革创新，准确定位，突出特色，以适应现有国力和国情，满足社会主义现代化建设的需要。

(三)文科院校人才培养基本目标与规格

我们应该培养什么样的个性化人才？新的时代发出了对人才和教育的呼唤。传统教育注重对知识的摄入，强调的是掌握知识的数量；知识经济时代是以人为本，注重个性化、多样化的时代。随着知识信息的急增和互联网络的普及，对知识的掌握从以摄入为主转向以对知识的分析、判断、选择和创造性运用为主，这样，人才的培养目标和规格发生了巨大变化，下面以文科院校中财经政法类人才培养为例加以分析。

结合财经政法等文科教育的自身特征和社会对其人才培养质量的要求，一流的财经政法人才应该具备的个性特征与规格至少应满足以下条件。

1. 有良好人格品质和道德素质：个性立足于德行。

比较起来，财经政法教育的重要特征在于它与社会、经济有较强的相关性和特定的意识形态特征。为此，财经政法大学生应具有更突出的人格品质、责任意识、爱国情怀、奉献思想和道德精神。"人活着不是单靠事物，还靠支撑起灵魂的信仰"，信仰和理想是人的精神需要。大学生懂得并承认人类社会因存在不同的利益集团而划分为不同的阶级，因有代表不同集团利益的统治阶级而有不同的社会制度。当代大学生应该站在为绝大多数人的长远、根本利益这一边，自觉维护并代表人民利益的社会主义制度，不断审视自我、控制私念、改造行为、规划未来，经得起挫折和失败，在任何复杂的情况下、在任何艰难的历程中不动摇信念。大学生高尚德行的树立与良好个性的形成是一个互动的过程，前者是后者的基础。①

2. 有牢固公平观念和效益观念：个性出于使命。

有牢固的公平观念和效益观念的使命感，这是财经政法大学生最基本的素质。效益，是讲求低成本、高效率、高质量，但必须是在公正的前提下，必须是为了多数人或至少不违背多数人的利益，不损人利己地追求效益；公平，不仅仅是在自己处于弱势时，而且在自己处于强势时也信奉公平，为多数人追求和维护公平，或至少不损害别人公平机会的观念。讲求效益，追求公平应成为财经政法大学生的一种品性、气质和性格。

一个人有使命感，善于学习，勤于思考，就会有学问，就会具有批判精神，不轻信、不盲从、不唯书、不唯上；就会心胸坦荡，追求正义、公平；就会有寻根究底的探索精神，有一种"问题"意识，一种凡事问一个"为什么"的意识。这样的学生才能适应知识经济社会的要求，才能在普遍性中体现特殊性，追求效率、效益，有所创造，有所发明。

3. 有正确的规则意识和权利意识：个性寓于理性。

有正确的规则意识和权利意识，这是当前国际交流与竞争以及国内市场经济与民主法治建设对财经政法大学生的必然要求；也是个人独立人格自我完善和社会道德整体发展的必然要求；而遵守规则和保障个人权利正是现代经济学与法学研究的重要内容。合理的规则所体现出的公正与效率，个人权利的确认和维护对社会进步与人类自身解放的促进，不管从经济学还是从法学的角度来看，都是被认可与追求的。可见，规则意识和权利意识不仅是财经政法大学生业务素质培养的核心内容，也是思想道德素质培养的重要目标。②

康德说过，"无规则即是无理性"，从辩证法意义上可以说"无理性即是无规则"。理性的实质是人类思维和行动的根据，一个人理性素质不高，行为自控能力就差，就会无视规则、法纪，就会导致行为缺乏应有的可预见性和可调节性。事实上，规则是个性发展的前提，没有规则就没有个性发展；没有个性，就没有生命，人的个性发展反映规则文化的合目的性且不断地丰富和提升规则文化。可见规则与个性发展是相互需要、相辅相成的辩证统一。

4. 有真正的实践能力和创新能力：个性出于责任。

---

① 魏小琳：《大学生个性发展的理性思考》，载《教育发展研究》，2002(5)。

② 蒋雪岩：《素质教育要紧扣专业特点——财经政法类大学生规则意识和权利意识的培育》，载《教育研究》，2005(8)。

财经政法专业是贴近当今经济社会发展实际的专业，属于应用性学科。在加强基础理论研究的同时，重点是培养应用型、复合型及创新型人才。如果说研究型大学侧重于学术贡献功能，那么财经政法大学则更应强化社会服务功能，真正使培养出来的人才更贴近财经政法工作第一线。所以对学生特别强调具有分析问题和解决问题的能力，具有创新创业意识和能力。

高等学校的责任是把人类文明史上科学文化知识传递给学生，使之能够借此科学、客观地认识我们这个世界，成为一个有知识的人。这里"有知识"除了人的德行以外，应是博与专的统一。"博"的重要性犹如挖井，井口窄就挖不深；高山之所以高，就在于它有宽厚的基础。"专"的价值体现在两方面：在分析、总结任何问题时有一个独特的视角；在分析、总结问题时能保持在一定的层次、一定的深度上。只有这样，才能进行创新。① 创新是人的一种德行，是一个人责任心的体现，责任心则是创新的基础和前提。

(四)文科院校人才培养模式与路径选择

有专家预测：未来我国人才需求市场将划分为三种：一是能够适应整个市场机制，能够熟练运用"看不见的手"(市场竞争或选择)原理的人才；二是能够适应社会主义市场经济体制中的宏观调控机制，能够熟练运用"看得见的手"(政府运用法律、政策对经济的宏观调控)原理的人才；三是能够适应社会主义市场经济体制中"习惯机制"的惯性运行并促使其发生转变的人才，他们能熟练利用"若隐若现的手"(习惯或传统势力对经济的制约作用)引导着农业等传统产业的运行。②

这已充分阐明了高等教育要培养什么样的人才和为谁培养的问题，上述三种层次的人才，即理论思维层次，政策、法律制定与推行层次及实际操作层次人才，究竟他们应当具备什么样的知识结构和什么样的素质，即高等院校到底应当培养什么样的文科人才仍需结合具体情况进一步讨论。但就大学本科阶段而言，要培养对上述三种类型、三个层次稍加调整均能适应的文科人才，走向"大文科"，整合相关课程体系，拓宽专业面是一个基本思路。那么如何建立和完善"大文科"，以中南财经政法大学等学校为例，如何面对当今国际国内激烈竞争的态势，将经济、

① 彭克勤、刘志成：《个性化教育：高校教学需要突破的新课题》，载《高等农业教育》，2002(10)。

② 张建申、申仲英：《高校应培养什么样的人》，载《中国教育报》，1995-03-22。

法律、管理等专业整合、优化，实施新的人才培养(试点)计划，培养有适应能力、竞争能力和有个性、创造性人才？这要首先明确改革的思路和目标，找到改革的方法和路径。

1. 改革的思路和目标

(1) 基本思路

适应经济全球化、政治民主化、文化多样化趋势及我国积极参与国际合作与竞争的需要，更新教育观念，创新人才培养模式，立足国内，放眼全球，实行以“经、法、管”学科兼容为轴心，以应用型、融通性、开放式内在关联为目标，以学科结构、课程体系、科研布局、社团活动多维同构为载体，显示广泛适应性的复合型专业人才培养模式；实行体现主干学科价值，以全面质量管理为唯一通则，以民主治教、依法治教、科学治教为三相理念，以评教、评学、评管为三条渠道，以校、院、系、室为四维网络的“1334”教学质量保障体系，形成贯穿办学指导思想、教学改革思路、培养运行机制、质量保障体系的办学特色，为社会培养高层次、国际化、复合型的有理想、有个性的高素质经济、法律和管理人才。

(2) 建设目标

① 树立和拥有先进的教育思想、办学理念和治校方略。

② 形成适应时代要求的知识、能力、素质综合协调发展的经、法、管复合型人才培养模式。

③ 建立一支学术水平与教学水平高、结构优化、充满活力的师资队伍，并逐步探索建立一个能不断吸纳国内外优秀师资来校任教的教师动态管理机制。

④ 拥有具有一流大学特色的新型的教学方案，教学内容先进、课程体系新颖、教学方法多样、教学成果突出。

⑤ 具有比较先进完备的教学和科研设施。

⑥ 具有较强技能水平，使学生能较熟练地运用英语、计算机进行交流、获取信息。作为全国规模最大的经、法、管人才培养基地，经过6～10年的努力，力争将学校打造成世界知名国内一流的人文社科类大学。

2. 改革的路径与方法

(1) 确立学生主体发展路径

①转变教育观念，实行个性教育。以转变教育思想观念为先导，树立新形势下的人才观、学生观、师生观。根据国家对经、管、法高质量复合型人才的特别需要，积极探索和借鉴各种先进、科学的教育思想。在加强素质教育的目的上，强调尊重学生的个性发展，体现以生为本的办

学理念，建立起新型的民主、平等和相互尊重的师生关系，为每一个学生提供一个宽松和谐的学习生活环境，使他们可以自由地表达思想，并发展自己与众不同之处，充分发展他们的个性特征，创设一个有利于学生的自我发展的民主、开放、积极、向上的人文环境。

②贴近现实社会，适应经济转轨。作为与社会、经济发展密切相关的财经政法教育尤其要适应经济转轨的新要求。作为管理者，首先在办学模式上，要由单一的利用国家资源向利用社会资源与国家资源相结合的方面转变；要转变传统的人才培养观念，从培养专门人才向培养适应市场经济发展要求的复合型、创新型人才转变；要有学科交叉意识，由单一的学科为主向学科融合、渗透以及学科创新方面努力；在人才培养规格上，要培养具有国际意识，能够适应不同文化环境和竞争环境的高层次人才。

③注重个体差异，创造自我发展空间。大学生是一个可塑性大的特殊群体，他们来自不同地区、家庭和民族，个性面貌千差万别，各具特点。尊重他们的主体地位，善于发现和开发他们的潜能素质并调动其积极性，创造一个自我的发展空间，使他们的个性得到充分自主的发展。只有尊重并适应学生的个性差异，主动唤醒学生的主体意识，让他们充满信心，增强自我观念，独立思考，才有利于个性鲜明的各类人才健康成长。

(2) 优化课程体系及模式

课程设置的指导思想：强化理论基础课程，拓宽应用知识课程，增强人文素质课程，充分体现增强学生能力、素质及其个性特色的人才培养要求。

①“加强基础，淡化专业”。所谓基础，不仅包括专业基础，也包括广泛的文化基础；不仅指基础知识，而且包括基本技能、基本素质。

②努力构建“平台＋模块”的课程模式：在“大学通识”这一公共基础平台上根据专业特色设立不同的课程模块，方便学生选择自己感兴趣的和有发展潜力的课程。

③加大选修课比重，为因材施教和培养复合型人才创造条件。既保留培养基础理论研究人才方面的传统课程，又增加一定比例的面向国家经济建设主战场的应用人才课程，有利于人才的合理分流培养。

④要为文科学生开设一些自然科学和技术方面的选修课，加强文理渗透。如自然科学概论、科学技术发明史、高新技术常识、生命起源、人类与环境、科技发展与 WTO 等。当然，需要开设的课程应根据不同院系的需要，有针对性地开设，以增强文科学生对未来工作的适应能力。

为凸显学校个性特色及专业的学科背景，学校将经、法、管相关课程整合成新的课程体系，并将其作为全校的通识课程，新的基本课程体系由 4 个课程系列组成：

① 公共基础和素质课程系列。这类课程包括“两课”课程，还有外语、计算机、军事训练等课程。使学生形成正确的世界观和人生观，以及良好的道德情操和文化情趣。

② 经济类课程系列（或《经济学通论》①）。该类课程主要由金融、贸易等方面课程组成，它有助于学生掌握必要的经济学理论和经济政策方面的知识及背景。

③ 法学类课程系列（或《法学通论》②）。该类课程主要由刑法、民法等法律学科的主干课程组成，它有助于学生掌握系统的法学理论知识，有助于从事法律研究和司法实践活动。

④ 管理类课程系列（或《管理学通论》③）。该类课程主要由管理学科的主干课程组成，有助于学生形成从事各类管理工作和管理活动的基础及技能。

（3）改革教育教学方法

① 改变重基础知识系统性和完整性传统做法。通过按类教学，尽力拓宽知识的覆盖面。在基础知识方面，尤其是在专业知识的教学过程中把资料性、常识性的内容简化，使人文科学理论逐渐成为知识上部分可形式化和部分经验性的学科，并适度增加可供学生参与讨论的内容，激发学生独立思考和创新的意识，培养学生的思维能力、创新能力，不把学生囿于固定、呆板的框框之中。注重技能培养。包括定量分析技能、计算机技能、公关技能、外语应用技能等，这些技能不仅为应用型文科人才所必备，也是理论研究的基本工具。教学方式上彻底改变教师照本宣科的灌输式、填鸭式，确立一种与学生共同进行新的知识探索的教学方法；同时注意启迪学生的逆向思维习惯，培养其从事科学工作所必不可缺的“怀疑性”气质和提出问题的能力，改变以往重师承、轻批判的传统学术思想。还要完善新时期学分制，创造宽松发展的环境，鼓励学生跨专业辅修，促进其个性发展。

② 通过课外活动和社会实践以张扬个性。大学应该是多元化精神和文化交流的场所，在这里应具有更大的包容性和融会性。鼓励和引导学

---

① 参见赵凌云：《经济学通论》，北京，北京大学出版社，2005。

② 参见吴汉东：《法学通论》，北京，北京大学出版社，2005。

③ 参见张中华：《管理学通论》，北京，北京大学出版社，2005。

生积极参加课外活动和社会实践，让他们的个性得到充分的发展和张扬。有专家曾经设想：在法学院建立模拟法庭、法医与刑事检测实验室、环境法与技术检测实验室；在经济学院建立经济信息实验室、计量经济模型实验室、证券模拟实验室；在图书情报学院建立图书情报检索实验室、图书微缩与修复实验室；在哲学系建立心理学实验室、脑科学与思维实验室；在新闻学系建立大众传播实验室；在历史系建立考古与文物复制实验室；在中文系建立文物与博物馆，等等。这些都是值得借鉴的经验财富。①

(4) 加强教学质量监控

教学质量监控是高校教学管理的核心，而教学过程又是有关教学的个人行为、群体行为和管理行为的综合实践活动。因此，教学质量监控与保障的主体应该是学校教学基层单位的院系以及相关的部门和组织。它们一是要严格控制教学单位平时的教学质量，二是要对教学第一线的工作作出评价，提出整改意见。这些机构与组织之间分工协作，并逐级负责，互为反馈。现代教学质量观要求，对教学质量实施有效监控，从教学输入、教学过程到教学输出建立起系统健全的质量监控机制，有效地促进高校教学质量的提高。

①建立两级评估督导制度。除学校有专家督导员负责全校评估督导工作外，院系建立以专职督导员为主，由院系领导、退休教师、教研室主任以及教学管理人员组成的教学督导组，以各班学习委员为代表的教学信息组，形成覆盖各学科教学评价的网络，对教师的教学态度、教学内容、方法、手段以及备、教(含实践教学)、辅(含心灵辅导)、改、考等环节进行评定；建立学生教学质量评议制，分年级定期召开学生座谈会，对教师的教学态度、能力、方法和教学效果等情况听取学生意见和建议，并及时反馈教师本人，以评促改、促进。院系结合督导组检查情况和学生评教情况，对每学期教师所开设课程进行分等级评估，来作为教师职称晋升、岗位聘任、教学评奖等活动的重要依据。

②改革教学评判标准。改革教学评判标准和形式：一是注重倡导和激励教师要有自己的教学风格，讲思路、讲要点、讲方法，诱导学生创造性思考，培养学生自主获取知识的能力，并将此作为学生评教、同行评教的重点内容之一；二是在课程成绩考核中，增大反映创新素质的考核内容，科学评价学生综合素质和个性特长；三是更为注重以人为本，关爱学生，教书育人，铸人铸魂。

① 刘道玉：《为大学文科改革献三策》，载《光明日报》，2003-02-27。

二

有位学者说过，衡量一个学校的管理和人才培养质量如何，看一看学生的奖学金是怎么评定的就差不多了。此言是否偏颇无须讨论，至少说明对学生素质的科学考评至关重要。

大学生素质考核测评是高等教育评价的重要内容，是提高人才培养质量的基本保证之一。但长期以来，我们重智育轻德育、重共性轻个性、重规范轻创新，对学生的评价如评优，有时甚至抓脑袋凭印象，这显然不利于学生的发展。随着就业市场人才竞争的加剧和高校管理制度化、科学化、信息化的发展，研究大学生行为、品德、心理形成的发展规律，揭示其内在品质和外在作为的相互关系，建立起品质和行为表现之间定量或定性、综合素质测评和单项能力测评的对应关系，从而建立起较科学地衡量和评价学生的考评方法，是推进素质教育，培养人才个性和创造性，提高人才培养质量的需要。

创新型文科(财经政法)人才如何评价？考评中要重学科特点和人才的个性发展；谁是大学生考评的主体？传统的观点认为这是老师的事，“被告”回避。这种观念不利于学生的个性发展与积极性的发挥。因此，有必要建立兼顾个性和共性统一的新的测评模式：“老师＋学生”——既有教师、管理者对测评的把握，又有学生的主动参与；“合格＋特长”——既有对学生规范性的要求，又给其个性发展的合理空间；“常规＋能力”——既有常规教学标准，又体现不同学生的个性能力素质；“学校＋社会”——既有学校的基本要求，又有社会、企事业用人单位的需求标准。当今注重社会的参与，因为人才产品是否合格，最终取决于社会。

(一)建立大学生素质考评指标体系的一般原则

①指导性原则：有利于大学生个性发展；又能促进其德智体诸方面综合协调。

②客观性原则：结合不同院系实际，全面客观地反映合格人才的要求和标准。

③可比性原则：对不同学科专业学生进行综合、单项测评，增强横纵可比性。

④持续性原则：既重视对大学生在校情况的考核，也应完善对毕业后步入社会工作岗位的大学生进行跟踪式的信息反馈评估，以此不断发展增强培养一流人才的适应能力。

⑤启发性原则：在制定和修正对一流大学生的培养目标、计划、实施细节时，应使大学生一起参与学习、讨论、修改，教育启发他们以积极的心态参与。

(二)大学生综合素质测评工作的一般程序与方法

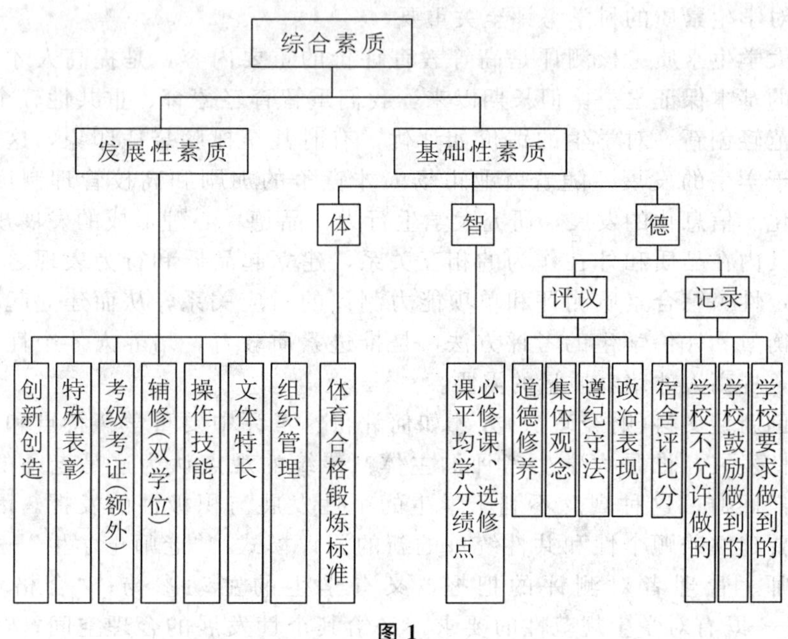

图 1

大学生的综合素质包括：基础性素质(基本分)和发展性素质(奖励分)两项，如图 1。其中：①发展性素质(奖励分)：主要包括文体特长、创新创造、特殊表彰等。②基础性素质(基本分)：德育质量(德)、智育质量(智)、体育质量(体)三个方面，其中每个方面又可由几个主要指标来构成，如图 2。

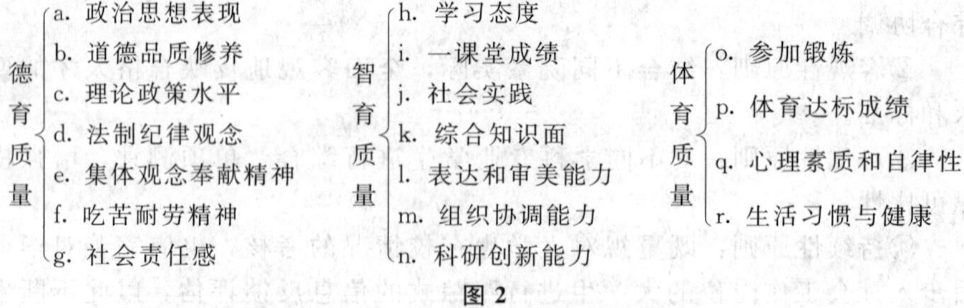

图 2

1. 一般步骤

学习动员—自我测评—民主评议—评定等级—公布结果—记录备案(略)。

2. 量化评估工作的一般方法

笔者根据自己的多年实践，参考兄弟院校的经验特制定了基础性素质中德、智、体诸方面共18项主要指标的综合量化测评体系(如图2)，并按优、良、中、次、差五个等级对各项指标赋分制定了量化评估参考体系，分述如下。

(1)德育质量的量化评估

①平时记录评定：根据学生日常实际表现进行及时记录和评价的测量方法。具体内容如表1。

表1

行为类别	行为特征	项目内容	记录评价方法
一	学校或院系要求每位学生必须做到的行为	1. 政治学习参加情况 2. 必须参加的集体活动 3. 假期社会实践情况 4. 军训中的表现 5. 担任值周生的表现 6. 出勤、出操情况	对活动中表现好的，对有不良表现或没表现的作负分记录
二	学校积极倡导和鼓励但不要求每位学生必须做到的行为	1. 积极向党组织靠拢，参加党章学习活动的表现 2. 参加义务献血活动的表现 3. 参加青年志愿者、献爱心等活动的表现 4. 参加运动会或服务工作表现 5. 文艺活动表现及获奖情况	对活动中表现好的，对有不良表现或没表现的作负分记录
三	学校反对学生参与并要给予处罚的行为	1. 违反校纪校规的行为 2. 违反社会公德的行为 3. 违反法律的行为	标准按“惩罚分”(表略)中细节处理

在每次行为发生后及时记录并存入计算机，学期末以班级为单位进行汇总。按照线性对应处理，即最高记录评定分定为100分，最低的定为60分。通过算术平均法计算使得全体学生的评定分数分布在60～100分之间。

②学年末静态测评：全班同学和班主任根据德育7项量化指标(a～g项)打分测评。如标准可按照优(5.0～4.1)、良(4.0～3.1)、中(3.0～

2.1)、次(1.0～0.1)、差(0)进行。

a. 同学互评：按照“去头掐尾”法(去掉各5%的最高分与最低分再取其算术平均分)计算每位同学平均分输入计算机进行线性对应处理，方法同上述。

b. 班主任测评：把班主任对每位学生的测评分直接输入计算机，进行线性对应处理，方法同上。

“德”的评定成绩汇总计算公式为：$X_1=X_{11}\times 50\%+X_{12}\times 40\%+X_{13}\times 10\%$。

以 X_1 表示“德”的成绩，X_{11} 表示平时记录测评成绩，X_{12} 表示同学互评成绩，X_{13} 表示班主任评议成绩。根据得分高低按比例(优：前20%；良：跟前30%；中：随后30%；次：再后15%；差：最后5%)确定等级，记入学年鉴定表并作为评奖选优的依据。

(2)智育质量的量化评估

①平时记录评定：

第一课堂成绩是将每位同学的各门功课成绩按以下公式进行加权计算得出：

a. 学分制：

$$X_{21}=\frac{\sum 各必修、限选修成绩\times 学分}{\sum 必修、限选修学分}+\sum 选修、辅修成绩\times 学分\times 0.5\%$$

b. 学时制：

$$X_{21}=\frac{\sum 各必修、限选修成绩\times 学时}{\sum 必修、限选修学时}+\sum 选修、辅修成绩\times 学时\times 0.5\%$$

②期末静态测评：打分和测评方法同上。

(3) 体育质量的量化评估

①体育课成绩(含达标成绩和平时体锻成绩)。

②加分项目及标准：

a. 参加校以上大学生运动会获奖个人和团体，破纪录的取相应项目基准分值的两倍计。

b. 非体育专业的获得二级运动员以上证书的。

c. 参加校运动队，经批准被评为优秀运动员或优秀运动队成员。

d. 积极参加校运动会的学生。

③减分项目及标准：

a. 早锻炼未达到规定要求的。

b. 在体锻方面有作弊行为的。

④体育素质得分＝体育课成绩＋附加分－扣分。

(4)德、智、体综合素质成绩测算

以 $\overline{X}$ 表示综合素质成绩，按照下面的公式计算：$\overline{X}=\overline{X}_{德}\times 40\%+\overline{X}_{智}\times 40\%+\overline{X}_{体}\times 20\%$。

根据结果按以下比例排名决定等级，记入学生期末鉴定表作为评奖选优的最终依据。评定等级的比例为：优(前 20%)；良(次 30%)；中(再次 30%)；次(后 15%)；差(最后 5%)。

第二项是奖惩分的评定。主要以平时的量化记载为主。如属特殊荣誉奖励，则按其不同性质和级别确定分值多少。本项又依次细分为 5 个考核方面：社会工作奖励、竞赛奖励、卫生及文明寝室、特殊荣誉奖和惩罚分。

第三项是修正分的使用。由年级办主任和班主任掌握，为了克服偏差，对全班同学量化的总分值进行最后的审定、修正，但分值有严格的限定。

笔者曾组织年级办主任、班主任各一名、学生干部(班委) 两名、女生委员和每组一名学生代表共 6 人，对某学生按照以下项目进行综合量化测评实践。

①基本分=6 名代表评分(90%)+自我评分(10%)。

②奖惩分：据其平时量化记载(包括证件、证书等)换算得分。

③修正分：由年级办主任、班主任掌握。分值控制在正负 5 分内。

由于奖惩分是根据平时每一项记录依据次数与对应分值直接量化换算得来的，修正分是一次性打分，因此，我们主要讨论对测评时第一项基本分的量化处理过程。

表 2　德、智、体三方面 18 项测评积分表

分数＼项 人	德育质量							智育质量							体育质量				总评分
	1	2	3	4	5	6	7	8	9	10	11	12	13	14	15	16	17	18	
年级老师	4.9	4.7	4.8	4.6	3.8	4.5	4.9	4.8	3.9	4.6	4.7	4.8	4.6	4.9	4.8	3.9	4.7	4.9	4.33
班主任	4.6	4.7	4.9	4.8	4.6	3.8	4.9	4.6	4.7	4.9	4.8	4.5	4.2	3.9	4.6	3.9	4.3	3.8	4.47
学生干部 1	3.9	3.8	3.9	4.2	4.3	4.7	4.9	3.9	4.9	4.2	4.6	3.9	3.8	4.9	4.3	4.7	3.9	3.8	4.26
学生干部 2	4.9	3.8	3.9	4.3	4.7	4.2	4.7	3.9	3.7	4.7	3.9	4.5	4.8	4.2	4.5	3.9	4.5	4.7	4.32
女生委员	4.5	3.9	3.9	3.7	4.1	4.2	4.1	4.0	3.9	3.7	4.8	3.5	3.6	4.9	4.6	3.9	3.7	4.9	4.11
学生代表	3.9	3.7	4.2	4.0	4.2	4.1	4.0	4.9	4.5	4.3	4.1	4.8	4.5	3.9	4.1	3.6	4.0	4.1	4.16
自我测评	3.9	4.2	4.8	4.1	3.9	3.6	3.4	4.7	4.3	4.1	4.6	4.2	3.9	3.7	4.1	3.9	4.3	4.7	4.13

笔者采用了在量化管理方面常见的模糊量化方法计算。因为传统的加权平均法及算术平均法结果仅用一个数字来表示该学生干部的德智体诸方面测评，其结果往往是不够全面。这种综合测评的结果不是单一的分数，而是测评集合上的一个模糊子集，可以对取得优、良、中、次、差的量的多少直观表现出来，并可在此基础上进一步换算成可衡量的具体分值。

其具体方法是：采用五级记分法构成测评等级集合 V={优，良，中，次，差}或 V={5.0～4.1，4.0～3.1，3.0～2.1，1.0～0.1，0}，该学生干部的测评因素德智体的全体组成一个测评因素集合 W={德，智，体}。我们先找出单因素测评模糊子集 $B_{德}$={31/49，18/49，0，0，0}={0.633，0.367，0，0，0}，即其中优秀占63.3%，良好占36.7%，中占0%，次占0%，差为0%；同理，可对该学生干部的智、体分别得出单因素测量评定子集。

$B_{智}$={0.673，0.327，0，0，0}；　$B_{体}$={0.607，0.393，0，0，0}

则由 $B_{德}$、$B_{智}$、$B_{体}$ 构成的综合模糊矩阵 $\underset{\sim}{B}$ 为：

$$B_{ij}=\begin{bmatrix}B_{德}\\B_{智}\\B_{体}\end{bmatrix}=\begin{bmatrix}0.633 & 0.367 & 0 & 0 & 0\\0.673 & 0.327 & 0 & 0 & 0\\0.607 & 0.393 & 0 & 0 & 0\end{bmatrix}$$

由于德、智、体的加权是40%，40%，20%；故设 $\underset{\sim}{A}$={0.40，0.40，0.20}，则综合测评等级 $\underset{\sim}{D}=\underset{\sim}{A}\cdot\underset{\sim}{B}$。这里“·”表示关系 $\underset{\sim}{B}$ 与关系 $\underset{\sim}{A}$ 的合成。我们采用“最大—最小”合成法来求 $\underset{\sim}{D}$，其运算规则是：

第一，将 $\underset{\sim}{A}$ 中各元素同 $\underset{\sim}{B}$ 中某列的元素按顺序逐一两两相比较，取其最小共得 3 个数，如与第一列的元素相比较：

$\underset{\sim}{A}$ ＝ ｛ 0.4，　0.4，　0.2｝

∫　∫　∫

$\underset{\sim}{B}$ 第一列 0.633，　0.673，　0.607

取最小值：0.4，　0.4，　0.2

第二，再从所得的 3 个数中取最大者，得到一个数为 0.4。

同理，分别对第 2，3，4，5 列实行这种运算得：

$$D_{ij}=A_{ij}\cdot B_{ij}=(0.4,\ 0.4,\ 0.2)\cdot\begin{bmatrix}0.633 & 0.367 & 0 & 0 & 0\\0.673 & 0.327 & 0 & 0 & 0\\0.607 & 0.393 & 0 & 0 & 0\end{bmatrix}$$

$$=(0.4,\ 0.367,\ 0,\ 0,\ 0)$$

归一化得 $\underset{\sim}{D}$ =（0.4/0.767，0.367/0.767，0，0，0）=（0.522，

0.478，0，0，0)，其中优秀占52.2%，良好占47.8%，中占0%，次占0%，差为0%，取百分比最大的相应等级，该学生干部应为优秀。我们还可以进一步将模糊量化测评集换算为具体分值，再设评价等级矩阵为V'代表优，良，中，次，差五个等级。

$$V'=\begin{bmatrix}5\\4\\3\\1\\0\end{bmatrix}$$

那么，最后评定分数$\underset{\sim}{D}'=\underset{\sim}{D}\cdot V'$，即：

$$=(0.522, 0.478, 0, 0, 0)\cdot\begin{bmatrix}5\\4\\3\\1\\0\end{bmatrix}$$

$$=(0.522\times5+0.478\times4+0\times3+0\times1+0\times0)$$

$$=4.52$$

该学生干部的综合量化测评的分值是4.52分，属于优秀，这里以单一的分值表现出来，就可以很方便地与其他人进行直接比较。

3. 量化评估结果的现实运用

目前，大学生综合测评指标体系基本上还包括了德、智、体等子系统，同时也各不相同地增加了新的测评指标和评分手段，并根据自身特性而确定了具体的指标内涵、评价方法、评价单位、等级标准和权重设置等。其测评结果多运用在“评优”而获奖即“学而优则奖”等方面；或“推荐就业”即与用人单位选择毕业生接轨，充分体现了综合测评的社会价值，提升了测评的选拔作用与激励作用。

①测评结果的选拔促进作用。如以某大学评奖学金为例，根据比例按评价结果排序，具体操作如表3。

表3

奖　项	以基础性素质排序确定资格	以发展性素质排序选定获奖者
一等奖(3%)	前8%	选定一等奖后余者自然转为二等奖
二等奖(10%)	次15%(含从一等奖候选人中转入的5%)	选定二等奖后余者自然转为三等奖
三等奖(15%)	再次20%(含从二等奖候选人中转入的5%)	选够三等奖余者不得奖

②测评结果的发展激励作用。测评结果公布后，直接反馈给学生，势必激励学生依此为参照认识自我，发现优势与差距，张扬个性。

4. 发展素质对个体发展的意义

除上述综合素质中基础性素质(德智体)的测评外如浙大，还有学生在各自选择的环境中形成的特长素质，即发展性素质(奖励分)，其内容如前面图1中所标明的组织管理、文体特长、操作及技能、辅修(双学位)、特殊表彰、创新与创造等反映个性和实践能力的指标。这样是为了增加选拔的事实依据和科学地较好地体现学生的综合素质。[①] 是学生个体发展和社会选择的需要。

比如：某校非英语专业学生通过英语六级或在一、二年级通过英语四级可适度鼓励加分，具体办法如表4。

表4 英语加分参照表

等级 / 年级	四级		六级	
	及格	优秀(85分以上)	及格	优秀(85分以上)
一	加2分	加3分	加3分	加6分
二	加1分	加2分	加2分	加4分
三			加1分	加3分
四			加1分	加2分

以上这些新增的体系指标可以赋予不同的评分细则和权重分配，结合前面分析的方法就可以在一定的时间内对人才的测评作出积极的探索。

(三)发展学生个性的单项素质考评内容与方法

随着竞争时代对创新人才的强烈呼唤，高等教育改革中对学生主体的评价方式也发生重大变化，作为应用性、时代性强的财经政法学科在人才考评方式上要改革创新，突出学生的个性、创造性，将过去的综合素质测评转变为实践能力单项素质测评，取消传统的"三好生"评比，将原来的"学而优则奖"转为"学而奖则优"已成为必然。其具体做法如下。

①设立单项奖学金("五奖")：思想品德奖、学习优秀奖、社会工作奖、科技创新奖、文体特长奖。

②设立荣誉称号("五优")：优秀学生、优秀学生干部、优秀毕业生、优秀特长生、优秀公民(道德模范生)。

③评定依据(四项)：思想政治素质、科学文化素质、身心素质、实

① 来茂德：《中国研究型大学本科教育探索》，152页，杭州，浙江大学出版社，2002。

践能力，即德、智、体、能四方面。其中尤其强调能力与贡献。能力：创新能力、实践能力、组织协作能力、社会活动能力、学习能力和语言表达能力等；贡献：学生参加志愿服务活动、承担社会工作以及就学校及社会改革与发展等向有关部门献计献策并被采纳的(均可获得相应加分)。

④评定程序与方法：要获得任何荣誉称号至少应获相应3项单项奖学金。即获某项荣誉称号＝相对应的奖学金＋思想品德奖学金(每项荣誉必要条件)＋相近的奖学金(至少一项)。比如，优秀学生除必须获得学习优秀奖学金和思想品德奖学金外，还至少要再获得一项以上(含一项)的单项奖学金；优秀特长生除必须获得文体特长奖学金和思想品德奖学金外，还至少要再获得一项以上(含一项)的单项奖学金；评优程序：实行个人“申报制”，只要学生认为自己哪方面有专长即可申报。

⑤单项奖学金设定目的：有利于学生个性、专长的培养与发挥，让有实践和创新能力的人才脱颖而出。国外著名大学的经验表明，学生的特点、能力在学校里得到张扬而不是泯灭，就是教育的成功。推行该评价机制，力图与这样的教育理念接轨。

上述评介了对学生考评的两种测评方式。当然，是采用实践能力单项测评还是综合素质测评，视院校实际情况而定，但两者是相互关联的。可以这样说，实践能力单项测评就是综合素质测评中发展性素质诸指标权重的单列与扩大；实行单项能力测评获得某项荣誉称号，其多项条件的限制，实质上是一种综合素质的体现。正因如此，有的学校将两者结合，即将综合测评中的基础素质测评作为基础(要求达到“合格”)，再突出单项测评(“特长”)，这就是一种“合格＋特长”有个性的考评方式和人才培养模式。

随着现代教育的不断发展，积极探索更加科学合理的人才素质考评体系是个开放式项目，需要不断地更新创新，这里仅为一孔之见，愿与大家共同交流！

参考文献：

[1] [美]伯顿·克拉克. 高等教育系统. 杭州：杭州大学出版社，1988.

[2] 马克思恩格斯选集. 第1卷. 北京：人民出版社，1995.

[3] 孟东方. 大学生工作学探索. 重庆：西南师范大学出版社，1996.

[4] 张德，吴剑平. 校园文化与人才培养. 北京：清华大学出版社，2001.

[5] 石亚军. 关于大学文化素质教育如何走向成熟的思考. 中国高等教育，2003(7).

[6] 袁振国. 教育新理念. 北京：教育科学出版社，2003.

经济学复合型人才培养模式探究

——以中南财经政法大学经济学专业为例

廖涵　张霞　陈立兵①

一、经济学专业本科生培养目标的定位

大学的基本任务是培养人才。人才是具有专业才能和本事的人，即人才一定具有能力。大学的任务就是培养学生的能力。能力的高低决定人才质量的高低，在人才市场竞争中就表现为人才的核心竞争力的强弱。

人才具有不同类型、不同层次。这决定了各个大学应根据培养对象、自身优势及社会需求(包括社会发展趋势)等多维条件来定位人才培养目标和模式。作为一所人文社科类大学——中南财经政法大学(以下简称我校)的经济学专业本科生培养目标如何定位？是定位于培养专业基础理论性强的学术研究型人才，是定位于适应即时就业需求的应用型人才，还是培养专业基础扎实、知识结构融合交叉的复合型人才？这是一个值得认真探讨的问题。

① 作者简介：廖涵，中南财经政法大学经济学院副院长，教授；张霞，中南财经政法大学经济学院讲师；陈立兵，中南财经政法大学经济学院讲师。

我们认为，我校经济学专业本科生的培养目标应定位于培养具备现代人文主义精神，具有复合型知识结构和能力结构，核心竞争力强的经济学专业人才。

对人才培养目标的定位，不能凭空而论，必须在已有的各种特定条件所构成的多维可行空间中来探寻。具体到我校的经济学专业本科生的培养目标定位所需要考虑的基本条件：一是人才培养的对象是本科生。我校理论经济学学科拥有从本科生到博士后的完整的人才培养体系，我们可以从整体上审视本科生的培养，但更重要的还是要基于本科生这一层次来合理地定位培养目标。二是我校的办学特色。我校经过 60 年的发展历程，业已形成"经、法、管"为主体、人文社会科学和理学、工学为支撑的学科体系，凝练出"融通性、应用型、开放式"的办学特色。这是经济学专业本科生培养所依存的空间和氛围。如何理解"应用型"？我校为"211 工程"建设的全国重点高校，作为办学特色之一的"应用型"体现在我们培养的人才应是分析问题、解决问题的能力强、具有创新精神的高端人才。我们的培养目标不能仅仅是保证学生即时就业，而是着眼于学生未来五年、十年乃至一生的长远发展，真正将学生培养成为具有很强的核心竞争力的国家未来的栋梁之才。三是学科发展的比较优势。我校理论经济学学科经过多年的发展，在全国具有一定的地位和优势，经济史学已成为国家重点（培育）学科。这些为经济学专业本科生培养提供了坚实的基础条件。四是人才培养目标还应符合社会需求。吴汉东校长在《大学精神》的演讲中指出："现代大学是提倡人文主义和功利主义的调和。"体现在人才培养上，人文主义和功利主义的调和指的是大学培养的人才不仅具有现代人文主义的精神，还必须兼济实用，为社会所需。综观世界发达国家和地区的大学教育发展和改革演进，无不将大学自身独有的气质和精神与社会发展相契合，随着社会经济发展，合理地调整人才培养目标。当今世界科技、社会、经济发展日新月异，新老产业更替速度加快，社会对人才的需求已不再是仅具有某一专业特长，而是一专多能，具有多重融合的知识结构和能力结构的复合型人才。

二、经济学专业人才核心竞争力的内涵

人才核心竞争力的强弱体现在人才所具备的能力上。如果对能力进行细化，可分为共性能力和专性能力。共性能力是作为人才必须具有的能力；专性能力是人才在自己所专长的领域中所具有的专业能力。

共性能力和专性能力是相辅相成的。共性能力是基础，具备了良好

的共性能力的人才能使自身的专性能力得到充分发挥，并能够做到一专多能；反之，如果共性能力存在缺陷，则会限制专性能力的发挥。世界各国尤其是发达国家的著名大学经过长期探索，对人才的共性能力取得了共识，并且十分强调对学生共性能力的培养。塑造共性能力是要将学生培养成一个具有文化底蕴、现代素养的"全人"，而不只是一个"就业机器"。具体而言，共性能力主要包括：①应用分析技巧、解决问题的能力。②利用计算机、全球网络和图书馆获取信息资料和进行学习的能力。③进行批判式阅读和有效写作的能力。④完成研究项目的能力。⑤有效、清晰、简洁的口头表达能力。⑥具有国际视野理解问题的能力。⑦把专业理论、资料、数据等转移并应用到新问题中去的能力。⑧团队合作的能力。

专性能力是人才从事某一领域工作的专有能力，是人才综合能力的核心，是一种差异化能力。人才正是凭借具有差异化的专性能力而增强其核心竞争力。具体到我校经济学专业本科生应具有什么样的专性能力呢？我们认为，应该是以经济学理论知识为本体，复合型知识结构为特质的处理经济问题的能力。

以经济理论知识为本体的复合型知识结构由以下具体内容组成：

1. 人文学科、自然科学和社会科学领域的基础知识。这三个学科领域的知识构成复合型知识结构的三角支撑。这三类知识对各专业人才不是精通，而是通识。国内外著名高校均通过设立通识教育课程以使学生掌握这三个领域的基本知识，从而给予学生相应能力的训练。

2. 法学和管理基础理论。它们构成复合型知识结构的两翼。法学和管理学是我校两大主体学科，经济学专业本科生培养要充分利用这两大学科的教学资源和师资力量，对学生进行严格的法学和管理学理论训练，使经济学专业的学生既长于经济学理论，又懂得法学和管理学基础知识，并能够将经、法、管三大理论融合交叉进行分析问题、解决问题。构建"经、法、管"为主体的复合型知识结构，必将使我们的学生专性能力具备鲜明的特点，核心竞争力更强，更适应于市场经济发展对人才的需要。

3. 系统的经济学理论。这是经济学专业本科生知识结构中的本体。经济学的学生必须掌握系统的经济学理论。这是毋庸置疑的问题。但是在以往的学生培养中，由于受到就业压力以及经济学学科发展本身存在的问题等多种因素的影响，我们对经济学专业学生进行经济学理论的系统和严格的训练做得可能并不到位。体现在培养方案中，现代经济学课程设置不够系统，学生不能完整地了解经济学理论的发展脉络，不能系统地掌握经济学的思维方式和分析问题的方法，缺乏必要的数理分析基础。在毕业论文选题中，学生热衷于选择企业经营管理和产业发展的有关选题，而对经济学基础理论的研究兴趣不浓。从写作的研究论文来看，我们经济学专业学生对经济学研究范式的掌握及运用存在不足。因此，如何使经济学专业的学生具备更为系统、更为扎实、更为专业性的经济学理论和方法，是值得我们深入思考的一个重要问题。

在对学生进行经济学理论系统培养的同时，还要植入我校理论经济学学科的特色。要通过课程教学、学术讲座、导师制等多种途径将我校优势学科的研究成果运用于学生的培养，在知识结构中这些学科的营养成分含量更高，使我们的学生能更深入地进入这些学科的圣殿，能更快地站在这些学科的前沿。

三、创新性是人才内涵的本有之义

创新性是人才内涵的本有之义，也是人才培养的最高目标。从理论上分析，创新性包括创新精神和创新能力。创新精神是先导，创新能力是基础，两者缺一不可。按创新性标准，可以把人才分为四类：第一类是创新精神和创新能力俱全之才，这是最具核心竞争力的人才，也是最高层次的人才。第二类是有创新能力，没有创新精神的人才。这样的人才往往是“有办法没想法”。他们能够有效率地工作，但不能做到创造性地工作。第三类人才是有创新精神，但创新能力不足，他们会陷入“有想法没办法”的境地。他们或者只能空想，或者做事易于半途而废。第四类是创新精神和创新能力皆无之人。他们工作只会按部就班，应付差事，这样的人可能不应归为人才之类。这也就是为什么我们把创新性列入人才本有之义。因此培养人才既要培养他们的创新精神，又要培养他们的创新能力。而在人才培养实际过程中，创新性的培养不是独立进行的，它贯穿于人才的共性能力和专性能力的培养过程的始终。世界各国都强调创新性人才的培养，但可能没有任何一所大学专门开设一门单独的课程讲述如何进行创新。诺贝尔奖获得者贝尔纳说过：“创造力是没法教的，必须在实践中让学生动手，有机会把自己的创新思想付诸实施。”因此，我们只有通过系统的知识教学使学生建立自己独立的思想。只有具有自己的独立思想，才有可能具备创新精神，并通过实践教学培养创新能力。

四、经济学复合型人才培养的方式和途径

经济学复合型人才是通过对学生的共性能力和专性能力的培养来实现的。经济学复合型人才的特点体现在两个复合型：一是知识复合型，二是能力复合型。两者之间虽有重合之处，但在实际培养过程中，可以通过不同的方式和途径来进行。

(一)复合型知识结构的培养平台和方式

构造学生的复合型知识结构主要是借助课程教学平台进行的。因此，科学地设计课程体系以及提高课程教学质量甚为关键。

复合型知识结构的课程体系主要由三部分组成：第一部分是通识教育课程，主要涉及人文科学、社会科学和自然科学三类知识的基础内容，目的是培养学生具备良好的现代人文主义素养、强烈的社会道德责任感以及掌握对问题认知的三种不同思维方式。课程设置应涵盖哲学、文学、历史、文化、艺术以及理工等自然科学类的课程。通识教育课程应占到全部课程总数的四分之一。国内外许多著名大学的通识教育均不低于这一分量。通识教育一直是我校的一个短板，通识教育的不足，限制了我们的学生共性能力、思维的视野和长久的发展。第二部分是应用基础知识课程。它主要涉及外语、计算机、应用写作、数学、公共关系等内容。其目的是培养学生掌握和运用观察问题、分析问题、解决问题的工具，以及有效地处理公共关系，开展团队合作的技能。在现行的教学计划中，外语、计算机、数学类课程较为充足，而写作、公共关系、领导艺术等课程应加以设置。该类课程也需占到总课程的四分之一。第三部分是专业核心课。该类课程设置的目的是培养学生的专性能力。具体而言，一是对学生进行经济学理论的系统训练，把握经济学的分析范式和方法；二是掌握法学、管理学的基础理论，特别是经济学与法学、经济学与管理学以及经济学与其他人文社会科学及自然科学的交叉学科的理论，构造起以“经、法、管”为主体的复合型知识结构；三是增强经济史等我校优势学科的理论知识，引导学生进入研究前沿。

要系统地掌握经济学理论，必须使学生对马克思主义经济学说、西方现代经济学的思想演变能够历史地、内在逻辑地理解。我们建议对现有部分课程进行整合，开设《马克思主义经济学说》和《西方经济思想的成长》等课程；同时在条件许可下考虑开设《数理经济学》和《实验经济学》，加深学生对现代经济学理论的理解以及掌握经济理论建模和检验的方法。

一位经济学家说过："如果不掌握数理知识，是不可能进入到经济学前沿的。"关于法学、管理学以及交叉性学科的课程设置，现已开设的《法学通论》、《管理学通论》、《人口、资源与环境经济学》、《信息经济学》等课程已起到良好的效果，建议请法学、管理学专家共同论证，增设一些专业理论性更强的相关课程，或者鼓励学生攻读这两个专业的双学位。经济史学方面的课程，除了已开设的《经济史》和《经济思想史》课程外，还可以增设一些课程供学生选修。对一些专业理论性强、前沿性强的经济史学研究成果可通过开设学术讲座等形式向学生讲授。

(二)复合型能力的培养平台和方式

作为经济学复合型人才，除了具备复合型知识结构，还应具有复合型能力。它包括学习能力、素质能力和实践能力。

学习能力是人能够自主学习、吸收新知识的能力。在知识更新日益迅速的时代，短短的大学期间不可能学尽所有的知识，每个人只有终身学习才能不断适应变化的工作和环境。因此，大学的任务不是完整地传授全部知识，而是培养学习的能力、思维的能力、解决问题的能力。可谓"授人以鱼，不如授人以渔"。学习能力的培养主要是借助课程教学平台进行，同时辅之以导师制。在课程教学和导师指导过程中，教师重要的不是指导学生如何记识理论要点，而是培养学生如何理解一种理论的构建逻辑体系，敏锐地洞察理论核心，并且能够以批判式阅读方式审视创新思想的演绎，但这并不意味着鼓励学生盲目地"怀疑一切，打倒一切"，而是树立"大胆假设，小心求证"(胡适语)的严谨科学态度。

素质能力是人才所具有的语言表达、协调公共关系和团队合作、对事物的识(敏感性、辨别力、洞察力)、悟(理解力、判断力、应变力)、情(感情、志趣、情绪、道德情操)以及德(理想、事业心、责任感、意志力)、体(体制、心理承受力)、美(审美意识、审美能力)等方面的能力。学生的素质能力的培养虽然在课程教学中也会涉及，但课程教学侧重于知识的学习，而素质能力培养更重要的是要让学生置于特定的情景之中，亲身经历和行动才能取得效果。这就需要借助校园文化平台来进行。多年来，我校学生课外活动丰富多彩，对学生素质能力的培养收到了十分明显的效果。今后可以在已有的基础上，进一步探索如拓展训练等更富有成效的项目，更好地培养学生的素质能力。

实践能力是学生综合运用所学的理论知识分析和解决实际问题的能力。对学生实践能力的培养既贯穿于大学教育的始终，又存在于教学的每一个环节。课程教学、案例教学、问题讨论、课程作业等亦是训练实践能力的方式和手段。但更集中的方式是通过开设实践课程和实践环节来进行。实践课程包括实验课程、实训课程、学年论文、毕业论文的写作。实践环节主要包括毕业实习、假期社会实践等。实践环节主要借助于社会平台。无论是通过实践课程还是实践环节对学生实践能力的培养，对经济学专业来说都是个挑战。由于经济学专业主要从事基础理论的研究，如何有效地开设实验课程、实训课程，很好地借助社会平台以真正训练学生的实践能力，是一个值得研究的课题。

五、经济学复合型人才培养的主体角色

传统的教育理念强调教师在教育中的主体地位，学生是配角，被动地全盘接收教师传授的知识。现代教育培养的是具有创新能力的人才，这就需要突破传统的教育理念，建立新型的师生关系。

首先，师生在教与学中是平等的关系，两者应该都是教与学的主体角色。教师的主角地位体现在对学生学习过程的引导上，培养方式与方法的选择上。学生的主角地位体现在学习知识、运用知识的主动性上以及能力训练过程的积极参与性上。教师要善于引导学生批判式地阅读，开拓性地思维，鼓励形成独立的思想。在讨论问题中，应该让学生成为主角，敢于表达自己的思想，教师甘当一个忠实的“倾听者”、“鼓掌者”，不轻易作出对与错的评判，要对学生的独立思维，哪怕是不成熟，哪怕是奇谈怪论，都要给予鼓励。要善于从思维逻辑方式上引导学生思考问题，而不是简单地以结论是否符合标准答案来评判学生的思考。

其次，学生对大学学习要有客观正确的认识和态度，树立良好的学风。第一，要成为学习的主人而不是机器，善于自主学习，明确学习目的是积累知识和训练能力，要为终身发展而学习，而不是为考试而学习，不是为即时就业而学习。大学就业是个世界性的问题。欧美国家的大学教育也曾经走过一段为满足学生即时就业而跟随市场需求制定培养方案的道路。20世纪90年代以来，他们经过反思，充分认识到大学教育应立足于对人的素质的培养，对学生发展潜能的培养，而不是一味地追求即时就业率。分析近几年经济学专业学生就业情况，不难发现知识结构好，能力强的学生的就业机会和就业质量均较好。这更说明在大学期间，努力构造良好的知识结构，增强自身能力的重要性。第二，要培养严谨的行为作风。无论是在学习上，还是在公益工作上，都要有严谨踏实的态度。特别是在学习上，相当部分的学生缺乏刻苦认真的精神，上课来人不来心，学习局限于教材，考试寄希望于考前划重点。通过近几年本科

教学评估工作和提高本科教学质量工程，我们老师的教学质量得到明显的改善。我们的学生呢？据调查，三分之一的学生学习认真刻苦，主动性强；三分之一的学生按部就班，被动学习；三分之一的学生将主要时间用在学习以外的活动上。我们倡导学生在大学阶段全面发展，思想自由，但思想自由不等于行为自由，即不刻苦钻研理论。思想自由是指我们不以所谓的标准答案去限制学生的思维空间。自由思想的产生是建立在严谨的理论思辨基础之上的。一些学生对课后作业，每次交给老师的是一张连整洁都不能保证的纸，而且作业相互抄袭，这虽然是一件可能不值一提的小事，但在小事背后体现了一个人做事的态度。这样的小事做多了，就会养成一种不良的习惯。进入社会后，做学问不求严谨，做产品不求精品，做工作应付差事，更谈不上创新性工作了。著名企业家张瑞敏说过：小事做认真了就是大事。应该说，目前我们社会科学类院校对学生还没有做到严格要求。这里我们并不否认我们的大学生蓬勃向上的精神，而是希望能够认真刻苦，主动自我培养的学生比例能够更大，这样才能真正提高教学质量，提高人才培养质量。而仅仅靠强化教师的质量意识，规范教学工作是远远不够的，还必须加强学生的行为管理。只有师生齐心协力，才能实现人才培养目标，人才质量才能得到提高。

参考文献：

[1] 周满生．国际竞争视角下中、印、美的教育创新与人才培养．北京大学教育评论．第5卷，2007(3)．

[2] 周岭．大学课程建设及其发展趋势．湖北经济学院学报(人文社会科学版)．第4卷，2007(11)．

[3] 陈明．高等财经专业实践教学改革的思考与探索．中国大学教学，2007(6)．

[4] 李培利，朱生玉．美国研究型大学提高本科教育质量探讨．大学·研究和评论，2007(7、8)．

[5] 廖涵．论新时代的师生关系．中南财经政法大学教育思想大讨论论文集．第3卷．北京：北京大学出版社，2007．

[6] 廖涵．高校学生考试舞弊问题的调查分析与对策探讨．经济与管理论丛，2007(6)．

[7] 白宗新．发达国家大学课程改革趋势．教育探索，2007(1)．

[8] 洪林．国外应用型大学实践教学体系与基地建设．实验室研究与探索．第25卷，2006(12)．

[9] 毛园芳．校外实践教学组织形式和操作机制探索——以经济管理类专业为例．职业技术教育(教科版)．第27卷，2006．

[10] 黄继英．国外大学的实践教学及其启示．清华大学教育研究．第27卷，

2006(4).

[11] 鲁保富. 强化实践教学，培养创新能力. 高等理科教育，2006(6).

[12] 张秀萍. 拔尖创新人才的培养与大学教育创新. 大连理工大学学报(社会科学版). 第26卷，2005(1).

[13] 罗毅丹，廖涵，黄孝武. 论经济类大学生核心能力的培养. 中南经济论坛，2004.

[14] 闻亮. 加强实践教学，注重学生创新精神和实践能力的培养. 内蒙古师范大学学报(教育科学版). 第16卷，2003(2).

[15] 李馨. 国外高等院校加强文化素质课程建设的现状. 华中农业大学学报，2002(2).

[16] 李嘉曾. 拔尖人才基本特征与培养途径探讨. 东南大学学报(哲学社会科学版). 第4卷，2002(3).

[17] 续润华，李建强. 美国高等学校大学生的能力培养及其启示. 比较教育研究，2000(1).

[18] 李曼丽. 美国大学通识教育实践研究. 高等工程教育研究，2000(1).

[19] 李曼丽. 哈佛核心课程述评. 比较教育研究，1998(2).

[20] 李化树. 国外高等学校人文教育改革的潮流. 江苏高教，1997(3).

[21] 王根顺，杨峻. 论高校课程体系存在的矛盾与问题. 有色金属高教研究，1997(4).

[22] 丁康. 面向21世纪的美国大学课程改革. 外国教育研究，1995(5).

切实加强财经类▶▶
▶▶媒体人才的培养

吴玉兰[①]

传媒产业是知识密集型产业，高质量的传媒人才是财经媒体赖以生存和发展的基础，因此，财经类媒体要取得较高的认同度、营造良好的生态环境，人才培养是不可忽略的关键因素。2002 年 9 月，《国际金融报》副总编张豪在一次会议上坦言："当今新闻从业人员之所以不适应经济新闻报道，其实从上到下没有人懂。产品介绍现象化，观点基本没有。货币经济几无涉及。新闻媒体无法与专家对话。"会上，上海市委宣传部新闻出版处处长尹明华也指出："新闻队伍虽然多为新闻专业出身，但无论从综合性到专业性，知识都太贫乏。我一直呼吁要吸引各方面专家进入新闻业。如今工业、农业方面的报道都很落后。百姓成为投资者，需要信息服务。发展规划中，我们感到记者过剩，但财经类记者仍然缺少。"[②]因此，切实加强财经类媒体人才培养，是我们业界责无旁贷的使命。

① 作者简介：吴玉兰，中南财经政法大学新闻与文化传播学院副院长，副教授。

② 裴毅然：《经济新闻学概论》，22 页，上海，上海财经大学出版社，2003。

一、加强财经媒体记者专业素质的培养

对财经记者之所以强调经济专业知识，是由财经新闻报道的职业要求决定的。在我国著名新闻学者甘惜分主编的《新闻学大辞典》中，对经济记者的职业要求做了说明："专门报道经济新闻的记者为经济记者。经济记者须具备广博的经济知识，对经济形势、经济动态、经济前景应有深入的了解和准确的把握，并能较为准确地分析现状，解释趋势，预测未来。经济记者应善于把非事件性的经济新闻及枯燥的经济数字用生动通俗的形式反映出来。"①台湾著名新闻学者郑贞铭说，"经济新闻的编辑工作与其他各版的编辑比较之下，应是属于最专门性的，因为经济新闻内的专门术语、专门知识最多，若由一个不熟悉经济知识的人经手编经济新闻，他可能连记者的稿子都无法看懂，当然更谈不上把经济新闻编得很好，所以经济版的编辑要较其他各版编辑具备更多的专门知识，才能胜任编辑经济版的工作。一般而言，作为一个经济记者要对经济学、财政学、市场学、银行学、货币学、国际贸易、企业管理等知识，有深度的造诣。作为一个经济版的编辑对这些知识，更应下苦功，以深入研究其理论与实务。"②

在新闻界，前些年流传着"吴敬琏驳斥记者"、"吴敬琏给记者上课"的故事，说的都是记者因缺乏专业理论知识导致提问"外行"的问题："现在少数记者缺少经济学的基本常识。提问的时候抓不住问题的关键，甚至提些根本不是问题的问题，很难回答。而有时在我回答问题之后呢，由于记者和我的学科背景不同，又不能恰当地理解我的意思。"在谈到在建立现代企业制度过程中，媒体应起到什么作用时，吴敬琏说："媒体能起到'科普'作用，但首先要'普'的是记者自己，记者首先要明白什么是现代企业制度，否则当然是'以其昏昏，使人昭昭'了。"③

利昂·纳尔逊·弗林特曾说："对一个撰写科学和艺术报道的记者来说，无论多么勤奋用功也无法弥补教育欠缺带来的背景知识不足，更无法获得训练有素的思考方法。"④因为证券市场的特殊性，证券新闻报道与一般的新闻报道相比具有很强的专业性。中国证券市场各种经济现象错

① 甘惜分：《新闻学大辞典》，151页，郑州，河南人民出社，1993。

② 郑贞铭：《新闻采访与编辑》，339～340页，台北，台北三民书局，1993。

③ 幸培瑜：《听吴敬琏谈经济报道》，载《中国记者》，2001(4)。

④ 利昂·纳尔逊·弗林特：《报纸的良知——新闻事业的原则和问题案例讲义》，16页，北京，中国人民大学出版社，2005。

综复杂，新问题层出不穷，对这些现象的报道仅凭经验和直觉是不能做好的，需要运用一定的专业知识才能作出正确的解释。如监督上市公司信息披露的内容，就要涉及金融、财务、会计、审计、法律等众多方面的知识，要规避各种信息陷阱，则要求编辑和记者具备一定的看盘经验、熟练的技术分析和深厚的经济理论功底，对政策走向、机构操盘手法等都要有一定的研究。

随着社会的进步和媒体的发展，社会对“专家型记者”的需要越来越迫切。所谓“专家型记者”，需要对某一领域，如金融证券、IT 电子、高新技术等有自己独到的研究和见解。美国《纽约时报》的一位管理者曾说：“纽约时报的力量所在，不在于它有多少高水平的新闻报道员，而在于每一个报道员都是他所从事的报道专项的专家。”作为美国的第一大报纸，《纽约时报》的编辑记者有 1100 多人，分工很细，有的专门报道股票，有的专门报道汽车，有的专门报道公司。虽然他们的报道领域不广，但在他们所从事的专门报道领域中，却都是业务精通的专家。[①]《〈华尔街日报〉使用指南》介绍分析《华尔街日报》固定刊出的各类统计数据就有 80 多种，正是这些无所不包的统计数据，扮演着美国经济的中枢神经角色，刺激并调整着美国企业与财经业的正常运转。[②] 只有具备经济背景的“专家型记者”，才能将这些数据与概念为我所用。

据了解，美国新闻界对从事财经类新闻报道的人员的一个基本要求是，必须具备二级经济师资格。由此可见，培养一个合格的财经新闻人比培养出一个合格的社会新闻记者难得多。换言之，财经类媒体从业者的历练不仅仅是时间问题，还与从业者不断累积的专业学习密切相连。因此，财经类媒体应该建立起良好的培训机制，经常给财经记者编辑创造学习和研究宏观经济形势、产业形势的机会；同时学习国内外优秀财经媒体的运作、考核机制，全力培养具有竞争力的“财经骑兵”。1999 年，《财经》与北京大学中国经济研究中心合作，推出《财经》杂志奖学金项目(CAIJING Fellowship)，每年推出一届，旨在给目前正在一线工作的优秀青年财经新闻工作者提供机会，系统地重温经济学理论。10 名入选者脱产在北京大学进行 3 个月的学习，接受中国第一流经济学家多项专题的系统教育，《财经》杂志独家为每名学员提供了总值近 2 万元人民币的奖学金，资助这批人完成学业，为中国财经新闻报道人才的培养作出了有益的探索。随后，《财经》又与北京大学新闻与传播学院合作创办了北

① 刘世领：《媒体呼唤“专家型”记者》，载《传媒观察》，2005(12)。

② 曹鹏：《〈华尔街日报〉使用指南：财经报刊的生理解剖图》，我写传媒网，2004-4-5。

大财经新闻研究中心，与英国《金融时报》共同开发财经新闻国际培训项目，为国内财经记者提供到国外知名财经媒体学习和实践的机会。

二、加强财经类媒体从业者职业道德理念的培养

“新闻职业道德是在一定经济与社会条件下，人们在长期的新闻传播活动中逐渐形成的规范自己传播行为的各种观念、习惯、信念的总称。”① 从一定意义上讲，媒体的报道权本来是作为公众权利的一种体现，它是由社会公众赋予媒体，由媒体代为行使的，媒体只是公众“代言人”。而媒体一旦拿这种公众权利与金钱交换，事实上就形成了“权钱交易”，是媒体对公众赋予权利的滥用，是一种严重的渎职行为，也是一种权利腐败现象，折射出来的是职业道德的沦丧。

以美国广播公司(NBC)为例，他们制定了许多具体的行为规范，对雇员的从业活动加以限制，绝不让记者牵扯进利益冲突中。NBC对雇员提出的要求是：“现金无论其数量有多少，也无论在什么样的场合都是不可以接受的。”“如果工作人员直接或间接地向对方去索取、接受现金等有价之物，并以此作为将某些东西塞进节目或排除节目的交换条件”，那么“他不但有触犯联邦法律的犯罪可能，NBC也会对这样的雇员加以惩罚”。为保持新闻工作者的社会形象，对在与新闻活动无关的场合，NBC也要求其工作人员保持警觉，时刻记住自己的身份和尊严。它明确规定，“应对利用这种(私人)关系达到一定的商业或政治目的的可能性有所警觉，以免收受那些可能导致损害NBC独立与清廉的礼物与恩惠”②。

证券市场是一个高风险、高收益、高流动性的市场，证券媒体的报道对证券市场的运作具有重要影响：证券传媒的记者所采写的对市场有影响的消息或分析市场走势的文章，往往直接影响股价，可以为他人或自己带来经济利益。因此，证券新闻采编者所担负的责任较一般的记者、编辑更加重大，其角色决定了他必须坚守新闻职业道德，贴近市场、服务市场、对市场负责，奉行客观、公正的准则，最大限度地保护市场参与者的利益。因此，1912年《华尔街日报》的掌舵人克洛伦斯·巴尤这样告诉那些年轻编辑记者们：“你们不是一般报纸的记者，我们的读者是依据你们的报道而做(投资)决定的。因此你有责任访问任何人，每一个该访问的人。”

① 郑保卫：《当代新闻理论》，516页，北京，新华出版社，2003。

② 赖燕平：《财经报道应扎紧道德樊篱》，载《新闻实践》，2004(6)。

三、加强传媒职业经理人的培养

国内有学者曾指出，目前财经大报急需三种人才：一是有雄才大略的帅才，二是既懂办报又懂经营的复合型人才，三是大批懂财经、懂新闻的专业人才。① 有雄才大略的帅才和既懂办报又懂经营的复合型人才，就是具有股份和法人资格的财经传媒职业经理人，是具有良好市场感觉和出色运作能力的企业家，是有个人魅力的团队灵魂，有高超领导艺术，能够驾驭总编辑和经营总监的指挥者和决策者。

有学者借鉴上海市劳动与社会保障局制定的《职业经理人职业标准》中职业经理人的定义，认为传媒职业经理人是熟知中国传媒国情，懂得运用经营管理和新闻业务知识、经验及技能，以传媒经营管理为职业的传媒经理人。② 传媒职业经理人必备三种能力：把握体制和政策的能力，有政治头脑和制度意识；熟悉新闻业务的能力，掌握基本业务知识；企业经营管理的能力，懂得管理学、经济学、市场营销学、财务学等基本经管知识。结合国情，我们比较认可的既懂新闻政策和业务又懂经营管理的传媒职业经理人、发行人、总经理、总编辑、内容总监、发行总监、广告总监、生产总监、人力资源总监以及网络媒体的首席执行官等，如果符合上述要求均可称为"传媒职业经理人"③。

现代企业管理理论认为，企业发展的潜力取决于企业所拥有的资源和能力，一般包括人力、财力、物力、品牌影响力及组织能力等，其中最重要、最核心的资源就是人力资源。在市场经济比较成熟的环境中，职业经理人是企业人力资源不可缺少的部分，甚至可以说是企业最宝贵的资源。对于产业化已经显山露水的传媒业而言，职业经理人阶层正渐渐浮出水面，其在传媒产业化过程中的话语权日益提升，也越来越受到社会各界的关注和重视。

有调查显示：国内传媒从业人员 55 万，但媒体经营管理人才还不到 1%，作为领军人物的媒体管理精英更是少之又少。更有专家指出，在中国传媒经营管理领域，不是缺少一两个或一批精英人物的问题，而是缺失整个传媒职业经理人阶层。④

---

① 孙燕君：《报业中国》，261 页，北京，中国三峡出版社，2002。

② 张志安、唐大勇：《传媒职业经理人初探》，载《新闻记者》，2002。

③ 同上。

④ 方平凡、黄森榕：《传媒产业呼唤职业经理人》，载《中国报业》，2006(4)。

由于中国财经媒体的产业化市场化时间很短，财经类媒体从业人员中绝大多数都是编辑记者出身，经营人才的缺乏可以想见，优秀的财经传媒职业经理人成为稀缺资源。一些业外资本进入的财经媒体中，许多出版人的角色是由投资者来担当的，事实上投资人的角色应该是董事长，是裁判；而出版人应是职业经理人，是教练。投资者对期刊的过深介入，也会带来负面作用。所以，找一个称职的总经理和其领导下的优秀经营团队，也是财经媒体首要解决的问题。

四、加强财经类媒体人才机制的改革

财经媒体人才匮乏还有一个重要的原因是人才流动性大。新旧媒体间的人才流动，是 2001 年财经类媒体热闹的表象。诸如《中华工商时报》的何力到《经济观察报》任总编，陈小平先生从《中国经济时报》到《新经济导刊》等。那些老一辈的财经媒体，如《经济日报》、《中国经营报》等，因体制问题造成人才流失。《21 世纪经济报道》改版后内容质量有所下降，原因虽是多方面的，该报社记者的频繁离职也是一个不可回避的原因。

事实上，当前对于财经类媒体乃至整个中国新闻业而言，在人才机制和人才培养方面都存在不少亟待解决的问题：一方面，财经类媒体不断互相大量“挖”人，导致一些财经类媒体出现人才危机；另一方面，财经类媒体的管理者在各个财经媒体之间频繁腾挪，也使得财经类媒体个性模糊，制约了其发展。此外，媒体内部几乎都顾不上或者不愿意花费时间、精力、财力去培养人才，使原本就相对短缺的财经新闻人才更显得凤毛麟角。

随着财经类媒体间日益剧烈的竞争，再加上出版周期缩短、版面增加，财经类媒体专业人才的争夺将越来越突出。如果中国的财经类报纸具备了向日报化发展的空间，那么人才的发现、利用与挽留是其中的一个重要环节。

首先，要重视对媒体人才的培训。《金融时报》非常重视人才的培养，内部培训常抓不懈。该报尤其重视对年轻记者的培训工作，有成体系的培训计划，有让记者理解并接受《金融时报》文化的培训以及一系列提高记者专业技能的培训等。培养记者的另一做法就是换岗，报社每几年都会对编辑、记者的岗位做一下调整以保持活力。由于《金融时报》在全世界各大主要城市都有记者站，因此经常把一些有潜力的年轻记者派到驻外记者站去，让其在不同的岗位、不同的环境中得到全方位的锻炼。《金融时报》全球 CEO 奥利弗·福莱洛特(Olivier Fleurot)认为，成就一个世界级媒体的首要条件就是人才。那些能够深刻理解所在媒体价值观和文化，能够迅速学习，承受挑战和压力的人才，是任何媒体机构最为重要的资产。正是拥有这样一笔巨大的资产，《金融时报》才有今天的成功。

其次，要强化激励机制。建立完善的激励机制不仅能使优秀人才的积极性、主动性和创造性得以充分发挥，而且也是增强媒体凝聚力及竞争力的关键举措。激励性管理的建构有赖于用待遇留住人、用业绩鼓励人、用文化凝聚人和用价值鼓舞人。《经理人》独具特色的用文化凝聚人的人才培养方式，是其杂志的核心竞争力之一。以明确的工作划分为基础，强调培养很强的团队配合意识，大家一起来做事情。编辑、记者的职责是不分的，从选题到采写，再到编辑、校对等环节要全程跟下来，不像其他杂志那样采取按产业、行业划分栏目负责，而是按“侧重某管理领域，同时兼有其他领域”的方法进行栏目负责划分，所有内容都会接触到，都要深入了解。这样的一种模式，培养出来的人才自然会具有很强的战斗力，其现代公司的用人机制，为员工发挥自己的才能提供了广阔的空间。①

最后，要注重自身的价值体现。当前，财经类媒体也与我国其他媒体一样，采用的是严格的绩效考核，即根据员工的业绩，按绩分配，建立绩效工资制，并以此作为员工职务晋升的依据。绩效考核虽有一定的激励作用，但存在很多弊端。因为如果单纯以稿件数量考核，难以保证质量；如果把新闻报道的质量考虑在内，就很难操作。在绩效考核的驱动下，还容易诱导员工“急功近利”，扭曲价值观。当绩效考核和职务晋升挂钩时，还有可能导致内耗等。面对这些问题，我们可以借鉴西方报纸的做法，英国《卫报》的做法，其采编部门传统上就不做年度或者月度考评，而是让员工和上司共同讨论工作方面的优点和不足，并且共同设计未来的工作发展方向。这种把个人的发展和整个报纸的发展统一起来的非常人性化的做法，有效沟通宛如企业中的扁平化管理，有利于采编人员把自己的意见更好地传达给上级，也有利于媒体员工对自己有更充分的了解，对自己的发展更加明确，更有信心，会使其更加全身心地投入工作，有利于从根本上保证队伍的稳定。

---

① 孙燕君、康建中等:《期刊中国》，214～215页，北京，中国社会科学出版社，2003。

高校青年辅导员队伍建设之我见

林慧青[①]

"关注青年就是关注未来，拥有青年也就拥有未来"，这已是社会的共识。高等院校尤其是政法类高等院校作为当代青年学习深造的地方，必须坚持以"三个代表"及科学发展观的重要思想为根本指针，深化对青年大学生及青年政治辅导员的认识，以更加强烈的责任感为党做好青年大学生政治思想工作，进一步巩固党在青年学生中的基础。尤其是在我国全面进行教育体制改革的新的历史时期，高校辅导员将发挥着越来越重要的作用。因此，在新形势下如何抓好高校学生思想政治工作，充分发挥政治辅导员在学生管理工作和学生思想政治工作中的生力军、突击队作用，把高等院校建设成为青年政治辅导员的成长摇篮，是当前每一个高等学校面临的一项新的重要课题。

一、充分认识当前高校青年辅导员的特点

随着我国人事制度的改革和调整，大学生的扩招，每年为社会提供了更多的人才。高等学校也开始以全新的理念和方法招贤纳良，每年向应届大学生、社会人才实行招考政策，使得高校政治辅导员的队伍中吸

① 作者简介：林慧青，中南财经政法大学公安学院讲师。

收了大量的年轻人才，年轻率越来越大，呈现出“年轻化、知识化、现代化”的趋势。年轻化的高校政治辅导员队伍，将为社会主义教育事业提供坚实的后继力量。

简单来看，他们主要有以下特点。

(一)强烈的社会参与意识

社会参与意识较强是青年较之一般社会群体的一个显著特征，这是由青年热情、进取的特质所决定的。社会的矛盾、思潮、焦点往往通过他们迅速而尖锐地反映出来。高等院校青年辅导员也和众多的社会青年人一样，他们关心世界和国家大事，关心教育事业和其他各领域的改革、建设和发展，有强烈的忧患意识；在教育和其他社会体制改革和实施布局调整的重大政治活动中，都给予了极大的关注，对党和国家的未来充满了憧憬和期待。他们拥护改革，寄希望于改革成功，其思想的主流是积极向上的。社会参与意识较强，方式积极。

(二)较强的进取意识

青年价值观中“自我意识”的强化，带来群体本位价值取向向个体本位价值取向的偏移，乃至产生崇尚“自我设计”、“自我实现”、“自我完善”和“奋斗人生”的思想观念，本身并不是完全消极的。相反，它含有较强的进取意识。这种意识不仅促使青年在国家政治生活中能够更多地进行独立思考和自主分析问题，从而有助于形成政治责任感和积极的政治参与意识，而且经形成的政治认知和政治评价带有更多的自觉性。高校政工干部队伍是学校学生思想政治工作的骨干力量和生力军，其思想政治方法和工作状态直接影响思想政治工作的效果。

(三)总体表现上更显成熟

当前，大多数高等院校工作在一线的青年政治辅导员是在改革开放以后入学接受教育的，他们的社会化是在经济体制转型期开始的，主要是受到改革文化，或称中西文化融合的熏陶，从思想到行动，他们从始至终属于这个经济时代。时代造就了他们，随着信息社会的来临，互联网和各种媒介的大量信息冲击，传统主体价值观对青年政治倾向形成的影响在一定程度上有所减弱。价值观念的多元化，一方面带动了青年思想的活跃，促使他们对多渠道来源的社会文化思想能够自觉地进行比较、分析和兼收并蓄，加上面对实际的独立思考，使青年已经形成的政治观点和思想理念具有一定的坚定性；另一方面，价值取向上的多元化又造成青年群体行为选择的多样性，形成相互制约，也就使他们的行为方式更加谨慎，总体表现上更显成熟，从而减少了政治参与上的过激行为。

(四)自尊、自信、自主意识强

在高校青年政治辅导员中，他们有着较高的文化程度，受过系统和良好的社会教育，大多来自普通高等院校，年龄又和当代在校大学生相近，沟通则相对容易，这是作为老一辈思想政治工作者无法比拟的。同时这些青年辅导员中独生子女占了相当的比例。他们从小就在赞扬中长大，自尊、自信、自主意识在他们身上体现得更为明显。从学校走入新的工作岗位，他们更加渴望得到社会的赞许和认同。

(五)注重提高自身素质适应社会发展需要

在实际工作中的青年辅导员一旦认为他们在学校所学的知识参加工作后只有少部分有用或完全没有用，或是他们所接受的教育与直接参加社会实践之间存在脱节时，就能自觉地注重加强学习，提高自身素质，以适应社会发展的需要。在学生管理和思想政治工作等各方面的学习中，青年政治辅导员占有相当的比例。

(六)求新异、创造性强

当前大多数青年辅导员的知识面较广，受过良好系统的高等教育，他们往往把目光投得更高，无论做什么事，总希望标新立异，有所突破和创新。他们渴望机遇和挑战。在社会认同和个人价值的实现上，与以往的青年人相比，他们往往更加强烈，这是当代青年的最大特点。他们较为注重体现自身的价值，拥有一种比以往青年更强的表现欲和自主意识。他们不喜欢浪漫地畅想人生，而是能较为理智地去搜索自己在社会上的适当位置。他们与社会有更多的接触，不再是从理想主义的角度去评论社会，而更多地考虑如何实际参与和适应社会。

二、正确看待当前青年辅导员存在的问题

(一)认知与行为的脱节

绝大多数青年政治辅导员对许多事情的认识是正确的、超前的，但在行动上并不一致。这种角色认知的缺陷，本身就是一种问题。也由于受到“个体本位取向”价值观以及“功利主义”的影响，青年辅导员当前的

社会参与中有两个不容忽视的问题。一是参与的意识较强，但行为投入较少；二是参与行为上有偏差，表现为知行不一。

(二)利益观和成功观略显失衡

青年辅导员价值观念的变化对其在工作中产生的消极影响有两个方面：一是青年价值观念变化过程中受到某些错误观念的影响，造成一部分人政治上的迷惑，甚至造成少数人完全从个人的私利出发产生一种错误的观点和态度；二是青年价值观念本身的二重性带来的消极影响。

三、着力加强青年政治辅导员思想教育，培育良好人格品性

要充分发挥好青年辅导员的作用，为构建和谐校园环境作贡献，建立实现高校安全稳定长效机制，应该从加强思想教育、培育良好人格品性入手。青年辅导员思想具有不稳定、不全面、不成熟的特点，但同时也有学习快、吸收快、转化快的特点，在改革开放复杂的思潮中，首先，应该加强的是社会主义荣辱观教育。胡锦涛总书记提出的“八荣八耻”，旗帜鲜明，明确要求我们拥护什么，反对什么，树立起新时期的道德标杆。其次，应该培养青年辅导员“自强不息”的人文精神。再次，应该加强青年辅导员爱岗敬业教育。正确认识社会体制改革的重大意义，努力推进校园社会建设。

(一)培育一支高素质的高校政工队伍，建立对青年辅导员的长期教育机制

没有一支高素质的政治思想教育工作队伍，加强青年大学生思想教育工作就成为一句空话。因此，必须加强高校思想政治工作骨干力量的培训，不断提高他们的政治理论水平和政策水平，提高他们从事青年思想政治工作的业务水平和工作能力。由于青年辅导员对自己的身心发育缺乏正确的认识和控制能力，因此常常出现偏离行为。高校党组织需要不断地对青年辅导员进行引导和规范，甚至告诫。教育形式要结合青年辅导员实际情况，有针对性。

(二)加强青年辅导员的荣辱观教育

以“八荣八耻”为主要内容的社会主义荣辱观，科学地回答了在改革开放和发展社会主义市场经济条件下，应该提倡什么样的道德风气，应

该确立什么样的价值导向，应该遵循什么样的行为规范等重大问题，对于教育引导青年辅导员树立社会主义荣辱观，培养教育事业的建设者和接班人，顺利实现教育体制改革，具有十分重要意义。

四、注重自身人格品性修养

(一)加强青年辅导员自强不息的精神培育

“自强不息”一语原出于先秦时期的《周易》，原文是“天行健，君以自强不息”。在改革开放、构建和谐社会、高校体制大改革的今天，所谈论的自强不息精神的内涵比它在《周易》中最初的表达内容要丰富和深刻得多。青年辅导员作为高校教育事业的后备军，应该把为高校的生存和发展建功立业作为自己人生的最大追求。只有自强不息，才能培养青年辅导员的创新意识。

(二)教育青年辅导员保持艰苦奋斗的优良传统

胡锦涛总书记曾经指出：“历史和现实都表明，一个没有艰苦奋斗精神作支撑的民族，是难以自立自强的。”艰苦奋斗是中华民族的传统美德，它与民族精神和时代精神相融合，是一种与时俱进的创业精神，也是我党一贯倡导的政治优势和优良传统。在有中国特色社会主义市场经济条件新形势下，艰苦奋斗精神不是过时了，而是一种与时俱进的精神状态。但是我们应该看到，由于受市场经济的负面影响，一些人耐不住艰苦，铺张浪费、贪图享受。有的私欲恶性膨胀，大搞权钱交易，甚至堕落腐败。因此，在新时期，坚持和发扬艰苦奋斗的光荣传统很有必要。

(三)提倡青年辅导员发扬无私奉献的精神

要教育青年辅导员正确对待名利、权位，讲奉献不讲索取，问耕耘不问报偿，培养高尚的情操。心中始终装着党和人民的教育事业，淡泊名利，无私奉献。大力发扬无私奉献精神是我们的事业取得成功的可靠保证。事实证明，那些只为了个人私利，以权谋私、巧取豪夺、违法乱纪、贪污腐化的败类，只会受到人民群众的唾弃，成为千古罪人。

综上所述，新时期高等院校政治辅导员工作必须本着实事求是、解放思想、与时俱进的原则，坚持马列主义，毛泽东思想，邓小平理论和“三个代表”的重要思想，坚持社会主义荣辱观，坚持将科学发展观落实到管理中，将建设和谐社会，营造和谐校园的信念贯彻到工作中，明确学生在思想政治教育过程中的主体地位，发挥主体作用，创造有利于创新的育人环境，培养多样化的符合社会主义事业要求的人才。

参考文献：

[1] 中共中央国务院. 关于进一步加强和改进大学生思想政治教育的意见(中发[2004]16 号文).

[2] 周益锋. 试论社会转型时期的大学生思想政治工作. 太原理工大学学报，2002(12).

[3] 教育部. 关于加强高等学校辅导员班主任队伍建设的意见(教社政[2005]2 号文).

[4] 金福尧. 新时期思想政治工作的创新思考. 辽宁工学院学报，2003.

[5] 邱伟光，张耀灿. 思想政治教育学原理. 北京：高校教育出版社，1999.

高校学习型学生组织的特征及其建设路径

王前哨[①]

1990年麻省理工学院的彼得·圣吉博士在他的《第五项修炼》一书中开辟了新的管理理念——学习型组织理论。他认为学习型组织是指通过培养弥漫于整个组织的学习气氛、充分发挥组织成员的创造性思维能力而建立起来的一种有机的、高度柔性的、扁平的、符合人性的、能持续发展的组织。这种组织具有持续学习的能力，具有高于个人绩效总和的综合绩效。学习型组织的本质特征是善于自主学习，并强调组织学习、终身学习、团队学习和创造性学习。

将学习型组织的理论应用于高校管理，引导师生们有效克服和消除妨碍师生学习和成长的智障，通过提升高校师生的学习能力和创新能力，将进一步增强高校的变革能力和成长能力，实现高校可持续性发展。高校教师与学生间"双主体"的结构特征表明，高等教育培养目标的实现要取决于受教育者的主动性、积极性和创造性。高校学生组织是高校校园文化的载体和主要创造者，反映着学生的文化素养和精神面貌，在一定程度上也体现了高校综合实力，给校园文化建设带来了生机和活力，它能够促进校园文化的多渠道、深层次发展，并始终影响着高校人才的培养质量。

① 作者简介：王前哨，中南财经政法大学委员会书记。

一、学习型学生组织的主要构成要素及其特征

学生组织是高校的基层组织，是高校以"三个服务于"(即服务于教育活动、服务于学生素质技能的培养、服务于学校管理)为目的的具有固定组织结构、权责明确的学生自我组织与管理的组织，如学生会、学生社团、班级等。①

圣吉认为："学习型组织是可能的，因为每个人都是天生的学习者。"学习型大学生组织应是学生自主管理，以增强大学生个体的应变力、学习力和创新力为目的，进行五项修炼，即系统思考、自我超越、改善心智模式、建立共同愿景和团体学习，并在日常学习、工作、生活中获取知识并转化为能力，不断突破自身能力上限的团体。目前大学生的党团组织、学生班级、学生社团、学生宿舍等都是建设学习型大学生组织的良好基础。

(一)学习型学生组织的主要构成要素

从组织理论来看，需要把学习型学生组织作为一个系统进行分析。高校学习型学生组织的主体是大学生，客体是存在于组织内外的知识与文化环境，对存在于组织内外的知识进行收集、储存、记忆、传播和应用，学习和创新是其主要目的，也是学生完成学习实践化的主要平台。组织内的成员、学生、知识、学习和文化环境共同构成了学习型学生组织的五大要素。其中学生共同学习是目的，知识是运用能力的保证，组织成员是强化学习的基础，文化环境是发展的动力。五个子系统相互作用，任何一个系统的不完善都会不同程度地影响整体学生组织的运作。

(二)学习型学生组织的特征

相对于原有的学生组织，高校学习型学生组织具有以下区别性特征。

1. 善于学习

学习始终是组织生命的源泉。系统论认为，一个组织只有保持与外界的能量和信息交换，才能保证自身的良性循环。因此，未来出色的学生组织，也将是能够设法使各学生全心投入并有能力不断学习的组织。比较而言，学习型学生组织是更能适应知识更新和信息互动的组织，从

---

① 苟国旗：《高校学生组织建设的几点思考》，载《西华师范大学学报》(哲学社会科学版)，2005(5)。

外部汲取、消化并创新知识信息的内在动力更为强烈，有丰富的文化气息。学生不仅是活动的组织者，更是学习的组织者和参与者，形成浓厚的学习氛围，善于组织团队学习，进一步带动全体学生自我调整，与时俱进、开拓创新，充分认识创造学习型学生组织对于培养创新人才的重大作用，把创建学习型学生组织作为一项战略目标并付诸实践。

2. 不断创新

学习是创新的源泉和资本，创新需要持续不断的学习。以学习推动创新，是学习型学生组织的重要特征。学生组织中汇集了大量各类人才，大多是高校学生中的佼佼者，是最具创造性和开拓性的队伍，在学生队伍中具备相当的影响力。学习型学生组织是实施创新人才教育的重要途径和有效方式，在提高学生综合素质、校园文化建设、引导学生适应社会、促进学生就业等方面发挥着重要的作用，能给人以感染力和影响力，使人产生积极向上的动力，有利于促进高校学术文化氛围的形成，为学生创新能力的提高提供广阔的空间。大学生通过组织学习、团队学习进行自我管理，实现自我价值、培养创新能力，这是建设学习型高校的重要途径和载体。

3. 共同活动

圣吉认为，“专注在个别事件上，似乎是人类进化过程所养成的一种习性”。而原有学生组织中的成员更多的会关注专业学习，关注自身周围发生的片段现象，而不是以系统和整体的思维来作出反馈和预测；过于强调竞争，而不是追求合作；专注于个别问题和自我需求，而不是合理分工与团队合作。学生组织的工作没有太多压力和约束力，团队意识是培养组织文化建设的核心问题。可以说，没有团队意识，就谈不上群体成员之间的协同工作，并将大大影响组织的工作效率。

从现代管理学的视角来看，学生组织作为有特定结构的团体，它聚集和维系成员的作用应包含内聚力、向心力、亲和力等因素。为完成某一任务或实现某一目标而投入全力、分担责任、互相协助，凝聚力才能发展到最高水平。对共同活动的深入参与，成员共同分担工作的目标与责任，发挥更大的相互作用，此时的凝聚力比感情吸引和认识一致阶段具有更高的水平。① 所以，共同活动将是学习型学生组织的突出特点。

① 白羽：《试论高校学生组织体制的改革》，载《杭州应用工程技术学院学报》，第12卷，2000(4)。

二、高校学习型学生组织的建设路径

随着高等教育体制的改革，高校学生组织尤其是学生会、社团等得到了蓬勃健康的发展，在满足广大学生成长成才需要、促进校园文化建设等方面起到了不可估量的作用。但同时也存在多方面的问题，如学生组织成员缺乏团队合作意识；人力资源利用不充分、不科学，工作效率低下；组织队伍发展不平衡，良莠不齐；各学生组织间缺乏交流，参与成员的个人目的性过强，服务意识淡薄等。此外，学生组织的管理不规范，制度不明确，活动不稳定，缺乏持久发展的生命力。学习型学生组织的建立必须首先对这些问题进行深入研究和分析，充分发挥学生组织的核心影响力、通过创建学习型学生组织全面培养学生学习能力和创新能力。

(一)以人为本，打造学习型组织文化

高校学习型组织的文化能引导和塑造学生组织的行为，组织文化是一种精神和价值取向，属于观念形态的东西。它是学生服务精神与文化意义的融合，是学生组织在为学校、为同学服务过程中形成的工作理念，最终内化为成员对社团的归属感和自豪感，外化为成员的行为风格。

学习型学生组织要成为培养高质量人才的重要阵地，就必须着力打造其先进的组织文化。学生组织所承载的文化，对大学生在校期间的成才、进步确实地起着至关重要的作用，是高校学生管理实现教育目标的基础。首先，要确立终身学习的教育理念。为适应当今知识信息发展的要求，就必须不断更新知识，终身学习。其次，要在工作中学习，在学习中创新。将组织发展与个人发展相结合，使学习成为自我实现的过程，将文化学习与组织工作相结合，进而融入到知识创新中。再次，以人为本，结合实际，推动学习型学生组织的建设。落实到学生组织中就是发扬民主，深入了解学生的需求，关心学生的发展，组织学生定期培训学习，积极创造发展机会和条件，使组织产生凝聚力和生命力。

(二)建立共同愿景，增强组织向心力

共同愿景是学生组织存在的基础和发展的动力，在为实现共同愿景的共同努力过程中，依靠实践不断增强学习力，重在创造共同愿景的学习，是通过鼓励个人愿景、改进愿景的调整方法、学习聆听成员不同的意见、融合成员理念形成的。这就要求增强学生的团队意识，改变学生

原来只从个人角度考虑问题的思维定式，建立系统的思维和行为模式，从而潜意识地对学生组织产生出一种强大的向心力，强化大家的整体意识、集体观念。具有强烈团队意识的人，才会对学生组织所承担的责任和目标有深刻的理解，自觉地调节个人行为，使自己的思想、感情和行为与整体相联系。

（三）组织结构扁平化，提高运作效率

组织结构是组织生存和发展的主要架构，任何一种组织结构都是为了适应一定的环境而产生的，环境的变化必然要求组织结构随之改变。学生组织既有其特殊性，又具有所有组织的一般属性，即目标性、分工协作性、权责明确性、结构固定性。其管理模式是完全自治化的，各组织部门独立开展工作，属于典型的矩阵式管理结构，一方面归属于某大学或学院；另一方面又归属于某组织部门或学科，并将两个系统结合起来。这种组织结构能加强院系之间、组织与组织之间的协作，把垂直联系和水平联系较好地结合起来，既讲分工又讲协作。①

扁平化的组织结构由于减少了中间的管理层，通过共同设计的项目将各部门结合起来，合作和沟通成为部门间联系的纽带，能够对持续变化的环境作出快速的反应，提高效率，克服官僚气氛，优化配置更能适应学习型组织的需要。

（四）培养系统思考，树立创新意识

系统思考强化分工合作，强调整体搭配，并不断地提醒学生组织成员：融合整体能得到大于各部分加总的效力，即我们通常所说的1＋1＞2。学生组织的资源不仅在人，还应包括该学生组织所处环境中一切可以利用的资源。一个成功的学习型学生组织，更擅长于利用各种资源，如学校的一流的师资、各种社会力量等。

学习型学生组织的显著特征是不断地获取和创造知识，并使知识在学生组织的具体工作实践中迅速流动，使每位学生都能便捷地获取和使用自己所需要的知识。这种创新应至少包括两方面：一方面是观念创新；另一方面是方法创新。观念创新主要是指学生组织发展的观念创新，它需具有时代意识、融入时代气息，适应时代的发展；方法创新是指工作方法上的创新，这种方法应把理论与实践、学生干部与学生、组织文化与校园文化、学生组织与社会等各种关系统筹起来，同时又把握全局。

---

① 沈曦，沈红：《大学学术组织结构的创新》，载《高等工程教育研究》，2004(3)。

在这种氛围中，扁平化结构中的项目负责制能充分发挥作用，各种灵感将竞相迸发，创新意识得到充分增强。

(五)推进制度化建设，建立保障机制

学习型学生组织在创建过程中，有很多措施和具体实践都是临时性的、有针对性的，要使学习型学生组织的具体实践能够具有可预测性和前瞻性，制度化是必然的要求。这个制度体系至少应该包括以下几项内容：

1. 准入和退出机制。高校学生组织在并存的基础上，竞争也非常激烈。一个真正合理的竞争环境，应该具有一个准入和退出机制，一个缺少发展潜力的学生组织是不应该得到批准的；一个已经失去活力和学习力的组织是没有存在价值的；一个规模不断缩小而不具有生命力的组织，是应该由其他组织来兼并的。总的来说，准入和退出机制，是为了节约资源、优化竞争环境。

2. 激励机制。一是坚持开展创建学习型学生组织先进集体和个人的评选活动，激发其他学生和组织成员的热情，重视示范群体建设；二是坚持把创建学习型学生组织与理想信念教育相结合，把创建学习型组织的基本理念作为学生组织的精神支柱。

3. 考评机制。考评机制应该和准入退出机制、激励机制挂钩，学习型学生组织应该主动接受学校有关部门的评估，应该将组织间的评估纳入考评的范畴，在考评的过程中引入竞争。同时，学校的学生处、团委应该发挥主动性和积极性，建立相应的考评方案，做到公平、合理、定期化和常规化。

着力培养大学生创造力 努力提高高等教育质量

吴振球[①]

国际经济学界权威人士认为，人类社会正逐步进入知识经济时代。在知识经济时代，创造力在国民经济增长中贡献的份额越来越大，一个国家和民族能否处于科学技术和经济发展的前沿，关键在于整个国家和民族的创造力，在于各级各类创造性人才的质量和规模。知识经济的兴起必将对社会的政治、经济、文化、科技、教育、军事产生变革性影响，人类的思维方式、生产方式和生活方式必然随之变更。知识经济时代的主导力量是大量地掌握了高新科学技术并能进行知识创新的高级人才，因此，知识经济对现行的高等教育提出了严峻的挑战。面对挑战，高等教育不能视而不见，不能依然我行我素，必须正视挑战，迎接挑战，在迎接挑战中壮大自我，发展自身。大力地培养数以千万计的创造性人才，是知识经济赋予高等教育的神圣使命。“高等教育的任务是毫不例外地使所有人的创造才能和创造潜力都能结出丰硕的果实。这一目标比其他所有的目标都重要。”[②]

① 作者简介：吴振球，中南财经政法大学工商管理学院讲师。

② 国际21世纪教育委员会：《教育——财富蕴藏其中》，28页，北京，教育科学出版社，1996。

一、传统高等教育压抑大学生创造力培养主要因素分析

人生而有创造潜能，但并非人人有创造力，从创造潜能转化为创造力，主要靠后天的教育来培养来开发。一个人最终表现出来的创造力的大小，取决于遗传、教育和环境。有研究表明，除极少数人遗传创造力极高外，绝大多数人天赋创造力基本相等，教育在人的创造力形成和发展中起着决定性作用。① 然而，教育与创造力之间并不存在着不可逆转的正相关关系。《学会生存——教育的今天和明天》中就明确提出："教育具有培养创造精神和压抑创造精神的双重力量。"因此，加强大学生创造力培养，必须首先审视高等教育自身，审视高等教育是否存在压抑大学生创造力培养的重要因素。我国大学生的创造意识不强，创造力普遍不高，低于世界发达国家的平均水平。根据2007年度IMD世界竞争力报告，在55个国家中，我国总得分79.484，占第15位。其中，我国"大学教育适应国际竞争需要的程度"得分3.7(总分7.0)，占第15位。虽然同1999年相比，"大学教育适应国际竞争需要的程度"排名前进了27位，但是得分从4.2下降到了3.7。这与我国的综合国力、人才资源数量以及高等教育规模是不相称的，与党和政府对高等教育寄予的殷切期望还有很大的差距。传统高等教育对创造性的压抑和阻碍集中表现在以下几个方面。②

1. 注入式教学指导思想。尽管对单向灌输和"填鸭式"的反对声浪不绝于耳，但注入式仍然是高等教育中占据主要地位的教育方式。注入式的特点是教师主宰，大量注入，学生被动地听，被动地接受。注入式之所以能够广泛、长久地流行，是由于它与"知识中心"的教育哲学观相吻合。长期不懈地"填鸭"、灌注，对学生接受、掌握知识的好处是明显的，但是它对"创造"的阻碍也非常显著。一是长期的被动状态导致学生主体精神和主动性的弱化，严重影响创造人格的形成。二是一味地注入反复强化了学生的吸纳接受能力，而创造所需的问题意识、探究能力因为长时间未开发而萎缩。

2. 教条式教学。主要表现是重理论、轻实际，重结论、轻过程，强调范式、反对逾越，崇拜教条、反对质疑。在教材编写上一味追求体系完整，而对学生生活实际和学习实际却不够重视；在教学过程中特别注重公式和结论的巩固与应用，而对公式结论的产生过程却轻描淡写；在

---

① 林崇德：《创造力心理学》，29页，杭州，浙江人民出版社，1996。
② 肖川：《论创新教育》，载《教育研究》，1999(11)。

问题解答上，多是要求背框框、答要点，恪守固定格式，严遵标准答案。教条式的危害一是束缚思想，束缚手脚，令学生前怕狼、后怕虎，畏首畏尾；二是在脱离生活实际、略去知识产生过程的背景下，学生们面对的是一堆僵硬的条条，由此不可避免地引发枯燥感、单调感和厌倦感。

3. 单向纵深式和理性泛化式思维。集中力量深挖，求深求难，专攻教材，满足于单一方式、单一角度的正确而不思变换。纵深式适应激烈的考试竞争，但狭隘的、单一方向的纵深，对创造素质的负面影响很明显。一是使学习背景狭窄化，创造是需要广阔度的。二是忽视发散性思维训练，不利于培养思维的多向性、流畅性和变通性，不利于创造性思维品质的形成。理性泛化式思维，即重逻辑、轻直觉，重理性、轻感受。不管是自然科学，还是社会科学、人文科学，一律拿来条分缕析，逻辑演绎，“格式化”处理等。

4. 苛严管束式管理。主要表现是只信强制、不信自觉，只讲约束、不讲自由，只讲严格、不讲宽容，乐于训导却不善鼓励，乐于指正却缺乏赞赏。师生关系多为管制与被管制的关系，教育气氛紧张、沉闷、压抑，学生的思想和行为大部分纳入严格的管束。学生几乎失去了独立性和自主性，失去了自主思考、学习和自由做事、活动的空间。

二、当前着力培养大学生创造力的重要举措

我国大学生在中学时代基础知识扎实，智力发展水平良好，比许多发达国家中学生的水平要高。虽然学生的知识、智力与创造力之间没有绝对的决定关系，但优良的基础知识和智力是高创造力的必要条件。美国著名的心理学家吉尔福特综合了以往学者的研究成果，提出智力与创造力之间存在着一个“三角形”的关系，它主要说明：第一，创造力与智商之间基本存在着一种正相关的趋势。第二，智商越高，则与创造力的相关性越低。① 针对目前我国在校大学生基础知识扎实，智商较高，创造意识弱和创造能力普遍不高的实际情况，教育工作者必须既看到培养我国大学生创造力的优势所在，增强信心；又必须看到劣势所在，防止盲目乐观。

---

① [美]J. P. 吉尔福特：《创造性才能》，52页，北京，人民教育出版社，1991。

(一)转变高等教育目标，树立以培养创造力和实践能力为主的创造性教育目标

培养创造性是相对于现行的适应性教育而言的。创造性是指根据一定目的，运用一切已知信息，产生出某种新颖、独特有社会或个人价值的产品的智力品质。① 创造性的对立面是适应性，二者的本质属性是人性。适应性强调的是客观，是受动状态下的人性。创造性强调的是主观，是能动状态下的人性。在自然属性中，人的"适应性"表现为"听自然的话"、"按照自然规律办事"；人的创造性表现为"支配自然界"、"改造自然界"。在社会属性和思维属性中，人的适应性表现为习惯于陈规陋习，习惯于人身依附，习惯于在条条框框中思考；人的创造性表现为追求新思想，改造旧制度。创造性和适应性是相辅相成的，适应性是知识存量之父，创造性是知识增量之父。在知识经济正在逐步到来的今天，适应性高等教育已经越来越不适应新形势、新情况。高等教育的首要任务是转变教育理念，统一教育思想认识。这种教育思想便是，创造性教育是知识经济时代的教育，知识经济需要创造性教育。世界各国高等教育改革的趋势证明了这一点。创造性教育，就是遵循教育规律和受教育者身心发展规律，通过教育内容和教育方法，积极创设各种有利情景和条件，分类别分层次地培养、发展和激发学生各方面的创造潜能，形成创造力。创造力和创造性是表里关系。

创造性心理过程被认为是创造性的核心，它的核子则是创造性思维和创造性想象。创造性个性倾向性、创造性个性心理特征是创造性的外围部分。"外围"与"核心"只是相对而言，有主次之分，无轻重之别。核心是智能系统，外围是动力系统。需要着重指出的是，创造性必须以已有知识和本人的一般与特殊智力、实践能力作为基础。否则，要么是创造不出来，要么至多是类创造。

(二)改革教学方法，形成最适宜于创造力发展的教学方法体系和管理评价体系

高等学校的教学方法是师生在教学活动中相互联系的方式，又是一种特殊的认识方法。教育目标是确定教学方法的依据，应根据不同的教学目标采取不同的教学方法。传统的高等教育教学方法，使学生只对结果、目标感兴趣，而对探求真理的过程本身缺乏向往。传统的高等教育

① 林崇德：《培养和造就高素质的创造性人才》，载《北京师范大学学报》，1999(1)。

教学方法与创造性教育目标已经不相适应，必须进行改革。

1. 在教学方法的功能上由教给知识到教会学习与研究。

传统的教学方法，其主要功能在于知识的传递和灌输，忽视了对学生进行创造性思维、创造性方法、创造性人格、创造性实践能力的培养和训练。知识经济的初现端倪，使得世界各国普遍重视起高等教育的质量。联合国教科文组织在《学会生存》的报告中提出了"教会学生学习"的口号。"教会学生学习"，同我国著名教育学家叶圣陶提出的"教是为了不教"的基本思想是一致的。在此，笔者要进一步提出"教会学生研究"。在学习中学会发现问题、分析问题、提出解决问题的思路和方案，并验证结论，是创造性教学方法的必然要求。由教给知识，到教会学习与研究，势必在教学方法的功能及其体系上带来深刻的变革，并成为教学方法改革的出发点和归宿。

2. 在教学方法的指导思想上，树立以学习者为中心的教学主体观和以创造力为中心的教学质量观。

(1)正确处理教师与学生的关系，树立以学习者为中心的教学主体观。传统教学的最大弊端在于以教育者为中心，把学习者放在从属与被动的地位。在教师和学生的关系上，学生是矛盾的主要方面。如果硬要说，教师与学生都是教育的主体，那么就必须明确，二者不是并列关系，教师这个主体是为学生这个主体服务的。因此，创造性教学必须树立以学习者为中心的教学主体观。"未来的学校必须把教育的对象变成自己教育自己的主体。受教育的人必须成为教育他自己的人；别人的教育必须成为这个人自己的教育"，使学习者"成为他们获得的知识的最高主人而不是消极的知识接受者。"[①]在创造性教学中，主张确立"以学习者为中心的教学主体观"，是就学生在教与学这对矛盾中居于矛盾的主要方面而言的，并不否定教师在教学过程中的主导作用。

(2)正确处理知识与创造力的关系，确立以创造力为中心的教学质量观。传统教学是以课本为中心的，也即以"知识为中心"的。这种以知识为本位的教学在科学技术迅猛发展，人类社会的教育从适应性教育向创造性教育转型的大背景下，已经不适应知识经济发展的需要了。正如联合国大学千年计划报告《1998年未来状况》所指出的："艾伯特·爱因斯坦可能是第一个说过'想象和创造性比知识更为重要'我们已经到了世界史的这一时刻了。"20世纪80年代特别是90年代以来，英国、日本、德国、

① 联合国教科文组织教育发展委员会：《学会生存——教育的今天和明天》，218页，上海，上海译文出版社，1996。

澳大利亚等西方发达国家都已把高等教育改革的着眼点放在了培养学生创造力上。美国20世纪80年代就开始进行教育改革，目前已经实现了从以传播知识为中心向以培养创造力为中心的转变。

3. 在具体的教学方法上，由传统的以讲授为主的讲授法转变为以自学为主、自学与发现相结合的问题教学法。

传统的教学法过分偏重讲授法。讲授法具有突出的优越性，但同时存在不利于因材施教，不利于自学能力和创造能力培养的局限性，而创造性教育恰恰要求培养学生的个性、独立性和创造性。因此，传统的以讲授为主的讲授法让位于以自学为主、自学和发现相结合的问题教学法，实属历史的必然。问题教学法是指以问题为中心来展开教学活动的方法。其要点是：首先，问题是教学的开端；其次，问题是贯穿整个教学过程的主线；最后，问题是教学活动的归宿。教学的最终结果绝不应当是用所传授的知识“消灭”问题，而应当是在初步解决已有问题的基础上引发更多、更广泛的新问题。这些问题出现的意义不仅在于它能够使教学无止境地进行下去，而且更重要的还在于它能最终把学生引上创造之路，进而成为创造者。这里所说的问题是指绝对性问题，而非相对性问题，所以，这里所说的问题教学法与以前所说的以解决相对问题为目的的问题教学法根本不是一回事。创造性教育所说的问题是指知识本身的内在矛盾，亦即知识的局限性、相对性和不足之处，它是客观存在的。创造性教育的问题不仅能够激发求知欲，而且还能激发创造性思维和创造性活动，促使学生超越现有的东西，创造出新的东西。创造性教育认为，问题在某种意义上比知识更重要，问题既是教学的起点和主线，也是教学的终点。

4. 在教学评价和管理上，建立多元的刚性和弹性相结合的工作机制。

20世纪80年代，美国哈佛大学加德纳教授提出了多重智力理论。他认为，传统的智力理论过于狭隘，把智力主要局限于语言和数理能力方面，忽略了对人类和个体的生存与发展具有同等重要性的其他能力。他认为人至少具有九种能力。① 依据多重智力理论，合乎逻辑的结论必然是，创造性教育必须承认学生的个体差异和潜能差异，反对用单一的学业考试成绩的好坏来评价和管理学生。必须改变“统一化”的教育评价模式和“工厂化”的教学管理模式，为创造性人才的成长和大量涌现提供民主、和谐、宽松的环境。

---

① 白学军：《智力心理学的研究进展》，20页，杭州，浙江人民出版社，2007。

(三)重视活动教学，正确处理传统的课堂教学与活动教学的关系，确立课堂教学与活动教学并重的学生发展观

传统教学是以课堂为中心的。这种以课堂为中心的教学适应了“讲解—接受教育”的需要，有利于学生在班级教学中大量接受知识，但却不利于学生主体地位的落实和学习积极性的调动，不利于学生主动活泼地健康发展。教育科学在某种意义上说，是研究人的发展的科学，或者说是研究人如何在活动中实现自身发展的科学。学校活动教育是学校教育的实践部分，其基本表现形式是活动教学。创造性教育，就是要让课堂和课外焕发出生命的活力，共同促进学生创造力的发展。活动教学适应了创造性教育的需要，因为：第一，活动教学能充分体现学生的生命活力和丰富个性；第二，活动教学有助于充分落实学生的主体地位；第三，活动教学是促进学生发展的重要方式。早在 19 世纪，德国著名教育学家第斯多惠在论及人的发展问题时就明确指出：“发展和培养不能给予人和传播人。谁要享有发展与培养，必须用自己内部的活动和努力来获得。”① 皮亚杰在充分论证了个体的认识源自活动的基础上进一步概括道：“个体的发展实际就是练习、经验、对环境的作用等意义上大量活动的产物。”②

活动教学主要有三种形式：一是实验，二是课内活动，三是课外活动。在实验中，以操作思维为指导，教师要重视实验基本操作技能的训练，要重视计算机辅助实验和利用简陋或自制仪器的实验。开放实验室，要鼓励学生就自己发现的问题，或就某定律、参数，提出设想，进行验证性实验，还要增加探索性实验，特别是设计性实验。在课堂上，课堂教学本身也要有活动，组织小组学习，学生自学、独立思考后，讨论、争辩、互相评价、反馈、激励，互帮互学，小组之间还可交流，教师予以引导，形成师生、生生互动合作的局面。在课外，更要加强活动。开展创作活动，如写综述报告、科普文选等；开展竞赛活动，参加各种课外活动和公益活动；开展班级间、校际、校与社会交流；参加调研、学术报告会、生产实践、社会实践、实习、科研等活动，增加实践经验。以培养学生的社会交往、组织、表达能力，增强独立、竞争、自主性和开放意识，认可、相容、协同的心理，增强对信息的敏感性和使用信息的自觉性，培养获取、处理知识和信息，以及自学能力，培养创造性和

① 第斯多惠：《德国教育培养指南》，128 页，北京，人民教育出版社，1990。

② 皮亚杰：《心理学与认识论——一种关于认知的理论》，137 页，北京，求知出版社，1988。

主体性品质。

(四)营造宽松环境，创设有利于创造力发展的精神环境和积极的文化氛围

如果将创造性教育当作一个系统的话，那么这个系统就不可避免地要与周围环境发生联系和作用。总的来说，外部环境包括文化环境、制度环境和精神环境。下面重点讨论精神环境和文化环境。

研究认为："心理安全"和"心理自由"是适宜创造力发展和表现的两个最重要的精神环境条件。然而现实的高等教育中处处存在着威胁学生的心理安全和心理自由的观念与言行。由于有创造性的学生，其语言和行为往往较为独特和偏离常规，通常教师对学生的肯定与赞扬以顺从为条件，久而久之，他们的创造性就在不适宜的"土壤"中枯萎了。因此，创造性教育的重要任务之一就是以学生的心理安全和心理自由为核心，营造适宜学生创造力发展和表现的精神环境。很多相关研究表明，具有如下特征的环境是适宜的：一是对文化刺激具有开放性；二是强化多样性与独创性；三是承认失败是具有价值的；四是要保障学生的好奇心、自尊心和自信心。

历史多次昭示：积极的文化观念对创造力的发展和发挥起着推波助澜的作用，而消极的文化观念则会严重窒息创造精神和创造力。文化观念作为文化的浓缩与凝聚是教育传递的重要内容。教育对文化发挥着选择、传递和创造的功能。所以，创造性教育要努力控制阻碍创造力发展的消极文化观念的传播，要选择、传递并创造最适宜于创造力发展的文化观念。我国比较典型的消极文化观念主要有三类：第一类消极观念与儒家中庸之道哲学有关；第二类消极观念是在我国长期封闭的小农经济生产和生活方式中形成的权威心理与保守意识；第三类消极观念与道家提倡的"虚静无为，清心寡欲，与世无争"有关。针对以上种种消极文化观念，创造性教育应该鼓励和培养冒险精神，树立敢为天下先的思想；要深刻认识并保持自己的独特个性，同时要学会理解和尊重别人的个性；要强化进取精神，给予持不同意见者应有的保护和地位；要使受教育者坚信并努力做到人活一生要有所作为，要成为积极的探索者。① 这些创造性文化观念的形成，必将从外部推动创造力向纵深发展。

---

① 张志勇：《关于实施创新教育的几个问题》，载《教育研究》，2000(3)。

大学生心理素质教育现状及其实施途径

陈　军[①]

20世纪80年代末，我国教育界提出了“素质教育”这一新理念，随之出现了心理素质与心理素质教育等概念。1998年4月，在教育部颁布的《关于加强大学生文化素质教育的若干意见》中明确指出：“大学生的基本素质包括思想道德素质、文化素质、专业素质和身体心理素质。”可见，心理素质是大学生基本素质的重要组成部分。心理素质教育对大学生的人格特征、能力素质的形成起着十分重要的作用，大学生的身心健康、人格健全、和谐发展是他们学习与成长的需要，也是社会对21世纪人才素质的要求。可以说心理素质教育是“实施素质教育，培养德智体美全面发展的社会主义建设者和接班人”[②]的重要前提和手段。

正因如此，作为一个有社会责任感的大学教师，我们更应该关注的是如何有针对性地给学生们一个健康的心理，培养学生良好的心理素质。基于此，作为一名我校特色课程《法学通论》的专职教师，在本学期全校公共选修课《法学典型案例分析》的课堂上，结合“大学生犯罪问题：马加爵案”这一专题，以本课堂160名学生为基础，随机调查了全校11个学院

① 作者简介：陈军，中南财经政法大学法学院副教授。

② 《高举中国特色社会主义伟大旗帜，为夺取全面建设小康社会新胜利而奋斗》，胡锦涛主席在中国共产党第十七次全国代表大会上的报告，2007-10-15。

的共500余名2006级和2007级学生，了解到他们的一些心理素质的现状。现结合本人的专业和思考，拟作以下分析，以与各位专家同仁商榷。

一、大学生心理素质的现状及成因

(一)大学生心理素质的现状

心理素质是以生理素质为基础和前提，在实践活动中通过主体与客体的相互作用，而逐步形成和发展的影响人们学习、生活和工作的水平与成效的心理品质。心理素质不是大学生在特定领域中获得的某一专门知识和技能，而是那些对大学生学习、生活、社会适应性和创造性等活动效果产生重要影响的心理品质的综合。① 当代大学生具有强烈的求知欲，较高的智商，能适应群体、社会和学校环境，能正确认识自我，拥有完整的人格和自我意识，个性心理品质总体状况是好的，但也存在一些不可忽视的问题。通过调查，我们了解到我校大学生六个方面的心理素质现状：

学习 46.5%的学生是被动学习，而真正主动学习的学生只占8.21%。不少学生因此出现了“学习焦虑”，往往学习效率不高。曾经流行的“六十分万岁，多一分浪费”的口头禅在今天的大学生中已逐渐销声匿迹，可见大学生在学业上进取心更强。

人际交往 83%的学生表示经常或偶尔参加班级或者社团组织的活动，交际范围在不断扩大。在择友标准上，有一半以上的学生认为“可以信赖”是择友的重要标准，“诚实的品质”和“志趣相投”分别占19.7%和18.1%的比例。大学生都充分认识到和寝室同学之间的友谊是很重要的。处理舍友间的冲突，62.4%的学生主张采取积极主动的方式去面对，21.2%的学生认为应当乐观被动地等待，12.9%的学生认同采取消极的方式去处理，只有3.5%的学生认为要采取非理性的方式去应对。

消费 讲求实际、理性消费是当前大学生主要的消费观念。调查表明，在购买商品时，大学生首先考虑的是价格和质量。由于消费能力有限，花钱时力求“花得值”。在消费尺度上，41.8%的学生可以控制，稍微越界的学生达47.3%。可见，初次自行支配钱财的大学生，理财能力还有待提高。关于大学生的超前消费和透支消费，35.1%的学生持反对态度，46%的学生认为只要在经济承受范围之内是可以接受的，既可以

① 周冶金：《论大学生心理素质结构》，载《高等教育研究》，2003(3)。

给自己带来利益，也可以促进社会经济的发展。

情感 超过三成的学生认为恋爱不会有影响，他们认为恋爱一般来说不会占用学习时间，在一起的时间多为课余、周末和假日，尤其是跨校之间的恋爱；而且恋爱可以给人带来愉悦的心情，这有利于提高学习的效率。同时，也有21.4%的学生认为恋爱会影响到学习，在时间和经济上面都会有压力，其间情绪容易波动，而且限制了社交圈子。正在谈恋爱的学生占20%，他们在谈到对将来的打算时，有67.9%的学生选择想跟恋人毕业后继续在一起。可见，大多数学生对恋爱是比较严肃、认真的。

就业 82%的学生存在就业危机感。对于本科毕业后的打算，92%的学生有较明确的目标，其中45%的学生要先工作，但没想过创业，40%的学生要考研，9%的学生选择直接就业。只有8%的学生没有任何打算。高达87%的学生选择先找个一般的工作，一边积累经验一边等待和创造更好的机会，这虽是一种退而求其次的心态，但不失为一种有效的用以平衡理想和现实之间落差的良方。但也有13%的学生对此持有固执或退缩的倾向，其中8%的学生要坚持找对口的工作，即使处处碰钉子也不放弃，5%的学生面对富裕的家境选择依靠父母在家待业。还有9%的学生勇气可嘉，他们选择自己创业。关于低就岗位的问题，74%的学生持观望的态度，表示要视情况而定，也有22%的学生愿意低就，4%的学生不愿意低就。看来整体倾向于不低就。

压力 调查显示，大学生的压力来源主要是学习、人际交往、消费、恋爱和就业五个方面，所占比例分别为：学习问题占54.5%，社交问题占24.9%，家庭经济问题占7.46%，感情问题占21.9%，就业压力占30%。此外，还有健康原因占6.5%等。大学生应对压力的方式多种多样。48.0%的学生会选择娱乐、游戏、读书的方式转移压力，22.1%的学生会通过哭、倾诉、写日记的方式宣泄，10.7%的学生则会变得压抑、郁闷，还有的会选择顺其自然，也有的会采取逃避态度，沉湎于过去，有9.1%的学生留恋中学时光并时刻想要回到过去。

综上所述，我校大学生心理素质状况主流是积极、乐观的，存在的问题主要是一些一般性的成长心理问题，即所谓的“成长的烦恼”。随着大学生知识的增多，感性与理性思维日趋成熟，大多数学生会客观而全面地对自己进行分析和评价，在心理上会形成自我纠偏、自我调节的能力，不健康的情愫会慢慢消失，不一定发展成为心理障碍和心理疾病。但极少数学生可能会由于长期积聚的心理压力无从释放，或在外界突发性事件的刺激下，由普通的心理问题发展为病态人格或心理障碍。

(二)影响大学生心理素质状况的因素

1. 社会因素

当前我国处在社会经济文化的转型时期，社会经济的迅速增长并没有带来就业率的必然升高。激烈的竞争使大学生产生了较大的心理压力，尤其是一些技能平平、无社会背景、家境一般的学生，压力更大。

2. 学校因素

目前不少学校对心理素质教育的认识存在偏差，误将心理素质教育与思想品德教育混为一谈，这是当前高校教育存在的普遍问题。素质教育的重点是教育“学会做人”，而做人教育的关键是对学生进行心理素质教育，因为只有心理健康的人才能正确地认识自己，控制自己，并懂得如何与他人相处。

3. 家庭因素

父母作为家庭教育的主体，在孩子成长的过程中应始终肩负义不容辞的责任。在经济方面，父母会尽力为孩子提供衣食所需。但有的大学生家庭困难，因此会产生生活和消费带来的压力。在教育方面，父母更应引导孩子健康地成长与发展。而在现实生活中，相当多的家长在子女考入大学后将更多的精力转移到提供经济支持上，而对子女的心理成长问题关注不够。家庭教育是一个连续的过程，大学阶段的家庭教育是以往各阶段家庭教育的延续，主要体现在配合学校、社会对大学生进行综合素质培养。这就要求家长要不断学习新的教育观念，了解大学生的心理特点，做好大学生的心理压力的调节和疏导工作。

4. 大学生自身因素

(1)大学生从生理年龄上看已是成年人了，由于性生理的成熟，性意识的觉醒，对异性更加关心，不少大学生开始谈恋爱。但由于对恋爱的理想化追求以及缓解孤独感的功利需求，由恋爱引起的种种烦恼迅速增加，因而情绪波动，心态不稳，严重者可能因失恋而变态。

(2)大学生从心理年龄上看，大多处于心理“断乳期”。他们大多是第一次离开父母和家乡，在陌生的学习生活环境里产生了种种不适之感。

第一，对学校的不适应。大学生理想中的大学与现实大学可能会有较大差距，如对学校在全国的排名不满意，对新的学习环境不适应，从而产生心理落差。

第二，对专业学习和自主的学习方式的不适应。大学课程设置中专业性相对突出，专业课往往占很重要的地位，大学生的学习向专业学习发展，许多学生无法适应这一变化，觉得学习负担加重，感到压力很大。

大学的学习方式主要是强调大学生的自主学习，没有了高中时期家长、老师的双重监督，学习时间全靠自主安排，这也使部分学生无所适从。

第三，对大学里激烈的竞争不适应。大学生在学校要面临各种各样的竞争，包括学习竞争，班干部、学生会干部、团干部的竞选等各种名目繁多的竞争。大学里尖子荟萃，对比之下自我认识会产生动摇。

第四，对大学人际交往的不适应。大学生的交往更加复杂和广泛。他们开始尝试独立的人际交往，试图发展交往能力。而且，交往能力成为大学生心目中衡量个人能力的一项重要标准。大学生在人际交往中常因自信受挫而陷入苦闷、焦虑、烦恼、恐惧，产生心理障碍。

二、大学生心理素质教育的实施途径

对大学生进行成功的心理素质教育的关键是：必须动员全社会的力量，建立社会、学校、家庭和大学生自身四位一体的心理素质教育体系。社会加强大学生心理素质教育的正面宣传；学校提供正式而规范的心理教育；家庭提供日常和潜移默化的心理教育；大学生自身也积极参与其中，加强心理保健，愉快体验教育过程。四者有机融合，使大学生形成良好的心理素质，为大学生成为全面发展的世纪之才打下良好的基础。

(一)社会应加强大学生心理素质教育的正面宣传，创造高校心理素质教育的良好氛围

当前，国家、社会日益重视人的心理素质和心理健康。“5·12”四川汶川大地震之后，社会各界都极为重视受灾群众的心理康复，组织了很多心理专家、志愿者赴灾区进行心理援助，取得了很好的效果，在全国范围内也营造了一种良好的心理环境和氛围。那么，针对大学生的心理素质现状，国家、社会也应加强正面宣传，创造良好的社会舆论环境。

(1) 引导社会大众转变观念，正确看待心理问题和心理疾病。同时使有心理咨询、辅导等需要的大学生减少顾虑，促使其主动求助于学校内的专门机构，从而扩大覆盖面。

(2) 通过宣传，使全社会包括媒体在内进一步明晰高校大学生心理素质教育工作的职责，从而防止渲染，减少指责，为高校开展心理素质教育工作创造良好的社会舆论氛围。

(二)学校应以人为本，建立完善的心理服务机制，开展有效的心理咨询服务，为大学生营造良好的心理环境

1. 以人为本，尊重大学生作为高校心理素质教育主体的地位，培养一支高素质的高校心理素质教育师资队伍

以人为本，首先要以学生为主体，即尊重、关心、理解与信任每一个大学生，从而充分发挥和调动学生的主体积极性。只有这样，才能让大学生生动活泼、积极主动地去发展，从而把他们培养成为学校的主人、国家的主人、社会的主人![1] 其次应下大力气培训一支稳定的心理教育专业师资队伍。定期或不定期地对高校心理素质教育工作者开展专业培训，并以有关高校的心理专业为依托，提供学历进修机会。为高校心理素质教育工作者外出考察学习提供条件。鼓励科学研究，每年设立若干心理素质教育相关课题，促进高校心理教育工作者不断提高水平。

2. 加强大学生心理健康教育

第一，针对大学新生开设心理健康教育课程，作为公共必修课，对新生群体进行科学、系统的心理教育。第二，针对新生在适应环境的幅度和程度上存在明显的个体差异，定期举办对象明确、针对性强的心理教育专题讲座。第三，针对教师的人格和心态会直接影响人格尚未定型的大学生健康心理的形成这一客观事实，在提高教师的心理健康水平的同时，要求每一位教师在自己的教学中，自觉地把心理素质教育与专业教育有机地结合在一起。为此，每位教师都应当考虑：(1)把提高学生的心理素质作为一项教学目的。(2)认真挖掘教材中蕴涵的心理素质及其教育的内容。(3)自觉地采用某些有利于提高学生心理素质的方式方法。(4)在评估教学效果时，要把心理素质的提高程度作为反馈的一个重要项目[2]。

3. 建立完善的心理服务机制

第一，新生入学体检时即开展心理健康检测工作，建立在校生心理健康档案，并进行追踪观察。针对大学生实际的心理健康状况，提出可行的教育与预防措施，帮助学生提高自身心理健康素质，增强其承受挫折、适应环境的综合能力。第二，定期开展心理素质状况调查。通过问卷调查、观察、心理测验等方法对当前大学生的心理素质状况开展全面

① 燕国材：《论心理素质及其教育》，载《上海教育科研》，2000(8)。

② 同上。

调查，有针对性地在大学生中开展心理素质教育。[①] 第三，由专职心理保健人员或心理教育工作者，在学生中开展各种形式的普及心理健康基本常识的教育。第四，培训一批学生骨干由他们承担心理保健员和心理咨询员的职责，及时发现学生中出现的问题，并帮助有严重心理问题的学生及时求医救治。第五，对各院系辅导员、班主任以及学工部的工作人员进行心理保健专题培训，使他们懂得区别思想政治问题与心理问题的异同，掌握解决一般心理问题的能力，及时解决大学生的心理问题。第六，设立大学生心理咨询中心，由专职人员对大学生群体实施心理健康教育。对有较严重心理问题的学生，必要时要转移到医疗机构治疗。

4. 开展有效的心理咨询服务

当前，各高校相继成立了大学生心理咨询中心，但仍然满足不了学生的需求。比如心理迷乱、情绪不稳是青年学生典型的心理疾病，但在目前的大学里，许多人都无法直面心理疾病，不敢去看心理医生，有些人好不容易鼓起勇气去学校心理咨询中心，却由于老师太忙而由学生接待。因此，学校的心理咨询也要有所改善，提高心理咨询的效果。首先，要健全大学生心理咨询中心的机构设置，加大经费投入，按在校大学生的比例科学配备专业的心理咨询人员，改善工作待遇，不断增强工作的吸引力和荣誉感，保证有固定的工作场所和足够的资金。其次，转变工作机制，心理咨询人员要由过去的“消防员”变为现在的“防疫员”。以往的心理咨询工作是问题咨询，即在学生出现了心理冲突和心理障碍即“问题”之后，才帮助他们度过“危难期”。咨询员付出了大量的时间和精力，但解决的仅仅是个别学生的心理问题。当前，高校心理咨询应根据心理学对个体心理发展规律研究的成果，解决学生在成长不同阶段中产生的或将面临的各种冲突，探索妥善解决其心理矛盾的有效途径，建立发展性心理咨询机制，即通过此种咨询，培养心理素质，促进心理健康。咨询对象主要是心理比较健康、无明显心理冲突的学生。

(三)学校、家庭要有意识地加强对大学生心理健康的引导，培养大学生良好的心理素质

学校对大学生的引导是整体上的、普遍性的引导，家庭对大学生的引导是有针对性、个别性的引导。因此，家长要注重对自己孩子的了解，加强与孩子的沟通，在配合学校教育的前提下，有针对性地加以引导，努力为孩子营造一个积极健康、温馨和谐的成长环境。

---

① 《试论大学生心理素质教育》，载华夏心理网。

(1) 加强对大学生心理调适的引导，提高学生心理调适能力，使大学生尽快适应大学的学习与生活。学校和家庭要引导大学生尽快适应学校的学习与生活，变被动学习为主动学习；理性地看待学习排名，学习排名靠前，只能说明学习能力强，并不一定意味着实践能力强，努力做到学习能力和实践能力的完美结合。大学生要努力提高自己的就业资本，从各个方面来提高并完善自己的就业技巧，提前做好职业生涯规划，明确自己的目标。

(2) 引导大学生学会控制情绪，消除其人格障碍，学会宽容，提高大学生承受压力和应对挫折的能力。

(3) 引导大学生建立和谐的人际关系。大学生要放弃偏激和自卑心理，广交朋友，使自己的心理常常处于轻松愉快之中。要做到善于结交，善于表达，善于倾听，善于处理交往过程中产生的各种矛盾，能够打破僵局，化解矛盾，保持良好的人际关系。

(4) 引导大学生正确处理恋爱与性的问题。当前在校的大学生应该树立正确的恋爱观，应该以友情为重，不应过早确立恋爱关系。学校应该加强他们的性教育和性道德的教育，引导和帮助大学生以严肃的态度对待爱情，正视恋爱关系，保持稳定的情绪及健康的心理。

(5) 引导大学生理性消费。大学生是一个特殊的消费群体，他们有着旺盛的消费需求，却未获得经济上的完全独立，消费受到很大制约。应引导大学生有计划地合理安排支出，提高理财能力，形成良好的消费理念，理性消费。

(四)大学生自身要充分发挥主动性，正确面对各种心理问题，对照心理健康标准进行自我心理保健，提高心理承受能力

根据我国心理健康理论，心理健康有三个标准：一是正确认识自己。既要看到自己的短处与缺点，也要看到自己的长处和优点。二是悦纳自己。悦纳自己并不是指要宽容或欣赏自己的缺点和错误，而是指自己虽然有这样或那样的不足，但我仍然喜欢我自己、不憎恨自己、不欺骗自己，并设法使自己发展得更好。三是调适自己。个人的行为总是受社会规范和环境的约束，而个人的需求又往往与规范和环境不符，并发生冲突。因此，个人必须经常调适自己，以使个人和环境保持和谐的关系。

大学生应根据这三个标准，进行自我心理保健。第一，大学生要正确认识评价自我，给自己准确定位，扬长避短。第二，大学生要充满自信，愉快地接受自己，努力改正缺点与不足，发扬优点与长处。第三，大学生在自我评价时，要结合实际情况及时调整自己的心态，不能或不

会调适自己的学生，就会产生心理问题。只有经常很好地调适自己的学生，才是一个心理健康的学生。第四，大学生要确立大学的学习、奋斗目标，并持之以恒，努力实现它，这非常关键。从心理等角度来讲，有一个明确目标，会使心理指向集中于一处，无形中会转移注意力，削弱心理压力的不利影响。有了明确目标，就有了内在驱动力，就会让人变得积极向上，从而更有利于克服各种心理压力。

参考文献：

[1] 加强大学生心理健康教育. 华夏心理网.

[2] 燕国材. 论心理素质及其教育. 上海教育科研，2000(8).

[3] http：//hi. baidu. com/％F6％CE％B9％C2％B6％C0％C0％C7/blog/item/069e59c666b2de1f9d163db7. html.

[4] 周冶金. 论大学生心理素质结构. 高等教育研究，2003(3).

[5] 王植彬等. 现代人才素质概论. 北京：中央编译出版社，1996.

大学生创业素质教育的▶▶ ▶▶必要性和现实性

熊 钢 罗媛媛[①]

随着我国高等教育大众化的不断推进，大学生就业问题引起社会各界的普遍关注。自主就业成为今后大学生就业的重要方式和途径。高校开展创业教育是培养学生创业意识，提高学生创业能力，解决大学生就业问题的根本出路。研究高校创业教育的现状、分析存在的问题、探求教育措施是我国高等教育的当务之急。

一、大学生创业教育的现状

我国的大学生创业活动起步较晚。1997 年，清华大学举行首届大学生创业计划大赛，历时 5 个多月，来自清华大学及首都其他高校的 320 名学生组成 98 个竞赛小组，递交了 114 份创业计划，其中部分作品颇具创见，引起了一些企业的注意。1999 年 3 月，清华大学学生科技创业者协会又主办了第二届创业大赛，由于北大、中国科大、人大等高校的加盟，使中国大学生创业由此步入第一高峰。许多参赛小组由不同专业的学生构成，互为补充，相得益彰。他们选择一批具有良好应用价值和市场前

① 作者简介：熊钢，中南财经政法大学人文学院科研秘书；罗媛媛，中南财经政法大学公共管理学院专职辅导员。

景的科技成果，直接面向市场和国内外的风险投资商，应用风险投资机制，开始科技成果产业化的尝试。这次大赛诞生了如“易得方舟”、“视美乐”等学生公司，创业教育初见成效。接着，上海、武汉等地高校也都相继开展了大学生创业教育和大学生创业活动。1999 年，共青团中央、中国科协、全国学联决定把创业计划竞赛推向全国，并于 1999 年 3 月至 2000 年 1 月举行了全国首届“挑战杯”大学生创业大赛。第二届“挑战杯”全国大学生创业计划竞赛决赛于 2000 年 11 月在上海举行，也涌现出一批有较好发展潜力的成果。2000 年 4 月，国家教育部为鼓励大学生创业出台了一项政策：大学生、研究生(包括硕士研究生、博士研究生)可以休学保留学籍，创办高新技术企业。继清华大学之后，上海交大、浙江大学、华中理工大学及重庆等地的高校也纷纷举办创业计划大赛，鼓励学生创业。清华大学还专门为学生创业开辟了清华创业园。我国的创业教育正成“星星之火，可以燎原”之势。2000 年 12 月，在首届“全国大学生创业计划大赛”过程中诞生的中国第一家大学生高科技创业公司——“视美乐”公司展示了即将投放市场的三款高清晰多媒体投影机，标志着学生公司已经开始转变为具有市场竞争能力的真正意义上的公司。现在，“视美乐”已经与国内外数十家一流科研院所和企业建立了合作关系，其中不乏像世界领先的 SONY、SHARP 等大公司。这些当年创业的大学生经过一年半的磨炼，已经能够理智地看待学生创业，他们认为，学生创业和风险投资对于社会和大学生来说都是新事物，虽然创业过程极其艰苦，但创业毕竟代表着一种潮流和方向，代表着创新和创造。清华大学经济管理学院是国内最早开展创业教育与研究的教学科研单位，清华大学与天津经济技术开发区管委会、北京市科学技术委员会、科技部火炬中心、首创集团一起组成了中国创业研究中心。这个创业研究中心是一个开放的、以高技术创业和创业投资为主要研究领域的研究、教育机构，今后将致力于开设教育课程和进行学术与应用研究，以努力提高我国在创业管理和创业投资领域的科研水平，为中国学子和企业在知识与财富之间架起桥梁。创业教育也开始走进高校课堂。华东师范大学在上海市高校中率先开设“创业教育课”。“创业教育课”的授课内容主要包括企业家素质及其个性特征、企业经营管理、市场调查、风险投资以及相关法律法规等，任课教师将选修这一课程的学生分为 4 个小组，要求每个小组完成一个创业计划，并以此作为考核内容。开设“创业教育课”的教师认为，目前许多大学生有强烈的创业热情，非常需要学校在这方面进行指导。

二、我国高校开展创业教育存在的问题

(一)我国高等教育中创业教育的学科基础薄弱

创造学自20世纪80年代传入我国后，虽然有了一定的发展，但就目前高校的总体而言，除了少数重点大学开展创业教育外，国内绝大多数高校，特别是理工科院校对创造学的发展历史、研究内容、研究方法、主要分支及其研究规律等知之颇少。即使是重点大学开展创业教育，也主要停留在创业计划竞赛的指导和就业指导层面上，没有开设系统的创业教育课程，很难全面地提高学生的创业素质，无法在校园内形成创新、创业的浓郁氛围。

(二)思想认识不到位，创业教育意识淡薄

1. 误认为大学生在校期间应把专业知识学好就可以了，无须创业教育。这是一种狭隘的、片面的认识。事实上，大学生边学习边创业，在创业中找准自己的"兴趣点"和"闪光点"，既能巩固所学知识，又能培养创业意识，对提高学习效率和创新能力都不无裨益。

2. 误认为创业教育是对少数创新能力比较强、学习成绩非常优秀的学生开展的教育，大部分学生是难以涉足的。这种片面的认识扼杀、挫伤了大多数学生的创业积极性。创业教育是一种创新、创业的启蒙教育，是素质教育的题中之意，它并不苛求学生的每次创业实践都以成功作为圆满的结束，旨在向学生灌输一种意识，使他们的创新思维在创业过程中得以激发和发展，这种教育重视的是事物的过程，而并非一味是事物的结果。

3. 误认为"开展大学生创业教育"是学校领导的工作，作为研究课题则是某些专家、学者的事情，与己无关，因而把自己看作"局外人"。

4. 部分师生把创业看成是高不可攀之事，缩手缩脚，不敢尝试。

(三)创业教育的模式封闭，内容陈旧，方法、途径单一

创业教育的关键是建立起培养既有扎实理论基础知识，又有较强的创业实践能力的高素质创业者的人才培养模式。而我国现行的高等教育通常脱离学生的创业性和创造性。在教学模式上，搞统一刚性的教学计划，同一专业的学生以一种模式培养，忽视学生的个性特点，大多数高校的创业教育仅局限在校内和课堂内，还是一种较为陈旧、封闭的教育

模式；在教学内容上，以专业为中心，以行业为目标，专业面偏窄，知识结构单一，人文教育薄弱，学生不能根据自己的需要选择学习内容，组建知识结构；在教学方法上，以教师为中心，教师没有充分调动学生的学习主动性，没有立足于培养学生的学习能力。课堂教学没有把创业能力的培养和专业知识的传授有机结合起来，而且教学内容陈旧，教学方法落后、途径单一。从而，造成我国高等教育的培养模式千篇一律，同一类型和层次的人才过剩，社会所需的具有良好的创业能力、鲜明个性和创造性思维的人才严重不足，造成现有的大多数大学毕业生只能被动地求职，缺乏自主创业的能力。

三、高校开展大学生创业教育的途径

(一)转变教育观念，确立以创业素质教育为核心的教育观

创业教育是知识创新和科技创新的进一步升华和超越，是把素质教育和创新教育全面推向深入的一种全新的教育理念和教育方法。知识经济时代，高等教育将发挥前所未有的作用，高校将成为知识创新、知识传播和知识物化的重要基地，成为知识经济发展的动力源和高科技成果转化的孵化器。近年来，由于科技的发展，一些新型学科的发展引起一大批新兴产业的迅速崛起，为大学生创业开辟了广阔的新天地。知识创新是知识经济的源泉，但知识创新本身并不等同于经济的发展。如果仅仅满足于取得知识创新和高科技创新的成果，在知识产业化上滞步不前，是不可能推动经济增长的。知识创新、科技创新只有通过创业转化为一种现实的生产力，开发出新产品或提供了新服务，创立了新企业，甚至建立了一个新行业，才能发挥它对经济的推动作用。知识创新不是终极目的，要真正发挥知识的作用，必须经历一个由潜在的、可能的生产力转化为现实的物质生产力的过程，而要实现这个过程的转变，开展创业教育是最行之有效的办法。因此，对于大学生来说，创业比一般的科技创新更重要，更有意义，当然要求也更高。创业者除了要求有冒险家的胆略和气魄，实干家的敬业和刻苦，发明家的灵感和创新，还要有企业家的经营能力和管理家的总揽全局的气度。这就要求我们的教育者必须转变观念，确立以创业素质教育为核心的教育观。在向学生传授专业知识、进行智力培养的同时，着力培养大学生的自主就业、创业意识，培养他们的社会责任感和开拓精神，培养他们驾驭全局的思维能力、战略眼光和协调沟通能力，具有各种科学知识相互融合的复合型人才，从而

为他们以后的创业打下良好的基础。当前，高校应尽快完善各项创业制度和运作机制，确定创业教育目标，把智力创业与体力创业、模拟创业与实战创业等有机结合起来，要建立学分制、休学制、转学制等弹性学制及与创业教育配套的教育制度。

(二)营造大学生创业的良好氛围

首先，在校园文化建设方面，要弘扬创业精神，营造一种鼓励和影响学生敢于应对风险与挑战，崇尚艰苦创业，立志干大事、成大业的校园氛围，提高学生对创业和创业者的认识，逐渐培养学生的创业素质和创业意识。学校要经常性地举办一些创业讲座、创业者培训班，建立创业教育网站，邀请一些成功人士介绍创业的经验，激发大学生的创业热情和欲望，在全社会范围内形成一种浓厚的鼓励和支持大学生创业的氛围。校团委、学生会可成立创业者协会、未来企业家协会等组织。通过社团沙龙的组织管理、公共活动的设计组织、报纸杂志的创意策划、学术研究的立项申请、法律或金融实践的模拟等相关活动来渲染创业氛围。其次，通过丰富多样的课外科技活动，激发学生的创业热情。我国高校可借鉴国外的先进经验，为大学生创业尽量提供多方面的支持。除了要有方便大学生创业的特殊政策和一个宽松的学籍管理环境之外，还要经常性地开展一些具有独创性的创业计划大赛，并创造条件使学生成果走向产业化。要建设高校科学技术“孵化器”和创业示范基地，组建学生策划与咨询机构，引导大学生创业。当前，高校应以“挑战杯”、“创业大赛”等全国大学生课外科技竞赛为契机，导入创业教育，鼓励学生把创业活动和专业、学科优势紧密结合起来，使学生在创业活动的实践中潜移默化地接受创业教育；构建大学生创业培训体系，制订统一的大学生创业培养计划，增加必要的课程，在指导教师的安排、培训计划的落实等方面要有明确具体的措施。再次，学校应为学生自主开展创业实践提供资金、环境、政策和其他条件方面的支持与保证。

(三)开设创业教育课程，建立创业教育课程体系

创业教育的目的是使学生树立创业意识，提高创业能力，这是创业教育课程设置的依据，而创业教育的课程又是创业教育的核心，课程设置直接影响人才培养的规格与方向。高校创业教育课程应在科学文化基础课程的基础上突出创业教育，必须设有《创业社会常识》、《成功企业家》、《创业指导》、《创业心理学》、《管理学》、《战略管理》、《市场营销》、《财务管理》、《经济法》等课程，创业教育课程与科学文化基础课程

和专业课程既分工又合作，既相互独立又相互渗透；教材、练习、案例要系列成套。在教学内容、教学方法、课程设置及考试制度方面进行探索、革新、设计和开发创业教育课程体系，形成学科课程、活动课程、隐性课程相结合，必修课、选修课相结合，原理与典型案例相结合，增强教学内容的可读性、情境性、启发性和可操作性，为学生的自主学习、创造性思维、创业模拟活动提供材料和范例。

(四)强化实践，开展创业教育实践活动

实践教学环节是实现人才培养目标的重要过程，对大学生理论联系实际，提高实战经验和解决实际问题具有重要作用。为了使学生尽快掌握创业的基本知识与技能，进行创业实践活动是创业教育过程中极为重要的一环，应鼎力支持。在实验教学方面，高校可建立若干个实验中心和创新基地，以培养学生的动手能力。在第二课堂方面，以社会活动为依托，以竞赛活动为载体，推动创业教育的开展。高校可实施“科技英才计划”，设立学生“科技创新基金”，资助学生进行科技创新活动；还可成立专门的科技创新实践中心，对学生的创业、创新活动进行指导、咨询和评价；举办大学生创业大赛，并创造条件，尽可能地将竞赛中选拔出来的成果向实际生产延伸，使学生成果走向产业化；有条件的院校可以尝试建立创业教育基地。这种基地应模拟企业模式建立，即创设模拟企业和市场，通过模拟实验加强学生对创业活动的感性认识，引发和激励学生创业素质的培养。另外，高校还应有目的、有计划地组织大学生参加社会实践，如参与基层单位、工矿企业、工程项目、商务促销、社区服务、结对扶贫、模拟创业等形式的挂职锻炼，将他们的理论知识和实验技能真刀真枪地运用到实际课题中去，增加创业成功的可能性。

(五)政府扶持，社会各方参与，大力支持大学生创业

创业教育是一项涉及全社会的系统工程。创业教育成功与否不仅与创业教育的质量有关，还与企业的创办、经营、工商、财政、税务、金融等多方面有关，因此需要政府、社会、企业和高校协调起来共同扶持大学生的创业活动，才能保证创业教育的有效性。政府通过制定优惠政策，鼓励风险投资为创业者们提供创造成功的机会。创造条件在高等学校周围，特别是在高校集中的地区建立高新技术产业化基地，发展科技园区或创业园区，成为有目的的吸引国外高新技术最新成果的窗口，并发挥科技孵化器的作用。创业园区对有志进行创业的学生提供宽松的软硬件支持，具体包括：设立学生创业基金，为学生创业计划提供风险投

资；学生的科技成果可以作价入股，鼓励项目负责人持股经营；设立专门为学生创业服务的机构，提供高新技术项目认定、合作伙伴选择、工商税务登记、资金、信贷、审批、法律咨询、资产评估等一条龙服务，营造一个完善的信息服务和网络服务环境。学校要实行更加开放的服务，建立弹性学时制、学分制等与创业教育配套的教育管理体制，沟通好与社会的关系，处理好创业课程与创业实践的关系。

参考文献：

[1] 李远贵. 论大学生创业教育. 西华大学学报(哲学社会科学版)，2005(12).

[2] 曹威麟等. 论中国创业文化的振兴和繁荣. 江淮论坛，2002(5).

[3] 邓建生. 创业文化与中国大学的使命. 高等教育研究，2000(6).

[4] 刘世刚. 浅析大学生创业能力的培养. 教育探索，2005(12).

[5] 陈裕先. 构建良好的大学生创业环境. 中国科技奖励，2005(12).

[6] 毛建国. 职业学校创新教育与创业教育的关系. 职业技术教育(教科版)，2005(12).

[7] 林祖华. 关于加强我国大学生创业教育的思考. 扬州大学学报(高教研究版面)，2005(10).

论现代化进程中的大学生法律素质教育

易　育①

大学生肩负着全面建设小康社会的历史重任。除了相关的专业知识外，必备的法律素质已成为青年大学生立足社会的基本要件。目前，青少年违法犯罪率不断上升，切实加强对大学生的法制教育，使他们知法、懂法、守法，提高他们的综合素质，是高校教育工作者的一项重要任务。本文在阐述大学生法律素质教育的内涵的基础上，针对当前大学生法律素质教育所存在的问题，对大学生法律素质教育的完善提出一些见解。

一、大学生法律素质教育的内涵及其价值

法律素质是文化素质教育中的重要组成内容，是现代大学生必备的素质要求。法律素质教育是指通过科学、有效的途径，全面提高受教育者的法律知识水平，增强法律意识及法制观念，培养其守法、用法、护法的自觉行动的教育。

(一)对大学生法律素质的培养要以法律知识的掌握为基础

现代人才素质首先是通过文化知识和专业知识的学习来完善的。大

① 作者简介：易育，中南财经政法大学法学院教师。

学生是未来社会建设的骨干力量，没有相应的法律知识就不能适应时代发展的需要。非法学专业的大学生应掌握的法律知识，主要包括两个方面：一是法学基本原理，如法的本质和特征、法的作用和价值、法律规范和法律关系、法的运行以及法律责任和法律制裁等；二是法律基础知识，向学生介绍宪法和其他部门法，如民法、刑法、行政法、经济法、诉讼法等，使学生了解我国社会主义法律制度、法律体系以及我国法律发展的现状。

(二)对大学生法律素质的培养要以法律能力的提高为重点

法律能力主要包括运用法律的思辨能力、判断能力和法律行为能力等。通过学习法学理论和法律知识，应当实现知识向能力的转化，实现感性认识向理性认识的飞跃。例如大学生通过学习宪法增强了宪法观念和公民意识，提高了如何行使公民权利、履行公民义务的综合能力；学习刑法，增强了学生对犯罪的辨别能力，懂得了对犯罪行为的制裁，提高了用法律来规范和约束自己行为的能力。这些能力的培养，不仅对大学生的生活实践大有益处，而且可以加深他们对法律的认识，增强自觉学法的兴趣。在法律课教学中应坚持理论联系实践，加强教学实践环节，使大学生的能力素质得到锻炼和提高。

(三)对大学生法律素质的培养要以体现法律精神为核心

法律精神在素质培养方面具有能动的促进作用。法律精神是指法律意识、法制观念、法治意识等。法律精神的弘扬，有助于大学生从法律角度来理解和掌握国家的路线、方针和政策，提高自身的思想政治素质。崇尚法治也是大学生应当具有的基本素质。成长在现代法制社会就要具备与法制社会相适应的素质和教养，树立法律至上、法律面前人人平等、权利与义务相一致、民主与法制相统一、依法办事、遵纪守法、依法维护自己的合法权益等观念，自觉将自己的思维方式、行为习惯纳入国家法制轨道，为实现依法治国，建立法治国家奠定思想基础。

二、当代大学生法律素质教育现状及其存在问题

强化高校法制教育，提高高校法制教育实效，具有重要的现实意义，法制教育逐渐成为高校教育的重要部分。然而，近年来呈逐步上升的大学生犯罪数据表明，当前高校法制教育现状与建设法制国家的基本要求是不相适应的，高校教育中的法律素质教育已远不适应现代社会的需要。

（一）对法制教育重视程度不够

虽然目前高校已经把法律基础课列入教学计划，但是对该门课程的投入却非常少。由于法律基础课的课时有限，在很短的时间内要让学生了解必要的法律知识几乎是不可能的。法制教育出现这种情况的原因主要是对大学生的法制教育还不够重视，只是将其作为一门普通的课程来对待，而没有将其看作是提高人才综合素质与修养的重要举措。

（二）法律教学模式缺乏创新

法制教育是一项理论性和实践性都很强的综合教育。目前，高校的法律基础教育的授课模式仍局限于传统的课堂教学模式，偏重于法律理论知识的传授，而忽视了实践教学环节，未能给学生提供参加有关社会实践的机会。有的高校甚至把法律基础课作为对大学生进行法制教育的唯一形式，缺少有针对性的以案说法的内容。在学习法律基础课程时，基本上是处于被动的局面，听凭于教师“填鸭式”的教学方法。这种陈旧的教学模式促使受教育者被迫学法、知法，不能有效地提高高校学生使用法律的能力和增长法律意识，与培养法律素养的教学目的相去甚远。

（三）法制教育师资力量薄弱

很多非政法院校的法律课师资是由社科部、学工处、德育处、团委或宣传部的工作人员担任的。他们的专业理论基础和解决实际问题的能力影响了法律基础课的教学效果。在这种情况下，大学生很难对法律课程产生兴趣，更无法提高自身的法律素质。

（四）法制教育教学评价方式不合理

目前，各高校法制教育教学评价手段单一、形式简单。评价法制教育效果好坏的方式仅局限于闭卷考试，评价学生掌握情况的唯一标准是考试成绩，而考核的内容也主要集中于法律的基本概念和知识。学生考完后就将法律课本放在一边了，并未真正地培养自己的法律意识和法制观念。这不仅不能反映出学生学习法律课程后的真实效果，也形成了教师强行灌输法律基础知识、学生迫于考试而接受法律理论知识的应试教育。

三、完善大学生法律素质教育路径选择

大学生法律素质的形成应是一个循序渐进的过程，它需要大学生自身、学校、社会、政府等方面的力量共同努力。在大学阶段，加强大学生的法律素质教育与宣传具有重要的作用。笔者认为应当从课程设计、教学方式、教师选拔、考试考核等几个方面进行相应的改革。

(一)大学法律教育的课程设计

非法学专业的大学生掌握法律知识的实际范围和程度，应当与专业法学区别对待。各校可根据实际教学状况和学生特点合理安排。现代社会是法制社会，法律规范深入到了各专业领域，具有很强的专业性，大学生的法制教育应结合专业教育同步进行。一是专业课外教育，即通过《法律基础》等公共课普及基本的法律知识，使学生掌握马克思主义法学的基本观点，掌握我国宪法和基本法律的主要精神和内容，增强法制观念，打下一定的法律基础；二是专业课内教育，各专业根据实际情况，加强与本专业相关的法律、法规教育，在课程设置上应增设法律专业课，如经济管理专业应开设“经济法”、“合同法”，建筑专业应开设“建筑法”，等等，以完善大学生的知识结构，开拓广阔的视野，使专业素质和法律素质都得到提高。

(二)大学法律教育的教学方式

开展法律实践活动，可以切实提高大学生的法律素质。

第一，开展形式多样的法律实践活动。学校以及各个学院可以组织法律辩论赛、法律常识咨询日等活动，来加强对在校大学生的法律知识教育，提高他们的法律意识。学校还可以组织学生参加各种刑事、民事等审判活动的全过程，组织参观监狱、少管所、劳教所等活动，使学生能亲身体会到法律的神圣性与权威性。此外，学校可聘请法律专业的教师、专家来帮助、引导学生成立法律性社团组织，例如法律援助站、法律爱好者协会等，使他们积极投入到法律实践中来。

第二，增设法学选修课程。学生可根据自己的专业性质及个人兴趣选择相关专业法律进行学习，以拓宽法律知识面。师资力量较强的学校还可开设法学辅修专业，让有精力、有条件的学生接受系统的法学教育，完善法学专业知识的结构。利用课堂、校报、网络等载体加大法律的宣传与教育工作，为大学生养成现代法律素质提供知识与理论条件。

第三，充分利用网络资源，建设高校法律教育网的平台。学生可以在校园网上咨询和讨论法律问题，增强学生的法律自助能力。

通过以上各种形式的法律实践活动，使得现代大学生能够具备一定的法律知识、较高的法律意识、较好的法律实践能力，以至最终形成现代法律素质，并养成依法办事的思维方式与行为习惯。

(三)大学法律教育的教师选拔

由于我国的“法制教育”从属于“德育教育”，所以真正的所谓“法律教师”不少为“半路出家”，这直接影响到法制教育的效果和水平。所以，教师应提高自身法律素质，在教法、守法、用法、护法过程中以身作则，充分发挥自己的人格魅力，影响感染学生。

高等学校的法律教师不仅要深谙学校教育规律和青年学生成长规律，而且要具备系统的法律学科知识和较高的法律素质。不同的学校应根据自身条件，通过专、兼、聘等多种形式，形成一支以具有相当水平的精干的专职教师为主体，长期从事司法实务或法学教育工作的兼职教师为补充，整合组建高质的法制教育师资队伍。

(四)大学法律教育的考试考核

绩效考核是衡量学生法制教育水平的重要依据。科学的考核体系能够确立正确的质量观，能够公正客观地评价法制教育的效益。目前，我们所面临的一个重要问题是法制教育工作的效果缺乏一个科学的评价标准。不能对法制教育活动进行必要的跟踪与反馈，导致法制教育工作的绩效无法衡量，良莠难辨。

法制教育的考核可以将以往的单纯闭卷考试改为由课堂案例分析、平时实践学习考核以及期末理论考试三个部分组成。课堂教学中布置典型案例分析作业；旁听法院审理后布置旁听心得体会作业；期末考试可采用开卷式案例分析和闭卷式理论考试。通过这几个方面的综合考核来评定学生的法律知识掌握程度。

四、结语

大学生是社会的栋梁、祖国的希望。大学生不仅要学业成绩突出，更应该具备良好的法律素养。大学法制教育是一个艰巨复杂的系统教育工程，特别是道德教育与法律教育的有机融合问题，还有待于进一步深入探讨。法律素养作为一种素质，不仅需要有潜移性熏陶的优良法制环境，还需要有制度化的法律知识积累和法律意识培养途径，更需要有科学、有效的法制教育实现机制。只有充分发挥各部门、各单位的职能才能使大学生的法制教育取得良好的效果，才能使大学生对法律有科学的认识、深刻的理解和全面的掌握，使得他们不仅掌握一定的法律知识，更能理解法的精神、法的作用，增强自身的法制观念和法律意识。

参考文献：

[1] 马海燕. 对大学生法制教育的探讨. 法制论坛，2007(13).

[2] 乔楚晗. 高校法制教育之我见. 产业与科技论坛. 第7卷，2008(3).

[3] 孙一冰. 关于加强大学生文化素质教育的探索. 科技教育，2007(2).

[4] 陈大文，陈锦文，吕新. 关于大学生法律素质教育的调查与思考. 武汉科技大学学报，2005(4).

[5] 邵彩玲，钟秀芬，齐丽英. 论大学生法律素质的培养. 社会科学论坛，2005(5).

[6] 梁文化. 和谐社会进程中的高校法制教育新探. 广西社会科学，2008(3).

音乐教育在高素质军事人才培养中的功能与意义

张红蕾[①]

科教兴国，科技强军，关键在于高素质军事人才的培养。作为军事人才培养、教育重要基地的军事院校，既要加强适应未来高技术战争需求的军事专业理论、技能的教育，又要不断加强人文素质教育，努力培养更多不仅技术过硬而且人文知识丰富的高素质军事人才。音乐教育作为实施人文素质教育的重要组成部分，是社会主义精神文明建设的重要内容，在素质教育的实践过程中具有举足轻重的地位和作用。加强以音乐教育为主要内容的艺术教育，使教育面向现代化、面向世界、面向未来的需要，是培养有理想、有道德、有文化、有纪律的社会主义新人的需要，更是军队院校实施素质教育提高人的综合素质和水平的需要。然而，反观军队院校教育的现状，学员只对素质教育中德育、智育、体育做到了“修炼”，而对音乐教育的重要性缺乏必要的认识与理解，造成了学员艺术修养与艺术性思维方式的缺失，在一定程度上影响了军校素质教育的开展和新型军事人才的培养质量。因此，以军委新时期军事战略方针为指导，转变观念，明确方向，着力强化军校艺术素质教育，不断推进教学改革，锻造全面发展的高素质军事人才，是历史赋予军队院校义不容辞的神圣职责。

---

① 作者简介：张红蕾，中南财经政法大学新闻与文化传播学院讲师。

一、音乐教育在培养高素质军事人才实践中的价值与意义

(一)音乐是诉诸心灵和感情的特殊教育方式

音乐是表现感情的艺术，是一种极富感染力和穿透力的感情语言。作为一门学科，对音乐教育特别是音乐审美职能重要性的认识，已是不争的事实。音乐教育在人类文明的发展史上有着不可或缺的地位。关于音乐教育的认识，古今中外，许多有识之士、先贤哲人作出过理论的概括。春秋战国时期，孔子就说过："为政"必须"兴礼乐"，"成人"必须"闻之于礼乐"，极力强调音乐在教育过程中的重要作用。将"兴于诗，立于礼，成于乐"作为培育人才的指导思想，将"移风易俗，莫善于乐"作为治理社会的手段。荀子也说过："声乐之入人也深，化人也速"，它着重肯定了音乐在人的品行形成过程中的催化作用。这些观点一直到近现代以来，依然有着不可忽视的影响力和渗透力。晚清著名学者梁启超，在著名的《饮冰室诗话》中对音乐教育功能也大加推崇，他说："盖欲改造国民之品质，则诗歌音乐为精神教育之一要科。"他把音乐和诗歌等量齐观，作为提升人的素质的两条渠道。现当代著名音乐家冼星海也说："音乐是人生最大的快乐，音乐是生活中的一股清泉，音乐是陶冶性情的熔炉。"不仅中国的圣人先贤这样看待音乐的教育功能，西方美学界的观点也如出一辙。德国著名音乐家贝多芬认为："音乐是比一切智慧、一切哲学更高的启示……谁能渗透我音乐的意义，便能超脱常人无以振拔的苦难。"苏联著名教育家苏霍姆林斯基说："进行音乐教育的目的，不是培养音乐家，而是培养和谐的人。"他认为，感情的纯洁是形成高尚道德的基础，而这种感情正是音乐和歌曲培养出来的。

因此，音乐是影响青年心灵的一种无可取代的手段，好的音乐能使人的心灵得到陶冶、净化，并升华为高尚的品德、情感和理想。而感情正是形成思想和概念的基础，是行为的直接原因。因而感情的积蓄能产生巨大的精神力量，并转化为行动，且越蓄越久，发之愈烈。当爱国主义思想与美好的理想信念转化为音乐时，它便能更广泛地持续拨动人们的心弦，爆发出为之奋斗的行为和力量，如《黄河大合唱》、《长征组歌》、《歌唱祖国》等一系列爱国主义歌曲，无不激发学员产生不可估量的精神力量。因此，军校课堂中很有必要将健康向上的主流音乐作为培养、激励、感染学员的重要内容，并占领学员的文化空间。

(二)音乐能启迪智慧，拓展思维

音乐教育可以培养人的审美能力、想象能力、直觉能力、形象思维能力，而这种能力的高低恰恰是判断一个人是否具有创新思维能力的重要因素。军队院校要为现代化部队培养优秀的军事人才，创新思维能力的培养是不可或缺的重要内容，而音乐教育的作用恰恰满足了这一培养目的和要求。一个没有人文精神自觉意识的人，即使满肚子学问也只能是一个知识储存者。

音乐是一种声音的艺术，它以和谐、有节奏、富于形象的声音来反映生活，因而它能培养听者的节奏感，发展其听觉能力、记忆力。实验证明，轻松柔缓的音乐有助于人们记忆一些枯燥的生词、公式和概念。这是因为聆听音乐使心情特别放松，大脑特别开放，最容易接受外来的信息。其次，音乐有助于想象力的培养。音乐来自生活，通过音乐形象可以唤起听者对相关视觉印象及有关事物的联系，从而发展他们的想象力和思维能力，使他们成为思想开阔，思维敏捷的人。例如，同样一首乐曲，你可以想象草原的辽阔，他可以想象夜空的深邃，我可以想象大海的宽阔。世界著名科学家爱因斯坦曾经说："这个世界可以用音乐的音符组成，也可以用数学公式组成。"他本人常常与量子论的创始人普朗克一起演奏贝多芬的作品。他拉小提琴，普朗克弹钢琴。可见音乐教育既可以培养人们的艺术思维，又可以使艺术思维与科学思维达到完美的结合，提高人们的创造力。一个爱好音乐的军校大学生，长期得到音乐环境的熏陶，养成想象和创新的习惯，势必推动他求知、求新的探索欲望。

也曾有观点认为，在校学员的年龄层次、智力发展已基本稳定，因而无须进行开发。而科学的实验研究表明，青年期人的脑容积已基本与成人无异，但大脑皮层神经细胞建立各种复杂联系的上升期直到三十岁才会结束。因此军校学员在校期间正是智力发展的高峰期，是学习掌握知识，提高各种能力的大好时机。此时对他们进行音乐教育，对培养他们的想象力、创造力、形象思维能力等会产生不可估量的效果。

(三)音乐能够强身健体，使人心理机能调和平衡

音乐教育和体育教育都是为了促进学生的身心健康。音乐教育侧重于学生心灵的陶冶，而体育教育则侧重于学生肌体的锻炼。但二者并非是互不相关，而是相辅相成、相互促进的。现在人们常说"笑一笑，十年少；愁一愁，白了头"，说的便是情绪与健康的关系。音乐教育通过陶冶学生的心灵，保持心灵的和谐与健康，从而作用于学生的身体，使其健

康活泼地成长。

音乐教育作为一种情感教育，对调解学生的心情，维持学生的心理平衡具有重要作用。这是因为：首先，音乐教育是针对学生的心灵、情感进行的，“乐动于内，礼动于外”就是这个意思。优美的旋律、动听的声音可以直接打动学生内心深处，将他们带入美妙之境产生积极美好的体验，从而使紧张的心情恢复为和谐轻松，缓和其学习和生活的压力。其次，音乐教育具有协调作用。作为一种感性教育，它不是通过压抑学生的理性实现的，而是通过与理性的沟通、协调实现的。古人曾说过：“调和，乐也”(《荀子·臣道》)，就是指音乐的协调功能。通过音乐教育，可以协调学生个体诸种心理机能之间的关系，不至于使某一种心理机能过于膨胀，从而达到多种心理机能之间的平衡，消解人情人性各方面的冲突，维持学生的心理健康。

现代社会高科技迅速发展，给人类的物质生活带来翻天覆地的变化，社会不良因素对军校校园和学员的心灵产生着或多或少的影响，导致某些学生心灵扭曲、思想堕落。而音乐教育的这些功能，会对人的心灵、性格、情感、意志、思想有所陶冶，对人的精神、心理、生理健康产生良好的影响。不仅对人的智力增长有所促进，而且会对美的艺术感受得到升华，这些方面相互渗透，能促进人的全面协调发展，使人们有能力运用艺术的眼光、艺术的思维方式看待生活、对待事业、认识世界。这是音乐教育的重要内容，也是素质教育的重要任务。对于全面贯彻党和国家教育方针、全面实施素质教育、培养合格优秀的军队创新人才具有十分重要的意义。

二、音乐教育对于学员毕业后基层任职实践中的功能与作用

军校作为部队军事人才的培养基地，既要加强适应未来高技术战争需求的军事理论、技能的学习，又要加大人文素质的培育力度，努力培养出更多的不仅技术过硬而且素质全面的军事人才。这一目标就要求军事教育必须要有相应的综合化发展，实现军政兼容、指技合训、文理渗透的学科交叉局面。因此，通过军事教育与艺术、音乐学科的相互融合、渗透，不仅能有效地引导学员开拓思想、发挥创造、提高自身综合素质，同时对学员管理能力和战术水平的提高也有着积极的促进意义。

(一)良好的音乐教育有助于学员管理能力的提高

一个基层领导者要想成功地发挥领导功能，卓有成效地对部队进行管理和指挥，与对部属的领导手段和个人魅力有着巨大的影响。领导者要对部属有感召力、号召力和支配力，其中有权力性影响和非权力性影响两大部分。权力性影响由军队赋予的职务、权力、地位而产生，完全是外界赋予的，不是由领导者本身素质及现实行为形成的，因而被影响者在接受影响时表现为消极、被动的服从，缺乏主动性和创造精神，对军人的激励作用十分有限。相反，非权力性影响是由指挥员的品德、学识、才能、专长等对部属产生的影响力来决定的，这种影响的基础来源于两个方面：学识才能和品德行为。领导者在领导活动中表现出卓越的才能和良好的品德风范，会引起部属的敬佩、拥戴、模仿和效法。心理学研究表明：敬佩是一种甘愿接受他人影响的心理因素。由于领导者丰富的音乐知识和良好的音乐修养等因素而产生的对部属心理行为的影响不是以外推力的形式，而是基于被影响者尊敬、信服等内驱力的形式起作用，它是使被影响者心悦诚服，从而潜移默化、自然而然地接受影响的过程。在这种自然影响力的作用下，部属的心理与行为表现为自觉自愿和积极主动。因此，作为基层领导者，由于职务低、权力小，权力性影响力相对较弱，更须重视自身非权力性影响力的作用，不断丰富自身修养，在部属面前散发出永久持续的人格魅力。

(二)丰富的音乐知识有利于学员营造良好的部队文化氛围

基层部队良好的文化氛围对官兵陶冶情操、砥砺品德、磨炼意志具有重要的作用。丰富部队文化，良好的艺术氛围能使部属在“润物细无声”的环境中，思想上受到启迪，情操上得到陶冶，素质上得到提高，精神上得到升华。因此，学员在基层工作实践中必须重视部队人文环境建设，利用自身丰富的音乐知识与修养创造部队良好的艺术氛围，做到既有宏观、气派的练兵场，又有种类繁多的文化角；既有锻造军人意志品质的各种竞技比赛，又有陶冶军人修养的艺术活动；既利于“习武”，又利于“学文”；部队里既有“杀声”，又有“歌声”。只有在这样的艺术环境中，才能培养部属的集体荣誉感，提高部队凝聚力和战斗力。

(三)全面的音乐教育有利于学员发挥创造性的战术思维

西方军事理论家克劳塞维茨曾说：“战术，是指挥的艺术。”这句话充分说明了战术与艺术之间存在相互联系的关系。这种联系主要在于二者都需要创造性思维和丰富的想象力。

现代军事战争需要广泛地运用知识和经验，提出大量的假设，努力跳出某些常见的、一般的作战方式和方法的旧框框，探索独到的作战方式，这一切只有运用创造性思维才能保证做到。此外，从心理学的角度上讲，直觉是一种创造性思维，它能保证非常良好的思维敏捷性。直觉是迅速弄清周围一切复杂现象，抓住最主要的东西并在此基础上提出斗争计划和工作计划的能力。在分秒必争的条件下，直觉对于战争指挥员有重大的意义。而这种创造性思维能在音乐教育中得到充分的培养和锻炼。

同样，音乐中所培养的想象能力在战争中也很重要。“战斗是分两次进行的，第一次在头脑中，第二次在现实中。”孙子从“水无常形”想到“兵无常势”。刘伯承元帅从牛、马、狼的斗术，想到灵活机动的战法等，都说明战争舞台上要导演出威武雄壮的活剧来，没有丰富的想象力是不行的。

从以上对战争中指挥员创造性思维和丰富想象力的分析可以看出，军事院校在进行专业理论的教学过程中，开展普及性的音乐教育，让学员理解二者之间的联系，这样对于培养学员良好的战术思维习惯和提高战术水平将会有较好的效果。

综上所述，为了促进未来军事人才素质的全面发展和培养学员基层任职所需的知识、能力和修养，军队院校要从转变教育观念入手，不断推进教学改革。根据军事人才培养的实际需要，加强音乐教育等艺术类课程的学习，同时大力弘扬我国民族悠久、辉煌、灿烂的音乐文化，寓教于乐，乐中求学，从而达到进行思想道德、理想信念、意志品格等全面的素质教育，为现代化部队培养出全面发展的高素质军事人才。

参考文献：

[1] 梁启超. 饮冰室诗话. 北京：人民文学出版社，1982.

[2] 朱依群. 对高校艺术素质教育规范化、标准化、层次化的思考. 宁波大学学报(教育科学版)，2003(3).

提高大学生论文质量 在于日常积累

——中南财经政法大学财经专业本科生经济论文作业的经验与启示

陈立兵①

近些年，关于本科毕业生写作能力下降的报道不断见诸各种媒体，其中关于这方面的诸多教学学术文章也分别对毕业论文、学年论文质量下降给予了分析，并提出了相关建议。在笔者供职的某教育部直属高校，每当指导毕业论文或学年论文时，常常和其他同事共同感叹部分本科生论文质量令人堪忧。因此，在大力倡导素质教育的当下，探讨如何扭转本科生写作能力下滑趋势显得非常迫切。本文是笔者在两学年的(2006 年 9 月—2008 年 7 月)日常教学中，对所任教课堂布置的经济论文写作作业的简要总结，希望对提高财经类本科生的写作能力给予一些帮助。

一、经济论文作业的意图及设计

(一)经济论文作业的意图

随着社会经济形势的发展和高等教育的进步，我国对大学生的培养已逐渐从专业教育向素质教育转变，而写作能力是衡量大学生素质的重

① 作者简介：陈立兵，中南财经政法大学经济学院讲师。

要指标之一。写好经济论文除了必须具备一般写作要求之外，还涉及经济方面的理论和大量相关研究文献的支持。因此，经济论文写作作业能够调动本科生的积极性来提高应用经济理论的能力、搜集资料的能力、学习和分析资料的能力、抽象综合资料的能力、书面语言表达能力、逻辑思辨能力，还能够扩充学生的知识视野和增强对社会的关注程度和责任感等。

经济论文写作对不同阶段大学生的作业目的也会有所区别。对于大一学生来说，经济论文写作提供了一个学习实践的平台，能够促使他们应用所学经济理论分析社会经济现象，使他们尽快对专业产生兴趣，通过对作业的评阅和讲解，引导他们遵守学术规范，逐步形成一个良好写作习惯。对于大二学生来说，随着所学经济理论的逐渐增多，在提高他们对专业兴趣的基础上，经济论文写作可以进一步提高他们专业知识的应用水平和写作能力，其经济论文需要基本遵守学术规范。对于大三学生来说，在巩固他们的写作能力的基础上，其经济论文需要完全遵守学术规范。老师应重点辅导某些学生写出有一定学术水平的经济论文，为学年论文、毕业论文写作打下扎实基础。

笔者认为，写作能力的提高在于有效的训练。当前出现的本科生毕业论文质量下降和写作能力参差不齐现象的主要原因在于那些写作能力差的大学生没有经过系统的写作训练。

(二)经济论文作业的设计

经济论文作业要求是写一篇不低于1000字的经济论文，题目由学生根据写作主题和自己写作视角自拟，写作内容只要与所布置的作业主题相关即可，但论文写作要严格遵守学术论文写作规范[具体以该高校颁布的本科生毕业论文(设计)写作规范为依据]。

这两学年布置过的经济论文作业主题主要有：分析我国"过劳死"现象、分析"地下钱庄"现象、如何看待"建议零售价"的不规范问题、春运期间火车票是否应该涨价、如何看待人民币升值现象等社会热点问题，还有比较价值和使用价值等评述某些经济理论以及经典文献的读书笔记等。

写作经济论文能够提高大学生对所学经济理论知识的理解和运用。例如，以"春运期间火车票是否应该涨价"为主题的经济论文，就会涉及供给需求理论、垄断理论、价值规律理论等，学生在写作过程中必然会增强对以上理论的理解和运用。

写作经济论文能够提高大学生的想象空间和对社会的认知程度。在这些主题中，从经济学视角来看，不存在绝对的是与非。如果所依据的理论不同，那么最后结论可能也不一样，甚至还可能出现截然对立的结论。例如，通过对“地下钱庄”讨论的作业，不仅可以使大学生熟悉用于分析“地下钱庄”的经济学理论，而且还可以使他们了解“地下钱庄”这种现象、“地下钱庄”产生的原因、“地下钱庄”对社会的影响，并提出立场各异的对策(其中包括打击这种现象的观点，也包括使其合法化的截然对立的观点)，从而更加关注社会经济形势。某些论文写作主题还能够提高大学生的人文关怀(例如有关民工“过劳死”事件的分析)，加强对社会弱势群体的关注。

即便撰写经典文献的读书笔记，也能够使学生对经典文献的观点掌握得更精确，提高甄别学术观点的能力和文字综合处理能力，开阔知识视野，等等。因此，论文写作作业的目的是“一举多得”。

每学期做作业次数为3～4次，在评阅和讲评每次作业之后再布置新作业，其目的是通过评阅讲评使学生在做新作业时继承优点、改正写作中的错误或弥补缺陷，希望他们每次作业都有所提高，从而提升经济论文写作水平。

二、学生作业完成情况的简要总结与分析

在这两学年中，基于笔者的任课情况，经济论文写作先后涉及的专业班级主要有：国民经济管理2004级、经济学2005级和2006级、金融投资2006级和会计学2006级4个专业14个班级。当时在做经济论文写作作业时，这些学生分别是大一、大二、大三的本科学生。综合来看，经济论文写作情况主要有以下几个特点：

一是大学生写作经济论文的积极性普遍比较高，但低年学生的积极性要高于高年级。从上交作业的比例可以看出，95%以上的大一学生能够保证上交经济论文作业；大二平均90%以上；大三平均85%以上。这说明大学生写作经济论文的积极性比较高，只要老师布置作业，学生就有兴趣去做。之所以在不同年级之间存在作业完成情况的差别，是因为大一学生对自己的大学生活充满了希望，憧憬幸福的明天；而高年级大学生之间已产生程度不同的两极分化，少部分学习稍差的学生做作业的积极性较低，期末考试分数可以支持这一猜测。

有时为了满足学生的学习兴趣和减轻学习压力，笔者在布置作业时提供了两种不同主题的素材供学生选择，但经常出现一部分学生把两个主题都作了认真的写作，主动给自己加压训练写作的现象。除此之外，

还有相当一部分学生同学通过 E-mail 与任课教师互动，探讨论文写作。这一切都反映了大学生写作经济论文的积极性非常高，这在大一学生中尤为突出。

二是经济论文的质量高低不等，各年级质量差异形成的原因不同。从学生上交的作业情况来看，虽然各个班级比例不同，但在每个年级每个班都存在经济论文质量参差不齐的现象。具体来说，在低年级，经济论文质量较好的同学较多；在高年级，经济论文质量较好的同学较少。从上交作业的卷面来看，低年级的同学在字体工整、卷面整洁方面占有较大比例，而高年级的比例较低。以上两个方面都印证了低年级大学生在大学生活刚开始时比较努力，而高年级发生分化后，成绩相对较差的同学自暴自弃，做作业的态度开始不端正。

然而，如果把所有经济论文进行比较的话，质量最优的经济论文仍是高年级的学生，这反映了高年级的优秀学生在知识储备方面和写作经验的积累上要优于低年级的大学生。

三是经济论文写作普遍缺乏学术规范训练，但各年级对学术规范的学习态度存在差别。根据学生上交的经济论文作业，在任何班级第一次上交的作业中，无论是高年级还是低年级的大学生，几乎没有一个同学遵守学术规范，这反映出他们完全没有接受过这方面的训练。

在给他们讲评学术规范的重要性以后，随后的作业在注明引文出处和参考文献方面有所改进，但高年级和低年级改进的态度有所不同。低年级学生大部分同学在随后的论文写作中会严格遵守学术规范进行引文注释，而高年级学生则有相当部分学生只是随便注释敷衍了事。例如，有相当部分大三学生在对“李嘉图恶习”定义的引用注释中，有的同学引文出处为《资本论》，有的为《经济分析史》第 472--473 页，有的也是《经济分析史》，但页码却为第 292 页，这反映了这些学生没有认真查阅文献，而是草率引用其他作者的注释而已。

此外，引用相关资料有时不太准确。例如，有学生在分析“地下钱庄”影响时写道：“根据央行的一份报告推算，我国民间融资规模占 GDP 的 7%左右。”句中“报告”是哪一年的什么报告？是作者自己的推算还是央行报告的推算？读者不甚明白。

四是经济论文写作存在抄袭现象，但各年级对待抄袭的态度不尽相同。抄袭是一种极恶劣的写作习惯，它违背了学术道德。当前学术界对此深恶痛绝，尽管如此，抄袭现象仍不时见诸媒体。在经济论文作业中，抄袭现象比较常见，抄袭形式也多种多样。例如，大一学生在用价值规律分析“过劳死”时，直接从课本上把价值规律有关方面的理论整段摘抄下来；大三学生则充分利用网络资源，直接从网上下载资料拼凑成一篇文章作为作业上交。更为严重的是，在分析如何看待“李嘉图恶习”对经济研究带来的影响时，竟有许多学生直接下载同一篇关于“李嘉图恶习”的文章。

在对作业讲评后，尤其是使学生了解当前学术界对抄袭现象深恶痛绝后，各年级的抄袭现象有所下降，但对待抄袭的态度却有所差别，绝大多数低年级学生会非常认真对待这一事件，在随后作业中抄袭现象几乎不再出现，而在高年级学生中抄袭现象虽然也会减少，但仍有一部分学生存在侥幸心理抄袭他人文章中的一段内容或几段内容，不加修改或稍加修改拼凑成一篇文章。

令人不容乐观的是，随着网络技术的进步和文献信息化，在便利收集资料的同时，抄袭也变得相对容易。因此，如何在大学生论文写作中避免抄袭任重道远。

最后，从总体上看，大学生经济论文写作是个逐步提高的过程，因为在每个学期学生上交的经济论文作业中，最后一次作业在整体质量上远超过第一次作业。这说明经济论文写作对提高论文质量很有必要。此外，综合以上分析，在高年级和低年级学生的写作能力培养方面，低年级学生更具可塑性，进行经济论文训练的效果更好，这说明经济论文写作应该从大一新生开始，早开始，早受益。

三、经济论文作业中常见问题分析

一般来说，一篇高质量的经济论文必须具备如下特点：画龙点睛的标题、逻辑严密的结构、措辞严谨的语言、论述流畅的叙述、耳目一新的结论(观点)等。在上交的经济论文作业中，虽然有少部分学生的习作值得肯定，基本具备以上(或部分)特点，但绝大多数学生的论文中存在着诸多问题。因此，为了帮助大学本科生提高写作能力，本文更注重分析学生写作过程存在的问题。这是因为，对于写文章来说，他人的优点可以不继承，自己可以独创优点，但写作过程中的缺点则必须改正。

苏轼在《答张文潜书》写道：“子由之文实胜仆，而世俗不知，乃以为不如；其为人深不愿人知之，其文如其为人。”文如其人，是指文章的风格同作者的性格相似，因此，要养成良好的写作习惯，避免那些经济论文写作中的常见问题。良好的写作习惯能够受益终生，而某些坏习惯一旦形成，再改正则需要多倍努力。因此，了解经济论文写作中的常见问题非常重要。

在学生上交的作业中，常常出现的问题有：

一是在写作中使用口语现象突出。例如，有学生写道："我认为将'地下钱庄'合法化，也许是最好的办法"，"我觉得将'地下钱庄'合法化，是将金融市场进一步的完善。"在这些句中的"我认为"、"我觉得"是典型口语，还带有武断的语气，学术论文要以确凿的论据、严密的逻辑关系使人信服，而不是在语气上压倒他人。

在分析火车票是否该涨价问题时，有学生写道："今年火车票不涨价，只能说让少数旅客在买票环节上少花些冤枉钱，而铁路部门服务仍然差劲，难以让人真心高兴起来。"在此句中，"差劲"属于口语，用在书面文章中显得不合体例。"票价上涨后，因回家客流仍然很多，买票难仍不可避免，即使买到了票，价格也涨了很多，搞得人们怨声载道……"此句中"搞得"也是典型的口语，使文章显得不严肃。

某大三学生在写读书评论时写道："今起，我粗略通读了这本《财产权利与制度变迁》。"这给人的感觉是这位学生读书时非常不严肃。这本著作是新制度经济学的经典文献，学生或初学者以这种心态读书会给人"轻浮"的感觉，写出来的读书笔记也不会有价值。

二是文章措辞不严谨。例如，有学生写道："一本学术著作，对于一个目不识丁的人来讲，可以说毫无用处，而对于一个教授来讲就完全不同了。"这个表述中有两个明显的缺憾，首先，"目不识丁"是贬义词，用在此处不合时宜，应用"初学者或外行"来替代；其次，教授并非对所有著作都可以看懂或理解，例如一个经济学教授很难完全理解化学方面的学术专著。

三是文章中出现常识性错误。例如，有学生在分析农民工问题时写道："我国最广大的是农民，农民是基础，只有解决好了这个问题，才能结束这一人间悲剧，才能巩固我国的社会，才能使我国变成一个真正民主、富强的社会主义国家。"句中的"我国最广大的(地区)是农民"中的"农民"应该是"农村"，"农民是基础"中的"农民"应该为"农业"。

还有一些基本历史知识表述错误，例如，"诸葛亮在几千年前就写下了'鞠躬尽瘁，死而后已'的豪言壮语"，句中的诸葛亮生活的三国起止年代为公元181—234年，距今大约1700年的历史，而"1700年"与"几千年"是两个不同的概念，表述应该尽可能做到准确。

四是要避免口号式结尾。经济论文的写作要有客观的立场和资料证据，口号式结尾不适合经济论文。例如，有学生在分析了"过劳死"的事例后写道："衷心希望此种现象早日销声匿迹"，经济学分析要严肃，有就是有，没有就是没有，要讲究真凭实据，所提出建议措施必须是在前面分析的基础上得出来的，没有必要加上“口号式”结尾。

还有同学在分析“地下钱庄”时写道：“……使‘地下钱庄’合法化、透明化需要政府和社会各界的共同努力，这个过程在充分满足民间多层次金融服务需求的同时，也必将促进我国国民经济持续健康发展!”这个结论比较武断和口号化，至少在当前看来，在没有得到验证之前，“地下钱庄”作为一种影响范围相当广泛的经济社会现象，其未来的结果存在多种变数。

五是句子之间逻辑关系不成立。例如，在分析春运火车票票价是否该上涨时，某同学首先阐述了应该涨价的理由，接着分析了作为国有垄断应该发挥公益性的功能，随后却得出了“小幅涨价是必要的”结论。逻辑关系明显矛盾，前后关系衔接不上。

还有同学在分析建议零售价时写道：“本来建议零售价的推出是为了避免商家擅自抬高或降低商品的零售价……但是按照目前的现实状况来看，建议零售价的推出完全违背本意，反倒成了坑害消费者的不良工具。当然，在整个市场中，也存在一小部分正规厂商推出正当合理的建议零售价。”句中首先说明建议零售价“完全违背本意”，但随后又说“一小部分正规厂商推出正当合理的建议零售价”，句中先是完全否定，但紧接着又对同一事件部分肯定，逻辑关系混乱，前后自相矛盾。

六是经济论文选题过大。对于本科生来说，其初始写作选题忌讳过大。例如，对于宏观经济问题，本科学生难以写出非常有见地或有说服力的文章，因为一般本科生的知识储备难以分析透彻这些问题。然而这些现象在大学生毕业论文中却屡见不鲜，在经济论文写作中也时常出现。

还有某些同学在撰写读书评论时，常把一本书作为评论对象。这样的读书评论很难吸引人，因为一本书的内容非常广泛，1000 字的读书评论只能泛泛而谈，很难吸引读者。甚至还有些学生把一门课程作为评论对象，这更是难上加难。通常来说，一篇读书评论的篇幅非常有限，它往往仅是对书的某个部分或观点进行评述，这样做容易分析得透彻些。即使名家书评或读书笔记，也往往是针对某个或某些观点进行评论。

最后，经济论文中大篇幅介绍常识性的知识。例如，在分析春运火车票涨价时，“什么是春运呢?”对于现在的学者或读者来说，春运已家喻户晓，没有必要过分冗长地介绍此现象。还有同学在分析农民工时写道：“何谓农民工？农民工是农民与工人的结合。”这是一种不慎重甚至是错误的表述，其实在论文中根本没必要介绍农民工，此为画蛇添足。

总之，大学生在经济论文写作中的常见错误很多，在此仅就最具代表性的案例给予说明，其他非典型案例诸如标点符号使用不当、文章标题概括性不强、对现有经济理论观点表述错误，等等，多如牛毛。但是，令我们感到欣慰的是，这些错误在经济论文写作中逐渐得到改正，论文写作质量也逐渐得到提高。

四、启示

从以上对经济论文作业的总结分析来看，提高本科生毕业论文质量在于日常积累。在当前提高大学生写作水平方面，主要有以下启示：

一是要加强对本科生的学术规范教育，使学生了解学术规范的严肃性，掌握学术规范的基本方法。从学生上交的作业中可以看出，学生对学术规范几乎一无所知。

二是从大一新生开始进行经济论文写作训练，对提高整体论文质量更有效果。从经济论文作业效果来看，大一学生整体提高最为显著，原因是大一新生刚进校，志向远大，对未来充满信心，还没有养成惰性，因此，大一新生更具可塑性。而大二，尤其是大三有一部分学生的写作水平则几乎没有变化，原因在于他们作为高年级学生对大学生活已经形成自己的习惯，很难产生写作兴趣，即使写作也是纯粹应付。因此，在本科生中开展经济论文写作训练宜早不宜迟。只有平时得到训练，大学生未来学年论文和毕业论文的写作水平才能得到质的提高。

三是任课教师要认真布置(包括选择适应学生能力的写作主题)、评阅和讲评学生的作业。把写得比较好的论文进行讲解或让学生本人自己讲解，能够调动学生写作的积极性。与此同时，更要明确地指出论文写作过程中的问题或不足，给予学生本人和其他学生提醒。从作业情况来看，学生们一般能够在下次作业中避免老师曾讲评过的缺点。此外，从上课效果来看，学生在讲评作业时注意力最集中，这既是他们下次写作的重要动力，也是保证经济论文写作质量逐渐提高的主要措施。

四是学校教务管理部门应尽可能尝试修改培养方案，应从制度上强化对本科生论文写作训练，从而使重视大学生写作机制化，实现既考核教师在这方面的工作，给予一定的激励约束，也考查全体本科生写作锻炼情况，提高他们的写作水平，进而提高毕业论文整体质量。具体工作可先行试点，然后推广。